# 共 🏠 有
# 不動産の
## 紛争解決と登記手続

共有物分割請求、共有持分権確認、
所有者不明土地・建物、遺産分割、相続登記

弁護士 高須 順一 ・ 弁護士 荒木 理江
弁護士 稲村 晃伸 ・ 司法書士 松山 聡　著

日本加除出版株式会社

# はしがき

　本書は，不動産共有関係に関する実務の一助として発刊するものである。不動産共有関係をめぐる法的問題は特定の土地建物に関して権利を有する者が複数，存在する共同所有形態であり，そもそもが複雑，難解な法律関係である。その上で，この共有関係の中には，民法物権編が規定する通常の共有関係の他に，共同相続の結果，遺産共有状態となる場合が数多く存在する。この遺産共有に関しては相続編の規定と物権編の規定の適用関係が問題となる二元的構造を有している。この点もまた不動産共有関係の理解を困難にしている。さらには昨今の矢継ぎ早の民法改正がある。2018年には相続編の規定が改正され，2021年には民法・不動産登記法の改正がなされている。不動産共有をめぐる法律関係もこれらの改正によりその規律を大きく変えている。

　これらの状況に鑑み，本書では不動産共有関係の基本的法律関係をまずは解説した上で，これらの民法改正によって留意すべき新たな論点を網羅的に取り上げることとした。この点は第1編の「不動産共有の実務」に記載される。Q&A方式として，読み易さを意識した説明となっている。その上で，不動産共有関係に関するトラブルが顕在化し，訴訟に発展した場合の手続のポイントを，第2編の「共有関係訴訟の実務」として取り上げている。ケースとして想定した事例内容を前提に，当事者として手続遂行上，具体的に留意すべき点等を，請求の趣旨や原因の具体的内容にまで踏み込んだ解説を試みている。不動産共有関係訴訟には様々なものがあり，相続法分野に関わるものもある。これらの多様な訴訟を類型化した上で解説し，さらには遺産分割調停についても取り上げている。

　そして，本書の最大の特徴は不動産共有関係における登記手続の要諦を詳細に解説した点である。共有不動産をめぐる紛争の中でもとりわけ注意を要するのは登記関係紛争である。紛争の解決を使命とする弁護士の中で不動産登記法に精通した者は限られている。一方で不動産登記手続を専門とする司法書士であっても，紛争の解決そのものに関わることは限られている。登記

はしがき

関係紛争の解決においては，一方で紛争解決のために民法等の実体法，さらには民事訴訟法等の手続法の解釈，運用を理解した上で，併せて不動産登記法が定める精緻な規律に精通することが求められる。本書はそのための格好の解説書となっている。各所において，「登記手続との接合」という記述が設けられ，練達の司法書士による親切丁寧な解説がなされている。この部分の記述は他に類書を見ないものと自負するものである。

　本書は3名の弁護士と1名の司法書士による共同作業が結実した結果である。少人数での執筆は正直なところ負担の大きい作業であったが，その分，連携の取れたバランスのよい仕上がりになったと考えている。何度もの編集会議を実施し，議論を重ねながらの執筆となった。このような作業がなければ，「登記手続との接合」を適切な箇所に盛り込むことはおよそ不可能であったと振り返っている。弁護士執筆者3名はいずれも東京弁護士会法制委員会及び日本弁護士連合会の司法制度調査会で民法改正作業に深く関与してきた者である。当初，2021年の民法・不動産登記法の改正に関する簡単な書籍を執筆することも考えたが，検討を進めるうちに不動産共有紛争に関する全般的な解説書を書くこととした次第である。そのため，発刊まで長期間を要したが，その分，長く読んでいただくことができる書籍になったと考えている。

　このような執筆者の希望を快く受け入れてくれ，また，幾度にも及んだ編集会議にも辛抱強く参加いただいた日本加除出版株式会社の編集者である岩尾奈津子氏及び佐伯寧紀氏には感謝の言葉もないほどである。両氏の助力なしには本書を発刊することは到底，覚束なかった。佐伯氏には発刊に至る最後の段階まで本当にお世話になった。篤く御礼申し上げる。

　本書が多くの読者の方に利用されることを希う次第である。


2024年12月

高　須　順　一
荒　木　理　江
稲　村　晃　伸
松　山　　　聡

凡　例

# 凡　例

1　本書中，法令名等の表記については，原則として省略を避けたが，check枠
　内及び括弧内においては以下の略号を用いた。

【法令等】

| | | | |
|---|---|---|---|
| 民 | 民法（令和 3 年法律第37号による改正後の民法） | | |
| 改正前民 | 民法（平成29年法律第44号による改正前の民法） | | |

| | | | |
|---|---|---|---|
| 不登 | 不動産登記法 | 憲 | 日本国憲法 |
| 不登令 | 不動産登記令 | 非訟 | 非訟事件手続法 |
| 不登規 | 不動産登記規則 | 非訟規 | 非訟事件手続規則 |
| 家事 | 家事事件手続法 | 民執 | 民事執行法 |
| 借地借家 | 借地借家法 | 民執規 | 民事執行規則 |
| 登免 | 登録免許税法 | 民訴 | 民事訴訟法 |
| 民訴費 | 民事訴訟費用等に関する法律 | | |
| 不明円滑化 | 所有者不明土地の利用の円滑化等に関する特別措置法 | | |
| 空家 | 空家等対策の推進に関する特別措置法 | | |
| 表題不明適正化 | 表題部所有者不明土地の登記及び管理の適正化に関する法律 | | |
| 共有規則 | 共有に関する非訟事件及び土地等の管理に関する非訟事件に関する手続規則（令和 4 年 5 月13日最高裁判所規則第13号） | | |

共有私道ガイドライン　共有私道の保存・管理等に関する事例研究会「複数の
　　　　　　者が所有する私道の工事において必要な所有者の同意に関す
　　　　　　る研究報告書～所有者不明私道への対応ガイドライン～［第
　　　　　　2 版]」（令和 4 年 6 月）

【裁判例等】
　・大連判明41・12・15民録14輯1301頁
　　→大審院連合部明治41年12月15日判決大審院民事判決録14輯1301頁
　・大判昭10・10・ 1 大民集14巻1671頁
　　→大審院昭和10年10月 1 日判決大審院民事判例集14巻1671頁
　・最一小判昭39・ 7 ・16裁判集民74号659頁
　　→最高裁判所第一小法廷昭和39年 7 月16日判決最高裁判所裁判集民事74号
　　659頁

　・昭23・ 9 ・21民事甲第3010号民事局長通達
　　→昭和23年 9 月21日付け民事甲第3010号法務省民事局長通達

*iii*

凡　例

・平 6 ・ 3 ・28最高裁民二第79号民事局長通知

　　→平成 6 年 3 月28日付け民二第79号高等裁判所長官・地方裁判所長（東京を除く。）あて最高裁判所事務総局民事局長通知

2　出典の表記につき，以下の略号を用いた。

| | | | |
|---|---|---|---|
| **大民集** | 大審院民事判例集 | **判時** | 判例時報 |
| **民集** | 最高裁判所民事判例集 | **法時** | 法律時報 |
| **民録** | 大審院民事判決録 | **登研** | 登記研究 |
| **判解民** | 最高裁判所判例解説（民事篇） | **金法** | 金融法務事情 |
| **裁判集民** | 最高裁判所裁判集民事 | **ジュリ** | ジュリスト |
| **高民** | 高等裁判所民事判例集 | **LLI／DB** | LLI／DB判例秘書 |
| **東高民時報** | 東京高等裁判所民事判決時報 | | INTERNET |
| **判タ** | 判例タイムズ | | |

『**中田**』　中田裕康『契約法』（有斐閣，新版，2021年）

『**山野目**』　山野目章夫『民法概論 2　物権法』（有斐閣，2022年）

『**村松ら**』　村松秀樹＝大谷太編著『Q&A令和 3 年改正民法・改正不登法・相続土地国庫帰属法』（金融財政事情研究会，2022年）

『**川島＝川井**』　川島武宜＝川井健「新版注釈民法(7)物権(2)」（有斐閣，2007年）

『**小粥**』　小粥太郎ほか『新注釈民法(5)物権(2)』（有斐閣，2020年）

『**安永**』　安永正昭『講義　物権・担保物権法〔第 4 版〕』　（有斐閣，2021年）

『**日弁連**』　日本弁護士連合会　所有者不明土地問題等に関するワーキンググループ『新しい土地所有法制の解説：所有者不明土地関係の民法等改正と実務対応』（有斐閣，2021年）

『**堂薗ら**』　堂薗幹一郎＝野口宣大『一問一答　新しい相続法［第 2 版］』（商事法務，2020年）

『**相澤ら**』　相澤眞木＝塚原聡『民事執行の実務〔第 4 版〕不動産執行編（下）』（きんざい，2018年）

『**田村ら**』　田村洋三＝小坏眞史編著『第 3 版　実務　相続関係訴訟』（日本加除出版，2020年）

『**潮見**』　潮見佳男『詳解相続法〔第 2 版〕』（弘文堂，2022年）

『**佐久間**』　佐久間毅『民法の基礎 2　物権〔第 3 版〕』（有斐閣，2023年）

『**片岡ら**』　片岡武＝管野眞一編著『第 4 版　家庭裁判所における遺産分割・遺留分の実務』（日本加除出版，2021年）

「**岩井ら**」　岩井一真＝野口晶寛「共有に関する非訟事件及び土地等の管理に関する非訟事件に関する手続規則の概要」（法曹時報74巻11号2459頁～2491頁）

iv

凡 例

3　その他名称につき，以下の略記を用いた。

　　**部会資料**　　法制審議会―民法・不動産登記法部会資料

　　**補足説明**　　「民法・不動産登記法（所有者不明土地関係）等の改正に関する中間試案の補足説明」

　　**平成22年判例**　　最三小判平22・6・29民集64巻4号1235頁

　　**登記記録例**　　平28・6・8民二第386号民事局長通達「不動産登記記録例の改正について（通達）」別紙

目 次

# 第 1 編　不動産共有の実務

## 第 1 章　共同所有関係の諸形態

### 第1節　共有の法律関係 ―――――――――――――――――――――3

**Q1** 共有とはどのような権利か。　*3*

  1　共同所有の諸形態 ――――――――――――――――――――――4
    (1)　一物一権主義　*4*
    (2)　特異な形態としての共同所有　*4*
    (3)　共有，合有，総有の3形態　*5*
  2　共有の内容 ――――――――――――――――――――――――5
    (1)　共有持分権の承認　*5*
    (2)　共有持分権の内容　*6*
    (3)　譲渡可能性　*6*
    (4)　共有物分割請求権　*7*
  3　共有権者相互の関係 ―――――――――――――――――――――7

登記手続との接合 ―――――――――――――――――――――――7
  **例1**　登記記録 ―― 所有権保存（共有の場合）　*8*
  **例2**　登記記録 ―― 共有持分の全部移転　*8*
  **例3**　登記記録 ―― 共有持分の一部移転　*8*
  **例4**　登記記録 ―― 共有持分の一部移転（数個の持分取得の登記がある
    場合）　*9*
  **例5**　登記記録 ―― 共有者の各持分の一部移転　*9*
  **例6**　登記記録 ―― 共有名義を単有名義とする移転　*9*

### 第2節　総有の法律関係 ―――――――――――――――――――*10*

**Q2** 総有とはどのような権利か。　*10*

  1　総有の意義 ―――――――――――――――――――――――*10*

*vii*

目　次

2　総有の内容 ·································································································· *11*
3　総有財産の法的規律 ·················································································· *12*
　(1)　実体法上の規律（総有不動産に関する登記実務）　*12*
　(2)　民事手続法上の規律（総有不動産に関する訴訟，執行のあり方）　*13*

**登記手続との接合** ──────────────────── *14*

**例7**　登記記録──法人格のない社団の構成員全員の共有名義を代表者
の単独名義とする所有権移転　*15*

## 第3節　合有の法律関係 ───────────────── *16*

**Q3**　合有とはどのような権利か。　*16*

1　合有の意義 ······························································································ *17*
2　合有の内容 ······························································································ *17*
3　遺産共有について ···················································································· *18*

**登記手続との接合** ──────────────────── *19*

**例8**　登記記録──LLPが組合員全員の合有財産として不動産を所有する
場合　*20*

# 第 **2** 章　不動産に関する一般的な共有関係

## 第1節　共有関係の発生 ───────────────── *21*

**Q4**　不動産の共有関係が生じるのはどのような場合か。　*21*

1　物理的な要因による場合 ··········································································· *22*
　(1)　建物の建築工事　*22*
　(2)　付合，混和等の場合　*23*
　(3)　埋蔵物の場合　*23*
2　契約（法律行為）による場合 ····································································· *23*
3　それ以外の場合 ······················································································· *24*

**登記手続との接合** ──────────────────── *25*

## 第2節　共有物の利用 ───────────────── *28*

**第1│共有物の使用** ·························································································· *28*

**Q5**　共有不動産について，共有者はどのような権利を有し，
または義務を負うか。　*28*

1　共有物の使用に関するルールの明確化 ························································· *28*

*viii*

目　次

　(1)　持分に関する規律の明確化　*28*
　(2)　使用に関するルールの明確化　*29*
2　共有者間におけるその他の権利義務 ································ *31*
　(1)　共有物に関する負担　*31*
　(2)　共有物についての債権　*31*


**第2│共有物の管理・変更** ································································· *33*

**Q6**　共有不動産の「管理」に関するルールはどのように見
　　　直されたか。例えば，砂利道の共有私道を，アスファ
　　　ルト舗装する場合，共有者全員の同意が必要なのか，
　　　又は，持分価格の過半数の賛成があれば足りるのか。
　　　共有不動産に短期賃借権を設定する場合はどうか。　*33*

1　共有不動産の「管理」に関するルールの見直し ··············· *34*
　(1)　「管理」の三類型　*34*
　(2)　改正の経緯　*34*
　(3)　共有物の「管理」に関する規定の整理　*36*
2　共有物の変更ないし管理に関する規定の整理 ················· *36*
　(1)　変更の定義　*36*
　(2)　軽微変更について　*37*
　(3)　短期賃借権等の設定について　*38*
　(4)　建物所有目的の土地賃借権等の設定　*39*
　(5)　建物賃借権の設定　*39*
3　全員の同意を経ない共有物の変更等について ················· *39*
　**図表1**　共有物の管理の概要　*36*

**Q7**　共有不動産について，共有物を使用する共有者がいる
　　　場合のルールはどのように変わったか。また，共有物
　　　を利用している者に配偶者居住権など共有物を利用す
　　　る権限がある場合，当該利用権は，他の共有者による
　　　持分価格の過半数の決によって影響を受ける場合があ
　　　るか。　*40*

1　はじめに ··················································································· *40*
　(1)　共有物の管理について　*40*
　(2)　2021年改正民法について　*42*
2　共有物を使用する共有者がいる場合の管理のルール ······· *42*
　(1)　改正の背景　*42*
　(2)　改正の内容　*43*

ix

目　次

　　⑶　配偶者居住権や第三者に対する使用権との関係　*43*
　3　共有者間の持分価格の過半数の決定により共有物を使用する共有者
　　がいる場合の管理のルール ……………………………………………………… *44*
　　☕ Column 1　隣地使用権　*45*


第3│所在等不明共有者がいる場合の共有物の変更・管理 …………………… *46*

Ｑ8　所在等不明共有者がいる場合の共有不動産の変更又は
　　　管理に関する裁判とはどのような制度か。例えば，共
　　　有私道について，共有者の一部が所在不明でも，通路
　　　の坂道を階段に付け替えたり，共有私道上に重量が50
　　　キロ以上のゴミボックスを設置することは可能か。　*46*

　1　所在等不明共有者がいる場合の変更 …………………………………………… *47*
　　⑴　制度創設の背景　*47*
　　⑵　所在等不明共有者とは　*48*
　　⑶　対象となる行為　*49*
　　⑷　裁判手続　*50*
　　⑸　不服申立て・確定　*52*
　　⑹　裁判後の手続　*52*
　　⑺　所在等不明共有者が判明したとき　*52*
　2　所在等不明共有者がいる場合の管理 …………………………………………… *53*
　　⑴　制度創設の背景　*53*
　　⑵　対象となる行為　*53*
　　⑶　裁判手続　*53*
　　⑷　裁判及び不服申立て・確定　*53*
　　⑸　裁判後の手続　*54*
　3　遺産共有の場合 ………………………………………………………………………… *54*
　　図表2　所在等不明共有者がいる場合の変更・管理　*55*
　　☕ Column 2　所有者不明私道への対応ガイドライン　*55*


第4│賛否不明共有者がいる場合の共有物の管理 …………………………………… *56*

Ｑ9　賛否不明共有者がいる場合の共有不動産の管理に関す
　　　る裁判とはどのような制度か。例えば，共有私道の地
　　　下に公共下水管を新設する場合，共有者の一部が賛否
　　　を明らかにしないときでも新設することは可能か。　*56*

　1　賛否不明共有者がいる場合の管理 …………………………………………………… *57*
　　⑴　制度創設の背景　*57*

*x*

目　次

　(2)　対象となる行為　*58*

　(3)　裁判前の催告　*58*

　(4)　裁判手続　*58*

　(5)　不服申立て・確定　*60*

　(6)　裁判後の手続　*61*

2　所在等不明共有者と賛否不明共有者のいずれも存在する共有不動産
について ……………………………………………………………………… *61*

3　遺産共有の場合 ……………………………………………………………… *62*

　**図表3**　賛否不明共有者がいる場合の管理　*62*


**第5 ｜ 共有物の管理者** ……………………………………………………………… *63*

**Q10**　共有物の管理者が明文化されたのはなぜか。　*63*

1　共有物の管理者の選任，解任及び権限について ……………………………… *63*

　(1)　創設の背景　*63*

　(2)　共有物の管理者の選任及び解任　*64*

　(3)　共有物の管理者の権限　*65*

　(4)　相続財産における共有物の管理者　*66*

2　共有者による共有物の管理に関する事項の決定とその違反について ………… *66*

　(1)　管理者の職務　*66*

　(2)　共有物の管理者による職務違反行為の効力と善意の第三者保護　*66*

3　共有者と共有物の管理者との関係について ………………………………… *67*

　(1)　共有物の管理者が共有者である場合　*67*

　(2)　共有物の管理者が共有者以外の者である場合　*67*

　(3)　共有物の管理者に対する管理報酬や費用について　*67*


**第6 ｜ 継続的給付を受けるための設備設置権・設備使用権** …………………… *68*

**Q11**　改正民法によって明文化された電気，ガス，水道など
のライフラインの設備設置権や設備使用権はどのよう
な権利か。なお，設備設置権，設備使用権の対象とな
る土地や設備が共有に属する場合，土地の所有者は当
該土地等の共有者全員から同意を得なければならない
か。　*68*

1　改正の経緯 ………………………………………………………………… *69*

2　権利の内容 ………………………………………………………………… *70*

　(1)　権利の主体　*71*

　(2)　権利発生の要件　*71*

*xi*

目 次

　(3)　権利行使の態様　*72*

　3　権利行使の手続 ………………………………………………………………… *72*

　(1)　他の土地等の所有者及び他の土地を現に使用する者への事前通知　*72*

　(2)　設備設置，設備使用の工事のための土地の一時使用　*73*

　4　償金・費用 ……………………………………………………………………… *74*

　(1)　設備設置権に関する償金　*74*

　(2)　設備使用権に関する償金・費用　*74*

　5　他の土地の所有者や他の土地を現に使用する者が設備設置権の行使
　　に反対している場合 …………………………………………………………… *75*

　6　土地の分割又は一部譲渡によって継続的給付を受けることができな
　　くなった場合 …………………………………………………………………… *76*

　7　他の土地等が共有に属する場合と設備設置権・設備使用権 …………… *77*

　　**図表4**　設備設置権　*70*

　　**図表5**　共有物分割後の設備設置権　*77*

　　**図表6**　他の土地が共有である場合の設備設置権　*77*

# 第3節　共有関係の解消 ———————————————————— *78*

## 第1 | 共有物の分割請求 ……………………………………………………………… *78*

**Q12**　共有物の分割請求はいつでもすることができるのか。
　　　　また，具体的にどのような分割方法があるのか。　*78*

　1　共有物の分割請求 ……………………………………………………………… *79*

　(1)　原　則　*79*

　(2)　例　外　*79*

　2　共有物の分割請求権の法的性質 ……………………………………………… *80*

　3　共有物分割の効果 ……………………………………………………………… *81*

　(1)　分割の方法　*81*

　(2)　持分の移転と担保責任　*82*

　(3)　分割の効果の不遡及　*82*

　(4)　共有持分上の担保物権に対する影響　*82*

　(5)　登記請求権　*83*

　4　裁判による共有物の分割 ……………………………………………………… *83*

　5　共有関係の消滅 ………………………………………………………………… *83*

　(1)　共有物の分割　*83*

　(2)　そのほかの共有関係の消滅原因　*83*

　(3)　2021年民法改正　*84*

### 登記手続との接合 ———————————————————————— *84*

　**例9**　登記記録──抵当権の効力を所有権全部に及ぼす変更登記　*89*

*xii*

目　次

## 第2 | 所在等不明共有者の持分の取得 ································· 89

**Q13** 所在等不明共有者の持分取得の裁判が創設されたのは
なぜか。どのようなケースでこの裁判手続を利用する
ことが考えられるか。　89

1　制度導入の背景 ·············································· 90
2　制度の概要 ·················································· 91
　⑴　請求権者　91
　⑵　要　件　91
　⑶　対象となる共有持分　92
3　裁判手続 ···················································· 92
　⑴　申立ての方式　92
　⑵　管轄裁判所・申立手数料　92
　⑶　申立書の記載事項及び添付資料　93
　⑷　公告及び届出期間　93
　⑸　他の共有者に対する通知　94
　⑹　供託命令　95
　⑺　裁　判　97
4　裁判確定の効果 ·············································· 97
　⑴　持分の取得　97
　⑵　持分移転登記　97
　⑶　所在等不明共有者が取得する権利　98
5　二人以上の持分取得請求者がいる場合 ························ 99
　⑴　裁判の内容及び効果　99
　⑵　裁判手続　99

### 登記手続との接合 ─────────────── 101

　**図表7**　所在等不明共有者の持分取得フロー　100
　**例10**　登記申請書──所在等不明共有者Ａの持分（3分の1）を他の共
　有者Ｃが取得した場合　102
　**例11**　登記申請書──所在等不明共有者Ａについて，相続財産法人名義
　への変更登記を，Ａ持分を取得したＣが申請する場合　103

## 第3 | 所在等不明共有者の持分の譲渡 ································· 104

**Q14** 所在等不明共有者の持分譲渡の制度が創設されたのは
なぜか。どのようなケースでこの裁判手続を利用する
ことが考えられるか。　104

1　制度導入の背景 ·············································· 105

xiii

目　次

2　制度の概要 ………………………………………………………………… 106
　⑴　請求権者　*106*
　⑵　要　件　*106*
　⑶　対象となる共有持分　*106*
　⑷　持分取得裁判との違い　*107*
3　裁判手続 ……………………………………………………………………… 107
　⑴　公　告　*107*
　⑵　供託命令　*108*
4　裁判確定の効果 …………………………………………………………… 109
　⑴　譲渡権限の付与　*109*
　⑵　裁判の効力喪失　*109*
　⑶　譲渡権限付与裁判に基づく譲渡　*109*
　⑷　所在等不明共有者が取得する権利　*110*

## 登記手続との接合 ──────────────────── *112*
　**図表8**　所在等不明共有者の持分の譲渡フロー　*111*

　**例12**　登記申請書── 所在等不明共有者Ａ並びに他の共有者Ｂ及びＣが
　　　　Ｘに対象不動産を売却した場合（ＣがＡ持分の譲渡権限を付与さ
　　　　れた共有者であるものとする。）　*113*


# 第4節　所有者不明土地・建物管理制度 ──────── *115*

## 第1│所有者不明土地管理制度・所有者不明建物管理制度 ……………… 115

**Q15**　所有者不明土地管理制度・所有者不明建物管理制度と
　　　はどのような制度か。また，共有者の一部が所在等不
　　　明な場合にも利用が可能か。　*115*

1　所有者不明土地管理制度 ………………………………………………… 116
　⑴　制度創設の経緯　*116*
　⑵　発令の要件　*117*
　⑶　請求権者　*118*
　⑷　所有者不明土地管理命令の手続（非訟90条）　*119*
　⑸　所有者不明土地管理人の権限及び義務　*121*
　⑹　管理に必要な費用及び報酬　*126*
　⑺　所有者不明土地管理人の解任及び辞任　*127*
　⑻　所有者不明土地管理命令の取消し等　*127*
2　所有者不明建物管理人 …………………………………………………… 128
　⑴　制度創設の経緯　*128*
　⑵　所有者不明建物管理命令の及ぶ範囲　*129*
　⑶　所有者不明土地管理命令と所有者不明建物管理命令との関係　*130*

*xiv*

目 次

**例13** 所有者不明土地管理命令決定書　*122*

☕Column 3　選択肢の広がり　*131*


## 第2│管理不全土地管理制度・管理不全建物管理制度 ············ *133*

**Q16** 管理不全土地管理制度・管理不全建物管理制度とはどのような制度か。また，共有者の一部が所在等不明な場合にも利用が可能か。　*133*

1　管理不全土地管理制度 ························································· *133*

⑴　制度創設の経緯　*133*

⑵　発令の要件　*134*

⑶　請求権者　*135*

⑷　管理不全土地管理命令の手続（非訟91条）　*136*

⑸　管理不全土地管理人の権限及び義務　*138*

⑹　管理に必要な費用及び報酬　*141*

⑺　管理不全土地管理人の解任及び辞任　*142*

⑻　管理不全土地管理命令の取消し等　*142*

2　管理不全建物管理人 ························································· *143*

⑴　制度創設の経緯　*143*

⑵　管理不全建物管理命令の及ぶ範囲　*143*

⑶　管理不全土地管理命令と管理不全建物管理命令との関係　*144*

⑷　区分所有建物について　*144*

☕Column 4　区分所有法制の改正について　*145*


# 第**3**章　遺産共有をめぐる法律関係

## 第1節　相続財産の管理 ──────────── *149*

### 第1│遺産共有の法的性質 ················································· *149*

**Q17** 遺産共有とは何か。2021（令和3）年民法改正で898条2項が設けられた趣旨は何か。　*149*

1　遺産共有の意義 ····························································· *149*

⑴　概　説　*149*

⑵　遺産共有の法的性質　*150*

2　2021年改正民法898条2項の意義 ·········································· *151*

*xv*

目　次

## 第2 ｜ 法定相続分・指定相続分・具体的相続分 ······················ 153

**Q18** 遺産共有の基準となる相続分は法定相続分又は指定相続分だが，他にどのような相続分があるか。　153

1　相続分の種類 ······················································································ 153
2　指定相続分及び法定相続分の意義 ······················································ 153
3　具体的相続分の意義 ············································································ 154

## 第3 ｜ 相続財産の管理における共有規定の適用 ························ 155

**Q19** 2021（令和3）年改正で遺産共有と通常共有に関する規定が整備されたが，その趣旨は何か。　155

1　遺産共有と通常共有が併存する場合 ··················································· 155
2　2021年改正民法258条の2第2項の趣旨 ············································ 156

## 第4 ｜ 遺産の管理をめぐる諸問題 ··········································· 157

**Q20** 2021（令和3）年改正で新設された規定も含め，遺産の管理についてどのように変わったか。　157

1　遺産の管理 ························································································ 158
2　遺産の管理に関する固有の規定(1) ···················································· 158
3　遺産の管理に関する固有の規定(2)──相続財産管理人に関する規定
　の新設 ······························································································ 158
　(1)　改正の趣旨　158
　(2)　申立ての要件　159
　(3)　相続財産管理人の職務・権限　159
　(4)　相続財産管理人の職務の終了　160
4　共有の規定の準用 ············································································· 160

## 第5 ｜ 相続分の譲渡 ··························································· 161

**Q21** 相続人の一人が遺産共有持分を譲渡できるか，その場合の法律関係はどうなるか。譲渡ではなく抵当権の設定の場合はどうか。　161

1　持分の譲渡可能性 ············································································· 161
2　譲渡後の法律関係 ············································································· 162
　(1)　第三者が登記を有している場合　162
　(2)　第三者の登記未了の場合　163
3　遺産分割に与える影響 ······································································· 163

xvi

目　次

  4　抵当権の設定の場合 ･････････････････････････････････････････････ *164*

**第6│相続財産管理人・相続財産清算人** ･･････････････････････････････ *164*

**Q22** 2021（令和3）年に改正された相続財産清算制度はど
　　　 のような制度で，相続財産清算人はどのような権限を
　　　 持つか。従前の相続財産管理人とはどこが違うか。
　　　　*164*

 1　2021（令和3）年改正前民法下の相続財産管理人 ･･･････････････ *165*
 2　2021年改正民法による相続財産清算制度 ･････････････････････････ *166*
  (1)　呼称の変更　*166*
  (2)　清算開始までの期間の短縮化　*167*
 3　相続財産清算人の権限 ･･････････････････････････････････････････ *167*
 4　相続財産の終局的帰属 ･･････････････････････････････････････････ *168*
  (1)　特別縁故者への分与と国家帰属　*168*
  (2)　特別縁故者と共有者の優先関係　*168*
  **図表9**　2021年改正前民法下・改正後の相続財産管理人・相続財産清算
   人の業務フロー　*166*

## 第2節　遺産分割 ─────────────────── *170*

**第1│遺産分割の意義** ･･････････････････････････････････････････････ *170*

**Q23** 遺産分割とはどのような手続か。　*170*
 1　遺産分割の概要 ･･･････････････････････････････････････････････ *170*
  (1)　遺産分割の意義　*170*
  (2)　遺産分割の基準　*171*
  (3)　全部分割と一部分割　*171*
 2　遺産分割の手続 ･･･････････････････････････････････････････････ *171*
  (1)　協議による分割　*171*
  (2)　調停による分割　*172*
  (3)　審判による分割　*172*
 3　遺産分割の方法 ･･･････････････････････････････････････････････ *173*
  (1)　分割方法に関する種類　*173*
  (2)　各手続との関係　*174*
 4　遺産分割を必要としない場合 ･･･････････････････････････････････ *174*

**第2│遺産分割における不動産の分割方法** ････････････････････････ *176*

*xvii*

目　次

**Q24** 遺産に土地が含まれるとき，遺産分割として土地を分割する際にどのような方法があるか。　*176*

1　遺産分割の方法 ･･･････････････････････････････････････････････････････････････････････ *176*
　(1)　現物分割　*176*
　(2)　換価分割　*177*
　(3)　代償分割　*178*
2　分割土地をめぐる第三者との関係 ･･･････････････････････････････････････････ *179*
　(1)　第三者との間の権利関係の必要性　*179*
　(2)　遺産分割をめぐる宣言主義と移転主義　*179*
　(3)　民法899条の2の適用　*180*
3　相続登記と遺産分割登記 ･･･････････････････････････････････････････････････････ *181*
　(1)　「相続登記＋遺産分割登記」型　*181*
　(2)　「相続登記のみ」型　*181*

**第3│遺産分割の時的限界** ･･････････････････････････････････････････････････････････ *182*

**Q25** 令和3年改正で遺産分割に時的限界が設けられたが，その趣旨は何か。また具体的にどのような違いが生じるか。　*182*

1　所有者不明土地の利用の円滑化を図る方策としての「遺産分割の期間制限」 ･･････････････････････････････････････････････････････････････････････････ *182*
2　長期間経過後の遺産分割の見直し ･････････････････････････････････････････ *183*
　(1)　具体的相続分による遺産分割の時的限界　*183*
　(2)　遺産分割調停・審判の取下げの制限　*185*

**登記手続との接合** ･･････････････････････････････････････････････････････ *186*

**第4│遺産分割と共有物分割の関係** ･･････････････････････････････････････ *191*

**Q26** 遺産分割と共有物分割手続はどのような点が異なるか。遺産共有を共有物分割訴訟で解消できる場合があるか。　*191*

1　共同所有形態の諸類型と遺産共有 ･････････････････････････････････････････ *191*
　(1)　共同所有の一形態としての共有　*191*
　(2)　民法256条以下の共有　*192*
　(3)　遺産共有について　*192*
2　遺産分割と共有物分割手続の異同 ･････････････････････････････････････････ *193*
　(1)　遺産分割の必要性　*193*

xviii

目 次

⑵ 分割手続の峻別　*193*
3　遺産共有に関して共有物分割請求が許容される事例 ……………………… *194*
　⑴　被相続人が第三者と共有していた物件の場合　*194*
　⑵　共同相続人が持分を譲渡した場合　*195*
　⑶　民法258条の2第2項のケース　*195*

## 第5 | 配偶者居住権との関係 ……………………………………………………… *196*

**Q27** 配偶者居住権を遺産分割で設定する場合，配偶者が居住建物に関して他の者と共有関係になることはあるか。
　　　*196*
1　配偶者居住権の概要 ……………………………………………………………… *196*
2　共有状態となる場合 ……………………………………………………………… *197*
3　配偶者短期居住権 ………………………………………………………………… *198*

## 第6 | 遺留分減殺請求権・遺留分侵害額請求権との関係 ……………………… *199*

**Q28** 遺留分権利者が遺留分減殺請求権又は遺留分侵害額請求権を行使した場合，遺留分権利者との共有関係が発生することがあるか。　*199*
1　遺留分減殺請求権について ……………………………………………………… *199*
2　遺留分侵害額請求権について …………………………………………………… *200*
　⑴　2018年相続法改正の経緯　*200*
　⑵　改正法の内容　*200*
3　遺贈又は贈与の目的が不動産の場合の規律 …………………………………… *201*
　⑴　二つの制度の違い　*201*
　⑵　経過措置　*201*

## 第7 | 遺産分割調停・審判 …………………………………………………………… *202*

**Q29** 遺産分割調停・審判とはどのような手続か。特に不動産の共有持分が遺産に含まれる場合，どのような問題が生じるか。　*202*
1　遺産分割調停・審判の意義 ……………………………………………………… *203*
2　家事調停・審判の手続の特徴 …………………………………………………… *203*
　⑴　家事調停　*203*
　⑵　家事審判　*204*
3　遺産分割調停の流れ ……………………………………………………………… *204*

*xix*

目　次

 (1) 全体的な流れ *204*
 (2) 遺産の分割方法 *205*
 4 遺産に不動産の共有持分が含まれる場合 ················································ *205*

## 第3節　相続登記 ————————————————————— *206*

**Q30** 従来，「相続と登記」と呼ばれてきた問題には，どのような問題点があるか。それが2018年相続法改正によってどのような影響を受けるか。 *206*

 1 概　説 ························································································································· *207*
 2 共同相続と登記 ··········································································································· *207*
 〈ケース1〉 *207*
 (1) 判例の立場 *207*
 (2) 2018年改正民法899条の2第1項の意義 *208*
 3 遺産分割と登記 ··········································································································· *209*
 〈ケース2〉 *209*
 (1) 判例の立場 *210*
 (2) 2018年改正民法の下での説明 *210*
 4 特定財産承継遺言と登記 ··················································································· *211*
 〈ケース3〉 *211*
 5 遺贈と登記 ··················································································································· *212*
 6 相続放棄と登記 ··········································································································· *213*

**登記手続との接合** ——————————————————————— *213*

 **図表10** 2018年改正民法による法定相続分を超える部分の取得に関する見解（その1） *211*
 **図表11** 2018年改正民法による法定相続分を超える部分の取得に関する見解（その2） *211*

*xx*

目 次

# 第**2**編　共有関係訴訟の実務

## 第**1**章　原告共有者の第三者に対する請求

### 第1節　共有のケース ———————————————— *221*

#### 第1│考慮すべき問題 ·················· *221*

1　想定される紛争類型 ·················· *221*

2　共有者の一人が単独で訴訟を提起することの可否（原告適格）·················· *221*

(1)　固有必要的共同訴訟　*221*

(2)　共有持分に基づいた訴訟遂行と共有権の主張　*222*

#### 第2│持分権に基づく妨害排除請求権としての抹消登記手続請求訴訟 ······ *223*

〈ケース4〉 *223*

図表12 ケース4の関係図　*223*

1　原告適格について ·················· *223*

2　訴訟提起にあたってのその他の留意点 ·················· *224*

(1)　訴訟物　*224*

(2)　請求の趣旨　*224*

(3)　請求の原因　*225*

3　主張・立証のポイント ·················· *225*

4　判決確定後の手続 ·················· *226*

#### 第3│共有権に基づく妨害排除請求権としての移転登記手続請求訴訟 ······ *226*

〈ケース5〉 *226*

1　抹消に代わる移転登記手続請求 ·················· *226*

2　Dが単独で訴訟提起をすることが可能か（原告適格）·················· *227*

(1)　固有必要的共同訴訟性　*227*

(2)　訴訟物の理解　*227*

(3)　判決確定後の手続　*227*

3　持分に基づく一部移転登記手続を求める場合 ·················· *228*

#### 第4│持分権に基づく返還請求権としての建物明渡請求訴訟 ·················· *228*

〈ケース6〉 *228*

図表13 ケース6の関係図　*229*

1　固有必要的共同訴訟性の有無 ·················· *229*

2　訴訟提起に当たってのその他の留意点及び主張・立証のポイント ·················· *229*

*xxi*

目　次

　　3　判決確定後の手続 ……………………………………………………… *230*

第5│その余の紛争類型について ……………………………………………… *230*

　　1　共有権の確認を求める訴訟 ……………………………………………… *230*

　　2　共有地の境界の確定を求める訴訟 ……………………………………… *230*

　　3　本節のまとめ …………………………………………………………… *231*

登記手続との接合 ─────────────────────── *231*

　　**例14**　登記申請書──代位による抹消登記申請　*233*


# 第2節　総有のケース ───────────────── *237*

第1│考慮すべき問題 ………………………………………………………… *237*

　　1　想定される紛争類型 …………………………………………………… *237*

　　2　権利能力なき社団に関する実体法上及び訴訟法上の位置付け ……… *237*

　　(1)　実体法上の法主体性　*237*

　　(2)　訴訟上の当事者能力，当事者適格　*238*

　　(3)　不動産登記関係訴訟の特殊性　*238*

第2│AもしくはBを原告とする所有権移転登記手続請求訴訟 …………… *239*

　　〈ケース7〉　*239*

　　**図表14**　ケース7の関係図　*240*

　　1　原告適格について ……………………………………………………… *240*

　　2　訴訟物 …………………………………………………………………… *240*

　　3　請求の趣旨 ……………………………………………………………… *240*

　　(1)　原告がB個人である場合　*240*

　　(2)　原告がA社団自体である場合　*241*

　　4　請求の原因 ……………………………………………………………… *241*

　　5　主張立証のポイント …………………………………………………… *242*

　　(1)　原告の主張立証　*242*

　　(2)　被告の主張立証（民94条2項類推適用の抗弁）　*243*

　　6　判決確定後の手続 ……………………………………………………… *243*

第3│その余の訴訟類型の可能性 …………………………………………… *244*

　　1　Aを原告とする所有権移転登記抹消登記請求訴訟 ………………… *244*

　　2　第三者に対する総有権確認請求訴訟 ………………………………… *244*

登記手続との接合 ─────────────────────── *245*

　　**例15**　登記申請書──真正な登記名義の回復　*245*

　　**例16**　登記申請書──代位による登記名義人の表示変更登記（住所移転
　　　　の場合）　*246*

*xxii*

目　次

**例17** 登記記録──代位によるＤの住所変更登記を行った後に所有権移
転登記を申請した場合　*247*

# 第 **2** 章　　第三者から被告共有者に対する請求

## 第1節　共有のケース ─────────────────────── *249*

### 第1│考慮すべき問題 ·········································································· *249*

1　想定される紛争類型 ···································································· *249*

2　被告適格 ··················································································· *249*

### 第2│土地所有権に基づく返還請求権としての建物収去土地明渡請求

訴訟 ···················································································· *250*

〈ケース8〉　*250*

**図表15**　ケース8の関係図　*250*

1　被告適格 ··················································································· *251*

2　訴訟提起にあたりその他の留意点 ················································· *252*

(1)　訴訟物　*252*

(2)　請求の趣旨　*252*

(3)　請求の原因　*252*

3　主張・立証のポイント ······························································· *253*

(1)　妨害の態様について　*253*

(2)　被告による訴訟告知の有用性　*253*

4　判決確定後の手続 ······································································ *254*

### 第3│売買契約に基づく土地所有権移転登記請求訴訟 ···························· *254*

〈ケース9〉　*254*

**図表16**　ケース9の関係図　*255*

1　被告適格 ··················································································· *255*

2　訴訟提起に当たりその他の留意点 ················································· *256*

(1)　訴訟物　*256*

(2)　請求の趣旨　*256*

(3)　請求の原因　*256*

3　主張・立証のポイント ······························································· *257*

(1)　売主の移転登記義務について　*257*

4　判決確定後の手続 ······································································ *257*

### 第4│本節のまとめ ············································································ *258*

*xxiii*

目　次

　　1　固有必要的共同訴訟性を否定したその他の判例················258
　　　(1)　不動産の明渡しを求めるケース　258
　　　(2)　不動産の移転登記を求めるケース　258
　　　(3)　不動産の抹消登記請求を求めるケース　259
**登記手続との接合**──────────────────259

## 第2節　総有のケース ──────────────263

### 第1│考慮すべき問題····················263
　　1　訴訟法上の扱い····················263
　　　(1)　想定される紛争例　263
　　　(2)　当事者能力　263
　　　(3)　当事者適格　264
　　2　強制執行手続との架橋·················265
　　　(1)　問題点の指摘　265
　　　(2)　平成22年判例　266
　　　(3)　準ずる文書について　266

### 第2│総有確認訴訟·····················267
　　〈ケース10〉　267
　　1　訴訟物及び請求の趣旨·················267
　　2　請求原因······················268
　　3　主張立証のポイント··················269
　　4　判決確定後の手続···················269

# 第3章　共有権・共有持分権の確認

## 第1節　共有権確認訴訟 ─────────────271

### 第1│考慮すべき問題····················271
　　1　想定される紛争類型··················271
　　2　固有必要的共同訴訟性·················272
　　3　共同所有関係を基礎とした特殊な訴訟類型·········272
　　　(1)　入会権確認の訴え　272
　　　(2)　境界（筆界）確定の訴え　273
　　　(3)　権利能力なき社団における総有権確認の訴え　273

### 第2│共有関係確認請求訴訟·················274

*xxiv*

〈ケース11〉 *274*

　**図表17** ケース11の関係図 *274*

1　原告適格について ········································································ *275*

2　訴訟物 ···························································································· *275*

3　請求の趣旨 ····················································································· *275*

4　請求の原因 ····················································································· *275*

5　主張立証のポイント ········································································ *276*

　(1)　被告のもと所有及び売買契約の締結の事実　*276*

　(2)　通謀虚偽表示　*276*

6　判決確定後の手続 ··········································································· *276*

# 第2節　共有持分権確認訴訟 ———————————— *277*

## 第1│考慮すべき問題 ············································································ *277*

1　想定される紛争類型（二つの訴訟類型） ··········································· *277*

2　持分そのものの確認を求める訴訟類型 ·············································· *277*

3　持分権の及ぶ範囲の確認を求める訴訟類型 ········································ *278*

## 第2│持分権確認訴訟 ············································································· *278*

〈ケース12〉 *278*

　**図表18** ケース12の関係図 *279*

1　原告適格 ························································································ *279*

2　訴訟物 ···························································································· *280*

3　請求の趣旨 ····················································································· *280*

4　請求原因 ························································································ *281*

5　想定される抗弁及び主張立証のポイント ··········································· *282*

6　判決確定後の手続 ··········································································· *282*

# 第4章　共有者相互間の訴訟

# 第1節　共有物分割訴訟 ———————————————— *283*

**第1款** 裁判による共有物の分割 ———————————— *283*

## 第1│裁判による共有物分割請求の問題点について ························· *283*

1　改正前民法における問題点 ······························································ *283*

2　2021年改正民法の概要 ··································································· *284*

　(1)　要件緩和の明文化　*284*

*xxv*

目　次

　　(2)　共有物の分割方法の明文化　*284*
　　(3)　給付命令　*285*
　3　遺産共有について ……………………………………………………… *285*

## 第2│裁判による共有物の分割（現物分割を求める場合）………… *285*

　　〈ケース13〉　*285*

　　**図表19**　ケース13の関係図　*286*

　1　訴えの提起 …………………………………………………………… *286*
　　(1)　管轄裁判所　*286*
　　(2)　訴えの当事者　*286*
　　(3)　訴訟物の価額　*287*

　2　訴訟提起における留意点 …………………………………………… *287*
　　(1)　請求の趣旨　*287*
　　(2)　請求の原因　*288*

　3　被告の対応 …………………………………………………………… *289*
　　(1)　訴え却下を求める場合　*289*
　　(2)　不分割合意がある場合　*289*
　　(3)　その他（本ケースを前提に）　*289*

　4　審　理 ………………………………………………………………… *290*
　　(1)　共有物分割の訴えの性質　*290*
　　(2)　本ケースの場合　*290*

　5　判決確定の効果 ……………………………………………………… *290*

## 第3│裁判による共有物の分割（価額賠償による分割を求める場合）……… *291*

　　〈ケース14〉　*291*

　　**図表20**　ケース14の関係図　*291*

　1　訴えの提起 …………………………………………………………… *292*

　2　訴訟提起における留意点 …………………………………………… *292*
　　(1)　請求の趣旨　*292*
　　(2)　請求の原因　*292*

　3　被告の対応 …………………………………………………………… *293*
　　(1)　訴え却下を求める場合及び不分割合意がある場合　*293*
　　(2)　その他（本ケースを前提に）　*293*

　4　審　理 ………………………………………………………………… *294*
　　(1)　共有物分割の訴えの性質　*294*
　　(2)　全面的価格賠償の方法による分割の留意点　*294*
　　(3)　価格賠償の算定　*294*
　　(4)　本ケースの場合　*294*

　5　判決確定の効果 ……………………………………………………… *295*

## 目　次

**第4│裁判による共有物の分割（競売による分割を求める場合）** ················· *295*

　〈ケース15〉 *295*

　**図表21** ケース15の関係図 *296*

　1　訴えの提起 ······················································································· *296*

　2　訴訟提起における留意点 ······························································· *296*

　　(1)　請求の趣旨 *296*

　　(2)　請求の原因 *296*

　3　被告の対応 ······················································································· *297*

　　(1)　訴え却下を求める場合及び不分割合意がある場合 *297*

　　(2)　その他（本ケースを前提に） *297*

　4　審　理 ······························································································· *298*

　　(1)　共有物分割の訴えの性質 *298*

　　(2)　本ケースの場合 *298*

　5　判決確定の効果 ··············································································· *298*

　　(1)　形式的競売の申立て *298*

　　(2)　形式的競売における売却条件 *299*

　　(3)　配当等手続 *300*

**登記手続との接合** ───────────────────── *300*

　**例18** 登記記録 ── 現物分割（甲地を「甲α地」と「甲β地」の２筆に分筆する場合） *301*

　**例19** 登記記録 ── 現物分割（「甲α地」について「年月日共有物分割」を登記原因としてCD持分をBに移転する場合） *302*

　**例20** 登記記録 ── 現物分割（「甲β地」について「年月日共有物分割」を登記原因としてB持分をC，Dに移転する場合） *302*

　**例21** 登記記録 ── 競売による分割（嘱託） *305*

　**例22** 登記記録 ── 共有者の一人であるAが買受人となった場合（ケース15） *306*

　**例23** 登記記録 ── 形式的競売により，対象不動産に設定されていた抵当権等の担保権の抹消登記 *306*

**第２款** **裁判による相続財産に属する共有物の分割** ─────── *307*

**第1│令和３年改正前民法下の問題点** ·················································· *307*

**第2│遺産共有と通常の共有が併存する場合の共有物分割訴訟の特則** ····· *307*

　1　改正法による遺産共有の解消 ························································· *307*

　2　異議による遺産分割上の権利の保障 ··············································· *308*

**第3│裁判による相続財産に属する共有物の分割** ······························· *309*

　〈ケース16〉 *309*

*xxvii*

目　次

　　**図表22**　ケース16の関係図　*309*

　1　請求の趣旨 ………………………………………………………………… *309*

　2　請求の原因 ………………………………………………………………… *310*

　3　審理のポイント …………………………………………………………… *310*

　4　民法258条の2第2項ただし書の異議を申し出るべき場合 ………… *310*

## 登記手続との接合 ———————————————————————— *311*

　　**例24**　登記記録 —— Xが代位により，Aの相続登記を行う場合　*312*

　　**例25**　登記申請書 ——（2分の1）代位による持分移転（相続）登記　*312*

　　**例26**　登記申請書 ——（2分の2）判決による持分移転（共有物分割）
　　　　登記　*313*

# 第2節　相続財産をめぐる調停・訴訟等 ———————————— *314*

## 第1款 遺産分割調停 ——————————————————————— *314*

## 第1 考慮すべき問題 ……………………………………………………… *314*

　1　訴訟，審判との関係 ……………………………………………………… *314*

　2　共有物分割請求権との関係 ……………………………………………… *315*

## 第2 遺産分割調停申立て ………………………………………………… *316*

　　〈ケース17〉　*316*

　1　当事者及び管轄裁判所 …………………………………………………… *316*

　2　申立てに当たっての留意点 ……………………………………………… *317*

　　⑴　申立書の記載事項　*317*

　　⑵　申立ての趣旨　*317*

　　⑶　申立ての理由　*318*

　3　調停期日における活動 …………………………………………………… *320*

　　⑴　調停委員会による調停期日の開催　*320*

　　⑵　調停内容　*320*

　　⑶　ケースの事例について　*321*

　4　調停成立の効果 …………………………………………………………… *322*

## 第3 調停が不調となった場合 …………………………………………… *322*

　1　審判への移行 ……………………………………………………………… *322*

　2　遺産確認訴訟の可能性 …………………………………………………… *323*

## 第2款 遺産確認訴訟 ——————————————————————— *323*

## 第1 問題の所在 …………………………………………………………… *323*

## 第2 遺産確認訴訟の問題点 ……………………………………………… *324*

目　次

| | | |
|---|---|---|
| 1 | 遺産確認訴訟の対象適格・確認の利益 | 324 |
| 2 | 遺産確認訴訟の当事者 | 325 |

## 第3 ┃ 事　例 ……326

### 〈ケース18〉　326

| | | |
|---|---|---|
| 1 | 訴訟物 | 326 |
| 2 | 請求の趣旨 | 326 |
| 3 | 請求の原因 | 327 |
| 4 | 主張・立証のポイント | 328 |
| (1) | 抗　弁　328 | |
| (2) | 再抗弁　328 | |

## 登記手続との接合 ――― 328

## 第3款 遺産共有状態にある不動産をめぐる訴訟 ――― 330

## 第1 ┃ 問題の所在 …… 330

## 第2 ┃ 事　例 …… 330

### 〈ケース19〉　330

#### 図表23 ケース19の関係図　331

| | | |
|---|---|---|
| 1 | 訴訟物 | 331 |
| 2 | 請求の趣旨 | 331 |
| 3 | 請求の原因 | 331 |
| 4 | 主張・立証のポイント | 332 |
| (1) | 抗　弁　332 | |
| (2) | 再抗弁　334 | |

# 第5章　共同所有権以外の権利に関する訴訟

## 第1 ┃ 考慮すべき問題 …… 337

| | | |
|---|---|---|
| 1 | 想定される紛争類型 | 337 |
| 2 | 通行地役権の特殊性 | 337 |
| 3 | 要役地が共有の場合の問題 | 338 |

## 第2 ┃ 通行地役権確認請求及び通行地役権設定登記手続訴訟の併合提起 …… 339

### 〈ケース20〉　339

#### 図表24 ケース20の関係図　340

| | | |
|---|---|---|
| 1 | 訴訟物 | 340 |

*xxix*

目　次

2　請求の趣旨 ……………………………………………………………… 340
3　請求の原因 ……………………………………………………………… 341
4　主張・立証のポイント ………………………………………………… 341
　(1)　請求原因について　341
　(2)　抗弁について　342
　(3)　想定される再抗弁　342
　(4)　通行地役権設定登記手続請求について　343
5　判決確定後の手続 ……………………………………………………… 343

第3│要役地が共有の場合の原告適格 …………………………………… 343

　〈ケース21〉　343

1　共同所有に関する訴訟の場合 ………………………………………… 344
2　地役権に関する判例 …………………………………………………… 344
3　判決確定後の手続 ……………………………………………………… 345

登記手続との接合 ─────────────────────── 345

　**例27**　登記記録 ── 通行地役権設定登記　346
　**例28**　登記記録 ── 要役地が承役地と同一登記所の管轄に属する場合　346
　**例29**　登記申請書 ── 判決による地役権設定登記　347

目 次

## 資 料

資料1 共有に関する非訟事件及び土地等の管理に関する非訟事件に関する手続規則 ················································· 351

資料2 所在等不明共有者共有物管理（変更）決定申立書 ················ 356

資料3 賛否不明共有者の共有物管理決定申立書 ···················· 360

資料4 所在等不明共有者持分取得決定申立書 ······················ 363

資料5 所在等不明共有者持分譲渡権限付与決定申立書 ················ 366

資料6 所有者不明土地（建物）管理命令申立書（汎用） ·············· 368

資料7 所有者不明土地（及び建物）管理命令申立書（所有者不明土地法42条2項，5項） ·································· 371

資料8 所有者不明建物管理命令申立書（空家特措法14条2項） ········ 375

資料9 管理不全土地（建物）管理命令申立書（汎用） ················ 378

資料10 管理不全土地（及び建物）管理命令申立書（所有者不明土地法42条3項，5項） ·································· 381

資料11 管理不全土地（及び建物）管理命令申立書（所有者不明土地法42条4項，5項） ·································· 385

資料12 管理不全土地（建物）管理命令申立書（空家特措法14条3項） ············ 389

## 索引

　事項索引　　393

　条文索引　　399

　判例索引　　404

　先例索引　　406

**著者略歴**　　407

*xxxi*

第 **1** 編

# 不動産共有の実務

# 第1章 共同所有関係の諸形態

## 第1節 共有の法律関係

**Q1** 共有とはどのような権利か。

**A** 複数の権利者が一つの物を共同で所有する場合を共同所有という。一物一権主義の原則からは特異な形態となるが，このような所有形態は伝統的に認められている。ただし，共同所有といっても，権利者が具体的にどのような権利を有するのかについては程度の差があるが，不動産の共同所有形態として最も一般的なのは共有である。この共有は，権利者各自が共有持分権を有し，かつ，その持分権を各自が単独で処分できる権利である。2021年改正法（令和3年改正民法・不動産登記法。以下「2021年改正法」ともいう。）は共有に関する新たな規定を設けている。

### Check ▶
民249条〜264条

第1節　共有の法律関係

【 解　説 】

## 1　共同所有の諸形態

### (1)　一物一権主義

　土地や建物などの一定の不動産[注1]を自由に使用，収益及び処分することのできる権利が所有権である（民206条）。この権利を実効性ある形で維持するためには，一つの不動産に存在する所有権は一つ（所有権者は一人）でなければならないという原則が必要となる。これが一物一権主義といわれる原則である。

　一物一権主義を直接に定める規定は民法に存在しないが，所有権概念を認め，これを保障する法制度[注2]を前提とする近代以降の民法では大変，重要な法理となる。

### (2)　特異な形態としての共同所有

　一物一権主義に基づき，不動産の所有権者を一人とすることは近代取引社会の理念であるが，不動産利用の実態はそのとおりにはならない。複数の個人や企業が共同して一定の不動産を利用することは，実際の取引社会においてしばしば行われている。

　そこで，複数の人が一つの不動産を共同で使用，収益及び処分する権利を有する場合を民法は共同所有と構成し，これを規律化している。2021年改正前民法においても既に民法249条以下に「共有」（第2編「物権」第3章第3節）の規定を設けていたが，2021年改正法は，さらに所有者不明土地問題の解決のために，「所有者不明土地管理命令及び所有者不明建物管理命令」（同第3章第4節）及び「管理不全土地管理命令及び管理不全建物管理命令」（同第3章第5節）という新たな規定を設けている[注3]。

---

（注1）　所有権の対象は不動産に限らず動産にも及ぶが，本書では不動産を念頭においた記述を行っている。
（注2）　近代以降の民法では，この所有権の保障を財産法秩序の前提としており，「所有権絶対の原則」などと呼ばれる。そして，この「所有権絶対の原則」は民法の基本原則あるいは公理などと説明される。
（注3）　新たに規定された所有者不明土地管理命令及び所有者不明建物管理命令の詳細に関しては本書Q15を，管理不全土地管理命令及び管理不全建物管理命令の詳細に関しては本書Q16

4

この共同所有関係は，一物一権主義の原則から特異な所有関係となる。そのため，共同所有関係にある複数の権利者相互の権利関係をどのようなものとして規律するか，さらには共同所有不動産をめぐる第三者との間の法律関係をどのように調整するかが問題となる。所有者不明土地問題が深刻化するなかで，この要請はますます複雑化し，2021年改正法による立法的手当がなされたところである。(注4)

(3) 共有，合有，総有の3形態

共同所有関係の承認は，一物一権主義を貫徹することができない社会実態に照らしたものである。換言すれば社会において形成されている権利の実態に則した法理を構築する必要が他の権利にも増して強いことになる。そのような視点から共同所有関係の実態を検討した場合，その内容の相違から共同所有関係にも3種の形態があることが承認されている。すなわち，「共有」，「総有」及び「合有」の3形態である。

この3種の区別は，後述する共有持分権の有無やこの持分権の譲渡可能性，さらに共同所有する不動産の分割請求の可否などを比較，考慮するものであり，民法学上，長きにわたって認められてきた伝統的な理解である。(注5)

ここでは「共有」について説明し，「総有」及び「合有」の内容についてはQ2及びQ3に記載する。

## 2　共有の内容

(1)　共有持分権の承認

共有とは，一定の不動産を共有する各自に共有持分権が認められ，かつ，

---

を，それぞれ参照されたい。
(注4)　共同所有の問題は，一つの物に複数の人が所有権的な権能を行使する場面の法理である。これに対し，一つの物に対して所有権とは別の物権的権能が設定される場面がある。いわゆる他物権などと呼ばれる物権群であり，所有者以外の他人が所有者との合意に基づき土地上に建物等を建築する地上権や，債務者の債務を担保するために債権者が設定者の不動産上に設定する抵当権などが存在する。これらの権利も一物一権主義の原則の下でも認められるが，これらの物権の創設は法律上の根拠を必要としている（民175条）。
(注5)　もっとも最近の民法学においては，共同所有形態の全てを三つの類型に峻別することはできないとして，伝統的な三分類説に対する批判，見直しの気運があることに注意が必要である。

第1節　共有の法律関係

この持分権を各自が単独で譲渡できる共同所有形態であると説明される。そして，共同所有形態を解消し，単独所有とするための共有物分割請求権が認められるという点も共有の特徴であると説明される。

なお，民法は249条から264条にかけて「共有」に関する規定を設けている。共同所有に関する原則的形態が共有であることに由来した規定であると説明される。

(2)　共有持分権の内容

共有者が共有物について有する権利を共有持分権（あるいは単に持分権）と呼んでいる。この持分権の性質については民法学上，争いが存するが，「所有権の一種（持分権）であり，その効力は共有物の全体に及ぶが，1個の物に同質の権利を有する者（同じく持分権を有する者）が複数あることによる制約を受けるとする考え方（共有の個人主義的性格を重視する考え方）が有力である。」と説明されている（『佐久間』206頁）。そして，各共有者が共有物に対して有する権利の割合が，いわゆる持分割合である。したがって，持分権と持分割合は厳密には区別されるが，民法上は単に「持分」として規定されている。[注6]

これに対し，各共有者が有する共有持分権は複数存在しても，当該不動産に関する所有権そのものはあくまで1個であるという理解もあり，この全体としての1個の所有権を「共有権」と呼称する場合がある。この「共有権」に関する扱いに関しては実務上，注意すべき点がある。

なお，この共有持分権という権利そのものを想定できない共同所有形態が総有であり，その具体的な内容については，Q2で解説する。

(3)　譲渡可能性

共有においては，各共有権者は各自が有する自らの共有持分を単独で譲渡することができる。この譲渡性を有する点において，同じく持分権を有しながらも，権利者が自由に譲渡することはできないとされる合有と区別されることになる。

各権利者が持分権を有し，それを単独で譲渡できるのが共有である。複数

---

(注6)　民法252条や255条等の「持分」が持分権を意味するのに対し，249条1項・2項，250条，253条1項，261条等は持分割合を意味すると説明される（『佐久間』206頁）。

の共有者が一つの不動産について共有持分権を有しあっていることによる制限が伴うものの，共有者の個別的権利行使が最大限保障される共同所有形態となる。その点において共有は近代民法が前提とする一物一権主義に最も適合的なものであり，共同所有形態の中でも原則とされるものである。

### (4) 共有物分割請求権

共有は，近代民法上はあくまで特異な所有形態である。そこで，いつでも共有関係を解消し，単独所有にすることが民法上，保障されている。これが共有物分割請求権（民256条から262条）である。この具体的な手続内容に関しては，Q12に記載しているので，これを参照されたい。

## 3 共有権者相互の関係

共有関係においては，複数の共有者が一つの不動産について共有持分権を有しあっていることによる制限が必然的に伴っている。そこで，共有物の利用に関する規律が必要となり，民法は251条において変更に関する規定を，また，252条において管理，保存に関する規定を設けている。さらには所有者不明の不動産に関する新たな規律も新設されている。これらの具体的な内容に関しては，Q15に記載しているので，これを参照されたい。

## ▌登記手続との接合

### 1 共有登記の概要

後記登記記録例（例1～例6）のとおり，不動産が共有されているときは，持分として，その割合が登記される（不登59条4号）。なお，下記記録例において省略されているが，例えば，建物新築の場面における共有名義の所有権保存登記にあたっては，その前提として表題登記がなされており，その表題登記においても共有者の氏名や持分等が登記されている（不登27条3号）。

第1節　共有の法律関係

## 〈例1　登記記録 ── 所有権保存（共有の場合）〉<sup>(注7)</sup>

| 権　利　部　（　甲　区　）　　　（所　有　権　に　関　す　る　事　項） | | | |
|---|---|---|---|
| 順位番号 | 登　記　の　目　的 | 受付年月日・受付番号 | 権　利　者　そ　の　他　の　事　項 |
| 1 | 所有権保存 | 令和何年何月何日<br>第何号 | 共有者<br>何市何町何番地<br>　　持分5分の3　甲某<br>何市何町何番地<br>　　　　5分の1　乙某<br>何市何町何番地<br>　　　　3分の1　丙某 |

(出典：登記記録例185を年月日修正)

## 2　共有持分移転登記

【解説】　2(3)で説明のとおり共有持分のみの譲渡も可能であり、持分が譲渡されると、それに応じた登記手続が行われることとなる。また、持分の一部を譲渡することも可能であり、その場合の登記及びその他の例については下記の記録例を参考にされたい。

## 〈例2　登記記録 ── 共有持分の全部移転〉

| 権　利　部　（　甲　区　）　　　（所　有　権　に　関　す　る　事　項） | | | |
|---|---|---|---|
| 順位番号 | 登　記　の　目　的 | 受付年月日・受付番号 | 権　利　者　そ　の　他　の　事　項 |
| 2 | 所有権移転 | 令和何年何月何日<br>第何号 | 原因　令和何年何月何日売買<br>共有者<br>何市何町何番地<br>　　持分2分の1　甲某<br>何市何町何番地<br>　　　　2分の1　乙某 |
| 3 | 甲某持分全部移転 | 令和何年何月何日<br>第何号 | 原因　令和何年何月何日売買<br>何市何町何番地<br>　　持分2分の1　丙某 |

(出典：登記記録例209を年月日修正)

## 〈例3　登記記録 ── 共有持分の一部移転〉

| 権　利　部　（　甲　区　）　　　（所　有　権　に　関　す　る　事　項） | | | |
|---|---|---|---|
| 順位番号 | 登　記　の　目　的 | 受付年月日・受付番号 | 権　利　者　そ　の　他　の　事　項 |
| 2 | 所有権移転 | 令和何年何月何日<br>第何号 | 原因　令和何年何月何日売買<br>共有者<br>何市何町何番地<br>　　持分2分の1　甲某<br>何市何町何番地<br>　　　　2分の1　乙某 |
| 3 | 乙某持分一部移転 | 令和何年何月何日<br>第何号 | 原因　令和何年何月何日売買<br>何市何町何番地<br>　　持分4分の1　丙某 |

(出典：登記記録例210を年月日修正)

---

(注7)　共有名義の登記において「持分」の表示は筆頭の共有者についてのみする取扱いで差し支えないとされており、実際の実務（登記簿）においても二人目以降の「持分」の表示は省略されている（平28・6・8民二第386号民事局長通達「不動産登記記録例について」187の注）。

Q1 ── 登記手続との接合

## 〈例4　登記記録 ── 共有持分の一部移転（数個の持分取得の登記がある場合）〉[注8]

| 権　利　部　（　甲　区　）　　（所 有 権 に 関 す る 事 項） | | | |
|---|---|---|---|
| 順位番号 | 登 記 の 目 的 | 受付年月日・受付番号 | 権 利 者 そ の 他 の 事 項 |
| 何 | 甲某持分一部（順位何番で登記した持分）移転 | 令和何年何月何日第何号 | 原因　令和何年何月何日売買<br>何市何町何番地<br>　　　持分10分の1　乙某 |

（出典：登記記録例211を年月日修正）

## 〈例5　登記記録 ── 共有者の各持分の一部移転〉

| 権　利　部　（　甲　区　）　　（所 有 権 に 関 す る 事 項） | | | |
|---|---|---|---|
| 順位番号 | 登 記 の 目 的 | 受付年月日・受付番号 | 権 利 者 そ の 他 の 事 項 |
| 2 | 所有権移転 | 令和何年何月何日第何号 | 原因　令和何年何月何日売買<br>共有者<br>何市何町何番地<br>　　　持分2分の1　甲某<br>何市何町何番地<br>　　　　　2分の1　乙某 |
| 3 | 甲某持分4分の1，乙某持分4分の1移転 | 令和何年何月何日第何号 | 原因　令和何年何月何日売買<br>何市何町何番地<br>　　　持分4分の2　丙某 |

（出典：登記記録例212を年月日修正）

## 〈例6　登記記録 ── 共有名義を単有名義とする移転〉

| 権　利　部　（　甲　区　）　　（所 有 権 に 関 す る 事 項） | | | |
|---|---|---|---|
| 順位番号 | 登 記 の 目 的 | 受付年月日・受付番号 | 権 利 者 そ の 他 の 事 項 |
| 2 | 所有権移転 | 令和何年何月何日第何号 | 原因　令和何年何月何日売買<br>共有者<br>何市何町何番地<br>　　　持分2分の1　甲某<br>何市何町何番地<br>　　　　　2分の1　乙某 |
| 3 | 共有者全員持分全部移転 | 令和何年何月何日第何号 | 原因　令和何年何月何日売買<br>所有者　何市何町何番地<br>　　　　　　　丙某 |

（出典：登記記録例213を年月日修正）

---

（注8）「同一名義人につき数個の持分取得の登記がある場合の登記事務の取扱いについて（通達）」（昭58・4・4民三第2252号民事局長通達）──① 同一名義人が数回に分けて各別の登記により持分を取得している場合には，その登記にかかるそれぞれの持分につき抵当権設定の登記又は持分移転の登記を申請することができる。② この場合における登記の目的の記載は「何某持分一部（順位何番で登記した持分）の抵当権設定（又は移転）」の振り合いによるものとし，申請書に添付すべき権利に関する登記済証（現在は登記識別情報であり，以下，同じ。）は，その持分取得の登記の際に交付された登記済証で足りる。

第2節　総有の法律関係

## 第2節　総有の法律関係

## Q2 ｜ 総有とはどのような権利か。

**A** 　総有とは，入会団体の有する入会財産や権利能力のない社団が実質的に有している財産などで見られる共同所有形態である。団体自体が法人格を有していないため，団体構成員全員が当該財産を総有していると構成されるが，団体性の維持の観点から総有では構成員個人に持分権は認められず，その譲渡もできない。また，共有の場合のような分割請求権も認められていない。このような総有は実体法上及び手続法上も難解な法律問題を含むこととなるが，とりわけ総有不動産については登記制度等との関係で，多くの裁判例が存在するところとなっている。

### Check ▶

民263条

### 解　説

### 1　総有の意義

複数の者が一つの不動産を所有する共同所有のなかでも「共有」が近代民法以降の基本的法理である一物一権主義に親和的であるのに対し，「総有」はむしろ近代以前の共同所有関係を色濃く残す権利である。すなわち，総有とは，各権利者に持分権は認められず各権利者個人による財産処分が前提とされていない共同所有関係である。

このような総有形態が現代社会において認められる場面は当然，限定され

る。すなわち，入会団体の有する入会財産や権利能力のない社団の財産が総有形態であると理解されている。判例も入会財産について最二小判昭41・11・25民集20巻9号1921頁が，権利能力のない社団の財産について最一小判昭32・11・14民集11巻12号1943頁が，それぞれ総有財産であることを認めている。

入会権は，山林などを特定の所有者に帰属させることなく，その地域に属する住民が共同で管理，利用する権利であり，近代以降の取引社会に馴染まない性格のものである。これを敢えて民法の所有概念のなかで説明する過程において，当該地域住民全員の総有という共同所有形態が観念されるのである。

権利能力なき社団も，法人格を有しないが事実上，存在している団体に関して，このような社会的に実在する団体の財産関係を法的に説明するために導き出された概念である。この場合も社団構成員全員による総有的な所有が観念されるのである。

一定の団体が財産を保有し，取引行為を行う場合には，当該団体に法人格を与え権利主体とすることが近代法以降の法主体のあり方であるが，そのような法人格を与えることができない，あるいは事実上していない特定の団体についても，その社会的実在を考慮し，これに事実上の法主体性を認めるための共同所有形態が総有ということになる。

## 2　総有の内容

総有の以上のような意義に鑑みると，この社会的に実在する団体が有する団体としての性質を事実上，維持し得るような内容のものとして総有概念が構築されることになる。すわなち，団体自体に法人格が存在せず権利義務の主体とならない以上，入会団体や権利能力なき社団が事実上，管理・保有する財産は団体構成員全員の共同所有と法的には位置付けられる。しかし，各構成員に固有の持分権を認めたり，持分の譲渡を可能としたのでは，存在する社会的実体の団体的性質を維持することはできない。そこで，総有におい

ては，各構成員には持分権は認められず，[注9]したがって，その譲渡もできないこととなる。また，構成員個人による財産の分割請求権も認められない。

## 3 総有財産の法的規律

### (1) 実体法上の規律（総有不動産に関する登記実務）

　入会団体や権利能力なき社団が実質的に有する財産についてこれを総有と構成することで，当該団体による財産の所有関係や第三者との間の取引関係が法的に規律，調整される。物の所有は団体構成員の総有とされ，また，第三者との間の取引行為は団体の代表者が当該団体の名において行うことを認め，その取引上の権利義務は1個の債権債務として構成員全員に総有的に帰属するとされる。判例[注10]も，権利能力なき社団の事案において，代表者が社団の名においてした取引上の債務について，「その社団の構成員全員に，1個の義務として総有的に帰属するとともに，社団の総有財産だけがその責任財産となり，構成員各自は，取引の相手方に対し，直接には個人的債務ないし責任を負わない」と判示している。

　ただし，不動産についてはその公示手段（対抗要件）として登記制度が前提とされていることとの関係で，総有不動産の扱いに関して大きな問題を有する。すなわち，入会団体や権利能力なき社団については，法的にはあくまで法人格がないため，団体名義の登記をすることはできない（これを認めることは物権の権利者及びその内容を正確に公示するという登記制度の要請に反することになる。）。むしろ，総有財産である不動産はこの権利が帰属している団体構成員全員を権利者として公示すべきことになる。しかし，例えば法人格を取得していない町内会のような権利能力なき社団について，その町内会に所属している住民全員を特定してこれを登記に記載することはおよそ困難であり，現実的ではない。

　そこで，総有不動産については当該団体の代表者等の特定の個人の名義で

---

(注9)　最一小判昭57・7・1民集36巻6号891頁は，入会権について入会団体の構成員は持分権を有しないことを確認している。

(注10)　最三小判昭48・10・9民集27巻9号1129頁

所有権登記等がなされることが日常的扱いになっている。この点は後述【登記手続との接合】で解説するが，この場合の個人名義の登記には総有財産であることをうかがわせる団体名や当該団体の代表者であることの肩書を付記することも許されない。そのため，取引関係にある第三者からは，当該不動産が登記名義人となっている個人の固有財産なのか，あるいは実質的に当該団体が有する総有財団なのかについて区別がつかず，問題を生じることになる。この点が総有不動産をめぐる大きな課題となっている。

(2)　民事手続法上の規律（総有不動産に関する訴訟，執行のあり方）

　法人格を有しないが社会実体として存在する入会団体や権利能力なき社団に関しては，民事手続法上も特別の扱いがなされる。[注11]すなわち民事訴訟法29条が法人格を有しない団体においても，一定の要件を満たすことにより当事者能力を認めており，訴訟遂行が可能となる。この扱いは民事執行法20条を介して執行手続に，民事保全法7条を介して保全手続にも準用される。

　ただし，実体法上，総有不動産について解決困難な問題があることが，不動産関係訴訟や執行手続にも影響を与えている。入会団体や権利能力なき社団が第三者に対し所有権登記名義の移転登記手続を求める訴訟を提起する場合，当該団体名義の所有権移転登記ができない以上，当該団体そのものを原告とすることは許されないのではないかが問題となる。[注12]さらには，権利能力なき社団の構成員の総有的に帰属する不動産に対して，債権を有する第三者が強制執行手続に着手する場合の方法についても議論がある。[注13]現時点に

(注11)　最一小判昭39・10・15民集18巻8号1671頁は，権利能力なき社団といい得るためには，「団体として組織をそなえ，そこには多数決の原則が行われ，構成員の変更にもかかわらず団体そのものが存続し，しかしてその組織によって代表の方法，総会の運営，財産の管理その他団体としての主要な点が確定しているものでなければならない」と判示している。

(注12)　この点は従来，権利能力なき社団自体に原告適格は認められず，社団代表者が個人名義で訴訟を提起することになると扱われてきたが，最一小判平26・2・27民集68巻2号192頁が，権利能力なき社団が原告となり，不動産の登記名義を有する第三者に対し所有権移転登記手続を求める訴訟を提起することを許容した。なお，これに先立ち最三小判平6・5・31民集48巻4号1065頁が入会団体の当事者適格についてもこれを認めていた。

(注13)　この点は最三小判平22・6・29民集64巻4号1235頁がその具体的方法を判示している。すなわち，強制執行を求める債権者は，「強制執行の申立書に，当該社団を債務者とする執行文の付された上記債務名義の正本のほか，上記不動産が当該社団の構成員全員の総有に属することを確認する旨の上記債権者と当該社団及び上記登記名義人との間の確定判決その他これに準ずる文書を添付して，当該社団を債務者とする強制執行の申立てをすべき」としてい

第2節　総有の法律関係

おける実務のあり方は，第2編第1章第2節及び第2章第2節において説明
する。

## 登記手続との接合

【解説】　3(1)で説明されているとおり，総有不動産について，それを有す
る団体名義で登記することはできない。[注14]不動産登記法においても，登記名
義人となる者が権利能力を有しないときを登記申請の却下事由として，この
ことを定めている（不登25条13号，不登令20条2号）。また，当該団体名義で登
記することができない理由として，登記官による「権利能力なき社団」の存
在を認定することが困難であるという点からも説明されている。[注15]

　結果として，その構成員全員名義又は代表者名義で登記せざるを得ないこ
ととなるが，構成員が多数であったり，その変動が頻繁であったりすること
が予想される団体においては，代表者名義で登記される実務であることも解
説で説明されているとおりである。なお，下記のとおり，権利能力なき社団
が所有し構成員の共有名義となっている不動産について，共有名義人の一人
（代表者）名義とする旨の登記も可能である。[注16]

　ところで，解説にあるとおり総有において「持分権は認められない」とさ
れているが，不動産登記法上に総有に関する登記手続の定めはなく，その手
続は類似する共有手続によることとなる。これにより，複数名の構成員名義
で登記をするときには持分も登記しなければならない（不登59条4号）。

---

　　る。
（注14）　昭23・6・21民事甲第1897号民事局長回答
（注15）　幾代通ほか『不動産登記先例百選（第2版）』10頁（別冊ジュリスト75号，有斐閣，1982
　　年）
（注16）　昭41・4・18民事甲第1126号民事局長電報回答——例7のとおりこの場合の登記原因も
　　「委任の終了」である。

*14*

Q2 —— 登記手続との接合

〈例7　登記記録 —— 法人格のない社団の構成員全員の共有名義を代表者の単独名義とする所有権移転〉

| 権　利　部　（　甲　区　）　　（所　有　権　に　関　す　る　事　項） | | | |
|---|---|---|---|
| 順位番号 | 登　記　の　目　的 | 受付年月日・受付番号 | 権　利　者　そ　の　他　の　事　項 |
| 2 | 所有権移転 | 令和何年何月何日<br>第何号 | 原因　令和何年何月何日売買<br>共有者<br>　何市何町何番地<br>　　持分3分の1　甲某<br>　何市何町何番地<br>　　　3分の1　乙某<br>　何市何町何番地<br>　　　3分の1　丙某 |
| 3 | 乙某，丙某持分全部移転 | 令和何年何月何日<br>第何号 | 原因　令和何年何月何日委任の終了<br>所有者<br>　何市何町何番地<br>　　持分3分の2　甲某 |

（出典：登記記録例229を年月日修正）

　具体的な登記は，上記登記記録例のとおり，一人又は数人の個人名義で所有者又は共有者として登記され，団体の代表である旨を登記することはできない。[注17]結果として，その登記名義人だけでは，当該不動産が個人所有なのか団体所有なのかを判断することができない。一方で，団体の代表者変更等に伴う所有権移転登記には「委任の終了」といった登記原因が用いられることにより，この登記原因から当該不動産は「権利能力なき社団」が所有するものであろうと推測することはできる。

　それでも，権利能力なき社団が第三者から不動産を購入した場合の登記原因は単純に「売買」となるため，登記原因に「委任の終了」がないと「権利能力なき社団」所有の財産ではないといい切れるものではない。

　また，「委任の終了」を登記原因として登記名義人となった社団の代表者（例えばA）が，その後，当該権利能力なき社団から対象不動産を個人として購入した場合，形式的には名義人が変わっていないため，AからAへの所有権移転登記ができない。したがって，「委任の終了」を原因として登記名義人となっている者がいるときでも，当該不動産が権利能力なき社団が所有するものと断定できるものでもない。

　結局のところ，登記簿上の記録を参考にしつつ，その他の要素を総合的に

―――――――――――――――

（注17）　昭36・7・21民事三発第625号民事第三課長回答

第3節　合有の法律関係

判断して実際の所有者が個人なのか団体なのかを判断せざるを得ないこととなる。

　なお，地方自治法260条の2により認可を受けた地縁団体については，法人格が付与されるとともに，不動産の所有権等の登記名義人となることができる。<sup>(注18)</sup>

---

## 第3節　合有の法律関係

### Q3　合有とはどのような権利か。

　合有とは，組合契約が締結され組合員が組合財産を有する場合の共同所有形態である。各組合員は持分を有するが，組合契約の性質に鑑み，持分の譲渡性は制限されており，また，分割請求権も有していない。組合契約による不動産所有が，個人による所有と団体による所有の中間的形態であることが合有の性質についても影響を与えている。なお，相続が開始され複数の相続人がいる場合のいわゆる遺産共有状態について，これを合有と理解すべきか否かについて見解の対立があるが，遺産分割手続がなされるまでの間の遺産共有についてはこれを民法249条以下に定める共有と理解するのが判例及び実務的扱いである。

---

（注18）　平3・4・2民三第2246号民事局長通達

Q 3

## Check ▶

民668条・676条

## 解　説

### 1　合有の意義

　「合有」とは，共同所有者各自が持分を有しているが，その処分は制限されており，また，分割請求も認められない所有形態である。持分が認められる点では「共有」に類似するが，その譲渡や分割請求が認められない点はむしろ「総有」に類似する。その意味では中間的な共同所有形態ということができる。

　この合有は，民法上の組合契約に基づき組合員が一定の不動産を共同所有するような場合に認められる。複数の者による共同所有の原則的形態は共有であり，ここでは共同所有者が何らかの団体を組織するということは前提とされていない。一方で，総有は団体性の要請が強く働く場面であり，団体そのものを権利義務の主体として扱うことが要請されるが，法人格が存在しないためにそれができない場合の共同所有形態である。総有では強く団体的性格が意識されている。これに対し，「合有」とは一定の団体的性質を有しているものの，入会団体や権利能力なき社団ほどの強い団体性は有していない場合の共同所有形態であり，その中間的な性格はまさに組合の性質に由来するものと理解される。

### 2　合有の内容

　合有においては各自の持分が認められる。組合に関する民法676条1項も，組合員の持分の存在を前提としている。そのうえで同条同項は持分の処分は組合等に対抗できないと規定し，処分が制限されることが明らかにされている。また，同条3項は組合財産の分割を組合員が求めることができない旨を規定している（組合員が共同所有関係の解消を望む場合には組合を脱退することにな

*17*

第3節 合有の法律関係

る。）。この点においても通常の共有とは異なっている。そこで，民法668条は組合財産は総組合員の「共有」に属すると規定するが，この規定が定める「共有」とは「合有」の趣旨であると理解されることになる。

## 3 遺産共有について

個人が死亡し相続が開始されるケースにおいて複数の相続人が存在する場合，遺言等が存在しなければ相続人全員が遺産分割協議（協議ができない場合は家庭裁判所における調停，審判）をしなければならない。被相続人が不動産を所有していたような場合にも，この遺産分割によって最終的な所有関係が決定されることになるが，この遺産分割がなされるまでの間は相続人全員が当該不動産を共同所有することになる。いわゆる遺産共有と呼ばれる状態である（民898条）。

この遺産共有について，その共同所有形態が文字どおり「共有」なのか，あるいは「合有」なのかに関して見解の対立がある。遺産共有の特殊性を根拠に合有と考える見解も存するが，[注19]判例[注20]は古くから共有と理解している。そこで，現在の実務的扱いも共有であるとの前提に立ち，遺産共有状態にある不動産等について相続人は単独で各自の持分を譲渡することができるとしている。ただし，相続人間で遺産共有状態を解消するためにはあくまで遺産分割手続によるべきであり，遺産分割によることなく共有固有の規定である民法256条以下の共有物分割請求権を行使することはできないとされており，[注21]共有説に依拠する判例及び実務においても一般的な共有とは異なる扱いが是認されていることには留意しなければならない。

---

(注19) 遺産共有は遺産分割の遂行に至るまでの過渡的段階であり，通常の共有とは性格を異にする点，また，分割手続も民法906条以下の遺産分割に関する規定によって行われる点などがその根拠として指摘される。

(注20) 最三小判昭30・5・31民集9巻6号793頁

(注21) 最三小判昭62・9・4裁判集民151号645頁。なお，遺産分割手続がなされる前に相続人がその持分を第三者に譲渡した場合には，その第三者との間で共有不動産を分割する必要が生じるので，持分を譲り受けた第三者は民法256条以下の一般の共有物分割手続を求めることができるというのが判例法理である（最二小判昭50・11・7民集29巻10号1525頁，最二小判平25・11・29民集67巻8号1736頁）。

Q3 —— 登記手続との接合

遺産共有に関しては，所有者不明土地問題とも深く関わる問題であり，2021年改正法によって多くの規定が設けられており注意が必要である。これらについてはQ17を参照されたい。

## 登記手続との接合

組合は法人格を有しないため，その組合財産について，当該組合名義の登記をすることはできない。[注22] また，組合員である旨の肩書を付した登記をすることもできない。[注23]

結果として，合有とされる組合契約に基づく登記は，「組合」名義ではなく「組合員」名義の登記となり，その登記名義人だけをみても組合財産か否かを判断することはできない。

一方で，その登記原因等には特徴があるため，当該登記の全体を見ることで組合財産であることを推測することは可能である。例えば，「民法上の組合において，各組合員から組合契約による出資として，業務執行組合員に不動産の所有権を移転する場合等の登記原因」について，以下のような実務回答がある。[注24]

---

① 業務執行組合員に持分を移転する場合
  「民法第667条第1項の出資」
② 業務執行組合員から脱退した組合員に持分を移転する場合
  「民法第681条による払戻」
③ 組合が解散した場合に業務執行組合員から各組合員に持分を移転する場合
  「民法第688条第2項の分割」（現行民法では同条3項となる。）

---

また，有限責任事業組合契約に関する法律により，いわゆるLLPが組合員

---

（注22） Q2の【登記手続との接合】を参照。
（注23） 最二小判昭47・6・2民集26巻5号957頁参照
（注24） 平3・12・19民三第6149号民事第三課長回答

第3節　合有の法律関係

全員の合有財産として不動産を所有する場合，その出資による所有権移転の登記原因は「令和何年何月何日有限責任事業組合契約に関する法律第3条第1項の出資」となる。また，同法74条の規定に基づく共有物分割禁止の定めに関する登記は「特約　有限責任事業組合契約に基づく共有物不分割」となる。[注25]

〈例8　登記記録——LLPが組合員全員の合有財産として不動産を所有する場合〉

| 権　利　部　（　甲　区　）　（所　有　権　に　関　す　る　事　項） | | | |
|---|---|---|---|
| 順位番号 | 登　記　の　目　的 | 受付年月日・受付番号 | 権　利　者　そ　の　他　の　事　項 |
| 何 | 所有権一部移転 | 令和何年何月何日第何号 | 原因　令和何年何月何日有限責任事業組合契約に関する法律第3条第1項の出資<br>特約　有限責任事業組合契約に基づく共有物不分割<br>共有者　何市何町何番地<br>　持分2分の1　何某 |

（出典：登記記録例205を年月日修正）

　その他，組合員の脱退に伴い当該組合員の持分を他の組合員に移転する場合の登記原因は「令和何年何月何日有限責任事業組合からの脱退」とする旨の登記ができるとされており，[注26]組合員の地位を第三者に譲渡した場合は「令和何年何月何日組合員の地位の譲渡」を原因として持分移転登記をすることできるとされている。[注27]

---

（注25）　平17・7・26民二第1665号民事局長通達
（注26）　登研780号125頁
（注27）　登研760号137頁

# 第2章 不動産に関する一般的な共有関係

## 第1節 共有関係の発生

## Q4 不動産の共有関係が生じるのはどのような場合か。

共有関係が発生する場合は，基本的には所有権が発生する場合と同様と解されるが，共有特有の発生原因も存在するので注意が必要となる。また，複数の人によって建物が新たに建築された場合のような物理的な要因によって共有関係が発生する場合と，何らかの法的原因によって共有関係が発生する場合がある。後者についても，所有者が所有権の一部を譲渡するなど契約（法律行為）によって共有関係が生じる場合と，契約（法律行為）以外の一定の事実から共有関係が生じる場合が存する。被相続人が死亡し共同相続が開始されたような場合が後者の典型例である。

### Check ▶

民206条・241条・244条・245条・898条

第1節　共有関係の発生

解　説

## 1　物理的な要因による場合

### (1)　建物の建築工事

　建物建築が着工され，工事が一定の段階に達成すると，[注1]その建物について所有権が発生する。このとき，この建物が複数の権利主体によって建築された場合には，共有権が発生する。これは建築工事の進捗という物理的な要因を契機として共有関係が生じる場合である。

　なお，この理解は建築請負契約において，建物の所有権を最初に（原始的に）取得するのは誰かという議論と不可分に結びついているので注意が必要となる。つまり，建物を，その後，これを利用することになる使用者自身が自ら建築するというような場合であれば別であるが，現代社会においては建物を利用者自らが建築するということはまれであり，建築業者との間の請負契約を通じて利用者が建物を取得することが通常である。そこで，注文者の注文に基づき請負業者が建物建築工事を行った場合，原始的に建物所有権を取得するのは当該建築業者か，あるいは注文主か，この点について法律上の争いがある。判例[注2]は，建築材料の全部又は主要部分を請負業者が提供する一般的なケースにおいて，かつ，注文者に所有権を原始的に帰属させる合意（特約）が存在しない限りは，まずは請負人が原始的に所有権を取得するとしている（請負人帰属説）。この判例法理に従えば，注文主が複数の場合であっても，建築された建物の所有権が一旦，請負業者に帰属したうえで，請負契約に基づき所有権は，建物の引渡しがなされた時点で複数の注文者に移転し，注文者の共有となる。これに対し，学説には建築された建物の所有権

---

（注1）　大判昭10・10・1大民集14巻1671頁は，建築中の建物が不動産となる時期に関して，建物として完成することを必要とせず，工事中といえども屋根や周壁（まわりにめぐらされた壁）を有し土地に定着する1個の建造物として存在する段階となれば足り，床や天井などは未だ具備されていなくとも建物となると判示している。

（注2）　材料を請負業者が負担した場合には，当事者間に別段の意思表示のない限りに請負業者に所有権が帰属し，その後，引渡しによって注文者に移転すると判示した判例として，大判明37・6・22民録10輯861頁，大判大3・12・26民録20輯1208頁。

22

は原始的に注文主に帰属するという見解（注文者帰属説<sup>(注3)</sup>）が有力であり，仮に注文者帰属説に立つならば，複数の権利主体が共同で1個の建物を建築するために工事業者との間で工事請負契約を締結したような場合には，原始的に当該建物に関して複数の権利主体による共有状態を生じさせることになる。

### (2) 付合，混和等の場合

民法242条から248条にかけて，付合，混和及び加工の規定が設けられている。これらのうち，一定の場合には共有となる場合が規定されているが（動産の付合に関する244条，これを準用する混和の規定である245条），いずれも対象となるのは動産である。したがって，不動産においてこれらの規定によって共有関係が生じることは想定されていない。不動産に従として付合した物の所有権はその不動産の所有者に帰属することになる（民242条本文）。加工に関しても，一定の規律にしたがって加工者あるいは材料所有者のいずれかに所有権が帰属することとなる。

### (3) 埋蔵物の場合

民法241条ただし書が他人の所有する物の中から発見された埋蔵物に関して，発見者とその他人の共有となることを規定する。しかし，埋蔵物が不動産であることは想定されないから，この規定も不動産共有には直接には関係しない。

## 2 契約（法律行為）による場合

土地や建物の所有権を有する権利主体が，売買契約等によって，その所有権の一部を買主等に移転すると，以後，その土地や建物は譲渡人と譲受人との共有となる。所有権は本来，一物一権主義の原則のもと，1個の物には1個の所有権が認められるにすぎないが，共有制度はその例外となり，共有者による共有持分権の帰属を認めるのである。そして，所有者は自ら有する所有権の一部のみを処分することも自らの意思によって行うことができる。このような場合には，所有者そして契約の相手方の意思表示に基づき共有関係

---

(注3) 『中田』515頁

第1節　共有関係の発生

が発生することになる。

　また，所有者がその所有権の全部を，売買契約等によって複数の譲受人に譲渡することも可能である。この場合には複数の買主らが，それぞれ共有持分権を有することとなり，これも意思表示に基づく共有関係の発生の一類型となる。

## 3　それ以外の場合

　前記1及び2以外の場合でも，法律が定める一定の事実の存在を要件として共有関係が発生する場合がある。意思表示に基づかない共有関係の発生という点で，前記2のケースとは区別される。これに該当するのが相続による遺産共有状態の発生である。すなわち，被相続人の死亡という事実によって相続は開始される（民882条）。このとき，相続人が複数，存在する場合には遺産分割手続が完了するまでの間，遺産共有状態となる（民898条）。この遺産共有状態は，遺産分割によって各相続人に帰属する遺産の内容が決定された段階で解消されるが，遺産分割において相続人間の共有と定められれば，改めて共有状態が継続することとなる。

　この相続によって発生する遺産共有状態において，各相続人が有する権利義務については，民法第5編「相続」に個別の規定が設けられており，これらの規定が適用されるが，(注4)その前提として遺産共有状態の法的性質が問題となる。判例(注5)は古くから民法第2編「物権」249条以下に規定される共有と性質を同じくすると解している。その結果，相続によって遺産共有状態となった段階で，各相続人は自らの有する相続分について共有持分権を有し，この持分権の譲渡も自らが単独で行い得ることになる。ただし，学説にはこれと異なる見解も存在しており注意が必要である。また，仮に共有説に依拠したとしても，遺産共有状態の特質を考慮して民法249条以下の規定を解釈，運用しなければならないことは当然であり，単に共有の性質を有するとの理

---

（注4）　その具体的な規定の内容及び令和3年改正法による改正の概要については，本編第2章第3節を参照されたい。

（注5）　最三小判昭30・5・31民集9巻6号793頁

解のみで解決することのできない問題を多数，含んでいる。[注6]

## 登記手続との接合

### 1 建物表題登記が可能となる時点

建物に関して不動産登記規則111条では「建物は，屋根及び周壁又はこれらに類するものを有し，土地に定着した建造物であって，その目的とする用途に供し得る状態にあるものでなければならない。」と定めている。したがって，建物表題登記が可能となるためには，最低限このような状態にまで建物の建築工事が完了している必要がある。

さらに，建物の表題登記では，建物の「種類」，「構造」，「床面積」，「登記原因及びその日付」（例えば「令和4年10月1日新築」）等が登記事項として定められている（不登27条・44条）。したがって，建物の現況が，当該登記事項を認定し得るまで完成していないと登記することができない。

とはいえ，実務においては，世間一般でいわれる竣工引渡時より前の段階で表題登記が行われることが少なくない。建物建築工事代金の一部を融資資金で支払うケースなどの典型的な事案において，表題登記とその後の所有権保存登記や担保権設定登記を同時に申請することができない（最二小判昭62・11・13裁判集民152号197頁）ため，実際に融資が発生する時までに表題登記を完了させておく必要があるからである。

建物表題登記申請の際には，登記所に対して，所有権を有することを証する情報を提供しなければならない（不登令7条・別表12）。その所有権を証する情報等については不動産登記事務取扱手続準則（平17・2・25民二第456号民事局長通達。以下「不登準則」という。）87条で一般的なものが具体的に例示されている。

共有の場合は，その持分などについて，不登準則87条に定める「その他申

---

（注6） この点に関しても，本編第2章第3節を参照されたい。

第1節　共有関係の発生

請人の所有権の取得を証するに足る情報」として，具体的には“共有者がその持分を有することについての証明書”といった書面（情報）を作成して提供するのが一般的な実務である。

## 2　所有者が所有権の一部を移転する場合の登記手続

基本的な登記手続は所有権（の全部）を移転する場合と異ならない。ただし，その登記対象物が所有権の一部（持分）であることから，その移転する持分を登記する（不登59条4号）こととなる。登記申請手続を行う際の登記の目的は所有権一部移転である。

移転する持分が記載されることにより共有関係（持分）が明らかになる一方で元の所有者の（差引き）持分は登記簿上に記載されない。また，同じ者が複数回にわたり持分を移転又は取得してもその持分が合算や通分されて登記簿に反映されることはない。このように，持分の移転や取得が繰り返されると一見して登記簿から現在の共有者やその持分が把握しづらい状態になるため，名義人ごとの持分が確認できる登記事項証明書として所有者証明書が用意されている（不登規196条1項4号）。

なお，所有者がその所有権の一部を遺贈している場合は，登記手続上，当該一部持分の遺贈登記を，残りの持分についての相続登記より先行させる必要がある（昭30・10・15民事甲第2216号民事局長電報回答，昭34・4・6民事甲第658号民事局長回答）。

持分権は1個の所有権を他の持分権と互いに制約しあっているという基本的な理解のもと，共有の登記をするのであれば，互いに制約しあう共有持分権の全ての権利関係が公示上明らかにされるべきであり，相続登記を先行させると残りの持分の帰属が登記簿上明らかにならないからである。その上で，遺贈登記については，これを先行させても残りの持分は相続により承継されているという推定が働くとも説明されている（登研494号127頁）。

## 3　所有者が所有権全部を譲渡するが譲受人が複数の場合の登記手続

この場合も，基本的な登記手続は所有権（の全部）を移転する場合と異な

らず，登記申請手続を行う際の登記の目的も所有権移転である。譲受人が複数であることから，その移転する持分を登記する（不登59条4号）こととなるのは前述2と同じである。

　所有者に相続が発生し，その相続人が複数である場合は，当該相続登記を相続人のうちの一人が相続人全員の分について申請することができる。共有者による保存行為の一態様である。このことは，当該相続登記が遺産分割協議に基づくものであっても変わらない。もっとも，このような申請方法をとると，申請人となる相続人以外の登記名義人（他の共有者である相続人）には登記識別情報が通知されないため注意が必要である。関連して，複数の相続人が各々承継した持分について，各別に，自己の持分についてのみの相続登記を申請することはできない（前掲昭30・10・15民事甲第2216号民事局長電報回答）。

　一方で，所有者が複数の者に対し不動産を売却した場合，その買主の一人が買主全員の分について（いわゆる保存行為として）登記申請ができるかについては，相続登記と同様に積極的に解する説と，消極的に解する説がある。民法上の解釈としては当該登記申請行為も保存行為と理解できるものの，不動産登記実務としては，真正担保など不動産登記法上の制約として，複数の買主のうちの一人から共有者全員のための所有権移転登記申請を行うことはできないと解されている（登研513号123頁）。

第2節　共有物の利用

## 第2節　共有物の利用

### 第1　共有物の使用

**Q5**　共有不動産について，共有者はどのような権利を有し，または義務を負うか。

民法は共有物に関する負担（民253条）や共有物についての債権（民254条）に関する規定を定めているが，2021年民法改正により，共有物の使用に関するルールが明確化された。具体的には，共有物を使用する共有者は，他の共有者に対し，原則として自己の持分を超える対価の償還義務を負うこと及び共有物について善管注意義務を負うことが明文化された（民249条）。

**Check** ▶

民249条・250条・253条・254条・898条2項

---

解　説

---

### 1　共有物の使用に関するルールの明確化

#### (1)　持分に関する規律の明確化

各共有者は，共有物の全部について，その持分に応じた使用をすることができる（民249条1項）。すなわち，各共有者は共有物の全部を使用する権利を有するとともに，その権利は「持分に応じた」制約を伴う。[注7]

---

（注7）　『山野目』220頁

28

持分とは，共有者が共有物に対して有する権利の割合をいい，共有者間に定めがないとき，各共有者の持分は相等しいと推定される（民250条）。ただし，共有不動産の持分は登記事項として公示される（不登59条4号）。

　また，共有に関する規定（民249条以下）は，原則として遺産共有にも適用されるが，[注8]2021年民法改正により，相続財産について共有に関する規定を適用するときは，法定相続分（ないし指定相続分）により算定した相続分をもって各相続人の共有持分とされた（民898条2項）。

### (2) 使用に関するルールの明確化

　共有者間で特段の定めがないまま，共有者の一部が共有不動産を使用する事案において，他の共有者による不当利得返還請求ないし損害賠償請求が認められてはいたが，[注9]条文上，共有物を使用する者が他の共有者に対し，どのような義務を負うのか明らかではなかった。

　そこで，2021年民法改正では，共有者間の使用に関するルールを明確にするため，共有物を使用する共有者の他の共有者に対する対価償還義務及び善管注意義務が明文化された。

### ① 対価償還義務について

　共有物を使用する共有者は，原則として，他の共有者に対し，自己の持分を超える使用の対価を償還する義務を負う（民249条2項）。共有者は，自己の持分の範囲内の使用について使用対価の償還義務を負担することはないが，共有物の使用が妨げられている他の共有者との関係では，共有物の全部を無償で使用する権限がないからである。

　ただし，共有物の使用対価について無償にするとの合意が共有者間にある場合，その合意に従うのが相当であるから，共有者間に別段の合意がある場合は，除かれる（民249条2項）。

　なお，別段の合意は，明示のこともあれば，黙示のこともあり得る。例えば，内縁の夫婦による共有不動産の共同使用について，一方の死亡後に他方

---

（注8）　最三小判昭30・5・31民集9巻6号793頁
（注9）　最二小判平12・4・7裁判集民198号1頁

が当該不動産を単独で使用する旨の合意を推認した判例は参考となり得る。[注10]

　また，本項は，遺産共有についても適用されるところ，共有物の管理に関する規律は，共有者間の意思決定に関する規律であり，共有者と第三者（共有者の一人が共有者の地位だけではなく，他の地位を有する場合を含む。）との間の契約関係や権利関係の終了事由等を定めるものではない。例えば，相続人が被相続人の生前から相続財産である共有建物に居住している場合に，被相続人と当該相続人との間で使用貸借の成立が推認されるケースでは，[注11]当該相続人以外の相続人が共有建物について使用貸借契約を解除するとの決定をしても，解除事由又は使用貸借の終了事由がなければ使用貸借契約関係を消滅させることはできないと考えられる。また，相続人の共有建物に相続人の一人である配偶者が配偶者居住権（民1028条）を取得したり，又は，配偶者短期居住権（民1037条）が成立すると，民法所定の終了事由がない限り，これら配偶者居住権等が消滅しないことも同様である。[注12]

　このように，相続財産である共有建物について使用貸借の成立が推認されるケースや配偶者居住権が成立するケースでは，当該契約関係や権利関係の終了事由が認められない限り，当該共有建物の使用対価について，無償性が維持されると考えられる。

　　② 善管注意義務について

　共有者は，善良な管理者の注意をもって，共有物の使用をしなければならない（民249条3項）。共有物を使用している者は，他の共有者の持分との関係では，他人の物を管理しているといえるからである。

　したがって，共有者が過失で共有物を滅失ないし損傷させた場合，他の共有者は当該共有者に対し，善管注意義務違反又は不法行為に基づく損害賠償を請求することができる。[注13]

　なお，遺産共有の場合，相続人は相続の承認又は放棄をするまでの熟慮期

---

（注10）　最一小判平10・2・26民集52巻1号255頁
（注11）　最三小判平8・12・17民集50巻10号2778頁
（注12）　部会資料31（第14回）31頁
（注13）　『村松ら』57頁

間中は，その固有財産におけるのと同一の注意をもって相続財産を管理することで足りるが，相続の承認又は放棄をしたときはこの限りではない（民918条）。

したがって，相続財産を使用する共同相続人が相続の承認をすると，他の共同相続人に対し，善管注意義務を負うことになる。

## 2　共有者間におけるその他の権利義務

### (1)　共有物に関する負担

各共有者は，その持分に応じ，管理の費用を支払い，その他共有物に関する負担を負う（民253条1項）。共有物の管理には相当の費用を要するうえ，共有不動産については公租公課が発生するところ，公平の見地から各共有者がその持分に応じて負担すべきとされたからである。[注14] ここに「管理の費用」とは必要費及び有益費を，「共有物に関する負担」とは租税公課を指す。

共有者が1年以内に民法253条1項の義務を履行しないときは，他の共有者は，相当の償金を支払ってその者の持分を取得することができる（同条2項）。

本条の持分取得権は一種の形成権であり，義務不履行の共有者以外の共有者は誰でも償金を払えば持分を取得することができるが，義務不履行者の全部の持分に相当する償金を払う必要がある。償金を一部しか支払わないときにも取得権を認めてしまうと，複雑な法律関係が発生する可能性があるからである。また，持分取得のためには，単なる意思表示だけでは足りず，「相当の償金」について現実の提供を必要とする。さらに，「1年以内」の起算点は，原則として，費用を立て替えた共有者から償還の催告があったときと解されている。[注15]

### (2)　共有物についての債権

共有者の一人が共有物について他の共有者に対して有する債権は，その特

---

（注14）　ただし，税法上，共有物についての国税，地方税は納税者が連帯して納する義務を負う（国税通則法9条，地方税法10条の2）。
（注15）　『川島＝川井』459頁

定承継人に対しても行使することができる（民254条）。例えば，甲乙の共有不動産について，甲が乙に管理費用等の債権を有する場合，乙が丙に当該共有不動産の持分を譲渡すると，甲が丙に上記債権を行使することができなくなるとすれば，甲は不利益を被るだけでなく，乙は自らの債務を免れるため丙にその持分を譲渡して債務を免れようとする事態も生じ得るからである。[注16]

　しかしながら，その一方で，本条により，甲から持分を譲り受けた丙が不測の損害を被る可能性もある。この点，甲乙丙丁4名の共有土地につき，共有者間において，その一部を甲に分割し単独名義とするが，合意当時は都市区画整理事業により登記不能であったため，登記可能となったら直ちに分筆登記を行うと約束していたにもかかわらず，乙と丙が戊に対し，登記簿上は未分割状態の土地について自己の持分を譲渡し，戊は，分割によって甲が単独取得していた土地上に建物を建てたという事案において，最高裁は，戊は「共有地分割契約により前主たる共有者の負担した義務を承継したものであるから，」甲が「その主張の土地につき他の共有者に対して有する前記分割契約上の債権は，」戊に「対してもこれを行うことができ，……このことは，分割契約につき登記を経たものであると否とにかかわらないと解すべきである。」と判示した。[注17]

　これに対し，学説は，物権公示の原則によりこのような特約は登記なくして他の共有者の特定承継人に対抗し得ないとの立場がある。なぜなら，共有不動産の場合，不分割特約は登記事項とされているが（民256条1項，不登59条6号），その他の物権的合意に関する特約は登記事項とされていないため，物権的合意に基づく債権が共有持分の特定承継人に及ぶとすれば，特定承継人に不測の損害を与える可能性があるからである。[注18]

　ちなみに，2021年民法改正を議論した法制審議会──民法・不動産登記法部会第3回会議では，本条の改正がいったん俎上に上げられたものの，[注19]特

---

(注16)　『川島＝川井』460頁
(注17)　最一小判昭34・11・26民集13巻12号1550頁
(注18)　『川島＝川井』462頁
(注19)　部会資料4（第3回）14頁（第5　その他）

第2　共有物の管理・変更／Q6

段審議されないまま，本条の改正には至らなかった。[注20]

## 第2 │ 共有物の管理・変更

**Q6**　共有不動産の「管理」に関するルールはどのように見直されたか。例えば，砂利道の共有私道を，アスファルト舗装する場合，共有者全員の同意が必要なのか，又は，持分価格の過半数の賛成があれば足りるのか。共有不動産に短期賃借権を設定する場合はどうか。

**A**　一定の事由については，共有者全員の同意が不要となった。共有不動産の変更のうち，例えば砂利道の共有私道をアスファルトに舗装する場合，一般的には「軽微変更」に当たるとして，持分価格の過半数により決することができるようになった。また，共有不動産に短期賃借権を設定する場合も，持分価格の過半数で決することができるようになった。

**Check ▶**

民251条・252条

---

（注20）　なお，立法論として不動産登記法上の権利に関する登記の登記事項の拡大が検討されるべきとの意見もある（『小粥』582頁）。

第 2 節　共有物の利用

解　説

## 1　共有不動産の「管理」に関するルールの見直し

### (1)　「管理」の三類型

　数名の共有者が目的物である不動産（以下「共有不動産」という。）を共同で所有する場合，共有不動産の使用，収益ないし処分に関するルールが必要となる。この点，改正前民法においては，広義の「管理」を変更，管理，保存行為の三類型に分け，[注21] 管理は各共有者の持分価格に従い，その過半数で決することができるが（改正前民252条本文），共有不動産を変更するためには，共有者全員の同意が必要であった（改正前民251条）。また，保存行為は各共有者が単独ですることができた（改正前民252条ただし書）。

　また，改正前民法には，変更，管理及び保存行為に関する定義規定がなく，実務上，変更又は管理のいずれに当たるかが微妙なケースでは，後日の紛争を回避する観点から，変更に当たると判断して共有者全員の同意を得ることが多かった。

### (2)　改正の経緯[注22]

　一部の共有者の所在が不明であったり，共有者が誰であるかを特定できない場合，又は，共有者が賛否を明らかにしない場合，共有物の「管理」は困難となる。特に，共有不動産における「管理」の困難性は，東日本大震災など災害復興支援において，「所有者不明土地問題」として顕在化した。

　所有者不明土地とは，不動産登記簿により所有者が直ちに判明せず，又は

---

（注21）　以下，本問からQ16では，変更，管理，保存行為を総称する広義の管理をカギ括弧付の「管理」と表し，持分の価格の過半数で決する狭義の管理と区別する。

（注22）　令和3年4月21日，「民法等の一部を改正する法律」（令和3年法律第24号）及び「相続等により取得した土地所有権の国庫への帰属に関する法律」（令和3年法律第25号）が成立し，同月28日に公布され，令和5年4月1日，同月27日，令和6年4月1日，令和8年4月1日の四つの時期に分かれて順次施行されている。前者には民法，非訟事件手続法，家事事件手続法のほか，不動産登記法の改正も含まれ，相続登記や住所変更登記の申請が義務化された。両法律は，所有者不明土地の増加など社会経済情勢の変化に鑑み，所有者不明土地の「発生予防」とすでに発生している所有者不明土地の「利用円滑化」の両面から，総合的に民事基本法制の見直しを行うものである。なお，諮問第107号「民法及び不動産登記法の改正について」参照（法務省ウェブサイト「法制審議会――総会　法制審議会第183回会議（平成31年2月14日開催）配布資料5―民法及び不動産登記法の改正について」）。

34

判明してもその所在が不明で連絡が付かない土地をいう。その発生原因として，都市部への人口流入，少子化に伴う人口減少や高齢化などにより，国民の土地に対する所有意識が薄れてきたことに加え，従前，相続登記は権利に関する登記として登記義務が課されていなかったため，登記名義人が死亡しても相続登記がされないまま放置されることなどが指摘された。特に，不動産が遺産共有の状態にあり，数次相続が発生しているケースでは相続人である共有者が数百名を超えることもあり，[注23]共有不動産の使用，収益，処分に著しい障害が生じていた。また，地方の過疎化，社会活動の広範化，グローバル化などから共有者間の人間関係が希薄化し，共有者間で共有不動産の「管理」に関する決定を得ることが困難となるケースも多くなった。

　この点，共有不動産の「管理」を円滑に行うための従来からの方策として，共有関係の解消（共有物分割訴訟など）が考えられた。しかしながら，裁判による共有物分割請求は固有必要的共同訴訟として共有者全員を相手に提訴しなければならないため（民訴40条），共有者が多数であったり，所在等不明共有者がいるケースでは手続上の負担が重かった。また，共有物の「管理」の困難性は，土地など不動産に限られず，動産など共有全般に発生し得る問題でもあることから，共有関係を解消することなく，共有物を円滑に利用可能にすることも重要な意味を持つと考えられた。

　そこで，共有物の「管理」の規定を，社会経済情勢に併せて合理的に改正する必要があるとの理由から，2021年民法改正では次のような方策が導入された。

---

① 共有物の管理の範囲の拡大・明確化（本問）
② 共有物を使用する者がいる場合のルールの明確化・合理化（Q5）
③ 所在等不明共有者がいる場合の変更・管理に関するルールの合理化（Q8）
④ 賛否不明共有者がいる場合の管理に関するルールの合理化（Q9）
⑤ 共有者が選任する共有物の管理者のルール整備（Q7）

---

（注23）　法制審議会民法・不動産登記法部会では，共有者が多数にのぼるケースを「メガ共有」と称することもあった（同部会第1回会議議事録30頁）。

第2節　共有物の利用

(3)　共有物の「管理」に関する規定の整理

2021年改正民法は，「管理」の三類型を維持しつつも，その定義規定を置かなかった。しかしながら，全員の同意が必要な変更から共有物の「形状又は効用の著しい変更を伴わないもの」（以下「軽微変更」という。）は除かれ（民251条1項），軽微変更と管理は，各共有者の持分価格の過半数で決することができるようになった（民252条1項）。なお，保存行為は，各共有者が単独でなし得ることに変わりがない（民252条5項）。

改正後の共有物の「管理」の概要は，下記図表1のとおりである。

〈図表1　共有物の管理の概要〉

| 「管理」の種類 | 2021年改正民法 | 同意の要件 |
|---|---|---|
| 変更（軽微変更除く） | 251条1項 | 共有者の全員 |
| 軽微変更 | 251条1項，252条1項 | 各共有者の持分の価格の過半数 |
| 管理（狭義） | 252条1項 | |
| 保存行為 | 252条5項 | 共有者の単独 |

## 2　共有物の変更ないし管理に関する規定の整理

(1)　変更の定義

各共有者は，他の共有者の同意を得なければ，共有物に変更（その形状又は効用の著しい変更を伴わないものを除く。）を加えることができない（民251条1項）。2021年改正民法が変更の定義規定を設けなかったため，どのような行為が変更に当たるかは引き続き解釈に委ねられている。

この点，民法起草者は，共有木材で家屋を建築したり，共有山野を開拓して田畑にするなど物質的な意味での変更を予定していたとされ，[注24] 判例も共有立木を伐採したり，[注25] 共有農地を宅地に造成すること[注26] は変更に当たると判断していた。

---

(注24)　『川島＝川井』452頁
(注25)　大判大8・9・27民録25輯1664頁
(注26)　最三小判平10・3・24判タ974号92頁

これに対し，法律上の処分について，判例は，「共有物の変更が共有者全員の同意を必要とすることは民法251条の定めるところであり，共有物についての処分もまた同様に解すべきものであるから，本件共有不動産自体についての抵当権を設定するためには共有者全員の同意を要し，共有者全員の同意がなくてなされた抵当権設定契約は，本件共有不動産自体についての抵当権設定の効力を生ずるものではない。」と判示した。[注27]

学説は，共有不動産全部の譲渡などの法律上の処分も変更に含まれると解する説[注28]と法律上の処分は変更に含まれないが，持分の喪失をもたらす以上，全員の同意が必要であるのは当然と解する説[注29]に分かれており，改正後も解釈に委ねられていることに変わりがない。[注30]

(2) 軽微変更について

共有物に変更を加える場合，全員の同意が必要とされることが原則であるが，変更のうち「軽微変更」は各共有者の持分の価格の過半数で決することができるようになった（民251条1項・252条1項）。

軽微変更とは，共有不動産の「形状又は効用の著しい変更を伴わない」変更であり，「形状の変更」とはその外観，構造等を変更することを，「効用の変更」とはその機能や用途を変更することをいう。

軽微変更に当たるかどうかは，変更を加える箇所や範囲，変更行為の態様や程度を総合して個別具体的に判断される。例えば，砂利道をアスファルト舗装にすること，[注31]建物の外壁塗装や屋上防水などの大規模修繕工事は，形状又は効用の著しい変更を伴わないものとして，基本的に軽微変更に該当すると解されている。[注32]

なお，2021年民法改正により，境界線を越える「竹木が数人の共有に属するときは，各共有者は，その枝を切り取ることができる。」とされた（民233

---

（注27） 最一小判昭42・2・23裁判集民86号361頁
（注28） 『安永』190頁等
（注29） 『山野目』224頁等
（注30） 『村松ら』76頁
（注31） 共有私道ガイドライン70頁
（注32） 『村松ら』59頁

第2節　共有物の利用

条2項)。実務上，枝の伐採は変更に当たり，共有者全員の同意が必要と解されることが一般的であったが，2021年民法施行後，竹木共有者は隣地に越境した枝を単独で切り取ることができるようになる。また，越境された土地の所有者は，竹木共有者の一人から承諾を得て，枝を切ることもできるし，共有者の一人に対する枝の切取りを命じる判決を得れば，代替執行の方法により枝を切り取ることができるとも考えられる（民233条1項，民執171条1項・4項)。<sup>(注33)</sup>

（3）　**短期賃借権等の設定について**

　共有物に使用権を設定することは，基本的には持分の価格の過半数で決することができると解されていた（改正前民252条)。<sup>(注34)</sup>これに対し，長期の賃借権その他の使用及び収益を目的とする権利（以下「賃借権等」という。）を設定することは，共有者による目的物の使用及び収益が長期間にわたって制約されることとなり，共有者の負担が大きいため，共有物の変更（改正前民251条）に当たるものとして，共有者全員の同意が必要であるとも解されてきた。このように，賃借権等の設定期間がどの程度になれば，変更又は管理のいずれに当たるのかが明確ではなく，賃借権等の設定が困難になっていると指摘されていた。

　そこで，賃借権等の設定が変更又は管理のいずれかという基準を明確にするため，存続期間が民法602条各号に定める期間を超えない場合は管理に該当し，共有者の持分の価格の過半数で決することができるとされた（民252条4項)。具体的には以下のとおりである。

---

①　樹木の栽植又は伐採を目的とする山林の賃借権等　10年
②　前号に掲げる賃借権等以外の土地の賃借権等　5年
③　建物の賃借権等　3年
④　動産の賃借権等　6か月

---

　したがって，上記期間を超える賃借権等の設定は，効用の著しい変更を伴

---

（注33）　『村松ら』53頁
（注34）　最一小判昭39・1・23裁判集民71巻275頁

うものとして，共有者全員の同意が必要となる。

### (4) 建物所有目的の土地賃借権等の設定

建物所有を目的とする土地賃借権又は地上権の設定期間を5年以内と定めて契約しても，借地借家法3条により30年とされるため，一時使用目的の場合を除き（借地借家25条），効用の著しい変更を伴うものとして共有者全員の同意が必要になる。

### (5) 建物賃借権の設定

建物賃借権の設定期間を3年以内と定めて契約しても，建物賃貸人は，原則として，正当事由がなければ，契約の更新を拒むことができない（借地借家28条）。したがって，契約期間を3年以内と定める定期建物賃貸借（借地借家38条），取壊し予定の建物の賃貸借（借地借家39条）及び一時使用目的の建物賃貸借（借地借家40条）を除く建物賃貸借は，効用の著しい変更を伴うものとして共有者全員の同意が必要になると考えられる。

## 3 全員の同意を経ない共有物の変更等について

他の共有者全員による同意なしに，一部の共有者が共有物を物理的に変更しようとする場合，他の共有者は変更の差止請求ができる。[注35] また，現に物理的に変更されてしまった場合，原状回復請求が認められる。[注36] いずれにおいても，他の共有者は，当該共有者に対し，持分に応じた損害賠償請求権を行使することができる。[注37]

また，他の共有者全員の同意なくして，共有者が共有不動産全部を第三者に譲渡するなどの処分をしても，他の共有者は登記なくして当該第三者に自らの持分を対抗することができる。[注38]

---

(注35) 前掲大判大8・9・27民録25輯1664頁（共有立木の伐採禁止）
(注36) 前掲最三小判平10・3・24判タ974号92頁（宅地造成のために搬入された土砂の撤去）
(注37) 『川島＝川井』454頁，『小粥』571頁
(注38) 所有権移転について最二小判昭38・2・22民集17巻1号235頁，抵当権設定について前掲最一小判昭42・2・23裁判集民86号361頁

第2節　共有物の利用

> **Q 7**　共有不動産について，共有物を使用する共有者がいる場合のルールはどのように変わったか。また，共有物を利用している者に配偶者居住権など共有物を利用する権限がある場合，当該利用権は，他の共有者による持分価格の過半数の決によって影響を受ける場合があるか。

**A**　2021年民法改正により，共有物を使用する共有者がいる場合でも，持分価格の過半数により，管理に関する事項を決定することができるようになった。したがって，共有者間で取決めをすることなく共有物を利用する共有者に対し，他の共有者は持分価格の過半数により，別の共有者に当該共有物を利用させることができる。ただし，共有者間の決定に基づき共有物を使用する者がいて，その者に特別の影響を及ぼす場合には，その承諾を得なければならない。また，共有物を利用する者に配偶者居住権などの利用権限がある場合，当該利用権の終了事由がない限り，他の共有者は持分価額の過半数により，当該利用権を失わせることはできない。

**Check ▶**

民252条

**解　説**

## 1　はじめに

### ⑴　共有物の管理について

改正前民法は，「共有物の管理に関する事項は，前条の場合を除き，各共

*40*

有者の持分の価格に従い，その過半数で決する。ただし，保存行為は，各共有者がすることができる。」と規定していた（改正前民252条）。共有物の管理について持分価格の過半数で決するとしたのは，「総共有者の同意を必要とするのは煩わしすぎ，他方で各共有者が専行できるとするのは適当でなく，中間の制を採用した」からである。[注39]

本条にいう管理は，変更が除かれ，共有物の利用・改良行為がこれに当たる（民103条2号参照）。また，保存行為とは，共有物の現状を維持する行為とされる（民252条5項）。[注40]

例えば，共同相続人が相続財産である家屋の使用借主に対してその使用貸借を解除するのは，民法252条本文の管理行為に当たるから，共同相続人の過半決を要するとした判例，[注41]「共有者が共有物を目的とする貸借契約を解除することは民法252条にいう『共有物ノ管理ニ関スル事項』に該当し，……252条但書にいう保存行為にあたら」ないから，共有土地の2分の1の持分を有するにすぎない者は単独で貸借契約を解除し得ないとした判例[注42]がある。

なお，例えば，舗装されたアスファルト道の一部に段差があり，通行に支障が生じている場合やアスファルト舗装が老朽化している場合に全面再舗装する場合は，一般に管理に当たるとされている。[注43]これに対し，アスファルト舗装された共有私道の一部が陥没し，補修工事が必要な場合，陥没部分の穴を塞ぎ，当該部分にアスファルトを再舗装して陥没前と同様の状態に修復する工事は，保存行為として他の共有者の同意を得る必要はないとされている。[注44]

---

(注39)　『小粥』572頁
(注40)　『川島＝川井』455頁・457頁
(注41)　最二小判昭29・3・12民集8巻3号696頁
(注42)　最三小判昭39・2・25民集18巻2号329頁。なお，共有物の貸借解除を管理行為と見る場合，解除権の不可侵性（民544条1項）との関係が問題となるが，最三小判昭39・2・25は同条1項は排除されると判示したが，これに反対する学説もある（『川島＝川井』457頁）。
(注43)　共有私道ガイドライン65頁
(注44)　共有私道ガイドライン61頁

第2節　共有物の利用

(2)　2021年改正民法について

2021年改正民法は，共有物の「管理」について，変更，管理及び保存行為の三類型を維持するととともに，共有物の管理については，① 管理の範囲を拡大，明確化するとともに，② 共有物を使用する共有者がいる場合の管理のルールを規律した。このうち，本項では，②について説明する（なお，「管理」の三類型及び上記①についてはＱ6を参照されたい）。

## 2　共有物を使用する共有者がいる場合の管理のルール

### (1)　改正の背景

共有者のうち誰が共有物を使用するのかという決定や特定の共有者が共有物を使用している場合にその使用方法を定めることなどは，共有物の管理にあたり，共有者の持分価格の過半数で決する（民252条1項）。

改正前民法では，他の共有者から同意を得ることなく共有物を使用している共有者がいる場合，共有者を他の共有者に変えたり，その使用方法を変更することは，持分価格の過半数で決することができるのか，又は全員の同意が必要なのかが明らかではなく，共有物を使用する者の同意なくしてその利益を奪うことは相当でないとの理由から，全ての共有者の同意を得なければならないとする見解が有力であった。

また，遺産共有について最高裁は，「共同相続に基づく共有者の一人であつて，その持分の価格が共有物の価格の過半数に満たない者（以下単に少数持分権者という）は，他の共有者の協議を経ないで当然に共有物（本件建物）を単独で占有する権原を有するものでない……が，他方，他のすべての相続人らがその共有持分を合計すると，その価格が共有物の価格の過半数をこえるからといつて（以下このような共有持分権者を多数持分権者という），共有物を現に占有する前記少数持分権者に対し，当然にその明渡を請求することができるものではない。けだし，このような場合，右の少数持分権者は自己の持分によつて，共有物を使用収益する権原を有し，これに基づいて共有物を占有するものと認められるからである。従つて，この場合，多数持分権者に対して共有物の明渡を求めることができるためには，その明渡を求め

る理由を主張し立証しなければならない」と判示していた。[注45]

　しかしながら，共有物の管理は，本来は共有持分の価格の過半数で決することができるはずである。それにもかかわらず，共有者間で特段の定めもないまま共有物を使用している共有者がいる場合，使用の主体やその方法を変更するため，共有者全員の同意を得なければならないとすると，共有物の使用方法が硬直して妥当ではないと考えられる。また，他の共有者の同意を得ることなく共有物を使用している共有者を保護する必要性は必ずしも高いとは言いがたい。

### (2)　改正の内容

　2021年改正民法252条1項は，「共有物の管理に関する事項（次条第1項に規定する共有物の管理者の選任及び解任を含み，共有物に前条第1項に規定する変更を加えるものを除く。次項において同じ。）は，各共有者の持分の価格に従い，その過半数で決する。共有物を使用する共有者があるときも，同様とする。」と定めた。

　したがって，共有者間の定めがないまま，共有物を使用する共有者がいる場合でも，その同意を得ることなく，持分価格の過半数で，別の共有者に共有物を使用させたり，又はその使用方法を変えることができるようになった（同条1項後段）。

　ちなみに，2021年改正民法252条1項に基づき，現在使用している共有者から別の共有者に共有物を使用させる旨の決定がされたときは，前掲最高裁昭和41年判決にいうところの「明渡を求める理由」があることになる。[注46]

### (3)　配偶者居住権や第三者に対する使用権との関係

　2021年改正民法252条1項は，共有者内部での意思決定方法を定めるものであり，共有物を使用している共有者に共有物を使用する別の権限がある場合，その権限が消滅しない限り，その使用権を持分価格の過半数によって奪

---

(注45)　最一小判昭41・5・19民集20巻5号947頁。なお，「共有物を占有するものを管理方法により多数決で占有者を変更することができるかどうかの点についてこの判決はとくにふれない」との解説も当時からあった（判タ193号91頁）。

(注46)　『村松ら』64頁

第2節　共有物の利用

うことはできない。

　例えば，相続人が共有している建物について，相続人の一人である配偶者が配偶者居住権や配偶者短期居住権を取得した場合，配偶者居住権の消滅事由がない限り（民1032条4項・1038条3項），他の共有者は持分価格の過半数によっても，当該配偶者に対し，建物の明渡しを請求することはできない。また，2021年改正民法252条4項に基づき，建物等に短期賃借権等を設定している場合や被相続人と同居相続人との間の使用貸借関係が相続開始後も存続する場合について，当該使用権限が消滅しない限り，持分価格の過半数によって，建物等の明渡しを求めることはできない。[注47]

## 3　共有者間の持分価格の過半数の決定により共有物を使用する共有者がいる場合の管理のルール

　2021年改正民法252条3項は「前二項の規定による決定が，共有者間の決定に基づいて共有物を使用する共有者に特別の影響を及ぼすべきときは，その承諾を得なければならない。」と定める。共有者の持分価格の過半数に基づき，現に共有物を使用している共有者がいる場合にも，持分価格の過半数によって，共有物の使用者を別の共有者にしたり，その使用方法を変更することを認めると（同条1項後段），現に共有物を使用している共有者に不利益を与える可能性があるからである。

　「特別の影響」とは，対象となる共有物の性質に照らし，決定の変更等をする必要性と，その変更等によって共有物を使用する共有者に生じる不利益とを比較して，共有物を使用する共有者に受任すべき程度を超えて不利益を生じさせることをいい，その有無は具体的事案に応じて判断される。[注48]

　例えば，①甲，乙，丙が各3分の1の持分で土地を共有している場合に，甲が当該土地上に建物を建てて居住するとの決定に基づき，甲が建物を建てた後に，乙と丙の同意により，当該土地を使用する者を乙に変更するケースや，②①と同様の共有関係において，甲による当該土地の使用期間を20年

---

（注47）『村松ら』64頁・65頁
（注48）『村松ら』65頁

と定めた上で，甲が建物を建てて当該土地を利用しているにもかかわらず，乙と丙が土地の利用期間を5年に変更するケースなどが甲に「特別の影響」を及ぼす場合と考えられる。[注49]

 **Column 1　隣地使用権**

　改正前民法では，土地の所有者は，境界又はその付近において障壁又は建物を築造し又は修繕するために必要な範囲内で，他人の所有する隣地の使用を請求することができるとされていた（改正前民209条1項本文）。

　しかし，「隣地の使用を請求することができる」の解釈については争いがあった。例えば，隣地所有者の所在が分からず，連絡が取れないときでも隣地を使用することができるかどうかは必ずしも明確ではなかった。また，障壁や建物を築造し，又は修繕する以外の目的（例えば土地工作物の取壊しなど）で隣地を使用することができるか否かについても明らかではなかった。

　こうした指摘を踏まえ，改正民法では，①境界又はその付近における障壁，建物その他の工作物の築造，収去若しくは修繕，②境界標の調査又は境界に関する測量又は③改正民法233条3項による越境した枝の切取りの目的のため必要な範囲内で，隣地の所有者及び隣地を現に使用している者（以下「隣地使用者」という。）の承諾がなくとも，その使用する権利を有することが規律された（民209条1項）。

　ただし，隣地の所有者及び隣地使用者の利益を保護するため，「使用の日時，場所及び方法は，隣地の所有者及び隣地使用者のために損害が最も少ないものを選ばなければならない。」（同条2項）と限定されるとともに，隣地の所有者及び隣地使用者に対する，目的，日時，場所及びその方法に関する事前通知が必要ともされた（同条3項本文）。

　これに対し，隣地所有者の所在が不明である場合など「あらかじめ通

---

（注49）『村松ら』66頁

第2節　共有物の利用

知することが困難なときは，使用を開始した後，遅滞なく，通知することをもって足りる。」（同条3項ただし書）とも規律され，隣地を使用しようとする者の利益との調整を図っている。

ちなみに，隣地が共有であり，一部の共有者の所在が不明である場合でも，所在が判明している共有者に対する事前通知は必要である。

なお，改正民法の下でも，住家については，その居住者の承諾がなければ，立ち入ることはできない（民209条1項ただし書）。住家に居住する者の平穏を保護するためである。

また，隣地使用権の行使により，隣地の所有者又は隣地使用者が損害を受けたときは，その償金を請求することができる点は（民209条4項）は，改正によっても変わらない。さらに，電気，ガス，水道などのライフラインの設備工事等を行うときに隣地の使用を必要とする場合にも，隣地を使用することができるようになった（民213条の2第4項。本書Q11も参照）。

## 第3　所在等不明共有者がいる場合の共有物の変更・管理

**Q8**　所在等不明共有者がいる場合の共有不動産の変更又は管理に関する裁判とはどのような制度か。例えば，共有私道について，共有者の一部が所在不明でも，通路の坂道を階段に付け替えたり，共有私道上に重量が50キロ以上のゴミボックスを設置することは可能か。

　　所在等不明共有者がいる場合，裁判所の決定を得て，① 所在等不明共有者以外の共有者全員の同意により，共有物に変更を加え

こと（例えば，通路の坂道を階段に付け替えることなど）及び② 所在等不明共有者以外の共有者の持分価格の過半数により，管理に関する事項（例えば，共有私道上に50キロ以上のゴミボックスを設置することなど）を決定することができるようになった。

**Check ▶**

民251条2項・252条2項〜4項，非訟85条

**解説**

## 1 所在等不明共有者がいる場合の変更

### (1) 制度創設の背景

共有物に変更を加える場合，共有者全員の同意が必要であるが（民251条1項），共有者が他の共有者を知ることができず，又はその所在を知ることができない場合（以下当該他の共有者を「所在等不明共有者」という。），改正前民法の下ではその同意を得ることができなかったため，不在者財産管理人の選任を家庭裁判所に申し立て，不在者財産管理人から同意を得るなどして対応してきた（民25条以下）。しかしながら，不在者財産管理人の選任には手間や時間がかかるうえ，予納金を納める必要がある。また，不在者財産管理人は「人」の財産管理人であるため，共有物に複数の所在等不明共有者がいる場合，実務上，所在等不明共有者ごとに不在者財産管理人が選任され，管理人報酬がかさむ場合もあった。さらに，他の共有者が誰であるかを特定できない場合，不在者財産管理人を選任することができず，共有物の変更ないし管理に支障が生じていた。

これに対し，もともと共有者は，その持分に応じて共有物を使用できるにもかかわらず，所在等不明共有者がいるために共有物の変更に支障が生じ，その使用が妨げられる状況は不合理である。

そこで，所在等不明共有者がいる場合でも，共有物の変更を円滑に行える

第2節　共有物の利用

よう，共有者の請求により，裁判所は，所在等不明共有者以外の他の共有者
の同意を得ることにより共有物に変更を加えることができる旨の裁判ができ
るようになった（民251条2項，非訟85条1項1号。以下「85条1項1号裁判」という。）。
なお，85条1項1号裁判は共有不動産等の共有物のみならず，民法264条に
規定する数人で所有権以外の財産権を有する場合における当該財産権も対象
となる（以下単に「共有物」という。）。

　また，85条1項1号裁判は，複数の共有者が所在等不明共有者である場合
にも利用することができる。

(2)　所在等不明共有者とは

　2021年改正民法は，所在等不明共有者の定義規定を置かなかったため[注50]，
裁判所は，申立人が所在等不明共有者であることを証明するため提出した資
料に基づき，個別事案に応じて所在等不明共有者であるかどうかを認定する
ことになる（部会資料56（第24回）9頁）。その内容は概ね以下のとおりである。

---

① 「他の共有者を知ることができない」（以下「不特定共有者」という。）
とは，当該他の共有者の氏名や名称が不明であり，特定することができな
いことをいう。ただし，共有不動産について不特定共有者がいる場合でも，
その共有持分を管理する所有者不明土地・建物管理人が選任されていると
きは，同管理人との間で協議をすることができるから，不特定共有者には
当たらない[注51]。

② 「他の共有者の所在が知れないとき」（以下「所在不明共有者」という。）
とは，自然人の場合には，他の共有者の住所・居所を知ることができない
ときをいい，法人の場合には，他の共有者の事務所所在地を知ることがで
きず，かつ，他の共有者の代表者の氏名等を知ることができないとき（他
の共有者の代表者がいない場合を含む。）又はその代表者の所在を知るこ
とができないことをいう。また，いわゆる権利能力なき社団についても，

---

（注50）　なお，所有者不明土地の利用の円滑化等に関する特別措置法（以下「所有者不明土地特措
法」という。）2条1項は，「所有者不明土地」について，「相当な努力が払われたと認めら
れるものとして政令で定める方法により探索を行ってもなおその所有者の全部又は一部を確
知することができない1筆の土地をいう。」と定める。同法上，所有者不明土地に該当する
かどうかを認定するのは都道府県知事等の行政機関であり，行政機関による定型的な処理を
可能とするため，所有者の探索を一定の範囲で足りることとして事務の合理化が図られたの
である。

（注51）　『村松ら』71頁

基本的に法人と同様の基準で判断される。

　いずれの場合にも公的記録の調査などを経る必要があるが，対象となっている共有物が不動産の場合，登記事項証明書のほか，住民票（共有者が法人の場合には商業・法人登記簿や同登記簿上の代表者の住民票）の調査が必要となる。[注52]

　また，共有者が自然人でその死亡が判明した場合，戸籍及び住民票による相続人調査も必要になるが，その相続人の存在が不明である場合には，相続財産清算人（民952条以下）が選任されている場合を除き，所在等不明共有者に当たる。

　事案にもよるが，申立人は，他の知れている共有者に対し，所在等不明共有者の所在等を確認する調査も必要となる。[注53]また，実務では，所有者・共有者の探索等に関する報告書の提出を求められることがある。[注54]

### (3)　対象となる行為

　改正民法251条2項の対象となる行為は，共有物に変更を加える行為であり，例えば，農地から宅地に地目変更すること，[注55]更地に建物を築くことは特別の事情がない限り，共有物に変更を加える行為に当たる。ただし，変更のうちその形状又は効用の著しい変更を伴わないもの（例えば，砂利道をアスファルト舗装することなど。以下「軽微変更」という。）は除外される（民251条1項）。これに対し，共有者が共有持分を失うこととなる行為（共有持分の譲渡や共有持分への抵当権設定など）は本手続の対象に含まれない。[注56]

　申立人は，申立ての際に対象となる行為（加えようとしている変更行為）を具体的に特定する必要がある。

---

（注52）『村松ら』71頁
（注53）共有私道ガイドライン21頁
（注54）東京地方裁判所ウェブサイト「共有に関する事件（非訟事件手続法第3編第1章），土地等の管理に関する事件（非訟事件手続法第3編第2章）——各事件共通——探索報告書」
（注55）最三小判平10・3・24判タ974号92頁
（注56）『村松ら』73頁

第2節　共有物の利用

(4)　裁判手続

①　申立人及び申立ての方式

申立人は所在等不明共有者以外の共有者である（民251条2項）。また，申立ては，特別の定めがある場合を除き，書面でしなければならない（共有規則（巻末資料1参照）1条）。

②　管轄・申立手数料

管轄は共有物の所在地を管轄する地方裁判所であり（非訟85条1項1号），その費用は1,000円である（民訴費別表第1の16）。

③　申立書の記載事項及び添付資料

申立書の記載事項は申立ての趣旨及び原因並びに申立てを理由づける事実のほか，下記事項を記載し，申立人又は代理人が記名押印する（共有規則5条1項・2項，巻末資料2参照）。また，共有物が不動産の場合，登記事項証明書の添付を要する（共有規則6条）。

---

ⅰ　当事者の氏名又は名称及び住所並びに法定代理人の氏名及び住所[注57]

ⅱ　申立てに係る共有物の表示

ⅲ　法定代理人を除く代理人の氏名及び住所

ⅳ　申立てに係る共有物の共有者（申立人を除く。）の氏名又は名称及び住所並びに法定代理人の氏名及び住所

ⅴ　申立てを理由づける具体的な事実ごとの証拠

ⅵ　事件の表示，附属書類の表示，年月日，裁判所の表示

ⅶ　申立人又は代理人の郵便番号及び電話番号（FAX番号含む。）

ⅷ　その他裁判所が定める事項

---

なお，上記ⅰとⅱは必要的記載事項であり（共有規則5条1項），ⅲ以下は任意的記載事項である（同条2項）。[注58]

④　資料提出の求め及び裁判所書記官による事実調査

裁判所は，申立人に対し，申立書及び添付書類のほか，申立てを理由づける事実に関する資料等手続の円滑な進行を図るために必要な資料の提出を求

---

（注57）　当事者とは申立人を指し，法定代理人には法人の代表者について準用される（非訟規14条）。

（注58）　「岩井ら」2467頁

第3　所在等不明共有者がいる場合の共有物の変更・管理／Q8

めることができる（共有規則2条）。本条により提出を求めることができると考えられる資料としては，共有物の変更に係る決定の対象物の共有者が所在不明であることを証するための住民票や対象物に関する資料などである。[注59]また，裁判所は，相当と認めるときは，申立てを理由づける事実の調査を裁判所書記官に命じて行わせることができる（共有規則3条）。

⑤　公　告

申立てがあったとき，裁判所は次の事項を公告し，かつ，下記ⅱの期間が経過した後でなければ，裁判をすることができない。下記ⅱの期間は，1か月を下ってはならない（以下「異議届出期間」という。）。なお，公告は，特別の定めがある場合を除き，裁判所の掲示場その他裁判所内の公衆の見やすい場所に掲示し，かつ官報に掲載する（非訟85条2項，共有規則4条・7条）。

> ⅰ　共有物について85条1項1号裁判の申立てがあったこと。
> ⅱ　裁判所が85条1項1号裁判をすることについて異議があるときは，所在等不明共有者は一定の期間内にその旨の届出をすべきこと。
> ⅲ　上記ⅱの届出がないときは，85条1項1号裁判がされること
> ⅳ　申立人の氏名又は名称及び住所並びに所在等不明共有者の氏名又は名称及び住所
> ⅴ　申立てに係る共有物の表示

⑥　裁　判

所在等不明共有者から異議届出期間内に異議の届出がないとき，裁判所は所在等不明共有者全員の同意により共有物に変更を加えることができる旨の裁判をすることができる（民251条2項）。ちなみに，異議届出期間内に所在等不明共有者から異議の申出があった場合，「共有者が他の共有者を知ることができず，又はその所在を知ることができない」との実体法上の要件を欠くことになるため，85条1項1号裁判の申立ては却下される。[注60]なお，85条1項1号裁判は，所在等不明共有者に告知することを要しない（非訟85条6項）。

---

（注59）　前掲注58「岩井ら」2463頁
（注60）　『村松ら』79頁

第2節　共有物の利用

(5)　不服申立て・確定

　所在等不明共有者は，85条1項1号裁判に対し，即時抗告をすることがで
きる。即時抗告をする者が裁判の告知を受ける者でない場合，申立人が裁判
の告知を受けた日から即時抗告期間が進行し，その期間は2週間の不変期間
である（非訟67条1項・3項）。85条1項1号裁判は，確定しなければその効力
を生じない（非訟85条5項）。即時抗告がないまま，即時抗告期間が満了すれ
ば，85条1項1号裁判は確定する（非訟56条4項・5項参照）。

(6)　裁判後の手続

　85条1項1号裁判が確定した後，申立人である共有者は，所在等不明共有
者以外の共有者の全員の同意により共有物に変更を加えることができる。

　例えば，甲，乙，丙，丁，戊（所在等不明）が共有する私道（持分均等）が，
コンクリート舗装の坂道であったところ，乙が坂道をコンクリート階段に変
更したいと考えたとき，本手続を利用することが考えられる。すなわち，坂
道を階段にすることは，その形状を大きく変えるから変更に当たると考えら
れる。したがって，本来は共有者全員の同意が必要であるが，乙は，甲，丙，
丁の同意が得られれば，戊の所在が不明であっても，85条1項1号の裁判を
申し立て，確定裁判を得ることにより当該工事をすることができる。[注61]

(7)　所在等不明共有者が判明したとき

　民法又は非訟事件手続法には，85条1項1号裁判の効力に関する時的限界
に関する定めがない。85条1項1号裁判に基づき，所在等不明共有者以外の
共有者全員の同意に基づき共有物に変更を加えた後，所在等不明共有者の所
在等が判明しても，裁判の効力に変わりがないから，当該変更は有効である。

　これに対し，85条1項1号裁判確定後，変更がなされる前に所在等不明共
有者の所在等が判明したにもかかわらず，同人の同意を得ることなく共有物
に変更を加えることは，信義に反し，又は権利の濫用に該当する可能性があ
るため注意を要する。[注62]

---

（注61）　共有私道ガイドライン153頁
（注62）　『村松ら』81頁

第3　所在等不明共有者がいる場合の共有物の変更・管理／Q8

## 2　所在等不明共有者がいる場合の管理

### (1)　制度創設の背景

共有物の管理に関する事項は，各共有者の持分の価格に従い，その過半数で決定される（民252条1項）。しかしながら，所在等不明共有者がいる場合，共有者は，所在等不明共有者の持分次第では，所在等不明共有者の同意を得ることができず，共有物の管理に支障が生じていた。その場合の方策として不在者財産管理人が選任されていたが，そのデメリットは，共有物に変更を加える場合と同様である。

そこで，今般の改正では，所在等不明共有者がいる場合でも，共有物の管理を円滑に行えるよう，共有物の所在地を管轄する裁判所は，共有者の請求により，共有者の持分の価格に従い，その過半数で共有物の管理に関する事項を決することができる旨の新しい裁判制度が設けられた（民252条2項1号，非訟85条1項1号）。なお，所在等不明共有者であるかどうかの認定基準は，変更（民251条2項）におけると同様である。

### (2)　対象となる行為

2021改正民法252条2項1号による裁判の対象となる行為は，共有物の管理に関する事項である。共有物の管理に関する事項には，共有物の管理者の選任及び解任並びに変更のうち軽微変更も含まれる（民252条1項括弧書き）。また，2021年改正民法252条4項各号に定める期間を超えない賃借権等の設定も対象となる。

### (3)　裁判手続

変更における裁判と同様である（非訟85条1項1号）。

### (4)　裁判及び不服申立て・確定

所在等不明共有者から異議届出期間内に異議の届出がないとき，裁判所は所在等不明共有者以外の共有者の持分の価格に従い，その過半数で共有物の管理に関する事項を決することができる旨の裁判をすることができる（民252条2項1号）。所在等不明共有者に対する裁判告知が不要であること，不服申立てないし確定についても変更におけると同様である（非訟85条5項・6項）。

第2節　共有物の利用

### (5)　裁判後の手続

85条1項1号裁判が確定した後，申立人である共有者は，裁判手続外で所在等不明共有者以外の共有者の持分価格の過半数により当該事項を決定する必要がある。また，当該決定が，共有者間の決定に基づいて共有物を使用する共有者に特別の影響を及ぼすべきときは，その承諾を得なければならない（民252条3項）。

例えば，甲，乙，丙，丁，戊が5分の1ずつの割合で共有する砂利道をアスファルト舗装することは一般的に軽微変更に当たると考えられるが，甲，乙がアスファルト舗装を希望し，丙が反対し，丁及び戊の所在が不明であるとき，甲，乙は，85条1項1号裁判を申し立て，確定裁判を得ることにより，所在の判明している甲，乙，丙の持分の過半数（3分の2）の決定でアスファルト工事をすることができる。[注63]

また，上記と同様の持分割合で，共有私道上に重量が50キロを超える共用のゴミボックスを設置することは，私道をどのように利用するかという利用方法に関する事項といえるため，一般的には管理に当たるとされる（民252条1項）。[注64]しかしながら，当該ゴミボックス設置について，甲，乙が賛成，丙が反対，丁及び戊の所在が不明であるとき，甲と乙は，85条1項1号裁判を得ることにより，ゴミボックスを共有私道に設置することができると考えられる。ただし，ゴミボックスの設置場所によっては，特定の共有者にとって，敷地から共有私道への出入りに支障が生じたり，悪臭によって生活に支障が生じるおそれもある。実務上はできる限り全員の同意を得るよう努力すべきであろう。

## 3　遺産共有の場合

85条1項1号裁判は，基本的に遺産共有の場合でも適用され，共有持分は法定相続分（又は指定相続分）が基準とされる（民898条2項）。

---

（注63）　共有私道ガイドライン70頁
（注64）　共有私道ガイドライン161頁

Column 2　所有者不明私道への対応ガイドライン

〈図表2　所在等不明共有者がいる場合の変更・管理〉

- 申立人：所在等不明共有者以外の共有者
- 管　轄：共有物の所在地を管轄する地方裁判所
- 申立書：所在等不明であることの証明
　　　　　変更行為又は管理行為の特定
　　　　　当事者の氏名及び住所，申立てに係る共有物の表示
　　　　　等

- 共有物について所在等不明共有者がいる場合の変更又は管理の裁判の申立てがあったこと
- 1か月以上の異議届出期間内に異議の届出をすること　等

- 所在等不明共有者以外の全員の同意により共有物を変更し，又は所在等不明共有者以外の共有者の持分価格の過半数により管理に関する事項を決定することができる旨の決定
- 所在等不明共有者による不服申立て（即時抗告）：申立人が裁判の告知を受けてから2週間の不変期間内

- 変更：対象行為について所在等不明共有者以外の全員の同意が必要
- 管理：対象行為について所在等不明共有者以外の共有者の持分価格の過半数により管理に関する事項を決定することが必要

## ☕ Column 2　所有者不明私道への対応ガイドライン

　令和4年6月，共有私道の保存・管理等に関する事例研究会（座長：松尾弘慶應義塾大学大学院法務研究科教授）は，「複数の者が所有する私道の

第2節　共有物の利用

工事において必要な所有者の同意に関する研究報告書～所有者不明私道
への対応ガイドライン～［第2版］（共有私道ガイドライン）を公表した。

　共有私道で補修工事等を行う場合，かつては，改正前民法の共有に関
する規定の解釈が明確でなく，事実上，共有者全員の同意を得る運用が
されていた。そのため，共有者が多数であったり，所在不明共有者がい
る場合，あるいは，補修工事に反対する者がいる場合に実務上の支障が
生じていたことから，平成30年1月当時の法解釈を示した（旧）所有者
不明私道への対応ガイドラインが公表された。本共有私道ガイドライン
は，令和3年民法改正に伴う共有制度，財産管理制度及び相隣関係制度
の見直しに伴う（旧）ガイドラインの改定版である。

　本ガイドラインは，共有私道とその実態（平成29年度実態調査）を踏まえ，
かつ，共有私道を共同所有型私道，相互持合型私道に分類したうえ，改
正民法上の共有，財産管理及び相隣関係の各制度，区分所有法上の団地
における法律関係及び会社法上の清算制度などを駆使しながら，全37事
例のケーススタディ（私道の舗装に関する10事例，ライフラインに関する19事例，
その他8事例）を図やコラムを用いて解説した内容となっている。

　共有私道の所有者及び使用者やその代理人ら，行政機関，ライフライ
ン業者らにとって有益な情報が満載である。

---

## 第4 | 賛否不明共有者がいる場合の共有物の管理

> **Q 9**　賛否不明共有者がいる場合の共有不動産の管理に関する裁
> 判とはどのような制度か。例えば，共有私道の地下に公共
> 下水管を新設する場合，共有者の一部が賛否を明らかにし
> ないときでも新設することは可能か。

第4　賛否不明共有者がいる場合の共有物の管理／Q9

共有者が他の共有者に対し相当の期間を定めて共有物の管理に関する事項を決めることについて賛否を明らかにするよう催告したにもかかわらず，他の共有者が期間内に賛否を明らかにしないとき，賛否不明共有者以外の共有者の持分価格の過半数に従い，共有物の管理に関する事項を決することができる制度が新設された。この制度を利用すれば，共有私道の地下に公共下水管を新設することも可能となり得る。

## Check ▶

民252条2項～4項，非訟85条

## 解　説

### 1　賛否不明共有者がいる場合の管理

#### (1)　制度創設の背景

　共有物の管理に関する事項は共有者の持分価格の過半数で決定されるが（民252条1項），共有物の管理に無関心な管理者がいて態度を明らかにしないとき（以下「賛否不明共有者」という。），当該共有者の持分次第では管理に関する事項を決定することができず，共有物の管理に支障が生じていた。特に，共有物の管理に関する規定は，民法施行後，長年にわたり見直されなかったが，この間の社会経済活動の広域化，国際化等の変化に伴い，例えば，地方に住む親から相続した家屋や山林・農地などのように，相続人である共有者が当該共有不動産から遠く離れて居住・活動することが多くなっている。また，共有不動産における共有者の一部に数次相続が発生するなどして相続人の数が増え，共有者間の人的関係が希薄になることもある。その結果，共有物の管理について共有者間で協議をしたり，又は，他の共有者から同意を得ることが困難となる。これに対し，賛否不明共有者は，共有物の管理について賛否を明らかにするよう催告を受け，意見を述べる機会を与えられたにもかかわらず，賛否を明らかにしないのであるから，他の共有者に共有物の管

第2節　共有物の利用

理を委ねていると評価することも可能である。

そこで，共有物の円滑な利用や管理を促すとの視点から，共有者間の意思決定を容易にする方策として，新たな裁判手続が設けられた（民252条2項2号，非訟85条1項2号。以下「85条1項2号裁判」という。）。(注65)

(2)　**対象となる行為**

2021年改正民法252条2項2号による裁判の対象となる行為は，共有物の管理に関する事項であり，共有物の管理者の選任及び解任並びに軽微変更を含む（民252条1項）。また，2021年改正民法252条4項各号に定める期間を超えない賃借権等の設定も対象となる。これに対し，共有物に変更を加えたり，共有者が共有持分を失うこととなる行為は対象ではない。

(3)　**裁判前の催告**

申立てに先立ち，共有者は他の共有者に対し，相当の期間を定めて共有物の管理に関する事項を決することについて賛否を明らかにすべき旨を催告する必要がある（民252条2項2号）。共有者は，まずは他の共有者に意見を確認した上で裁判手続を利用すべきと考えられるし，他の共有者にとっても，共有者間の調整を経ずに裁判所から意見を求められるような事態は望ましくないからである。

また，催告における相当期間は2週間程度とされている（部会資料56（第24回）8頁）。催告に際しては，催告を受ける共有者が賛否を明らかにすることができるよう賛否の対象となる行為を具体的に特定する必要がある。さらに，法律上，催告の方法は規定されていないが，後に続く85条1項2号裁判において催告の事実を立証できるよう書面等で行うことが望ましい。(注66)

(4)　**裁判手続**

①　**申立人及び申立ての方式**

申立人は，2021年改正民法252条2項2号に定める催告手続を経た共有者

---

(注65)　審議の過程では賛否不明共有者がいる場合の変更についても議論された。しかしながら，変更はその行為の重大性からこれを実施するのに共有者全員の同意が要求されており，持分価格の過半数で決することのできる管理とは利益状況が異なるとの理由で立法には至らなかった（部会資料41（第17回）2頁）。
(注66)　共有私道ガイドライン24頁

58

第4　賛否不明共有者がいる場合の共有物の管理／Q9

である。また，申立ては，特別の定めがある場合を除き，書面でしなければ
ならない（共有規則1条）。

### ②　管轄・申立手数料

管轄は，共有物の所在地を管轄する地方裁判所であり（非訟85条1項2号），
その費用は1,000円である（民訴費別表第1の16）。

### ③　申立書の記載事項及び添付資料

申立ての趣旨及び原因並びに申立てを理由づける事実のほか，下記事項を
記載し，申立人又は代理人が記名押印する（共有規則5条1項・2項，巻末資料
3参照）。また，共有物が不動産の場合，登記事項証明書の添付を要する（共
有規則6条）。

---

i　当事者の氏名又は名称及び住所並びに法定代理人の氏名及び住所
ii　申立てに係る共有物の表示
iii　代理人（法定代理人を除く。）の氏名及び住所
iv　申立人を除く共有物の共有者の氏名又は名称及び住所並びに法定代理人
　の氏名及び住所
v　申立てを理由づける具体的な事実ごとの証拠
vi　事件の表示，附属書類の表示，年月日，裁判所の表示
vii　申立人又は代理人の郵便番号及び電話番号（FAX番号含む。）
viii　その他裁判所が定める事項

---

### ④　資料提出の求め及び裁判所書記官による事実調査

裁判所は，申立人に対し，申立書及び添付書類のほか，申立てを理由づけ
る事実に関する資料その他手続の円滑な進行を図るために必要な資料の提出
を求めることができる（共有規則2条）。また，裁判所は，相当と認めるとき
は，申立てを理由づける事実の調査を裁判所書記官に命じて行わせることが
できる（共有規則3条）。

### ⑤　通　知

85条1項2号裁判は，裁判所が次に掲げる事項を賛否不明共有者に通知し，
かつ，下記iiの期間（以下「賛否表明期間」という。）が経過した後でなければ，
することができない。この場合において，賛否表明期間は，1か月を下って

59

第2節　共有物の利用

はならない（非訟85条3項）。

---

i　当該共有物について85条1項2号裁判の申立てがあったこと
ii　賛否不明共有者は裁判所に対し一定の期間内に共有物の管理に関する事項を決することについて賛否を明らかにすべきこと
iii　賛否表明期間内に賛否不明共有者が裁判所に対し共有物の管理に関する事項を決することについて賛否を明らかにしないときは，85条1項2号裁判がされること

---

⑥　裁　判

　賛否不明共有者が賛否表明期間内に賛否を明らかにしないとき，裁判所は賛否不明共有者以外の共有者の持分価格に従い，その過半数で共有物の管理に関する事項を決することができる旨の裁判をすることができる（民252条2項2号）。

　これに対し，賛否表明期間内に裁判所に対し，共有物の管理に関する事項を決することについて賛否を明らかにした共有者があるときは，裁判所は当該共有者に係る85条1項2号裁判をすることができない（非訟85条4項）[注67]。ただし，賛否不明共有者が複数いる場合に一部の賛否不明共有者が賛否表明期間内に賛否を明らかにしたときは，賛否を明らかにしなかった者のみを賛否不明共有者として85条1項2号裁判をすることができる[注68]。

⑸　不服申立て・確定

　85条1項2号裁判に対しては，賛否不明共有者は裁判の告知を受けた日から2週間の不変期間内に即時抗告をすることができる（非訟66条1項・67条1項・2項）。85条1項2号裁判は，確定しなければその効力を生じない（非訟85条5項）。即時抗告がないまま，即時抗告期間が満了すれば，85条1項2号裁判は確定する（非訟56条4項・5項参照）。

---

（注67）　賛否表明期間経過後に，賛否不明共有者が賛否を明らかにしても，裁判所は，その者を賛否不明共有者と扱い，85条1項2号裁判をすることができる（非訟85条4項の反対解釈）。
（注68）　『村松ら』92頁

第4　賛否不明共有者がいる場合の共有物の管理／Q9

### (6)　裁判後の手続

85条1項2号裁判が確定した後，賛否不明共有者以外の共有者はその持分価格の過半数により管理に関する事項を決定することができる。

例えば，甲，乙，丙，丁，戊が5分の1ずつの割合で共有する建物について，外壁塗装や屋上防水等の大規模修繕をすることは軽微変更に当たると解されているが，甲が当該大規模修繕をするに先立ち，他の共有者に事前催告をしたところ，乙は賛成，丙は反対し，丁，戊が賛否を明らかにしないとき，甲は85条1項2号裁判を得た上で，甲，乙，丙の持分価格の過半数（3分の2）の決定により，当該大規模修繕をすることが可能となる。[注69]

## 2　所在等不明共有者と賛否不明共有者のいずれも存在する共有不動産について

甲，乙，丙，丁，戊が私道全体を5分の1ずつの割合で共有しているケースにおいて，当該共有私道の地下に公共下水管を新設するとき，私道の地下の状態は物理的に変更されるものの，私道の機能自体には変更が生じないことが一般的である。また，私道共有者自身も公共下水管を使用することができるようになる。そこで，公共下水管の施工主体である市町村等との間で地下利用権を設定して，当該共有私道の地下に公共下水管を設置する行為は，共有私道の管理にあたり，共有者の持分価格の過半数で決することができると考えられている。[注70]

例えば，上記ケースにおいて，私道共有者のうち，丙が所在等不明共有者で，戊と丁が賛否不明共有者である場合，甲，乙は，85条1項1号裁判と85条1項2号裁判を一つの手続として申し立てることができるかが問題となる。

この点，両裁判は異なる手続ではあるものの，いずれも共有物の管理を決定する際の決定主体から当該裁判の対象となる所在等不明共有者又は賛否不明共有者を除外する効果において共通する。

したがって，85条1項1号裁判では公告，85条1項2号裁判では通知とい

---

（注69）　『村松ら』59頁
（注70）　共有私道ガイドライン133頁〜135頁

第2節　共有物の利用

う異なる手続をそれぞれ経る必要はあるものの，両裁判の申立人となる共有者は，一つの手続で85条1項1号裁判と85条1項2号裁判を申し立てることができ，裁判所は，所在等不明共有者及び賛否不明共有者以外の共有者の持分価格の過半数により，管理に関する事項を決定することができる旨の裁判をすることができる。(注71)

### 3　遺産共有の場合

85条1項2号裁判は，基本的に遺産共有の場合でも適用され，共有持分は法定相続分（又は指定相続分）が基準とされる（民898条2項）。

〈図表3　賛否不明共有者がいる場合の管理〉

事前の催告

共有者は他の共有者に対し，相当の期間（2週間程度）を定めて共有物の管理に関する事項を決することについて賛否を明らかにすべき旨を催告

申立て

申立人：催告手続を経た共有者
管　轄：共有物の所在地を管轄する地方裁判所
申立書：賛否不明の証明
　　　　管理行為の特定
　　　　当事者の氏名及び住所，申立てに係る共有物の表示　等

通　知

共有物について賛否不明共有者がいる場合の管理の裁判の申立てがあったこと
1か月以上の賛否明示期間内に賛否を明らかにすべきこと　等
※賛否明示期間内に賛否を明らかにした共有者がいる場合，当該共有者に対する裁判は不可

裁　判

賛否不明共有者以外の共有者の持分価格の過半数により管理に関する事項を決定することができる旨の決定
不服申立て（即時抗告）：賛否不明共有者が裁判の告知を受けてから2週間の不変期間内

---

(注71)　『村松ら』94頁参照

第5 共有物の管理者／Q10

確　定

共有者間における意思決定

対象行為について賛否不明共有者以外の共有者の持分価格の過半数により管理に関する事項を決定することが必要

## 第5 共有物の管理者

### Q10 共有物の管理者が明文化されたのはなぜか。

**A** 改正前民法においても共有物の管理者を選任することができると解されていたが，その選解任や権限に関する規定がなかった。そこで，共有物の円滑な管理を実現するため，共有物の管理者に関する規定が明文化された。

**Check ▶**
民252条の2

―――― 解　説 ――――

1　共有物の管理者の選任，解任及び権限について

（1）　創設の背景

共有物の管理に関する事項は，基本的に，共有者の持分価格の過半数で決

63

第2節　共有物の利用

するとされるから（民252条1項），その決定が必要となる度に，持分価格の過半数に達するまで，共有者の承諾を得る必要がある。これに対し，共有者が多数であったり，共有者間の関係が希薄であったり，又は持分価格の過半数を有する共有者が共有物の管理に無関心であると，その承諾を得ることは困難となる。改正前民法の下でも，その方策として予め共有物の管理者を選任し，共有物の管理を委ねることができると解されていたが，共有物の管理者に関する明文の規定は存在せず，選任に際しては，共有者全員の同意が必要か，又は共有者の持分価格の過半数で足りるのかさえ判然としなかった。

そこで，2021年民法改正では，共有物の円滑な管理を図るため，共有物の管理者に関する規律が明文化された（民252条1項・252条の2）。

### (2)　共有物の管理者の選任及び解任

共有物の管理者の選任及び解任は，共有物の管理に関する事項として，各共有者の持分価格の過半数により決する（民252条1項）。管理者に関する資格制限はないから，共有者のみならず，共有者以外の者を管理者に選任することも可能であるし，共有物の管理者は自然人であっても法人であってもよい。また，複数の管理者を選任することも可能とされている。[注72]

共有者のなかに，所在等不明共有者や賛否不明共有者がいる場合でも，共有者は裁判所の決定を得て，所在等不明共有者や賛否不明共有者以外の共有者の持分価格の過半数で，共有物の管理者を選任し，又は解任することができる（民252条2項）。ただし，共有者間の決定に基づき，共有物を使用する共有者がいるケースで，当該共有者以外の者を共有物の管理者に選任するとき，その選任によって当該共有者に特別の影響を及ぼすべきときは，当該共有者の承諾が必要である（民252条3項）。

なお，共有物の管理者は遺産共有においても選任することができる。したがって，数次相続の発生により相続人が多数であるときや所在の分からない相続人がいる場合でも，当該共有物の管理者を選任することにより，円滑な管理が可能となる場合もあり得る。[注73]

---

（注72）　『村松ら』97頁
（注73）　なお，審議の過程では，裁判所が選任する共有物の管理者制度についても議論されたが，

64

第5　共有物の管理者／Q10

　ちなみに，共有物の管理者については，裁判所による解任制度がない。したがって，共有物の管理者による管理が不適切な場合に当該管理者を解任するためには，持分価格の過半数によらなければならず，管理者の適正や任期について慎重に検討する必要がある。[注74]

### (3)　共有物の管理者の権限

　共有物の管理者は，共有物の管理に関する行為及び変更のうちその形状又は効用の著しい変更を伴わない変更（以下「軽微変更」という。）をすることができる。ただし，共有者全員の同意を得ない限り，共有物に軽微変更を除く変更を加えることはできない（民252条の2第1項）。共有物の管理者は，共有者の持分価格の過半数により選任されるから，全員の同意が必要とされる軽微変更を除く変更をすることができないことは当然ともいえる。

　また，所在等不明共有者がいる場合，裁判所は共有物の管理者の請求により，所在不明等共有者以外の共有者の同意を得て，共有物にその形状又は効用の著しい変更を伴う変更を加えることができる旨の裁判をすることができる（民252条の2第2項）。ただし，共有物の管理者は，共有持分の譲渡等の処分行為をすることはできず，また，共有物に関する訴訟について共有者のために原告又は被告となることはできない。[注75]

　なお，共有物の管理者は共有物に短期賃借権等の設定をすることができ（民252条の2第1項本文），当該短期賃借権等の効力は共有者全員に及ぶから，共有者は，共有物の管理者が設定した短期賃借権等に基づき，当該共有物を使用収益する第三者に対し，その返還を求めることはできない。

　ちなみに，当該契約の当事者は共有物の管理者であり，共有者ではないと考えられる。なぜなら，契約上の義務の設定は，共有物の管理の範囲を超えて，契約当事者間の合意の内容に応じて広範にわたるところ，共有物の管理者には，設定した契約上の義務の全てを共有者に負担させる権限までは有し

---

　　パブリックコメントで，私的自治の原則に反することを理由にこれに反対する意見や慎重な
　　意見が比較的多くあったため，法制化は見送られた（部会資料30（第14回）26頁）。
（注74）『日弁連』120頁
（注75）『村松ら』98頁

第2節　共有物の利用

ないと考えられるからである（ただし，共有物の管理者に代理権が付与された場合を除く。）。[注76]

## (4)　相続財産における共有物の管理者

相続財産に共有物の管理者を選任できることは前述のとおりであるが，共有物の管理者は個々の財産を処分する権限を有しないため，例えば，相続財産に属する不動産の管理費用に充てる目的で，相続財産に属する預金債権を払い戻す権限はない。[注77]

## 2　共有者による共有物の管理に関する事項の決定とその違反について

### (1)　管理者の職務

共有者が共有物の管理者の権限の範囲について特段の定めをしないとき，共有物の管理者は共有者の意見を適宜聴くなどしながら，自己の判断で共有物の管理に関する行為を行う。[注78]

これに対し，共有者が共有物の管理に関する事項を決したとき，共有物の管理者はこの決定に従ってその職務を行わなければならない（民252条の2第3項）。

### (2)　共有物の管理者による職務違反行為の効力と善意の第三者保護

共有者が共有物の管理に関する事項を決したにも関わらず，共有物の管理者が，この決定に違反して行った行為は，共有者に対してその効力を生じない（民252条の2第4項本文）。ここで「効力を生じない」とは，共有物の管理者が共有物の利用方法について共有者の定めに反する行為をした場合，共有者がその利用方法等を否定できることを意味する。

しかしながら，共有者は，共有物の管理者の職務違反行為について，善意の第三者に対抗することができない（民252条の2第4項ただし書）。ここでの「善意」とは，共有物の管理者の行為が管理に関する事項の決定に反することを知らないことを意味し，第三者の過失の有無は問わない。共有者による

---

(注76)　『村松ら』101頁
(注77)　『村松ら』106頁
(注78)　『安永』195頁

第5　共有物の管理者／Q10

共有物の管理に関する事項の決定は，共有者間における内部取決めにすぎないため，第三者の無過失をも要求することは，取引の安全を害することになるからである。

### 3　共有者と共有物の管理者との関係について

#### (1)　共有物の管理者が共有者である場合

持分価格の過半数によって特定の共有者を共有物の管理者に選任した場合，選任に賛成した共有者と共有物の管理者との間で報酬の取決め等の契約を締結することは可能と考えられる。ただし，この契約は合意をしていない共有者を拘束するものではなく，民法の定める共有者間のルール（民253条以下）を当然に排除するものではない。[注79]

#### (2)　共有物の管理者が共有者以外の者である場合

共有物の管理者の選任は管理に関する事項に含まれ，共有者の持分価格の過半数で決定される（民252条1項）。この決定に基づき共有物の管理者に選任された共有者以外の者は，通常は共有者との間で委任契約を締結していると解される。

これに対し，共有物の管理者の選任に同意していない共有者は，委任契約の当事者にはならないと考えられる。なぜなら，委任契約上の義務の内容はその契約によって決まるところ，第三者を共有物の管理者とする選任に同意せず，委任契約の締結にも関与していない共有者に対し，委任契約上の義務を負わせることは相当ではないと考えられるからである。[注80]

#### (3)　共有物の管理者に対する管理報酬や費用について

共有物の管理者の選任に同意した共有者が，共有物の管理者に対し，委任契約に基づく管理報酬や費用等を支払ったとき，これらを支出した共有者は，他の共有者に対し，その持分に応じて求償することができるのであろうか。共有物の管理者選任に同意しなかった共有者との関係で問題となり得る。

この点，各共有者は，その持分に応じ，管理の費用を支払い，その他共有

---

（注79）　『日弁連』117頁
（注80）　『村松ら』103頁

67

第2節　共有物の利用

物に関する負担を負うことを理由に（民253条1項），委任契約の当事者である共有者は，同項の管理の費用を支払ったときは，委任契約の当事者ではない他の共有者に対し，持分に応じて求償することができるとされる。[注81]

　しかしながら，民法253条1項にいう「管理の費用」とは共有物の保存のために支出した金額その他の必要費又は共有物の改良のために支出した金額その他の有益費をいい，また，「負担」とは公租公課を意味する。[注82]したがって，委任契約に基づく報酬や費用が，共有物の管理に関する必要費又は有益費に該当することが大前提であるから，当該管理報酬が必ずしも必要費にあたるとは言い難いケースや，管理報酬額が社会的相当性の範囲を超えるケースなどについては，求償が全部又は一部否定されることもあり得る。

## 第6 継続的給付を受けるための設備設置権・設備使用権

> **Q11**　改正民法によって明文化された電気，ガス，水道などのライフラインの設備設置権や設備使用権はどのような権利か。なお，設備設置権，設備使用権の対象となる土地や設備が共有に属する場合，土地の所有者は当該土地等の共有者全員から同意を得なければならないか。

**A**　電気，ガス又は水道水の供給その他これらに類する継続的給付を受けるための設備設置権，設備使用権に関する規定が新設された（民213条の2第1項～第4項）。また，設備設置権，設備使用権に関する償金及び費用に関する規定も明文化された（民213条の2第5項～第7項）。設備設置権，設備使用権の対象となる土地や設備が共有に属する場合，設備設置や設備使

---

（注81）　『村松ら』104頁
（注82）　『小粥』576頁

第6　継続的給付を受けるための設備設置権・設備使用権／Q11

用を認めることは，共有物の管理に関する事項（民252条1項）に該当すると解されるから，土地の所有者は当該他の土地等の共有者の持分の過半数の同意が得られれば，当該他の土地等に設備を設置し又は設備を使用することができると考えられる。

**Check ▶**

民213条の2・213条の3

**解　説**

### 1　改正の経緯

　民法は，電気，ガス，水道等のいわゆるライフラインの技術が未発達の時代に制定されたため，公の水流又は下水道に至る排水のための低地の通水（民220条）や通水用工作物の使用（民221条）を除き，各種ライフラインを設置する場合の他の土地又は他人が所有する設備（以下「他の土地等」という。）の使用に関する規定を置いていなかった。

　そのため，各種ライフラインの設置に関して，土地所有者が他の土地に導管や導線等の設備を設置したり，他人が所有する設備を使用することを希望する場合，どのような根拠に基づいて対応すべきか不明確であり，対応に苦慮していた。実務では，各種ライフライン設置の必要性が高いことを理由に，民法209条，210条，220条及び221条並びに下水道法11条等を類推適用することにより，他の土地等の使用を認める裁判例があったが，類推適用される規定は必ずしも定まらなかった。[注83]

　このように，他の土地等を使用しなければ電気，ガス又は水道水の供給そ

---

（注83）　最二小判平5・9・24民集47巻7号5035号（ただし，下水道法11条1項・3項により隣接地に下水管を敷設する権利があるとしても，当該事案では権利濫用にあたるとした。），最三小判平14・10・15民集56巻8号1791頁（民220条及び221条の類推適用に基づき，他人の設置した給排水設備の使用を認容）。

69

第2節　共有物の利用

の他これらに類する継続的給付（以下「継続的給付」という。）を受けることができない土地の所有者が、継続的給付を受けるために他の土地に設備を設置する場合の規律や他人が所有する設備を使用する場合の規律を設ける必要性があることを踏まえ、継続的給付を受けるための設備設置権、設備使用権に関する規定が新設された（民213条の2第1項〜第4項）。

　また、実務では、ライフラインの設置等に際し、他の土地等の所有者が土地の所有者に承諾料を求めることが散見されたため、土地の所有者が設備設置、設備使用を断念したり、承諾料をめぐる紛争が発生していた。そこで、改正民法においては、設備設置権、設備使用権に関する償金及び費用に関する規定も明文化された（民213条の2第5項〜第7項）。

## 2　権利の内容

　土地の所有者は、他の土地に設備を設置し、又は他人が所有する設備を使用しなければ電気、ガス又は水道水の供給その他これらに類する継続的給付を受けることができないときは、継続的給付を受けるため必要な範囲内で、他の土地に設備を設置し、又は他人が所有する設備を使用することができる（民213条の2第1項）。

　例えば、図表4において、改正民法213条の2に定める要件を満たすことにより、給水管が設置されていない戊地を所有するAは、甲地を所有するBに対し、甲地の地下に埋設された給水管に、戊地のための給水管を接続し、その使用を請求できる。

〈図表4　設備設置権〉

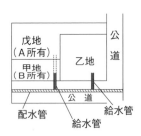

第6　継続的給付を受けるための設備設置権・設備使用権／Q11

### (1)　権利の主体

権利の主体は，土地の所有者及び地上権者のほか（民267条），永小作権者も含まれると解されている。[注84]また，土地の賃借人も民法267条を類推して肯定すべきとする学説が多い。[注85]

### (2)　権利発生の要件

① 「他の土地に設備を設置しなければ継続的給付を受けることができないこと」（設備設置権）又は「他人が所有する設備を使用しなければ継続的給付を受けることができないこと」（設備使用権）

「他の土地に」との文言からも明らかなとおり，土地の所有者は，隣接していない土地についても必要な範囲で設備を設置することができる。

また，他人が所有する設備とは，他人が設置し，所有している水道の給排水管やガス管，電柱などである。その設備が他の土地に設置されている場合，土地の所有者は，設備設置権に基づき，導管・導線を他の土地に設置するとともに，設備使用権に基づき他人が所有する設備に導管・導線を接続することができる。[注86]

② 電気，ガス又は水道水の供給その他これらに類する継続的給付であること

現代生活において不可欠な継続的給付を受けることを可能にするとの趣旨を踏まえると，「その他これに類する継続的給付」には，電話，インターネット等の電気通信や下水の排水などが含まれるほか，[注87]技術等の進歩に伴い，その内容は変わっていくものと考えられる。

③ 必要な範囲内

設備設置，設備使用に際しては，継続的給付を受けるため必要な範囲内であることが必要である。

---

(注84)　隣地使用権に関する『小粥』375頁
(注85)　『山野目』187頁。なお，土地賃借人による通行権を認めた判例として最二小判昭36・3・24民集15巻3号542頁。
(注86)　『村松ら』37頁
(注87)　下水の排出に関しては，基本的には特別法たる下水道法が適用される（『村松ら』37頁）。

第2節　共有物の利用

### (3)　権利行使の態様

　設備の設置又は使用の場所及び方法は，他の土地等のために損害が最も少ないものを選ばなければならない（民213条の2第2項）。設備設置，設備使用は他の土地等の所有権を制限するからである。具体的な設備の設置又は使用の場所及び方法の選択は，土地利用の相互調整という相隣関係の趣旨に照らし，設備設置，設備使用の必要性と他の土地等が被る損害とを衡量し，個別事案における地理的状況や他の土地の使用状況等を踏まえて総合的に判断される。[注88]

## 3　権利行使の手続

### (1)　他の土地等の所有者及び他の土地を現に使用する者への事前通知

　改正民法213条の2第1項の規定により他の土地に設備を設置し，又は他人が所有する設備を使用する者は，あらかじめ，その目的，場所及び方法を他の土地等の所有者及び他の土地を現に使用している者に通知しなければならない（民213条の2第3項）。

　事前の通知を必要とした理由は，設備設置，設備使用により，実際に影響を受ける他の土地等の所有者及び他の土地を現に使用している者に，当該設備設置，設備使用の内容が改正民法213条の2第1項及び第2項の要件を充足するかを判断する機会を与えるとともに，その受入れの準備を可能とさせるためである。したがって，「あらかじめ」とは，土地の所有者らの判断や準備に必要な合理的な期間であることが必要であり，一般的には2週間から1か月程度の期間をおく必要があると考えられる。[注89]

　例えば，前出の図表4において，戊地を所有するAは，甲地を所有するBに対し，給水管接続の目的，場所及びその方法を，工事着工の2週間から1か月前までに通知する必要がある。また，Bにどのような工事が実施されるのかを検討してもらうためにも，工法図面や工程表などの書面を用いることが望ましい。

---

（注88）『村松ら』38頁
（注89）『村松ら』39頁

なお，一時的な使用である隣地使用権（民209条）とは異なり，設備設置権，設備使用権の行使によって　他の土地等は継続的に使用されるため，他の土地等の所有者に与える影響は大きい。したがって，隣地使用権における事前通知の例外（事後通知）の規律（民209条3項ただし書）は設けられていない。[注90]

(2)　設備設置，設備使用の工事のための土地の一時使用

改正民法213条の2第1項の規定による権利を有する者は，同項の規定により他の土地に設備を設置し，又は他人が所有する設備を使用するために当該他の土地又は当該他人が所有する設備がある土地を使用することができる（民213条の2第4項前段）。設備設置，設備使用を開始するに先立ち必要となる工事等に備えるためである。

この土地使用は，他人の土地を使用し，また，その土地所有者の権利に配慮する必要がある点で隣地使用権と基本的に利益状況が同じであるため，隣地使用権の規定（民209条1項ただし書・2項～4項）が準用されている。

なお，設備設置権，設備使用権は，要件が満たされると恒常的に設備設置，設備使用が認められるため，隣地使用権とは異なり（民209条3項），法文上，日時を通知することは要求されていない。しかしながら，設備設置のため他の土地を一時的に使用する場合には，隣地使用権の規定が準用されるから，当該工事の日時を別途通知する必要がある。[注91]

例えば，前出の図表4において，給水管接続のため，甲地に立ち入る必要がある場合，戊地の所有者であるAは，甲地の所有者であるBに対し，甲地を使用する目的，日時，場所及び方法を予め通知する必要がある。この場合，Bに工事の全体像を把握し検討してもらうためにも，給水管の接続工事に関する通知とともに，土地利用に関する通知も同時に行うことが望ましいであろう。

---

(注90)　ただし，他の土地等の所有者の所在が不明な場合には，公示による意思表示により事前通知をすることが可能である（民98条類推）。

(注91)　『村松ら』41頁

第2節　共有物の利用

## 4　償金・費用

### (1)　設備設置権に関する償金

　土地の所有者が，他の土地に設備を設置する場合に支払うべき償金には，2種類のものがある。第1は，2021年改正民法213条の2第4項に基づき，設備設置の工事のため他の土地を一時的に使用する場合に当該土地の所有者や当該土地の使用者に一時的に生じる損害に対する償金である。第2は，設備設置によって土地が継続的に使用することができなくなることによって生じる損害に対する償金である。

　そこで，改正民法は，上記償金を区別し，次のとおり定めた。上記第1については，設備設置の工事等に供するための一時使用に対する償金は，一時金として支払われることが相当であるから，隣地使用権の償金の規律（民209条4項）を準用することとした（民213条の2第5項の括弧書き）。これに対し，上記第2については，設備を設置する者は，その土地の損害に対して，償金を支払わなければならないが，その支払は1年ごとでもよいとされた（民213条の2第5項）。本規定は，公道に至るための通行権の規律（民212条）に倣ったものといえる。

　なお，設備設置権に関する償金請求権の発生時期は，設備設置権が現に行使され，他の土地等の使用が実際に制限されることにより損害が発生したときと考えられる。また，継続的に発生する損害について将来にわたる償金請求権を訴訟上行使するときの請求の趣旨は「毎年○月○日限り金○○円を支払え」として年額で請求することになると考えられる。[注92]

　このように，設備設置権に関する償金が明文化された結果，仮に他の土地等の所有者から設備設置に関する「承諾料」の支払を求められても，土地の所有者は償金のほかこれに応じる義務はないと考えられる。[注93]

### (2)　設備使用権に関する償金・費用

　土地の所有者が他人が所有する設備を使用する場合には，設備の使用を開始するために設備の所有者に一時的に生じる損害（例えば，設備使用のための接

---

（注92）『村松ら』45頁
（注93）『村松ら』44頁

続工事の際に一時的に設備を使用停止したことにより発生した損害）に対する償金を支払う必要がある。また、他人が所有する設備の設置、改築、修繕及び維持に要する費用については、これを継続的に使用して利益を受ける土地の所有者にも、その利益を受ける割合に応じて負担させることとするのが公平である。

　そこで、前者については、改正民法213条の2第1項の規定により他人が所有する設備を使用する者は、その設備の使用を開始するために生じた損害に対して償金を支払わなければならないと定められた（民213条の2第6項）。これに対し、後者については、改正民法213条の2第1項の規定により他人が所有する設備を使用する者は、その利益を受ける割合に応じて、その設置、改築、修繕及び維持に要する費用を負担しなければならないと定められた（民213条の2第7項）。

## 5　他の土地の所有者や他の土地を現に使用する者が設備設置権の行使に反対している場合

　改正民法213条の2第1項は、土地の所有者は、継続的給付を受けるため必要な範囲内で、他の土地に設備を設置することができると定める。これに対し、他の土地の所有者や他の土地を現に使用する者（以下「他の土地の所有者等」という。）が事前通知を受けて設備設置を拒否する場合、土地の所有者は、他の土地の所有者等に対し、妨害排除・差止請求の訴えを提起し、債務名義を得た上で強制執行手続をとる必要がある。[注94]改正民法213条の2は、土地の所有者による自力執行を認めるものではないからである。

　ただし、他の土地が空き地であり、当該他の土地を実際に使用する者がおらず、かつ、当該他の土地への設備の設置を妨害しようとする者もいない場合には、裁判手続を経ずとも土地の所有者が設備設置権に基づき適法に他の

---

（注94）　訴訟では、別紙図面を用いて工事箇所を特定し、工法を明示するなどしたうえで、「被告は、原告に対し、別紙記載の○○工事を行うことを妨害してはならない」等との請求を求めることになろう。

第2節 共有物の利用

土地に設備を設置することができると考えられている[注95]。とはいえ，他の土地の所有者等が設備設置を拒絶する旨を明確にする場合には，現に妨害されていなくとも，実務上は，後日の紛争を回避するため，設備設置権の確認の訴えを提起するなどの法的措置をとることが適切である[注96]。

## 6 土地の分割又は一部譲渡によって継続的給付を受けることができなくなった場合

土地の分割又は一部譲渡によって継続的給付を受けることができない土地が生じた場合，当事者間ではそのような土地が発生することを当然予測すべきである。また，分割又は譲渡と関係のない他の土地の所有者ら周囲の第三者に負担をかけることなく，関係者の内部問題として処理するのが当然である。

そこで，土地の分割又は一部譲渡によって継続的給付を受けることができなくなった土地の所有者は，分割者又は譲渡者の所有地のみに導管等を設置等することができるとされた。この場合，土地の所有者は，分割者又や譲渡者に対する償金を支払うことを要しない（民213条の3）。

例えば，図表5において，A所有の甲地について，A死亡による遺産分割の結果，相続人C及びDが，甲地を2筆に分筆し，甲1地をCが，甲2地をDが取得することにより，甲1地が給水管について導管袋地状態となった場合，甲1地を取得したCは，甲2地を取得したDに対してのみ給水管の接続及び使用を請求することができ，甲地の分筆とは何ら関係のない乙地所有者であるBに対してはこれを請求することができない。ただし，Cは，Dに対し，設備設置，設備使用に伴う償金を支払う必要がない。

---

（注95）『村松ら』42頁
（注96）訴訟では，別紙図面で工事箇所を特定し，工法を明示するなどしたうえで，「原告と被告は，原告が被告に対し，○○の土地のうち，別紙図面の○○部分の地中に○○管を敷設する権利を有することを確認する」等の請求を求めることになろう。

〈図表５　共有物分割後の設備設置権〉

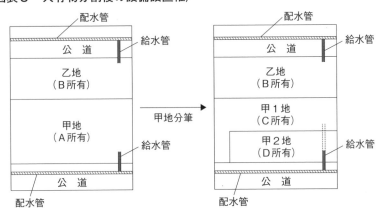

## 7　他の土地等が共有に属する場合と設備設置権・設備使用権

　他の土地等が数人の共有に属する場合，土地の所有者は，当該共有者全員に，設備設置，設備使用の要件を充足するかを判断するとともにこれを受け入れる準備をする機会を与える必要がある。したがって，土地の所有者は，他の土地等の共有者全員に対して，改正民法213条の２第３項に基づく事前通知をする必要がある。また，一部の共有者の所在が不明な場合には，その共有者に対しては公示による意思表示による事前通知をすることになる（民98条類推）。

　例えば，図表６において，甲地がＡ，Ｂ，Ｃによって共有されている場合，乙地を所有するＤは，Ａ，Ｂ，Ｃ全員に事前の通知をする必要があり，仮に，Ｃの所在が不明な場合には，Ｃについて，所在不明になる直前の住所地（最後の住所）を管轄する簡易裁判所に，意思表示の公示送達の申立てをする必

〈図表６　他の土地が共有である場合の設備設置権〉

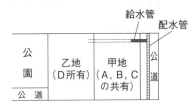

第3節　共有関係の解消

要がある（民98条）。

　他の土地等が数人の共有に属する場合，土地の所有者による設備設置，設備使用を認めることは，共有物の管理に関する事項（民252条１項）に該当する。したがって，他の土地等の共有者の持分の過半数の同意が得られれば，土地の所有者は，当該他の土地等に設備を設置し又は設備を使用することができると考えられる。これに対し，他の土地等の共有者からその持分の過半数の同意が得られず，土地の所有者による設備設置，設備使用に反対している場合には，土地の所有者は他の土地等の共有者を被告として，妨害排除・差止請求の訴えを提起し，債務名義を得た上で強制執行手続を取る必要がある。[注97]

　なお，上記訴え提起について，共有者全員を被告としなければならないのか，又は，設備設置，設備使用に反対している共有者だけを被告とすれば足りるのかは，論点となり得る。土地所有者による設備設置，設備使用を認めることは共有物の管理行為に該当するとの解釈によれば，土地の所有者は，設備設置，設備使用権の行使に反対する共有者だけを被告とすれば足りるとも考えられる。[注98]

## 第3節　共有関係の解消

### 第1 | 共有物の分割請求

**Q 12**　共有物の分割請求はいつでもすることができるのか。また，具体的にどのような分割方法があるのか。

---

（注97）　共有私道ガイドライン57頁
（注98）　最二小判昭43・３・15民集22巻３号607頁（土地所有者が所有権に基づいて地上の建物の所有者である共同相続人を相手方とし，建物収去・土地明渡しを請求する訴訟は必要的共同訴訟ではないとした判例）

第1　共有物の分割請求／Q12

**A**　各共有者は，原則として，いつでも共有物の分割を請求することができる。ただし，不分割契約がある場合，境界線上の共有物，清算前の組合財産などについては分割することができない。共有物の分割方法として，現物分割，代金分割及び価格賠償分割がある。遺産分割と異なり，共有物分割の効力は遡及しない。

---

**Check** ▶

民256条

---

**解　説**

### 1　共有物の分割請求

#### (1)　原　則

「各共有者は，いつでも共有物の分割を請求することができる。」(民256条1項本文)。共有は，所有者が複数であるためにやむなく拘束された状態にあるだけで，各共有者は常に所有権を具体化する権能を留保しており，共有物分割請求の自由は，持分処分の自由とともに共有の本質を形作ると理解されている。[注99]

#### (2)　例　外

共有物分割請求の自由には，以下の例外がある。

##### ①　不分割契約

各共有者は5年を超えない期間内は分割をしない旨の契約をすることができる(民256条1項ただし書)。不分割契約は更新可能であるが，その期間は更新の時から5年を超えることはできない(同条2項)。不分割契約の締結や更新に期間を設けることで，共有物の分割請求の自由を保障するものと理解されている。なお，不動産の場合，不分割契約は登記事項であり，登記を備え

---

(注99)　『川島＝川井』466頁

79

第3節　共有関係の解消

なければ第三者に対抗することができない（不登59条6号）。

　また，遺産共有では，共同相続人は一定の期間を定めて遺産分割を禁止する合意をすることができるが，その期間は5年を超えることができないと解されてきた。2021年民法改正により遺産分割を促進する観点から，相続開始時から10年経過後の遺産分割は，原則として法定相続分（又は指定相続分）によるとされたため（民904条の3），相続人間の合意による分割禁止についても，相続開始の時から10年を超えることができないとされた（民908条2項・3項）。

　ちなみに，共有者の中に破産手続開始決定を受けた者があるときは，不分割契約がある場合でも，共有物分割請求をすることができるし，他の共有者は相当の償金を支払って破産者の持分を取得することができる（破産法52条）。民事再生手続及び会社更生手続においても同様に扱われる（民事再生法48条，会社更生法60条）。

　　②　その他の例外

　境界線上の共有物（境界標，囲障，障壁，溝及び堀）については分割請求をすることができない（民257条・229条）。また，組合財産について，組合員は清算前にその分割を請求することができない（民676条3項）。さらに，遺産分割について，2021年民法改正により，共同相続人による不分割契約のほか，遺言による分割禁止及び家庭裁判所の審判による分割禁止の定めが整理された（民908条）。

　ちなみに，かつて，森林法では共有林の分割について制限規定が置かれていたが（旧森林法186条），財産権の保障を定める日本国憲法29条に違反して無効とされた結果，当該規定は削除されている。[注100]

## 2　共有物の分割請求権の法的性質

　民法256条に基づく共有物分割請求権の法的性質をめぐり，請求権と解する学説と形成権と解する学説がある。後者は，当該権利の行使により各共有者間に何らかの方法で具体的に分割を実現すべき法律関係が生じると考える

---

（注100）　最大判昭62・4・22民集41巻3号408頁

説である。これに対し，前者は，分割請求権は裁判所による分割という法律関係の形成を内容とする意味において形成権であるに留まり，協議による分割とは，一般の私法上の合意であり，共有物分割が協議により目的を達成するのは，訴権の事実上の圧力の効果であると考える説である。[注101]

本条の分割請求権を形成権と理解しても，協議による分割が成立したときは，分割は協議の時点を基準に行われ，裁判による分割でも，この裁判は形成判決として，判決確定時を基準に分割が行われると解される。そうなると，通常の形成権のように意思表示だけで実体法上の法律関係が形成されることはなく，文字どおりの請求権と解される。この点，判例は，共有物分割請求後に，他の共有者がこれを争うときに訴えを提起し得ることを認めたその理由として，「分割ノ請求者カ其意思ヲ表示シタルノミニテハ当然分割ノ行ハルル可キモノニ非サルヲ以テ訴訟ヲ提起シテ其争ニ付判断ヲ受ケ請求ノ目的ヲ達スルハ当然ニシテ此ノ如キ場合ニ於テ訴訟ノ提起ヲ許ス可キコトハ当院ノ判例ト為ス所ナリ」と判断しており，[注102]民法256条に基づく共有物分割請求権の法的性質を検討する際に参考となる。[注103]

なお，256条に基づく共有物の分割請求権は，共有関係から派生し所有権の具体化を実現する権利であるから，消滅時効にかからない。[注104]

## 3　共有物分割の効果

### (1)　分割の方法

共有物の分割協議が成立すると共有状態が解消され，各共有者には分割の内容に応じて，現物（の一部）や金銭が割り当てられる。具体的には三つの方法がある。

---

(注101)　岡崎彰夫＝白石悦穂『裁判実務大系　12　不動産登記訴訟法』189頁（青林書院，1992年）
(注102)　大判明40・4・12民録13輯433頁
(注103)　『川島＝川井』468頁
(注104)　『川島＝川井』468頁，『小粥』590頁

第3節　共有関係の解消

> ①　**現物分割**
>   共有者が共有物を分割して各人がそれぞれ単独所有となる方法
> ②　**代金分割**
>   共有物を競売に付し，又は第三者に売却して，その代金を各共有者の持分に応じて分配する方法
> ③　**価格賠償分割**
>   共有者のうち一人又は数人が，共有持分全部を取得し，他の共有者の取得すべき持分を価格で賠償する方法

**(2)　持分の移転と担保責任**

　共有物の分割によって，持分が移転される。この点，判例も「共有者相互間において，共有物の各部分につき，その有する持分の交換又は売買が行なわれることであつて（民法249条，261条参照），……，各共有者がその取得部分について単独所有権を原始的に取得するものではない」[注105]と判断している。また，持分の移転と解されることから，各共有者は，他の共有者が分割によって取得した物について，売主と同じく，その持分に応じて担保責任を負うとされている（民261条）。

**(3)　分割の効果の不遡及**

　協議による分割では協議成立の時から，裁判による分割では判決確定のときから分割の効力が発生する。すなわち，共有物分割の効果は遡及しない。この点，遺産分割に遡及効が認められているのは（民909条），遺産分割の特殊性による。[注106]

**(4)　共有持分上の担保物権に対する影響**

　現物分割について，判例は，持分上の抵当権は，抵当権設定者が取得した現物に集中するのではなく，共有物全部の上に（当初の抵当権の対象とされた）持分割合で存続するとしている。[注107]抵当権を害する分割から抵当権者を保護するためである。一方，持分上に抵当権を設定した者が価格賠償により持

---

（注105）　最二小判昭42・8・25民集21巻7号1729頁
（注106）　『川島＝川井』470頁，『小粥』591頁
（注107）　大判昭17・4・24大民集21巻447頁

分を全て取得した場合，抵当権は目的物全部に及ぶのではなく，設定者が従前有していた持分権の範囲に及ぶとされる。<sup>(注108)</sup>さらに，分割により，抵当権設定者の持分が他の共有者に帰属することになった場合，抵当権者は設定者が分割によって受けるべき権利に物上代位できることはもちろん（民372条・304条），前掲大審院昭和17年判決（注107参照）の趣旨に鑑み，他人の所有物となった目的物の上に抵当権を主張し得るとするのが多数説である。<sup>(注109)</sup>

(5)　登記請求権

後記【登記手続との接合】を参照されたい。

## 4　裁判による共有物の分割

2021年改正民法による裁判による共有物の分割（民258条・258条の2）については第2編第3章第2節を参照されたい。

## 5　共有関係の消滅

(1)　共有物の分割

共有物の分割により，共有関係は消滅する。

(2)　そのほかの共有関係の消滅原因

そのほかの共有関係の消滅原因は以下のとおりである。<sup>(注110)</sup>

①　持分の集中

共有者の一人が他の共有者の持分を譲り受けた場合，共有物に関する負担，義務を履行しない共有者がいるときに，他の共有者が相当の償金を支払って，その持分を取得した場合（民253条）及び共有者が持分を放棄し，又は相続人なくして死亡したときに他の共有者にその持分が帰属した場合（民255条）である。

ただし，相続人の不存在が確定したとき，その共有持分は他の相続財産とともに民法958条の3（現行民958条の2）の規定による特別縁故者への財産分

---

(注108)　『川島＝川井』471頁，『小粥』592頁
(注109)　『川島＝川井』471頁
(注110)　『川島＝川井』467頁

第3節　共有関係の解消

与の対象となり，なお相続財産が残存することが確定して初めて，民法255条が適用される（最二小判平元・11・24民集43巻10号1220頁）。

　また，共有者が持分を放棄したことにより，他の共有者が持分を取得する性質は原始取得であるが，持分権上に抵当権が設定されていたときは，抵当権者を保護する観点から，抵当権付の持分権が他の共有者に取得されると考えられている。[注111]

　　②　第三者が共有者の持分を全部譲り受けた場合

　　③　公用徴収の場合

　　④　共有物が滅失した場合

　　⑤　共有物について取得時効が完成した場合

(3)　2021年民法改正

　2021年民法改正により，所在等不明共有者がいる場合の不動産について，当該所在等不明共有者の持分の取得制度（民262条の2）及び持分の譲渡権限を付与する制度（民262条の3）が新設された（Q13，Q14参照）。これら新しい制度の利用によって，所在等不明共有者の持分について，共有者が取得し，又は共有者全員で第三者に譲渡することにより，共有関係を解消することが可能となる。

## 登記手続との接合

　共有物分割に関する登記手続を，ＡＢが共有する土地1筆を2筆に分割して各々をＡとＢの単独所有とする一般的な現物分割を例に，概観してみることとする。

　関係当事者は下記のようなイメージで土地を分割することを想定しているものとする。なお，分筆を含め，土地の地番の定め方には一定のルールがある（不登準則67条）が，ここではその点を考慮しない。

---

（注111）　『川島＝川井』464頁

第1　共有物の分割請求／Q12——登記手続との接合

> **現　状**
>
> 1．1－1の土地をAとBが2分の1ずつの割合で共有している
> 2．当該土地のA持分に対して抵当権が設定されており（以下「X抵当権」という。），B持分に対しても抵当権が設定されている（以下「Y抵当権」という。）
>
> **【分割の内容】**
>
> 3．1－1の土地を同じ面積で2筆に分割し，「1－1」の土地をAの単独所有とし，「1－2」の土地のBの単独所有とする
> 4．分割にあたり，X抵当権を「1－1」の土地全体に対して設定されているものとし，Y抵当権を「1－2」の土地全体に対して設定されているものとしたい

《分筆前》

```
┌─────────────────┐
│ A（持分2分の1） │ ←A持分に対する抵当権（X抵当権）
│ B（持分2分の1） │ ←B持分に対する抵当権（Y抵当権）
│   1－1の土地    │
└─────────────────┘
```

《分筆後》　※分筆時に抵当権（者）の消滅承諾又は抹消登記を行わない場合

```
┌─────────────────┐
│ A（持分2分の1） │ ←A持分に対する抵当権（X抵当権）┐
│ B（持分2分の1） │ ←B持分に対する抵当権（Y抵当権）│共同担保
│   1－1の土地    │                                 │
└─────────────────┘                       共同担保 │
┌─────────────────┐                                 │
│ A（持分2分の1） │ ←A持分に対する抵当権（X抵当権）┘
│ B（持分2分の1） │ ←B持分に対する抵当権（Y抵当権）
│   1－2の土地    │
└─────────────────┘
```

《最終型》

```
┌─────────────────┐
│ A（単独所有）    │ ←1－1の土地全体に対する抵当権（X抵当権）
│   1－1の土地    │
└─────────────────┘

┌─────────────────┐
│ B（単独所有）    │ ←1－2の土地全体に対する抵当権（Y抵当権）
│   1－2の土地    │
└─────────────────┘
```

85

第3節　共有関係の解消

## 1　土地の分筆登記

　まずは，分筆登記により1-1の土地を2筆に分ける必要がある。分筆登記自体は，土地の個数（筆数）を変更する手続に過ぎないため，抵当権者の承諾を得ることなく所有者が自由に行える。なお，共有地の分筆は，民法251条を根拠に，共有者全員が申請人とならなければならないとされていたが，同条の改正に伴い軽微な変更については共有者全員の同意を要しないこととなったため，改正法施行後は，共有者の過半数で分筆登記を申請できるようになった（令5・3・28民二第533号民事局長通達）。

　分筆の結果，所有権や抵当権の登記内容は創設された（1-2の）土地に職権で転記されることになる。また，土地が1筆から2筆になるため，抵当権は共同担保の関係となり，登記官が職権で共同担保目録を作成する（不登規102条）。

　以上が原則であるが，分筆登記の際に，抵当権者の承諾を得て，当該抵当権を分筆後のいずれかの土地について消滅させることも可能である（不登40条）。

　例えば，X抵当権（者）は，1-2の土地について当該抵当権を消滅させることを承諾し，Y抵当権（者）は，1-1の土地について当該抵当権を消滅させることを承諾することにより，分筆登記後は（別途，抵当権抹消登記を行うことなく）1-1の土地についてはX抵当権のみとし，1-2の土地についてはY抵当権のみとすることができる。[注112]

　むろん，このままでは，各々A持分・B持分に対する抵当権のままであるため，抵当権者としては後記3の手続が行われることを条件として承諾に対応することになろう。ただし，抵当権者に承諾義務はない。抵当権者が承諾しないときは，所有者は，原則どおり土地を分筆した上で，一部抹消登記と後記3の登記を行うことへの協力を抵当権者に求めることになる。

---

（注112）　実務では，持分に対する抵当権が単体で利用されることは多くない。実務的には，共有地に対する抵当権設定は，土地全体に対して，債務者をAとするX抵当権と，債務者をBとするY抵当権を同順位で設定するなどの例が多いと思われるが，このような事例においても分筆に当たり不動産登記法40条が活用できる。

## 2 持分移転登記

　前記1のとおり，分筆は権利関係に変化をもたらす行為ではないため，分筆登記を行っても（土地の数が増えるだけで）権利関係に何ら変更は生じない。各々の土地を単独所有とするためには，各土地について各々の持分を相手方に移転する必要がある。この登記申請は「所有権移転登記」ではなく「持分移転登記」の方法により行う。[注113]

　具体的には，1－1の土地について「B持分全部移転（登記原因○年○月○日共有物分割）」によりBからAに持分を移転し，1－2の土地について「A持分全部移転（登記原因○年○月○日共有物分割）」によりAからBに持分を移転する登記を申請する。その結果，1－1の土地がAの単独所有に，1－2の土地がBの単独所有になる。

　なお，共有物分割の登録免許税の税率は1000分の4（登免別表第1の1の⑵のロ）と定められているが，これは「その共有物について有していた持分に応じた価額に対応する部分に限る。」（登免17条（表の3番目）参照）と限定的な扱いがされており，これに該当しない場合は1000分の20となる（本件事例のように共有者の持分と同じ割合の面積で分筆するようなケースでは税率は1000分の4である。）。

　また，各々の持分に対して設定されていた抵当権は，分筆にあたり消滅承諾をするか別途抹消登記を申請しない限り消滅することはない。抵当権が設定されたままの状態で持分が移転することになるのは前述【解説】3⑷（82頁）で説明されているとおりである（なお，次の3の説明にあたっては，便宜，相手方に移転した持分に対する抵当権は消滅承諾又は抹消登記がなされているものとする。これにより，分筆の結果，1－1の土地にはA持分2分の1に対するX抵当権が設定されており，1－2の土地にはB持分2分の1に対するY抵当権が設定されているものとする。）。

---

（注113）　最二小判昭42・8・25民集21巻7号1729頁，昭36・1・17民事甲第106号民事局長回答

第3節　共有関係の解消

## 3　抵当権の効力を所有権全部に及ぼす変更登記[注114]

　土地の分筆登記と持分移転登記が完了したとしても，各々A・Bの単独所有となった土地全体に抵当権が及ぶことにはならない。1－1の土地については，Aの単独所有となったが，そのうちの持分2分の1についてのみ抵当権が設定されている状態である。1－2の土地についても，Bの単独所有となった以外は同様である。

　そこで，各々の単独所有となった土地全体に抵当権を及ぼすための手続が必要となる。これは，実質的には，共有物分割により新たに取得した持分に対する抵当権の追加設定であるが，不動産登記実務においては，これを変更登記として処理している。[注115]所有権の一部を目的とする抵当権の設定ができないという基本的な考え方[注116]に基づき，当該持分に対する追加設定も（単独所有者となった所有権の一部に対する抵当権設定となるため）認められないのである。

　とはいえ，実質的には追加設定そのものであり，下記のとおり，登記原因も変更ではなく「設定」である。また，登録免許税も追加設定の登記として不動産等に関する権利の件数1件につき1500円である。一方で，変更登記として処理されるため，利害関係人の有無及び承諾の有無によって付記登記でなされる場合と主登記でなされる場合がある。また，変更登記であるため，登記完了後に抵当権者に対して登記識別情報は通知されない。そのため，将来的に当該抵当権を抹消する際にも当初の（持分に対して）設定をした際の登記識別情報だけを提供すればよいことになる。[注117]

---

（注114）　本件登記とは逆に，分譲マンションの底地全体に対して設定されている抵当権について，当該土地持分が（専有部分に対する敷地権として）分譲されていく都度，分譲により移転した持分に及んでいる抵当権を，その購入者の分についてのみ放棄していくという実務もある（登記の目的は「○番抵当権をX持分の抵当権とする変更」で，登記原因は「年月日Y持分の放棄」である。なお，Xは分譲主でYは購入者である。）。
（注115）　昭9・4・2民事局長電報回答ほか
（注116）　昭35・6・1民事甲第1340号民事局長通達
（注117）　平17・8・26民二第1919号民事第二課長通知

88

〈例9　登記記録――抵当権の効力を所有権全部に及ぼす変更登記〉

| 権　利　部　（　乙　区　）　（所　有　権　以　外　の　権　利　に　関　す　る　事　項） |||||
|---|---|---|---|---|
| 順位番号 | 登　記　の　目　的 | 受付年月日・受付番号 | 権　利　者　そ　の　他　の　事　項 ||
| 何 | 乙某持分抵当権設定 | 令和何年何月何日<br>第何号 | 原因　令和4年10月30日金銭<br>　　　　消費貸借同日設定<br>債権額　金何万円<br>利息　年何％<br>債務者　何市何町何番地<br>　　　　何某<br>抵当権者　何市何町何番地<br>　　　　　何株式会社 ||
| 付記1号 | 何番抵当権の効力を所有権全部に及ぼす変更 | 令和何年何月何日<br>第何号 | 原因　令和4年10月30日金銭<br>　　　　消費貸借同年何月何日設定 ||

（出典：登記記録例415を年月日修正）

（注）　登記簿上の利害関係人が存する場合は，その者が承諾したことを証する情報を提供したときに限り，付記登記による。

　なお，以上に関して，土地の分筆登記とそれ以外の登記を同時に申請することはできない。これは，分筆登記が完了しないと持分移転登記等の対象となる土地が特定（確定）しないため，それを前提とした申請を行うことができないためである。一方で，持分移転登記と抵当権の効力を所有権全部に及ぼす変更登記は同時に申請することが可能である。

## 第2　所在等不明共有者の持分の取得

**Q 13**　所在等不明共有者の持分取得の裁判が創設されたのはなぜか。どのようなケースでこの裁判手続を利用することが考えられるか。

　共有者が所在不明のケースでは，判決による共有物分割は可能であるが，全ての共有者を当事者として訴えを提起しなければならな

第3節　共有関係の解消

いなど手続上の負担がある。また，合意による共有物分割や任意譲渡をするためには，不在者財産管理人等の選任を経る必要があり，管理人報酬が発生する。さらに，共有者の氏名が分からないときは，不在者財産管理人を選任することさえできない。このようなケースに対応するため，共有者が，裁判所の決定を得ることにより，所在等不明共有者の不動産の持分を取得することができる制度が新設された。

---

## Check ▶

民262条の2，非訟87条

---

### 解　説

## 1　制度導入の背景

　共有物をどのように管理するかは，基本的には，共有者間の協議により決められるが，共有者が他の共有者を知ることができず，または，その所在を知ることができないとき（以下「所在等不明共有者」という。），改正前民法の下では共有者間での協議はできなかった。その対策として，裁判による共有物分割の方法により共有関係を解消する方法があったが，共有物分割請求訴訟は，全ての共有者を当事者として訴えを提起しなければならず，所在不明共有者については公示送達を経る必要があるなど（民訴110条），手続上の負担があった（なお，共有物分割訴訟は実質的には非訟事件と考えられているため，申立人が価額賠償による分割を求めても現物分割又は競売分割となる可能性もある。）。また，所在不明共有者のために不在者財産管理人や相続財産管理人を選任して，当該管理人との間で管理に関する協議を行い，裁判所の許可を得ることにより，その持分を譲り受けるケースもあるが，管理人報酬が必要となる。さらに，共有者の中に氏名や名称が分からない者がいる場合には，共有物分割訴訟を提起し，又は財産管理人を選任することさえできなかった。

　共有物のうち特に不動産は，社会経済上，重要な財産である。共有者のう

*90*

ちに所在等不明共有者がいる場合には，共有関係を適切に解消する仕組みを設けることにより，共有不動産の利用や管理を促す必要がある。その一方で，所在等不明共有者は現に当該不動産の管理を行っておらず，他の共有者にその管理を委ねているとみることも可能である。

　特に自然災害の被災地では，被災者のための仮設住宅を建設する際，敷地となる土地共有者の一部が所在等不明であることにより，仮設住宅建設が難航し，又は断念せざるを得ないとの事態が発生している。最近の災害が多発する状況下では，その解決は急務である。

　そこで，所在等不明共有者がいる場合の不動産について，裁判所の関与のもと，共有者の一部が所在等不明共有者の共有持分を代価を支払った上で取得することにより，共有者全員を当事者とすることなく持分が移転する新たな非訟手続制度（以下「持分取得制度」という。）が設けられた（民262条の2，非訟87条）。

## 2　制度の概要

### (1)　請求権者

　対象となる共有不動産について持分を有する共有者である。遺産共有についても適用される。[注118]特に，所有者不明土地問題は相続を契機として発生することが多いため，遺産共有でも持分取得制度を利用して，共有関係の解消を図ることは有益である。ただし，相続人の遺産分割による利益を保護する観点から特則がある（後記(2)③）。

### (2)　要　件

####　①　対象となる共有不動産に所在等不明共有者がいること（民262条の2第1項）

　所在等不明に関する定義規定はない。請求権者は登記簿のほかに住民票等によって，他の共有者の所在等不明の調査を行い，裁判所が事案ごとに認定する。なお，所在等不明共有者の具体的な内容は，本書Q8を参照されたい。

---

（注118）　最三小判昭30・5・31民集9巻6号793頁

第3節　共有関係の解消

　　② 所在等不明共有者以外の共有者から異議の届出がないこと（民262条
　　の2第2項）

　2021年改正民法262条の2第1項の請求（以下「持分取得請求」という。）が
あった不動産について，裁判による共有物分割請求又は遺産分割請求があり，
かつ，所在等不明共有者以外の共有者が持分取得請求を受けた裁判所に当該
裁判をすることについて異議ある旨の届出をしたときは，裁判所は当該裁判
をすることができない。請求権者以外の共有者が共有物分割又は遺産分割に
よって，共有者全員の関与のもと適切な分割を求めているケースでは，持分
取得制度の利用を優先させるべきではないからである。なお，この異議届出
には，後述のとおり期間制限がある。

　　③ 遺産共有持分である場合の特則（民262条の2第3項）

　所在等不明共有者の持分が遺産共有持分である場合（共同相続人間で遺産の
分割をすべき場合に限る。），相続開始の時から10年を経過していないときは，
裁判所は持分取得請求に基づく裁判をすることができない。具体的相続分に
よる遺産分割の時的限界を踏まえたものである（詳細は本書Q25を参照）。

　(3)　対象となる共有持分

　不動産の共有持分のほか，不動産の使用又は収益をする権利（所有権を除
く。）の準共有持分も対象となる（民262条の2第5項）。


## 3　裁判手続

　所在等不明共有者の持分の取得の裁判（以下「持分取得裁判」という。）にお
ける手続は，以下のとおりである。

　(1)　申立ての方式

　申立ては，特別の定めがある場合を除き，書面でしなければならない（共
有規則1条）。

　(2)　管轄裁判所・申立手数料

　持分取得裁判の対象となる不動産の所在地を管轄する地方裁判所である
（非訟87条1項）。この裁判の申立費用は1,000円である（民訴費別表第1の16）。

第2 所在等不明共有者の持分の取得／Q13

### (3) 申立書の記載事項及び添付資料

申立ての趣旨及び原因並びに申立てを理由づける事実のほか，下記事項を記載し，申立人又は代理人が記名押印する（共有規則8条・5条1項・2項，巻末資料4参照）。また，登記事項証明書の添付を要する（共有規則8条・6条）。

---

i 当事者の氏名又は名称及び住所並びに法定代理人の氏名及び住所
ii 申立てに係る共有物の表示
iii 法定代理人を除く代理人の氏名及び住所
iv 申立てに係る共有物の共有者（申立人を除く。）の氏名又は名称及び住所並びに法定代理人の氏名及び住所
v 申立てを理由づける具体的な事実ごとの証拠
vi 事件の表示，附属書類の表示，年月日，裁判所の表示
vii 申立人又は代理人の郵便番号及び電話番号（FAX番号含む。）
viii その他裁判所が定める事項

---

なお，上記iとiiは必要的記載事項であり（共有規則5条1項），iii以下は任意的記載事項である（同条2項）。[注119]

裁判所は，申立人に対し，申立書及び添付書類のほか，申立てを理由づける事実に関する資料その他手続の円滑な進行を図るために必要な資料の提出を求めることができる（共有規則2条）。また，裁判所は，相当と認めるときは，申立てを理由づける事実の調査を裁判所書記官に命じて行わせることができる（共有規則3条）。

### (4) 公告及び届出期間

① 裁判所は，次に掲げる事項を公告し，かつ，以下のii，iii及びvの期間が経過した後でなければ，持分取得裁判をすることができない。この場合において，ii，iii及びvの期間は，いずれも3か月を下ってはならない（非訟87条2項）。所在等不明共有者の手続保障を図るためである。なお，公告は，特別の定めがある場合を除き，裁判所の掲示場その他裁判所内の公衆の見やすい場所に掲示し，かつ官報に掲載する（共有規則4条・8条・7条）。

---

(注119) 「岩井ら」2467頁

第3節　共有関係の解消

> i　所在等不明共有者（民法262条の2第1項に規定する所在等不明共有者をいう。以下同じ。）の持分について，持分取得裁判の申立てがあったこと
>
> ii　裁判所が持分取得裁判をすることについて異議があるときは，所在等不明共有者は一定の期間内にその旨の届出をすべきこと
>
> iii　民法262条の2第2項（同条5項において準用する場合を含む。）の異議の届出は，一定の期間内にすべきこと
>
> iv　iiとiiiの届出がないときは，持分取得裁判がされること
>
> v　持分取得裁判の申立てがあった所在等不明共有者の持分について申立人以外の共有者が持分取得裁判の申立てをするときは一定の期間内にその申立てをすべきこと

② 所在等不明共有者から異議の届出があった場合（非訟87条2項2号），持分取得裁判をすることができない。対象となる共有不動産に所在等不明共有者がいることという実体法上の要件を欠くことになるからである。また，異議の届出が異議届出期間の経過後になされ，その時期が裁判前であるときも，裁判所は持分取得裁判をすることができないと考えられる。異議届出期間は，所在等不明共有者に異議を述べる機会を保障するためにあり，その期間経過後に所在等不明共有者による異議を制限する趣旨ではないからである。[注120]

#### (5) 他の共有者に対する通知

裁判所は，上記(4)の公告をしたときは，遅滞なく，登記簿上その氏名又は名称が判明している共有者に対し，上記(4)① i，iii～vの内容を通知しなければならない。この通知は，通知を受ける者の登記簿上の住所又は事務所に宛てて発すれば足りる（非訟87条3項）。

なお，所在等不明共有者以外の共有者による異議届出期間は3か月であるが，裁判所は，当該期間経過後になされた異議の届出を却下しなければならない（非訟87条4項）。

---

(注120)　『村松ら』132頁

第2　所在等不明共有者の持分の取得／Q13

### (6)　供託命令

#### ①　供託命令

　裁判所は，持分取得裁判をするには，申立人に対して，一定の期間内に，所在等不明共有者のために，裁判所が定める額の金銭を裁判所の指定する供託所に供託し，かつ，その旨を届け出るべきことを命じなければならない（非訟87条5項。令5・3・27民商第67号民事局長通達「民法等の一部を改正する法律の施行に伴う供託事務の取扱いについて（通達）」）。

　供託命令は，持分取得裁判によって，所在等不明共有者が持分を喪失することによる損失を塡補するものであるから，供託金額は当該裁判により喪失する持分の時価相当額に相当する金額である。実務では，裁判所が事案に応じて，不動産鑑定士による評価書，固定資産税評価証明書，不動産業者による査定書などをもとに供託金額を算定することになるであろう。

　なお，裁判所は供託金額の算定に際し，いわゆる共有減価（財産の時価を算定するに際し，対象財産が共有持分であるため，需要の限定が想定される場合，当該財産の所有権全部が対象となっている場合と比較して減額修正を行うこと）をする必要があるかが問題となる。この点，立法担当者によれば事案ごとの判断にはなるが，基本的に共有減価されるものの，所在等不明共有者の持分取得裁判の結果，申立人が単独所有するケースにおいては共有減価をする必要はないと説明している。[注121]

　さらに，不動産の共有者を知ることができない場合（例：数次相続の発生により，相続人の把握が困難であるケース，表題部の所有名義から所有者を特定することができない，いわゆる「表題部所有者不明土地」のケース[注122]等），その持分割合が不

---

（注121）　『村松ら』156頁

（注122）　表題部所有者不明土地とは，旧土地台帳制度下における所有者欄の氏名・住所の変則的な記載が，昭和35年以降の土地台帳と不動産登記簿との一元化作業後も引き継がれたことにより，表題部所有者（所有権の登記（権利部）がない不動産について，登記記録の表題部に記載される所有者））欄の氏名・住所が正常に記録されていない登記となっている土地をいう。具体例としては，所有者の氏名はあっても住所の記載がない土地，字持地（大字〇〇），記名共有地（甲他〇名）などである。表題部所有者不明土地の権利関係の明確化及びその適正な利用の促進を目指す観点から，令和元年5月に「表題部所有者不明土地の登記及び管理の適正化に関する法律」が成立，公布された。具体的には，① 表題部所有者不明土地の登記の適正化を図るために，登記官に所有者の探索のために必要となる調査権限を付与すると

95

第3節　共有関係の解消

明であり，ときに，共有者の総数さえ分からない場合もある。この点，立法
担当者によれば持分取得裁判における供託命令が所在等不明共有者の利益を
確保することにある以上，例えば，所在等不明共有者の総数が不明な事案で
は，不動産全体の時価相当額を供託額として算定されるなど，所在等不明共
有者の利益になる方向で供託金額が定められることである。(注123)

### ②　供託金額の変更

裁判所は，上記①による決定をした後，持分取得裁判をするまでの間に，
事情の変更により上記①による決定で定めた額を不当と認めるに至ったとき
は，供託すべき金銭の額を変更しなければならない（非訟87条6項）。例えば，
供託命令後，持分取得裁判をするまでの間に災害が発生し，対象不動産の価
格が大きく下落した場合には供託すべき金額を減額することになる。(注124)

### ③　即時抗告

上記①，②の規定による裁判に対しては，即時抗告をすることができる
（非訟87条7項）。即時抗告ができるのは，供託すべき金額を命じられる申立人
である。また，供託命令及び供託金額の変更の裁判は，いずれも終局決定以
外の裁判であるから，即時抗告は申立人が裁判の告知を受けた日から1週間
の不変期間内にしなければならない（非訟67条2項・81条）。

### ④　供託命令違反

裁判所は，申立人が供託命令に従わないときは，その申立人の申立てを却
下しなければならない（非訟87条8項）。この申立ての却下は終局決定である
から，即時抗告は申立人が裁判の告知を受けた日から2週間の不変期間内に
しなければならない（非訟66条2項・67条1項・2項）。

---

　　ともに，所有者等探索委員制度を創設するほか，所有者の探索の結果を登記に反映させるた
　　めの不動産登記法の特例が設けられた（令和元年11月22日施行）。また，②所有者の探索を
　　行った結果，所有者を特定することができなかった表題部所有者不明土地について，その適
　　正な管理を図るための措置として，裁判所の選任した管理者による管理を可能とする制度が
　　設けられた（令和2年11月1日施行）。

(注123)　『村松ら』160頁。なお，共有者の総数ないし持分が不明な状態での持分移転登記手続が
　　どのようになるのかについては，注130（102頁参照）。

(注124)　『村松ら』130頁

第2　所在等不明共有者の持分の取得／Q13

(7)　裁　判

　①　裁判の告知

　裁判所は，持分取得請求に基づく公告を実施し，所定期間が経過した後，申立人が供託命令に基づき供託をした場合，持分取得裁判をする（民262条の2第1項）。持分取得裁判は申立人に告知する必要があるが（非訟56条），所在等不明共有者に告知する必要はない（非訟87条10項）。

　②　即時抗告

　所在等不明共有者は，持分取得裁判に対し，即時抗告をすることができるが（非訟66条1項），所在等不明共有者は裁判の告知を受けないため，即時抗告期間は，申立人が告知を受けた日から2週間となる（非訟67条1項・3項）。

　③　裁判の確定

　持分取得裁判は，確定しなければその効力を生じない（非訟87条9項）。非訟事件の裁判は，即時抗告されないまま抗告期間が満了すれば，確定する（非訟56条4項・5項）。

## 4　裁判確定の効果

(1)　持分の取得

　申立人である共有者が所在等不明共有者の持分を取得する。持分取得の法的性質は承継取得とされている。なお，立法過程では，民法261条に倣い，所在等不明共有者の担保責任についても議論された。しかしながら，共有者と所在等不明共有者の間には不動産の品質等に関する合意はないこと，持分不具合に関するリスクは持分取得請求をした共有者が負担すべきとの理由から立法には至らなかった。[注125]

(2)　持分移転登記

　持分を取得した共有者は，第三者対抗要件として，持分移転の登記をする必要がある。また，持分を取得した共有者は，持分取得裁判とは別に所有権移転登記手続をすべきことを命じる確定判決を得なくても，自ら登記義務者

---

(注125)　『村松ら』134頁

第3節　共有関係の解消

である所在等不明共有者を代理して登記申請できる。持分取得裁判は，所在等不明共有者の不動産持分について共有関係を解消することにより，不動産の安定的な管理・処分を可能とする制度であるから，その確定により持分移転の登記申請をする権限をも取得させる効果があるからである。[注126]

### (3)　所在等不明共有者が取得する権利

#### ①　供託金還付請求権

持分取得裁判に先立ち，申立人は，所在等不明共有者のために発令された供託命令に基づく供託をしている（非訟87条5項）。そこで，所在等不明共有者は，持分取得裁判確定後に供託金還付請求権を行使することができる。

この供託金還付請求権は，所在等不明共有者が権利を行使することができることを知った時から5年間行使しないとき，又は，権利を行使することができる時から10年間行使しないときは消滅時効が完成する（民166条）。所在等不明共有者による権利行使がないまま消滅時効が完成したとき，供託官は消滅時効を援用し，当該供託金は国庫に帰属することになる。[注127]

#### ②　時価相当額の支払請求権

持分取得裁判の確定により，共有者が所在等不明共有者の持分を取得したときは，所在等不明共有者は，当該共有者に対し，当該共有者が取得した持分の時価相当額の支払を請求することができる（民262条の2第4項）。

ただし，所在等不明共有者は供託金還付請求権を取得するから，時価相当額の支払請求権は実質的に担保されている。したがって，改正民法262条の2第4項に基づく支払請求権は，時価相当額と担保額の差額についてのみ行使することが可能となる。

所在等不明共有者が上記差額を元本として支払請求権を行使すると，持分取得者は請求を受けたときから遅滞の責任を負うことになる（民412条3項）。

---

(注126)　『村松ら』135頁。なお，本制度に基づく持分移転登記に関する登記通達については後述【登記手続との接合】参照。

(注127)　供託をした持分取得共有者は，供託の結果，所在等不明共有者の持分を取得し，持分取得裁判確定後は供託原因が消滅する可能性がなくなるから，供託金を取り戻すことはできない（供託法8条2項）。

## 5 二人以上の持分取得請求者がいる場合

### (1) 裁判の内容及び効果

同一の所在等不明共有者の持分について，持分取得請求者が二人以上ある場合，持分取得裁判では，所在等不明共有者の持分を持分取得請求者の持分の割合で按分してそれぞれ取得させる（民262条の2第1項後段）。

持分取得裁判により，二人以上の共有者が所在等不明共有者の持分を取得したときは，所在等不明共有者は，各共有者に対し，各共有者が取得した持分の時価相当額の支払を請求することができる（同条4項）。

例えば，甲，乙，丙が各3分の1の割合で共有する土地について，丙が所在不明であるとき，甲及び乙による持分取得請求が認められる場合，裁判所は，甲と乙に丙の持分を各2分の1取得させる旨の裁判をすることになる。その結果，当該土地の甲と乙の持分割合は各2分の1となる。

これに対し，丙は，甲と乙に対し，それぞれが取得した持分の時価相当額の支払を請求できるに留まり（土地の持分の6分の1），甲と乙は，丙の土地の持分全体である3分の1の時価相当額の支払義務を連帯して負担するわけではない。

### (2) 裁判手続

持分取得請求者が二人以上発生するケースとして，①請求を併合して，一つの持分取得請求をする場合，②持分取得請求があった後，他の共有者が新たに持分取得請求をする場合が考えられる。持分取得裁判の手続は請求者が一人である場合と二人以上である場合とで大きな違いがあるわけではないが，留意点を付記する。

#### ① 公告及び通知

持分取得請求があった場合，裁判所は改正非訟事件手続法87条2項に定める公告及び同条3項に基づき，登記簿上氏名等が判明している共有者に公告事項を通知する。これら公告又は通知により，他の共有者が持分取得請求を行い，先行の持分取得請求と併合された場合，裁判所は後行の持分取得請求について，改めて公告や通知をする必要があるかが問題となり得る。しかしながら，先行の持分取得請求に基づく公告又は通知によって，後行の持分取

第3節　共有関係の解消

得請求者を含む他の共有者による持分取得請求の手続保障は担保されているから，後行の持分取得請求に基づく公告や通知をする必要はないと考えられる。<sup>(注128)</sup>

　また，持分取得裁判の申立てを受けた裁判所が改正非訟事件手続法87条2項の規定による公告をした場合において，その申立てがあった所在等不明共有者の持分について申立人以外の共有者が同項5号の期間が経過した後に持分取得裁判の申立てをしたときは，裁判所は，当該申立人以外の共有者による持分取得裁判の申立てを却下しなければならない（非訟87条11項）。なぜなら，持分取得制度においては，持分取得請求をした共有者の持分割合で按分して，所在等不明共有者の持分を取得し（民262条の2第1項後段），かつ，各申立人が供託すべき金額が定められるなど（非訟87条5項），手続に与える影響が大きい。そこで，申立人以外の共有者がいつまでも申立てをすることができることは相当でないから，申立人以外の共有者による申立期間が定められ，かつ，当該期間経過後の申立ては却下されることになったのである。

　　②　供託命令

　供託命令は，請求者ごとに命じられる。上記(1)の事例では，甲と乙は丙の持分の2分の1ずつ（土地の持分の6分の1）の時価相当額に相当する金額を各自が供託することになる。


〈図表7　所在等不明共有者の持分取得フロー〉

| 申立て |

申立人：対象不動産の共有者
管　轄：対象となる不動産の所在地を管轄する地方裁判所
要　件：対象となる共有不動産に所在等不明共有者がいること
　　　　所在等不明共有者以外の共有者から異議の届出がないこと
　　　　遺産共有持分である場合の特則（相続開始の時から10年経過していること）

---

（注128）　『村松ら』137頁

*100*

第2　所在等不明共有者の持分の取得／Q13──登記手続との接合

公告・通知

公告：持分取得裁判の申立てがあったこと
　　　３か月以上の異議届出期間内に異議の届出をすべきこと
　　　異議の届出がなければ持分取得裁判がされること
　　　申立人以外の共有者が持分取得裁判の申立てをするときは
　　　３か月以上の期間内に申立てをすべきこと
通知：登記簿上の共有者への通知

異議届出期間の経過

供　託

供託命令：所在等不明共有者の持分の時価相当額の金額を供託すべき旨の命令

持分取得の裁判

裁判の確定

申立人：所在等不明共有者の持分取得
所在等不明共有者：供託金還付請求権，時価相当額の支払請求権

## 登記手続との接合　(注129)

　本件による持分の取得は，以上に説明されてきたとおり，裁判手続により行われるものの，その裁判に基づく持分移転登記の申請は，いわゆる判決等による単独申請ではなく，当該持分を取得した共有者が，所在等不明共有者の代理人として，原則どおり，共同申請によって行われる。とはいえ，当該持分を取得した共有者は，所在等不明共有者の代理人（登記権利者兼登記義務

---

（注129）　不動産登記手続は，令５・３・28民二第533号民事局長通達「民法等の一部を改正する法律の施行に伴う不動産登記事務の取扱いについて（民法改正関係）（通達）」による。

第3節　共有関係の解消

者代理人）として申請することになるため，事実上の単独申請といえよう。

　具体的な登記申請手続は，確定裁判に係る裁判書の謄本が代理人の権限を証する情報及び登記原因証明情報となる。また，登記原因は「年月日民法第262条の2の裁判」であり，その日付は当該裁判が確定した日（当該裁判がされた日ではない。）である。

　本設問の【解説】3(7)③（97頁）に記載のとおり，持分取得裁判は，確定しなければその効力を生じない（非訟87条9項）。また，この裁判は，即時抗告されないまま抗告期間が満了すれば確定し（非訟56条4項・5項），この即時抗告期間は，申立人が告知を受けた日から2週間である（非訟67条1項・3項）ため，通常は，この期間経過により裁判が確定することとなる。

　冒頭に記載のとおり本件持分移転登記は判決等による単独申請ではないものの，裁判手続により持分取得の真正は担保されているため，共同申請時における原則とは異なり，登記義務者の登記識別情報を提供することを要しない。下記に登記申請情報例を示すので参考にされたい。(注130)

〈例10　登記申請書──所在等不明共有者Ａの持分（3分の1）を他の共有者Ｃが取得した場合〉

---

### 登記申請書

| | |
|---|---|
| 登記の目的 | Ａ持分全部移転 |
| 原　　　因 | 令和何年何月何日民法第262条の2の裁判 |
| 権利者兼義 | 何市何町何番地 |
| 務者代理人 | 持分3分の1　Ｃ |
| 義　務　者 | 何市何町何番地 |

---

（注130）　本設問解説3の(6)①（95頁）において，供託に関する局面ではあるものの「不動産の共有者を知ることができない場合（例：数次相続の発生により，相続人の把握が困難であるケース等），その持分割合が不明であり，ときに，共有者の総数さえ分からない場合もある。持分取得裁判における供託命令が所在等不明共有者の利益を確保することにある以上，例えば，所在等不明共有者の総数が不明な事案では，不動産全体の時価相当額を供託額として算定されるなど，所在等不明共有者の利益になる方向で供託金額が定められることが予想される。」という説明をしており，立案担当者によっても同様の説明がなされている（『村松ら』160頁）。一方で，登記申請手続においては，「何某持分移転」の旨や，移転する持分の記録が必須となるため，共有者の氏名や持分が特定できない以上，その持分取得（その結果を登記すること）は，現行の登記実務においては実現不可能である。

第2　所在等不明共有者の持分の取得／Q13──登記手続との接合

```
                            Ａ
添付情報    登記原因証明情報※1　住所証明情報※2
          印鑑証明情報※3　代理権限証明情報※4
               ～以下，省略～※5
```

※1・※4　前述のとおり，確定裁判に係る裁判書の謄本が代理人の権限を証する情報及び登記原因証明情報となる。

※2　原則どおりＣの住民票等を提供する（不登令別表30ハ）。

※3　Ａの印鑑証明書は提供不要（不能）であるが，Ｃについては，Ａの代理人として，登記義務者の立場で申請する以上，その印鑑証明書の提供が必要となる（不登令16条1項・2項）。

※5　登録免許税は，登録免許税法別表第1の1の(2)のハにより不動産の価額（固定資産評価額）の1000分の20である。


　なお，所在等不明共有者が死亡していることは判明したが，戸除籍の廃棄等により，その相続人のあることが明らかでない場合には，当該持分の移転の登記の前提として，当該死亡した所有権の登記名義人の氏名変更の登記（相続財産法人名義への変更登記）をする必要がある。この登記の申請は，所在等不明共有者の相続財産法人が登記申請人となり，当該持分を取得した共有者が，その代理人となって行うことになる。この場合には，当該持分が相続財産法人に帰属する旨が記載された確定裁判に係る裁判書の謄本が代理人の権限を証する情報及び登記名義人の氏名変更を証する情報となる。

　こちらについても，下記に登記申請情報例を示すので参考にされたい。

〈例11　登記申請書──所在等不明共有者Ａについて，相続財産法人名義への変更登記を，Ａ持分を取得したＣが申請する場合〉

```
                 登記申請書

登 記 の 目 的    何番所有権登記名義人氏名変更
原      因      令和何年何月何日相続人不存在
変更後の事項     共有者Ａ登記名義人
                亡Ａ相続財産
申  請  人      何市何町何番地
                亡Ａ相続財産
```

第3節　共有関係の解消

```
代　理　人　　何市何町何番地
                    C
添付情報　　登記原因証明情報※1　代理権限証明情報※1
              ～以下，省略～※2
```

※1　前述のとおり，確定裁判に係る裁判書の謄本が代理人の権限を証する情報
　　及び登記原因証明情報となる。(注131)

※2　登録免許税は，登録免許税法別表第1の1の(14)により不動産の個数1個に
　　つき1,000円である。

## 第3 | 所在等不明共有者の持分の譲渡

**Q 14**　所在等不明共有者の持分譲渡の制度が創設されたのはなぜ
か。どのようなケースでこの裁判手続を利用することが考
えられるか。

**A**　一般に，共有不動産を売却する際，不動産の共有持分を売却して
得る代金よりも，不動産全体を売却し，持分に応じて受け取る代金
の方が高額になりやすい。しかしながら，所在等不明共有者（必要な調査を尽

---

(注131)　登記原因証明情報として令5・3・28民二第533号民事局長通達によれば「当該持分が相
続財産法人に帰属する旨が記載された確定裁判に係る裁判書の謄本」とあるが，この例にお
いて，いわゆる一般的な相続人が不存在の場面における相続財産清算人選任の審判書が登記
原因証明情報になることは想定しづらい。一方で，相続人のあることが明らかでない場合の
所在等不明共有者の持分の取得の裁判においては，当該持分が相続財産法人に帰属すること
を認定し，それを前提にした判断が下されることとなるため，この持分の取得の裁判自体が，
「当該持分が相続財産法人に帰属する旨が記載された確定裁判に係る裁判書の謄本」に該当
することとなろう。

104

第3 所在等不明共有者の持分の譲渡／Q14

くしても氏名等や所在が不明な共有者）がいると，不動産全体を売却することは不可能である。共有物分割や所在等不明共有者の持分取得制度（Q13参照）を利用して，所在等不明共有者の持分を他の共有者に移転させた上で，共有不動産全体を売却する方法も考えられるが，所在等不明共有者の持分を共有者にいったん移転させることは迂遠である。そこで，裁判所の決定によって，申立てをした共有者に，所在等不明共有者の不動産の持分を譲渡する権限を付与する制度が創設された。

**Check ▶**

民262条の3，非訟88条

**解　説**

**1　制度導入の背景**

　一般的に，共有不動産の売却をする際，不動産の共有持分を売却して得る代金よりも，不動産全体を売却し，持分に応じて受け取る代金の方が高額になりやすい。しかしながら，所在不明共有者がいる場合，不在者財産管理人等を選任して，管理人とともに不動産を売却するのでなければ，不動産全体を売却することはできない。また，氏名や名称が分からない共有者がいる場合には，管理人の選任も不可能である。この点，2021年改正民法により新設された所在等不明共有者の持分取得制度（Q13）では，所在等不明共有者の持分を他の共有者に移転した後，共有物全体を売却できるようになった。しかしながら，当初から不動産全体を売却した上で代金を持分に応じて按分することを予定している場合，所在等不明共有者がいることによって，その持分を共有者にいったん移転してから第三者へ譲渡する方法は，共有者にとって迂遠である。

　そこで，2021年改正民法は，所在等不明共有者がいる場合，裁判所は，共有者の請求により，所在等不明共有者以外の共有者の全員が特定の者に対し

*105*

第3節　共有関係の解消

てその有する持分の全部を譲渡することを停止条件として，所在等不明共有者の持分を当該特定の者に譲渡する権限を付与する旨の裁判をすることができる非訟手続制度を創設した（以下「譲渡権限付与制度」という。民262条の3，非訟88条）。

## 2　制度の概要

### (1)　請求権者

請求権者は，対象となる共有不動産について持分を有する共有者である。遺産共有についても適用される。[注132]特に，所有者不明土地問題は相続を契機として発生することが多いため，遺産共有においても譲渡付与制度を利用し得ることは，不動産の有効活用の観点から有益である。ただし，相続人の遺産分割による利益を保護する観点から特則がある（後記(2)②）。

### (2)　要　件

①　対象となる共有不動産に所在等不明共有者がいること（民262条の3第1項）

所在等不明に関する定義規定はない。請求権者は登記簿のほかに住民票等によって，他の共有者の所在等不明の調査を行い，裁判所が事案ごとに所在等不明共有者であるかどうかを認定する。なお，所在等不明共有者の具体的な内容は，Q8を参照されたい。

②　遺産共有持分である場合の特則（民262条の3第2項）

所在等不明共有者の持分が遺産共有持分である場合（共同相続人間で遺産の分割をすべき場合に限る。），相続開始の時から10年を経過していないときは，裁判所は改正民法262条の3第1項による裁判（以下「譲渡権限付与裁判」という。）をすることができない。具体的相続分による遺産分割の時的限界を踏まえたものである（詳細は本書Q25を参照）。

### (3)　対象となる共有持分

不動産の共有持分のほか，不動産の使用又は収益をする権利（所有権を除

---

（注132）　最三小判昭30・5・31民集9巻6号793頁

く。）の準共有持分も対象となる（民262条の3第4項）。

### (4) 持分取得裁判との違い

持分取得裁判では（民262条の2第1項），裁判による共有物分割又は遺産分割の請求があり，かつ，所在等不明共有者以外の共有者から，持分取得裁判について異議の届出がある場合，裁判所は同裁判をすることができない（民262条の2第2項）。

これに対し，譲渡権限付与裁判ではこのような異議の届出制度がない。なぜなら，譲渡権限付与裁判では，共有者の全員が特定の者に対してその有する持分の全部を譲渡することが停止条件とされているから（民262条の3第1項），他の共有者の異議がある場合には，当該停止条件が成就せず，申立人が裁判を得てもその権限を行使することができないからである。

## 3 裁判手続

非訟事件手続法88条2項は，譲渡権限付与裁判の手続について，持分取得裁判の多くの規定を準用している。したがって，ここでは，相違点のみ説明することとし，その余については，Q13を参照されたい。

### (1) 公 告

裁判所は，次に掲げる事項を公告し，かつ，以下のiiの期間が経過した後でなければ，譲渡権限付与裁判をすることができない。この場合において，iiの期間は，3か月を下ってはならない（非訟88条2項・87条2項）。所在等不明共有者の手続保障を図るためである。なお，公告は，特別の定めがある場合を除き，裁判所の掲示場その他裁判所内の公衆の見やすい場所に掲示し，かつ官報に掲載する（共有規則4条・8条・7条）。

---

i 所在等不明共有者（民262条の2第1項に規定する所在等不明共有者をいう。以下同じ。）の持分について，譲渡付与権限裁判の申立てがあったこと。

ii 裁判所が譲渡権限付与裁判をすることについて異議があるときは，所在等不明共有者は一定の期間内にその旨の届出をすべきこと。

iii iiの届出がないときは，持分取得裁判がされること。

---

第3節　共有関係の解消

持分取得裁判と異なり，申立人以外の共有者による異議届出の仕組みがない理由は前述のとおりである。

(2)　供託命令

①　供託命令

裁判所は，譲渡権限付与裁判をするには，申立人に対して，一定の期間内に，所在等不明共有者のために，裁判所が定める額の金銭を裁判所の指定する供託所に供託し，かつ，その旨を届け出るべきことを命じなければならない（非訟88条2項・87条5項）。(注133)

供託命令は，譲渡権限付与裁判によって，所在等不明共有者が持分を喪失することによる損失を塡補するものであるから，供託金額は当該裁判により喪失する持分の時価相当額に相当する金額とも考えられる。しかしながら，持分取得制度と異なり，譲渡権限付与制度においては，譲受人が共有不動産全体を取得することにより，当該不動産の共有関係は解消されるから，所在等不明共有者の持分について共有減価をすべき理由はない。したがって，譲渡権限付与制度における供託命令は，不動産全体の時価を所在等不明共有者の持分に応じて按分された額について発令される（民262条の3第3項参照）。

②　供託金額の変更

裁判所は，上記①による決定をした後，譲渡権限付与裁判をするまでの間に，事情の変更により上記①による決定で定めた額を不当と認めるに至ったときは，供託すべき金銭の額を変更しなければならない（非訟88条2項・87条6項）。

また，譲渡権限付与裁判の効力は，その効力が生じた後2か月以内にその裁判により付与された権限に基づく所在等不明共有者の持分譲渡の効力が生じないときは，その裁判は効力を失う（ただし，期間伸張可能。非訟88条3項）。実務上は，申立ての時点で売却先が確保され，代金額についても協議されるなど譲渡に向けた準備が整っていると考えられる。裁判所は，供託金の算定に際し，売却先が確保されているかどうかの確認や確保されている場合の売

---

(注133)　『村松ら』146頁

却見込額の相当性等を考慮することになる。[注134]

### 4 裁判確定の効果

#### (1) 譲渡権限の付与

申立人である共有者が所在等不明共有者の持分を譲渡する権限を取得する。ただし，その権限は，共有者全員が，特定の者に対してその有する持分の全部を譲渡することを停止条件とするものであるから（民262条の3第1項），当該条件が成就しない限り，持分譲渡の効力は生じない。

#### (2) 裁判の効力喪失

譲渡権限付与裁判の効力が生じた後2か月以内にその裁判により付与された権限に基づく所在等不明共有者の持分譲渡の効力が生じないときは，その裁判は，その効力を失う（ただし，裁判所は期間を伸長できる。非訟88条3項）。すなわち，所在等不明共有者の持分を含めた共有者全員の持分が，裁判確定後2か月以内に第三者に譲渡されないと，裁判の効力は失われることとなる。[注135]

#### (3) 譲渡権限付与裁判に基づく譲渡

譲渡権限付与裁判が確定しても，当然に所在等不明共有者の持分が第三者に移転するわけではなく，持分移転のために以下の事項が必要となる。

---

① 譲渡権限を付与された共有者が当該権限に基づき，所在等不明共有者の持分を第三者に譲渡すること
② 所在等不明共有者以外の共有者全員が，その持分全部を第三者に譲渡すること
③ ①と②の第三者は同一の者であること
④ 譲渡権限付与裁判の効力が発生してから2か月以内に，①及び②の譲渡をすること（ただし，裁判所による期間伸張は可能）

---

立法担当者は，上記①について，概要，次のとおり説明する。[注136]例えば，土地の所有者であるA，B，Cのうち，Cが所在等不明である場合に，本制

---

（注134）　『村松ら』157頁
（注135）　後述【登記手続との接合】参照
（注136）　『村松ら』150頁

第3節 共有関係の解消

度により土地全体を第三者Xに売却するケースでは，裁判の確定により，A
に対し，自己の名でCの持分をXに譲渡する権限が付与される。したがって，
Xへの譲渡が売買によるときは，CではなくAが，Cの持分の売主として，
Cの持分に応じた売買代金を取得するとともに，売買契約上の債務全般を負
担する。また，上記①から④によって，Cの持分はA及びBの持分とともに
直接Xに移転する。(注137) (注138)

これに対し，持分を失うこととなるCは，Aに対し，不動産の時価相当額
をCの持分に応じて按分して得た額の支払を請求することができる（民262条
の3第3項）。

(4) 所在等不明共有者が取得する権利

① 供託金還付請求権

譲渡権限付与裁判に先立ち，申立人は，所在等不明共有者のために発令さ
れた供託命令に基づく供託をしている（非訟88条2項・87条5項）。そこで，所
在等不明共有者は，譲渡権限付与裁判確定後に供託金還付請求権を行使する
ことができる。

この供託金還付請求権は，所在等不明共有者が権利を行使することを知っ
た時から5年間行使しないとき，又は，権利を行使することができる時から
10年間行使しないときは消滅時効が完成する（民166条）。所在等不明共有者
による権利行使がないまま消滅時効が完成したとき，供託官は消滅時効を援
用し，当該供託金は国庫に帰属することになる。(注139)

② 按分額の支払請求権

譲渡権限付与裁判の確定により，共有者が所在等不明共有者の持分を第三

---

(注137) 本設例における甲及び乙からXに対する所有権移転登記の原因はいずれも「売買」にな
る。

(注138) なお，第三者への譲渡によって，A，B，Cに譲渡益が発生した場合，Cの譲渡益に相
当する譲渡取得税の扱いについて問題となり得る。なぜなら，譲渡権限付与裁判に先立ち，
不動産全体の時価をCの持分に応じて按分された額について供託命令が発令される結果，譲
渡益に対する譲渡所得税が控除されないまま供託される可能性があるからである。

(注139) なお，供託をした持分取得共有者は，供託の結果，所在等不明共有者の持分を取得し，
持分取得裁判確定後は供託原因が消滅する可能性がなくなるから，供託金を取り戻すことは
できない（供託8条2項）。

*110*

者に譲渡したときは，所在等不明共有者は，当該共有者に対し，不動産の時価相当額を所在等不明共有者の持分に応じて按分して得た額の支払を請求することができる（民262条の３第３項）。

ただし，所在等不明共有者は供託金還付請求権を取得することにより，時価相当額の支払請求権は実質的に担保されている。したがって，改正民法262条の３第３項に基づく支払請求権は，時価相当額と供託金額の差額についてのみ行使することが可能となる。また，所在等不明共有者が上記差額を元本として支払請求権を行使すると，持分取得者は請求を受けたときから遅滞の責任を負うことになる（民412条3項）。

〈図表８　所在等不明共有者の持分の譲渡フロー〉

```
申立て
  ↓        申立人：対象不動産の共有者（巻末資料５参照）
           管　轄：対象となる不動産の所在地を管轄する地方裁判所
           要　件：対象となる共有不動産に所在等不明共有者がいること
                  遺産共有持分である場合の特則（相続開始の時から10年
                  経過していること）
           停止条件：所在等不明共有者以外の共有者全員が持分全
                  部を譲渡すること

公　告
  ↓        要件：譲渡権限付与裁判の申立てがあったこと
                  ３か月以上の異議届出期間内に異議を届け出るべきこと
                  異議の届出がなければ譲渡権限付与裁判がされること

異議届出期間の経過
  ↓
```

```
           供託命令：不動産全体の時価を所在等不明共有者の持分に応じて
                  按分された金額を供託すべき旨の命令
```

第3節　共有関係の解消

裁判の確定

申立人：所在等不明共有者の持分を第三者に譲渡する権限が付与
所在等不明共有者：供託金還付請求権，時価相当額の支払請求権

土地全体の譲渡

## 登記手続との接合 (注140)

　所在等不明共有者の持分を譲渡する権限の付与は，以上に説明されてきたとおり，裁判手続により行われ，譲渡権限を付与された共有者が所在等不明共有者の代理人となり，その譲渡や登記申請手続を行うこととなる。また，登記申請面では，一般的な不動産の譲渡に伴う登記申請手続を基本にしつつも，共有者の全員が特定の者に対して持分の全部を譲渡することが停止条件になっていることや，譲渡権限付与の裁判の効力が生じた後2か月以内に譲渡の効力が生じないと裁判の効力が失われるといった制約がある。

　具体的な登記申請手続においては，確定裁判に係る裁判書の謄本が代理人の権限を証する情報及び登記原因証明情報の一部となる。また，所在等不明共有者の持分移転の登記原因日付は，上記のとおり，裁判の効力が生じた後2か月以内である必要があるため，この期間内でない登記原因の日付による登記申請は却下される(注141)（不登25条13号・不登令20条8号）。一方で，譲渡の効力が当該期間内に生じていれば，登記申請自体を期間内にする必要はなく，当該期間経過後に登記申請することに問題はない。

　持分取得の裁判と同様に，譲渡権限付与の裁判は，確定しなければその効

(注140)　不動産登記手続は，令5・3・28民二第533号民事局長通達「民法等の一部を改正する法律の施行に伴う不動産登記事務の取扱いについて（民法改正関係）（通達）」による。
(注141)　裁判所による期間の伸長があった場合には，そのことを証する情報を提供し，その期間内に伸長される。

第3　所在等不明共有者の持分の譲渡／Q14——登記手続との接合

力を生じず，即時抗告されないまま抗告期間が満了すれば確定する。この即時抗告期間は，申立人が告知を受けた日から2週間であるため，通常は，この期間経過により裁判が確定し，登記原因の日付は，そこから2か月以内の日である必要がある。

　所在等不明共有者の持分譲渡を前提としたその権限付与は，裁判手続により行われることで，当該登記に関する申請意思は確保されると考えられ，共同申請時における原則と異なり，所在等不明共有者に関する登記識別情報を提供することを要しない。以上を踏まえて，下記に登記申請情報例を示すので参考にされたい。[注142]

〈例12　登記申請書——所在等不明共有者A並びに他の共有者B及びCがXに対象不動産を売却した場合[注143]（CがA持分の譲渡権限を付与された共有者であるものとする。）〉

| 登記申請書 |
|---|
| 登記の目的　　共有者全員持分全部移転 |
| 原　　　因　　令和何年何月何日売買[※1] |
| 権　利　者　　何市何町何番地 |

(注142)　持分取得の裁判に関する脚注（注130）において，供託に関する局面ではあるものの，不動産の共有者を知ることができない場合（例：数次相続の発生により，相続人の把握が困難であるケース等），その持分割合が不明であり，ときに，共有者の総数さえ分からない場合について，以下のとおり指摘している。①持分取得裁判における供託命令が所在等不明共有者の利益を確保することにある以上，例えば，所在等不明共有者の総数が不明な事案では，不動産全体の時価相当額を供託額として算定されるなど，所在等不明共有者の利益になる方向で供託金額が定められることも予想されること（96頁1行目以下）。②持分取得の裁判における場面では，登記申請手続において共有者の氏名や持分の記載が必要となるため，現行の登記実務においては実現不可能であること。

　一方で，本件の持分譲渡権限付与の裁判においては，その登記は，（所在等不明共有者持分と他の共有者全員の持分を一括して譲渡する場合であれば）共有者全員持分全部移転という申請方法で，かつ，譲渡持分を特定する必要もなく（持分○分の○の移転という申請方法ではなく，）所有権（全体としての）移転登記申請が可能なため，登記申請技術的には実現可能である。それでも，裁判の内容と相まって，登記原因証明情報として実体的な内容をどこまで提供でき，それをもって登記申請を進めることができるか否かは，具体的な事案によることになると思われる。

(注143)　法律上は所在等不明共有者持分とそれ以外の共有者持分の譲渡行為を個別に行うことを前提とした文言になっているが，これらの譲渡行為を一つの契約（譲渡行為）で一括して行うことも可能とされており（『村松ら』147頁），この申請情報例は，全ての共有持分を一括して譲渡するケースを想定したものである。

第3節　共有関係の解消

```
                          X
　義　務　者　　　何市何町何番地
                          A※2
                  何市何町何番地

                          B
                  何市何町何番地

                          C
　添付情報　　　登記原因証明情報※3　　住所証明情報※4
                  登記識別情報※5
                  印鑑証明情報※6　　代理権限証明情報※7
                        ～以下，省略～※8
```

※１　上記に解説のとおり，原則として，その日付は，裁判の効力が生じた後２
　　か月以内である必要がある。なお，登記原因は，通常は売買になると思われ
　　るが，法令上は「譲渡」とあるため，売買以外の原因であっても，実際に行
　　われた譲渡の法律行為を登記原因として申請することとなる。

※２　義務者としてＡも表示するが，譲渡権限を付与された他の共有者Ｃが代理
　　人として，その他の共有者と共に，手続を行うことになる。

※３・※７　確定裁判に係る裁判書の謄本は，代理人の権限を証する情報である
　　とともに，Ａ持分の譲渡権限がＣに対して付与されている点などにおいて登
　　記原因証明情報の一部を構成するものと考えられる。

※４　原則どおりＸの住民票等を提供する（不登令別表30ハ）。

※５　Ａについては令５・３・28民二第533号民事局長通達により登記識別情報
　　の提供を要しないが，それ以外の共有者については，原則どおり登記識別情
　　報を提供する（不登22条）。

※６　Ａの印鑑証明書は提供不要（不能）であるが，Ｂ及びＣは，通常どおり，
　　印鑑証明書の提供が必要となる（不登令16条１項・２項）。

※８　登録免許税は，一般的な所有権移転登記の場合と異ならない。


　なお，所在等不明共有者が死亡していることは判明したが，戸除籍の廃棄
等により，その相続人のあることが明らかでない場合には，当該持分の移転
の登記の前提として，当該死亡した所有権の登記名義人の氏名変更の登記
（相続財産法人名義への変更登記）をする必要がある。この登記の申請は，所在
等不明共有者の相続財産法人が登記申請人となり，譲渡権限を付与された共
有者が，その代理人となって行うことになる。この場合には，当該持分が相
続財産法人に帰属する旨が記載された確定裁判に係る裁判書の謄本が代理人
の権限を証する情報及び登記名義人の氏名変更を証する情報となる。これら

第1　所有者不明土地管理制度・所有者不明建物管理制度／Q 15

の点は所在等不明共有者の持分取得の場合と異ならないため，申請情報例は
例12を参考にされたい。

## 第4節　所有者不明土地・建物管理制度

### 第1　所有者不明土地管理制度・所有者不明建物管理制度

**Q 15**　所有者不明土地管理制度・所有者不明建物管理制度とはどのような制度か。また，共有者の一部が所在等不明な場合にも利用が可能か。

**A**　所有者不明土地及び建物の管理を効率化ないし合理化する観点から，個々の所有者不明土地又は所有者不明建物の管理に特化した新たな財産管理制度が創設された。土地又は建物が数人の共有に属する場合において，共有者を知ることができず，又はその所在を知ることができない土地の共有持分についても利用が可能である。

**Check** ▶

民264条の2～264条の8，非訟90条

第4節　所有者不明土地・建物管理制度

> 解　説

## 1　所有者不明土地管理制度

### (1)　制度創設の経緯

　一般に，所有者を知ることができず，又はその所在を知ることができない土地（以下「所有者不明土地」という。）は，土地の保存，利用，改良行為等の管理がされずに管理不全状態に陥ることが多く，将来にわたって土地の十分な管理が困難になるおそれがある。また，所有者不明土地を再開発や災害復興のために利用する必要がある場合にも，当該所有者の意向を確認することができず，土地の社会経済上の効用を阻害する原因にもなる。特に，東日本大震災など度重なる自然災害が頻発する我が国において，所有者不明土地の存在が災害復興の障害となったのは記憶に新しいところである。

　この点，所有者不明土地を管理，利用又は処分する必要が生じた場合，これまでは，所在不明所有者が自然人である場合には，家庭裁判所の選任する不在者財産管理人（民25条1項）や相続財産管理人（民952条1項）が，法人の場合には，地方裁判所の選任する清算人（会社法478条2項）等が所有者不明土地を管理してきた。

　しかしながら，これら管理人は，所在不明所有者の全財産を管理するため，管理業務が広範で管理人報酬に充てる予納金が高額になるとの指摘があった。また，所有者不明土地が複数の者によって共有され，かつ，所在等不明共有者が複数いる場合には，利益相反を回避するため，所在等不明共有者ごとに財産管理人を選任するとの運用があり，コストが加算されるという問題があった。さらに，所有者を特定できない事案では，これら管理人制度を利用することさえできなかった。

　そこで，従前の管理人制度とは異なる，特定の所有者不明土地の管理に特化した財産管理人を選任するための新たな財産管理制度（所有者不明土地管理制度）が創設された（民264条の2以下）。[注144] また，土地が数人の共有に属する

---

(注144)　なお，所有者不明土地問題への対策の一環として，表題部所有者不明土地について，登記官による所有者探索を行った結果，所有者を特定することができなかった場合に，その適

第1　所有者不明土地管理制度・所有者不明建物管理制度／Q15

場合にあっては，共有者を知ることができず，又はその所在を知ることができない土地の共有持分についても，本制度を利用することが可能となった（同条1項）。

(2)　発令の要件

ア　所有者不明土地であること（民264条の2第1項）

必要な調査を尽くしても，所有者が特定できない土地又は所有者の所在が不明な土地であることが発令の要件である。最終的には事案ごとに裁判所が判断することになるが，登記名義人が自然人の場合には，不動産登記簿及び住民票上の住所を調査してもその自然人の所在が分からないケースや登記名義人が死亡していることは分かったが，その相続人の存否が分からないケースなどが該当すると考えられる。また，登記名義人が法人の場合には，商業登記簿上の主たる事務所を調査しても法人の事務所が分からず，かつ，代表者の住民票上の住所を調査しても代表者の所在が分からないケースが該当する。

イ　土地が数人の共有に属する場合にあっては，共有者を知ることができず，又はその所在を知ることができない土地の共有持分であること（民264条の2第1項）

共有者の不特定，所在不明の調査方法は，単独所有の場合と同様である。また，その共有持分が遺産共有持分であるか，その他の共有持分であるかを問わない。さらに複数の共有者が不特定又は所在不明である場合，複数の不明共有者の共有持分全てを対象にして，一人の所有者不明土地管理人を選任することも可能である（民264条の5第2項）。その結果，複数の共有者が所在不明であるとき，所在不明共有者ごとに不在者財産管理人が選任され，コスト高と指摘されていた従前実務の短所を回避できるようになった。

ウ　「必要があると認めるとき」（民264条の2第1項）<sup>(注145)</sup>

土地の管理状況等に照らし，所有者不明土地管理人による管理が必要かつ

---

正な管理を図るための措置として，裁判所の選任した管理者による管理を可能とする制度が創設され，本制度に先立ち令和2年1月1日から施行されている（表題不明適正化19条以下）。
(注145)　価値転化物に対する所有者不明土地管理命令も認められる（民264条の2第3項）。後述

117

第4節　所有者不明土地・建物管理制度

相当であるときに発令される。例えば，所有者不明土地が現に誰にも管理されていないときは，発令の必要性が認められるが，すでに不在者財産管理人や相続財産清算人が選任され，同管理人によって管理されている場合には発令の必要性は原則として否定される。

　なお，所有者不明土地管理命令の申立人が，裁判所から指定された予納金を納付しない場合，命令を発することが必要かつ相当とはいえないと解されている。[(注146)]

### (3)　請求権者

#### ア　「利害関係人」（民264条の2第1項）

　請求権者は所有者不明土地管理命令の請求対象となる土地の管理について利害関係を有する者である。例えば，次のような者が利害関係人にあたると考えられる。[(注147)]

> ・土地が適切に管理されないため不利益を被るおそれのある隣接地所有者
> ・土地の共有者の一部が所在等不明である場合の他の共有者
> ・公共事業の実施者など土地の利用・取得を希望する者
> ・購入計画に具体性があり，土地利用に利害のある民間事業者
> ・土地を時効取得したとして，その所有権移転登記を求めようとする者

#### イ　所有者不明土地特措法による特例

　請求権者は所有者不明土地[(注148)]につき，その適切な管理のため特に必要があると認めるときの国の行政機関の長又は地方公共団体の長（不明円滑化42条2項。旧不明円滑化38条2項）である。

---

するとおり，所有者不明土地管理人による管理対象地の処分により取得した売買代金（価値転化物）は供託された後，管理命令は取り消されることになるが，その後，出現した所有者が供託金の還付を求める際，所有者不明土地管理命令を申し立て，同管理人を被告として供託金還付請求権確認請求訴訟を提起する必要があるからとされている（『村松ら』170頁）。

(注146)　『村松ら』169頁
(注147)　『村松ら』172頁
(注148)　所有者不明土地の利用の円滑化等に関する特別措置法（所有者不明土地特措法）における「所有者不明土地」とは，相当な努力が払われたと認められるものとして政令で定める方法により探索を行っても，なおその所有者の全部又は一部を確知することができない1筆の土地をいう（不明円滑化2条1項，Q8，注50）。

*118*

第1　所有者不明土地管理制度・所有者不明建物管理制度／Q15

(4)　所有者不明土地管理命令<sup>(注149)</sup>の手続（非訟90条）

　　　(ア)　申立ての方式

　申立ては，特別の定めがある場合を除き，書面でしなければならない（共有規則1条）。

　　　(イ)　管轄裁判所

　管轄裁判所は土地の所在地を管轄する地方裁判所である（非訟90条1項）。

　　　(ウ)　申立書の記載事項及び添付資料

　申立ての趣旨及び原因並びに申立てを理由づける事実のほか，下記事項を記載し，申立人又は代理人が記名押印する（共有規則9条1項・2項，巻末資料6，7，8参照）。また，登記事項証明書の添付を要する（共有規則10条）。

---

　①　当事者の氏名又は名称及び住所並びに法定代理人の氏名及び住所
　②　所有者不明土地管理命令の対象となるべき土地若しくは共有持分の表示
　③　代理人（法定代理人を除く。）の氏名及び住所
　④　上記②に規定する土地の所有者又は共有持分を有する者の氏名又は名称
　　　及び住所並びに法定代理人の氏名及び住所
　⑤　申立てを理由づける具体的な事実ごとの証拠
　⑥　事件の表示，附属書類の表示，年月日，裁判所の表示
　⑦　申立人又は代理人の郵便番号及び電話番号（FAX番号含む。）
　⑧　その他裁判所が定める事項

---

　上記①及び②が申立書の必要的記載事項，③以下が任意的記載事項である。<sup>(注150)</sup>また，上記④について所有者又は共有持分を有する者の氏名又は名称及び住所が不明な場合はその旨を記載すれば足りる。<sup>(注151)</sup>

---

(注149)　所有者不明土地管理命令に関する裁判には，①所有者不明土地管理命令の申立てについての裁判，②所有者不明土地管理人選任の裁判，③所有者不明土地管理人が所定の範囲を超える行為をするための許可の申立ての裁判，④所有者不明土地管理人の解任の申立てについての裁判，⑤所有者不明土地管理人の辞任の許可の申立てについての裁判，⑥費用又は報酬の額を定める裁判，⑦所有者不明土地管理命令の変更，取消し又は取消しの申立却下の裁判がある。本Qの(4)では①と②について説明する。
(注150)　「岩井ら」2474頁
(注151)　「岩井ら」2476頁

*119*

第4節　所有者不明土地・建物管理制度

(エ)　資料提出の求め及び裁判所書記官による事実調査

　裁判所は，申立人に対し，申立書及び添付書類のほか，申立てを理由づける事実に関する資料その他手続の円滑な進行を図るために必要な資料の提出を求めることができる（共有規則2条）。具体的には，対象となるべき土地に係る不動産登記法14条1項の地図又は同条4項の地図に準じる図面の写し及び対象となるべき土地の所在地に至るまでの通常の経路及び方法を記載した図面などである（共有規則11条）。また，裁判所は，相当と認めるときは，申立てを理由づける事実の調査を裁判所書記官に命じて行わせることができる（共有規則3条）。

(オ)　公告等

　裁判所は，次に掲げる事項を公告し，かつ，②の期間が経過した後でなければ，所有者不明土地管理命令をすることができない。この場合において，②の期間は，1か月を下ってはならない（非訟90条2項，共有規則12条）。

---

①　所有者不明土地管理命令の申立てがその対象となるべき土地又は共有持分についてあったこと
②　所有者不明土地管理命令をすることについて異議があるときは，所有者不明土地管理命令の対象となるべき土地又は共有持分を有する者は一定の期間内にその旨の届出をすべきこと
③　②の届出がないときは，所有者不明土地管理命令がされること
④　申立人の氏名又は名称及び住所
⑤　所有者不明土地管理命令の対象となるべき土地若しくは共有持分の表示
⑥　⑤に規定する土地の所有者又は共有持分を有する者の氏名又は名称及び住所

---

(カ)　裁判の告知・効力及び嘱託登記

　裁判所は，申立てについて，前記(2)記載の発令要件があると判断したとき，所有者不明土地管理命令を発令する。

　所有者不明土地管理命令は，当事者及び裁判を受ける者（所有者不明土地管理人）に対し，相当と認める方法で告知しなければならないが（非訟56条1項），所有者不明土地等の所有者に告知することを要しない（非訟90条12項）。所有

者不明土地管理命令は，所有者不明土地管理人に告知することによってその効力を生ずる（非訟56条2項）。

また，所有者不明土地管理命令があった場合には，裁判所書記官は，職権で，遅滞なく，所有者不明土地管理命令の対象とされた土地又は共有持分について，所有者不明土地管理命令の登記を嘱託しなければならない（非訟90条6項，共有規則13条）。後述するとおり，所有者不明土地の管理処分権が所有者不明土地管理人に専属するからである（民264条の3第1項）。

　(キ)　裁判書の記載事項

所有者不明土地管理命令の申立てに対する裁判では，その裁判書に主文，理由の要旨，当事者及び法定代理人，裁判所を記載する（非訟57条2項）が，申立てを却下する場合には，即時抗告をするかどうかを検討するため，理由の要旨ではなく理由を付さなければならない（非訟90条5項1号）。

　(ク)　即時抗告

所有者不明土地管理命令については，利害関係人が即時抗告をすることができるが（非訟90条14項1号），改正民法264条の2第4項による所有者不明土地管理人の選任の裁判については不服を申し立てることができない（非訟90条15項1号）。

(5)　所有者不明土地管理人の権限及び義務

　ア　選　任

所有者不明土地管理人は他人の土地を適切に管理することを職務とする者であり，裁判所が個別事案ごとにその職務内容を判断して管理人を選任する（民264条の2第4項，例13，巻末資料7参照）。例えば，処分の是非等について専門的な判断が必要となるケースでは弁護士，司法書士らが，また，境界確認等が必要なケースでは土地家屋調査士らが選任されることが予想される。[注152]

裁判所書記官は，所有者不明土地管理人に対し，選任証明書を交付するとともに，所有者不明土地管理人の請求により，管理対象とされた土地若しくは共有持分についての権利に関する登記を申請するために必要な印鑑証明書

---

（注152）　『村松ら』174頁

第4節　所有者不明土地・建物管理制度

を交付する（共有規則14条）。[注153]

〈例13　所有者不明土地管理命令決定書〉

令和○年（チ）第○○号　所有者不明土地管理命令申立事件


決　　　定


○県○市○町○丁目○番○号
　　　　　申　立　人　　　　A


　　本件につき，当裁判所は，次のとおり決定する。
主　　　文
1　別紙物件目録記載の土地の共有持分について所有者不明土地管理人による管理を命ずる。
2　本件の所有者不明土地管理人として次の者を選任する。
　　　　事務所　　○県○市○町○丁目○番○号
　　　　　　　　　○○法律事務所
　　　氏　名　　弁護士　　B
3　手続費用は，各自の負担とする。
　　　　　　　　　令和○年○月○日
　　　　　　　　　　○○地方裁判所民事第22部
　　　　　　　　　　裁判官　　C




　　　　これは謄本である。
　　　　令和○年○月○日
　　　　　○○地方裁判所民事第22部
　　　　　裁判所書記官　　○○○○

---

（注153）　裁判所交付にかかる印鑑証明書には，所有者不明土地管理人の事務所所在地が記載され，自宅住所は記載されないことが一般的である。

イ 所有者不明土地管理人の権限

(ア) 管理処分権の対象

　所有者不明土地管理人の管理処分権の対象となる財産は，①所有者不明土地管理命令の対象とされた土地又は共有持分，②所有者不明土地管理命令の効力が及ぶ動産，③①②の管理，処分その他の事由により所有者不明土地管理人が得た財産（売却代金等）である（以下，①，②，③を合わせて「所有者不明土地等」という。民264条の3第1項）。

　また，土地の共有持分に係る所有者不明土地管理人の権限は，管理命令の対象とされた共有持分のほか，その土地にある動産で，当該共有持分を有する者が所有する物に及ぶ（民264条の2第2項）。なお，これらの動産が共有に属する場合には，所在等が不明な土地所有者・共有者が有する動産の共有持分が管理対象となる。

　さらに，所有者不明土地等の管理及び処分をする権利は，所有者不明土地管理人に専属する（民264条の3第1項）。所有者不明土地管理人による円滑な職務遂行を可能にするためである。そこで，当該土地の管理処分権が所有者不明土地管理人に専属していることを所有者及び第三者が認識できるよう，裁判所書記官は所有者不明土地管理命令の対象となる土地又は共有持分に所有者不明土地管理命令の登記を嘱託しなければならない（非訟90条6項，共有規則13条）。

　なお，土地所有者の負担する債務は，所有者不明土地管理人の管理対象ではない。したがって，当該債務の弁済は，所有者不明土地管理人の職務の範囲に当然には含まれない。ただし，例えば，所有者不明土地管理人が管理対象の土地を売却する際，土地に設定された抵当権の被担保債権にかかる債務を弁済して，抵当権設定登記を抹消するケースなど，管理対象の土地を原資として土地所有者の債務の弁済をすべきと判断される場合には，例外的に債務の弁済が許されることもあろう。[注154]

---

（注154）『村松ら』177頁。同様に当該土地に設定された滞納処分による差押登記を抹消するため，売却代金等から固定資産税等の租税公課を納税することが認められるケースもあり得る。

第4節　所有者不明土地・建物管理制度

(イ)　管理処分権の範囲を超える行為

　所有者不明土地管理人は，対象となる土地又は共有持分の保存行為及びその性質を変えない範囲内での利用・改良行為を行うことができるが（民264条の3第2項1号・2号），これら行為の範囲を超える行為（例えば，土地の譲渡や抵当権設定等）をする場合には，その理由を疎明した上で，裁判所の許可を得なければならない（民264条の3第2項本文，非訟90条3項）<sup>(注155)</sup>。

　ただし，取引の安全を図る観点から，所有者不明土地管理人が，裁判所の許可なく行った行為について，善意の第三者に対抗することはできない（民264条の3第2項ただし書）。

　なお，共有持分に係る所有者不明土地管理人が，自ら共有物に変更を加え，又は管理する場合，管理処分権の範囲を超える行為をするには裁判所の許可が必要なことに加え，共有の規定に則り，他の共有者の同意が必要となる。他の共有者が共有物の変更や管理を希望するとき，所有者不明土地管理人は共有の規定に則り，同意し得るが（民251条・252条），同意の対象となる行為が保存行為，利用・改良行為の範囲を超えるときは裁判所の許可が必要である。

　さらに，土地の共有持分に係る所有者不明土地管理人は，共有持分の管理処分権を有するから，裁判所の許可を得て協議による共有物分割をすることもできるし，共有物分割の訴えの当事者となることもできる（下記(ウ)参照）。

　これに対し，所有者不明土地管理人は，遺産たる土地の共有持分について選任された場合でも，相続人としての地位を有するわけではないから，遺産分割の当事者にはならない。したがって，対象となる土地の共有持分について遺産分割が必要な場合，所有者不明土地管理人ではなく，不在者財産管理人を選任する必要がある。

---

（注155）　裁判所の許可は，所有者不明土地の適切な管理を実現し，ひいてはその円滑・適正な利用を図るという所有者不明土地管理制度の趣旨に照らして判断される。所有者不明土地管理人として対象土地を売却するケースでは，所有者の帰来・出現可能性，当該土地を売却する必要性，売却代金の相当性などを総合的に勘案しながら，裁判所の許可を求めることになる。

第1　所有者不明土地管理制度・所有者不明建物管理制度／Q15

### (ウ)　訴訟における当事者

　所有者不明土地管理命令が発せられると，所有者不明土地等に関する訴え
について，所有者不明土地管理人が原告又は被告となる（民264条の4）。所有
者不明土地等の管理処分権が，所有者不明土地管理人に専属するからである
（民264条の3第1項）。ただし，所有者不明土地管理人が訴えを提起し，又は
訴訟上の和解をする場合には，裁判所の許可が必要となる（民264条の3第2
項）。これに対し，被告として応訴する場合には裁判所の許可は不要と解さ
れる。<sup>(注156) (注157)</sup>

### (エ)　供　託

　所有者不明土地管理人は，所有者不明土地管理命令等の管理，処分その他
の事由により金銭が生じたときは，その土地の所有者又はその共有持分を有
する者のために，当該金銭を所有者不明土地管理命令の対象とされた土地
（共有持分を対象として所有者不明土地管理命令が発せられた場合にあっては，共有物で
ある土地）の所在地の供託所に供託することができる（非訟90条8項）。所有者
不明土地管理人が管理する土地や動産を売却等することにより金銭が生じた
場合に，いつまでも当該金銭を保有していなければならないとすることは，
合理性に欠けるからである。供託の結果，管理人による管理を継続する理由
がなくなったときは，管理命令の終了事由となる。<sup>(注158)</sup>

　また，所有者不明土地管理人が当該供託をしたときは，法務省令で定める
ところにより，その旨その他法務省令で定める事項を公告しなければならな
い<sup>(注159)</sup>（非訟90条8項）。

---

(注156)　最一小判昭47・7・6民集26巻6号1133頁（相続財産管理人による応訴が民法103条の保
　　　存行為にあたるとして裁判所の許可を不要と判断）
(注157)　所有者不明土地等に関する訴訟について，訴訟手続の中断及び受継に関する規律として
　　　改正民事訴訟法125条1項・2項も参照。
(注158)　実務上は，供託をする前に裁判所が決定した管理人報酬及び費用を差し引いた残金を供
　　　託することになる。当該費用には，所有者不明土地管理人が行う供託及び公告費用も含まれ
　　　る。
(注159)　公告の方法は官報で，公告事項は①所有者不明土地管理命令の対象とされた土地に係る
　　　所在事項，②供託所の表示，③供託番号，④供託した金額，⑤裁判所の名称，件名及び事
　　　件番号である（非訟90条8項及び91条5項並びに家事146条の2第2項の規定による公告の
　　　方法等を定める省令2条）。

*125*

第4節　所有者不明土地・建物管理制度

### ウ　所有者不明土地管理人の義務

#### ㈠　善管注意義務

所有者不明土地管理人は，所有者不明土地等の所有者（その共有持分を有する者を含む。）のために善良な管理者の注意をもってその権限を行使する必要がある（民264条の5第1項）。

#### ㈡　誠実公平義務

数人の者の共有持分を対象として所有者不明土地管理命令が発せられたときは，所有者不明土地管理人は，所有者不明土地管理命令の対象とされた共有持分を有する者全員のために，誠実かつ公平にその権限を行使しなければならない（民264条の5第2項）。

### (6)　管理に必要な費用及び報酬

所有者不明土地管理人は，所有者不明土地等から裁判所が定める額の費用の前払い及び報酬を受けることができる（民264条の7第1項）。[注160][注161] また，所有者不明土地管理人による所有者不明土地等の管理に必要な費用及び報酬は，所有者不明土地等の所有者（その共有持分を有する者を含む。）の負担とする（民264条の7第2項）。

なお，裁判所が，費用若しくは報酬の額を定める裁判をする場合には，手続保障の観点から，所有者不明土地管理人の陳述を聴かなければならない（非訟90条4項）。

実務上，対象となる土地の売却代金などから費用や報酬を受けることができない場合，所有者不明土地管理人は，申立人が裁判所に予納した予納金から支払を受けることになる。また，費用や報酬の引当ては所有者不明土地等に限定されるものではなく，所有者不明土地等の所有者（共有者）に対する債務名義を得て，他の財産に強制執行をすることもできる。[注162]

---

（注160）　所有者不明土地管理人が費用を立替払いした場合，実務上は，裁判所が立替額を加算した金額の報酬を決定する方法（民264条の7第1項）又は，立替額に相当する額の金銭を必要な費用として管理人に支払う形で処分することについて，裁判所の許可を得る方法（民264条の3第2項・264条の7第2項）などが考えられる（『村松ら』185頁）。

（注161）　実務上所有者不明土地管理人が収支や費用を明記した管理経過報告書を提出し，報酬決定の上申を行うこととなる。

（注162）　『村松ら』185頁

第1　所有者不明土地管理制度・所有者不明建物管理制度／Q15

(7)　所有者不明土地管理人の解任及び辞任

　ア　解　任

　所有者不明土地管理人がその任務に違反して所有者不明土地等に著しい損害を与えたことその他重要な事由があるときは，裁判所は，利害関係人の請求により，所有者不明土地管理人を解任することができる（民264条の6第1項）。この場合，手続保障の観点から，裁判所は，所有者不明土地管理人の陳述を聴かなければならない（非訟90条4項）。

　イ　辞　任

　所有者不明土地管理人は，正当な事由があるときは，裁判所の許可を得て，辞任することができる（民264条の6第2項）。所有者不明土地の適切な管理の観点から，所有者不明土地管理人の辞任を無限定に認めることは相当でないからである。

(8)　所有者不明土地管理命令の取消し等

　裁判所は，所有者不明土地管理命令を変更し，又は取り消すことができる（非訟90条9項）。具体的な取消事由は以下のとおりである。

　ア　管理継続が相当でなくなったとき

　裁判所は，管理すべき財産がなくなったとき（非訟90条8項により，管理すべき財産の全部が供託されたときを含む。）その他財産の管理を継続することが相当でなくなったときは，所有者不明土地管理人若しくは利害関係人の申立てにより又は職権で，所有者不明土地管理命令を取り消さなければならない（非訟90条10項）。「管理を継続することが相当でなくなったとき」とは，売却により土地を管理する必要がなくなった場合や管理に要する費用を支出することが困難である場合などが考えられる。[注163]

　イ　所有者の所在等の判明

　所有者不明土地等の所有者（その共有持分を有する者を含む。）が所有者不明土地等の所有権（その共有持分を含む。）が自己に帰属することを証明したときは，

（注163）　所有者不明土地管理命令発令後，所有者不明土地等から費用や報酬を支出することができなくなった場合で，申立人から必要な金銭の追納がされない場合も，管理を継続することが相当でなくなったときにあたると考えられる（『村松ら』189頁）。

127

第4節　所有者不明土地・建物管理制度

裁判所は，当該所有者の申立てにより，所有者不明土地管理命令を取り消さなければならない（非訟90条11項前段）。管理命令を取り消すことにより，所有者不明土地管理人に専属している管理処分権を所有者に戻すためである。

この場合において，所有者不明土地管理命令が取り消されたときは，所有者不明土地管理人は，当該所有者に対し，その事務の経過及び結果を報告し，当該所有者に帰属することが証明された財産を引き渡さなければならない（非訟90条11項後段）。所有者による現実の管理を可能にするためである。

### ウ　所有者への告知

所有者不明土地管理命令の取消しの裁判は，事件の記録上所有者不明土地等の所有者及びその所在が判明している場合に限り，その所有者に告知すれば足りる（非訟90条13項）。取消しの裁判は，所有者の所在等が判明した以外にもなされるため，事件記録上，その所有者の所在が判明している場合に限り，その所有者に告知すれば足りるとされたのである。[注164]

### エ　登記の抹消

所有者不明土地管理命令を取り消す裁判があったときは，裁判所書記官は，職権で，遅滞なく，所有者不明土地管理命令の登記の抹消を嘱託しなければならない（非訟90条7項）。

## 2　所有者不明建物管理人

### (1)　制度創設の経緯

建物は，土地に定着して土地と同様に重要な機能を果たす不動産であり，建物の所有者又は共有者が特定できず，又はその所在が不明である場合には，建物の利用・管理に支障が生じ，社会経済に悪影響を与える。そこで，今般の改正では，所有者不明土地管理制度とは別に，所有者不明建物管理制度が設けられた（民264条の8）。

所有者不明建物管理命令の法的構造は，所有者不明土地管理命令と基本的に同一であり，実体法及び手続法上の多くの規定について，所有者不明土地

---

(注164)　所有者の所在等が不明な場合には告知は不要である（非訟90条13項）。

第1　所有者不明土地管理制度・所有者不明建物管理制度／Q15

管理命令に関する規定（民264条の3～264条の7，非訟90条2項～15項）が準用されている（民264条の8，非訟90条16項）。以下，所有者不明建物管理命令における論点を抽出して説明する。

### (2) 所有者不明建物管理命令の及ぶ範囲

#### ア　建物，建物上の動産及び建物の敷地権

所有者不明建物管理命令の効力は，当該所有者不明建物管理命令の対象とされた建物（共有持分を対象として所有者不明建物管理命令が発せられた場合にあっては，共有物である建物）にある動産（当該所有者不明建物管理命令の対象とされた建物の所有者又は共有持分を有する者が所有するものに限る。）及び当該建物を所有し，又は当該建物の共有持分を有するための建物の敷地に関する権利（賃借権その他の使用及び収益を目的とする権利（所有権を除く。）であって，当該所有者不明建物管理命令の対象とされた建物の所有者又は共有持分を有する者が有するものに限る。）に及ぶ（民264条の8第2項）。[注165]

所有者不明建物管理命令は，借地権等の権利が設定された土地上にある所有者不明建物について発せられる場合もある。そこで，建物を円滑に管理する観点から，当該命令の効力を敷地権に及ぶものとし，かつ，所有者不明建物管理人にその管理処分権を専属させることにしたのである。

したがって，所有者不明建物管理人は，建物を管理する際に，当該敷地に立ち入ることができるし，建物を譲渡する際には，裁判所の許可及び当該敷地が借地権であるときは賃貸人の承諾を得て，当該借地権を譲渡することができる。

#### イ　それ以外の財産

これに対し，所有者不明建物管理人は賃料支払義務を負担するものではないから，賃料支払請求訴訟や賃料支払義務の確認訴訟の被告とはならない。ただし，建物所有者が土地を不法占拠している場合，土地所有者に対して建物収去義務を負うのは建物所有者であるものの，建物収去土地明渡請求訴訟

---

（注165）　所有者不明建物管理命令は，建物が数人の共有に属する場合における共有者を知ることができず，又はその所在を知ることができない建物の共有持分も対象となる（民264条の8第1項）。

第4節　所有者不明土地・建物管理制度

では，土地所有者は，訴訟担当者たる所有者不明建物管理人を被告として訴訟提起することは可能である。[注166]

　また，実務上，所有者不明建物管理人が所有者不明建物内を調査すると，現金，貴金属等の動産のほか，建物所有者（共有者）名義の預金通帳，証券会社からの残高報告書など債権を表象する資料が見つかることが多い。ただし，所有者不明建物管理人の管理処分権はこれら債権には及ばず（民264条の8第2項），所有者不明建物管理人は，当該債権の管理について善管注意義務を負わないとも考えられる。[注167]しかしながら，実務上は，所有者不明建物管理人は，預金通帳や残高報告書等の書類を事実上保管し，管理命令の対象となった管理業務を終えた後，報酬及び費用の精算を経た上で家庭裁判所に不在者財産管理人等の選任を申し立てることにより，当該財産を引き渡すことになると考えられる。

　　ウ　建物の取壊し

　所有者不明建物管理人は，所有者不明建物を適切に管理することを職務とするから，自ら建物を取り壊すことは本来想定されない。ただし，例えば，老朽化した建物の所有者が死亡し，法定相続人全員が相続放棄をしたケースで地震等の災害が発生すればひとたび倒壊のおそれがある案件などでは，所有者不明建物管理人が選任され，管理人による建物の取壊しが認められる場合もあり得るだろう。その際，建物所有者の帰来・出現可能性，建物の価値，建物存立を前提にした管理費用と取壊し費用との比較，建物が周囲に与えている損害やそのおそれの程度などを勘案することになると考えられる。[注168]

　(3)　所有者不明土地管理命令と所有者不明建物管理命令との関係

　所有者不明土地上に所有者不明建物がある場合，土地と建物の双方を管理するためには，所有者不明土地管理命令と所有者不明建物管理命令を申し立てる必要がある。

　この点，所有者不明土地上にある老朽化ないし被災した所有者不明建物を

---

(注166)　『村松ら』194頁
(注167)　所有者不明土地管理人に関する説明として，『村松ら』185頁
(注168)　『村松ら』195頁

130

取り壊す目的で管理人を選任するケースでは、土地と建物が同一の所有者である場合、同一の管理人を選任し、かつ、土地の売却代金から建物の解体費用を支出することも想定される。

これに対し、所有者不明土地と所有者不明建物の所有者が異なる場合には、利益相反の観点から、別の管理人が選任されるであろう。また、仮に同一の管理人が選任された場合でも、土地の売却代金から建物の解体費用を支出することは所有者不明土地管理人の善管注意義務に反するものとして許されない。(注169)(注170)

> **Column 3　選択肢の広がり**
>
> 　2021年民法改正により、所有者不明土地・建物管理制度、管理不全土地・建物管理制度が創設された。これら新しい管理制度と従前の不在者財産管理人、相続財産清算（管理）人は要件や効果が異なり、要件を満たす限り、他の管理人制度の適用を排除する関係にはない。
>
> 　例えば、共有者Ａが所在不明となっている土地について、他の共有者Ｂが第三者への譲渡を希望する場合、ＢはＡのため不在者財産管理人の選任を申し立てることも、所有者不明土地管理人の選任を申し立てることもできる。不在者財産管理人は不在者の全財産を管理の対象とするから、予納金が高額となる傾向にあると一般的にいわれている。しかしながら、不在者の帰来可能性が低く、当該土地の譲渡もやむを得ないとの事情があれば、管理人による当該土地売却により、得られた売却代金から管理人報酬等が支払われ、その結果、予納金が戻ってくるケースもあり得る。また、今般の改正により、不在者財産管理人による預かり資産

---

(注169)　『村松ら』196頁
(注170)　本文のような事件の解決策として、所有者不明建物の所有者が自然人の場合には不在者財産管理人、法人の場合には清算人の選任も考えられる。また、地方自治体の方策として、特定空き家等に対する代執行も考えられる（空家2条2項・14条）。

第4節 所有者不明土地・建物管理制度

の供託手続が創設され，また，所有者不明土地管理人による供託手続も設けられているから，売却代金をAのために供託する点でも大きな違いはないとも言える。

これに対し，所在不明共有者が複数の場合，実務上，不在者財産管理制度では，所在不明共有者ごとに別の管理人が選任されるのに対し，所有者不明土地管理制度では土地の管理人として，一人の管理人の選任が想定されているから，大きな違いである。

なお，共有者が共有不動産を第三者へ譲渡することを希望する場合，管理人制度を利用することなく，所在等不明共有者の持分譲渡制度を利用することも要件が満たされる限り可能である。持分譲渡制度を利用できれば，もちろん管理人報酬は不要である。

今般の民法改正によって，共有不動産の共有関係解消を希望する者は，様々な手続の中から当該事案の解決に最も適した手続を選択することができるようになったのである。

*132*

第2　管理不全土地管理制度・管理不全建物管理制度／Q16

## 第2 | 管理不全土地管理制度・管理不全建物管理制度

**Q 16** 管理不全土地管理制度・管理不全建物管理制度とはどのような制度か。また，共有者の一部が所在等不明な場合にも利用が可能か。

**A** 管理不全化した土地・建物の適切な管理を可能とするため，管理不全土地管理制度及び管理不全建物管理制度が創設された。管理不全土地又は管理不全建物が数人の共有に属する場合でも管理人が選任されるが，土地全体又は建物全体に管理人が選任される点で，共有持分について管理人が選任される所有者不明土地管理制度又は所有者不明建物管理制度とは異なる。

**Check ▶**

民264条の9〜14，非訟91条

**解　説**

### 1　管理不全土地管理制度

#### (1)　制度創設の経緯

現行法上，所有者による管理が不適当な土地による侵害又はその危険が及ぶ近隣の土地所有者らは，土地の所有者に対し，所有権に基づく妨害排除請求権等を行使することができる。しかしながら，土地について継続的な管理が必要なケースや，土地の実際の状態を踏まえて適切な管理措置を講じる必要があるケースでは，妨害排除請求権の行使だけでは，対応が困難である。このようなケースにおいて，当該土地について裁判所が管理人を選任し，当

第4節　所有者不明土地・建物管理制度

該管理人による管理が可能となれば，土地の継続的な管理や現在の管理不全状態を解消することが可能となり得る。この点，当該土地の所有者が所在等不明であれば，今般の改正で創設された所有者不明土地管理人の選任又は従来からの不在者財産管理人や相続財産清算人などの選任が選択肢となり得る。しかしながら，当該土地の所有者の所在が判明している場合には，これら管理人制度を利用することはできない。

　そこで，土地所有者の所在等が不明であるか否かに関わらず，上記のような管理不全土地について，権利又は法律上保護される利益が侵害され，又は侵害されるおそれのある者の申立てによって，管理人を選任し，その管理人による管理を可能とする制度（管理不全土地管理制度）が創設された（民264条の9）。

　⑵　発令の要件

　　ア　所有者による土地の管理が不適当であることによって他人の権利又は法律上保護される利益が侵害され，又は侵害されるおそれがあること（民264条の9第1項）

「所有者による土地の管理が不適当である」とは，所有者による管理が全くされていないケースのほか，管理が適切でないケースも含まれる。例えば，土地に設置された擁壁が経年劣化や地震などで破損したが，土地の所有者が放置しているため，隣地等に倒壊するおそれがある場合や大量のゴミが不法投棄された土地の所有者がゴミを放置している結果，害虫や臭気が発生し，近隣住民の健康に被害を与えている場合などが考えられる。

　なお，管理不全土地管理命令は，土地が数人の共有に属する場合であっても発令される。ただし，所有者不明土地管理命令とは異なり，共有持分を単位として発令されることはなく，土地全体に対して発令される。土地の管理が不適当であるかどうかは，基本的には土地そのものの状態に照らして判断されるからである。[注171]

---

（注171）『村松ら』200頁

イ 「必要があると認めるとき」（民264条の9第1項）

　土地の管理状況等に照らし，管理不全土地管理人による管理が必要かつ相当であるときに発令される。例えば，上記事例で，擁壁が隣地等に倒壊するおそれがある場合に擁壁を修繕したり，不法投棄された土地上のゴミを撤去する場合は，必要かつ相当性があると考えられる。

　また，管理不全土地管理命令は，土地の所有者が現に居住し，管理人選任に反対している場合にも発令されるケースがあり得るため（非訟91条3項ただし書），管理不全土地管理人に土地管理権が専属するわけではない。そこで，土地所有者による妨害が予想されるケースでは，管理不全土地管理命令の申立てではなく，物権的請求権に基づく妨害排除請求権を行使した方が管理の実効性を期待できる可能性もあり得る。[(注172)]

　なお，管理不全土地管理命令の申立人が，裁判所から指定された予納金を納付しない場合，命令を発することが必要かつ相当とはいえないと考えられる。[(注173)]

(3) 請求権者

ア 「利害関係人」（民264条の9第1項）

　請求権者は管理不全土地管理命令の請求対象となる土地の管理について利害関係を有する者である。どのような者が利害関係人該当するかは個別事案によるが，例えば，土地に設置された擁壁にひび割れ等が発生しているにもかかわらず，土地所有者がこれを放置し隣地に崩壊するおそれがある場合の隣地所有者やゴミが不法投棄された土地について，臭気や害虫の発生による健康への被害を発生させている場合の被害者などが該当すると考えられる。[(注174)]

イ 所有者不明土地特措法による民法の特例

　改正所有者不明土地特措法(所有者不明土地の利用の円滑化等に関する特別措置法)。[(注175)]

---

(注172)　『村松ら』200頁
(注173)　『村松ら』200頁
(注174)　『村松ら』201頁
(注175)　令和2年土地基本法改正により，土地の適正な「管理」に関する土地所有者の責務が明確化された。しかしながら，所有者不明土地にあっては，所有者の自発的な管理が期待できないため，令和4年改正所有者不明土地特措法では，法目的に「利用の円滑化」のほか，「管理の適正化」が加えられるとともに（不明円滑化1条），管理不全状態にある所有者不明

第4節　所有者不明土地・建物管理制度

以下，単に「特措法」ともいう。改正法は令和4年5月9日公布，令和5年4月1日施行）
は，管理不全土地について，周辺地域における災害の発生や著しい環境の悪
化を防止するため，利害関係の有無を問わず市町村長が管理不全土地管理命
令を請求することができるとした（不明円滑化42条3項）。また，市町村長は管
理不全隣接土地<sup>(注176)</sup>についても管理不全土地管理命令を請求することがで
きる（不明円滑化42条4項）。さらに，国の行政機関の長等が特措法42条2項の
規定による請求をする場合（市町村長は不明円滑化42条3項の規定による請求をする
場合），当該請求に係る土地にある建物につき，その適切な管理のため特に
必要があると認めるときは，地方裁判所に対し，当該請求と併せて所有者不
明建物管理命令又は管理不全建物管理命令の請求をすることができる（不明
円滑化42条5項）。

(4)　管理不全土地管理命令<sup>(注177)</sup>の手続（非訟91条）

　　ア　申立ての方式

申立ては，特別の定めがある場合を除き，書面でしなければならない（共
有規則1条）。

　　イ　管轄裁判所

管轄は，土地の所在地を管轄する地方裁判所である（非訟91条1項）。

　　ウ　申立書の記載事項及び添付資料

申立ての趣旨及び原因並びに申立てを理由づける事実のほか，下記事項を
記載し，申立人又は代理人が記名押印する（共有規則15条・9条1項・2項，巻
末資料1参照）。また，登記事項証明書の添付を要する（共有規則15条・10条）。

---

土地に対してとり得る手段を充実させる観点から，所有者不明土地の管理に関する民法の特
例が創設された（不明円滑化42条）。
(注176)　所有者不明特措法における「管理不全隣接土地」とは，管理不全所有者不明土地に隣接
する土地であって，地目，地形その他の条件が類似し，かつ，当該土地の管理の状況が当該
管理不全所有者不明土地と同一の状況にあるものをいう（不明円滑化38条2項）。
(注177)　管理不全土地管理命令に関する裁判には，①管理不全土地管理命令の申立てについての
裁判，②管理不全土地管理人選任の裁判，③管理不全土地管理人が所定の範囲を超える行
為をするための許可の申立ての裁判，④管理不全土地管理人の解任の申立てについての裁判，
⑤管理不全土地管理人の辞任の許可の申立てについての裁判，⑥費用又は報酬の額を定め
る裁判，⑦管理不全土地管理命令の変更，取消し又は取消しの申立却下の裁判がある。本
項(4)では①と②について説明する。

136

| | |
|---|---|
| ① | 当事者の氏名又は名称及び住所並びに法定代理人の氏名及び住所 |
| ② | 管理不全土地管理命令の対象となるべき土地の表示 |
| ③ | 代理人（法定代理人を除く。）の氏名及び住所 |
| ④ | 上記②に規定する土地の所有者の氏名又は名称及び住所並びに法定代理人の氏名及び住所 |
| ⑤ | 申立てを理由づける具体的な事実ごとの証拠 |
| ⑥ | 事件の表示，附属書類の表示，年月日，裁判所の表示 |
| ⑦ | 申立人又は代理人の郵便番号及び電話番号（FAX番号を含む。） |
| ⑧ | その他裁判所が定める事項 |

### エ 資料提出の求め及び裁判所書記官による事実調査

　裁判所は，申立人に対し，申立書及び添付書類のほか，申立てを理由づける事実に関する資料その他手続の円滑な進行を図るために必要な資料の提出を求めることができる（共有規則2条）。具体的には，対象となるべき土地に係る不動産登記法14条1項の地図又は同条4項の地図に準じる図面の写し及び対象となるべき土地の所在地に至るまでの通常の経路及び方法を記載した図面などである（共有規則15条・11条）。また，裁判所は，相当と認めるときは，申立てを理由づける事実の調査を裁判所書記官に命じて行わせることができる（共有規則3条）。

### オ 陳述聴取

　裁判所は，管理不全土地管理命令をする場合には，土地の所有者の陳述を聴かなければならない（非訟91条3項1号）。所在の判明している土地所有者の手続保障を図るためである。

　ただし，上記裁判をする場合に，その陳述を聴く手続を経ることにより当該裁判の申立ての目的を達することができない事情があるとき（例えば，土地に設置された擁壁が今にも崩れ落ちそうなケースにおいて，土地所有者と連絡が取れない場合など）はこの限りでない（非訟91条3項ただし書）。

　なお，当該土地が共有である場合，共有者全員の陳述を聞かねばならないかは論点となりうる。管理不全土地管理命令に対する意見陳述が過半数の決で足りる管理行為なのか（民252条），又は全員の同意が必要な変更であるの

第4節　所有者不明土地・建物管理制度

か（民251条）にも関わるが，管理不全土地管理命令の必要性，緊急性があり，共有者多数の事案においては，一部の共有者から陳述聴取すれば足りるとも考えられる（非訟91条3項ただし書）。

### カ　裁判の告知・効力及び嘱託登記

裁判所は，申立てについて，前記(2)記載の発令要件があると判断したとき，管理不全土地管理命令を発令する。

管理不全土地管理命令は，当事者及び裁判を受ける者（管理不全土地管理人及び管理不全土地の所有者）に対し，相当と認める方法で告知しなければならない（非訟56条1項）。管理不全土地管理命令は，管理不全土地管理人又は管理不全土地の所有者に告知することによってその効力を生ずる（非訟56条2項）。

なお，所有者不明土地管理命令とは異なり，管理不全土地管理命令の登記はされない。所有者が所在する場合であっても，管理不全土地管理命令は発令されるため，管理不全土地の管理処分権は，管理人に専属しないとされたからである。

### キ　裁判書の記載事項

管理不全土地管理命令の申立てに関する裁判では，その裁判書に主文，当事者及び法定代理人，裁判所のほか（非訟57条2項），利害関係人が即時抗告をするか否かを判断するため（非訟91条8項1号），「理由の要旨」ではなく，「理由」を付さなければならない（非訟91条4項1号）。

### ク　即時抗告

管理不全土地管理命令については，利害関係人が即時抗告をすることができるが（非訟91条8項1号），[注178]改正民法264条の9第3項による管理不全土地管理人の選任の裁判については不服を申し立てることができない（非訟91条9項1号）。

### (5)　管理不全土地管理人の権限及び義務

### ア　選任

管理不全土地管理人は他人の土地を適切に管理することを職務とする者で

---

（注178）　発令前の陳述聴取の段階において，意見を明らかにしなかった土地所有者による管理不全土地管理命令に対する即時抗告が想定される。

あり，裁判所が個別事案ごとにその職務内容を判断して管理人を選任することとなる（民264条の9第3項）。例えば，処分の是非等について専門的な判断が必要となるケースでは弁護士や司法書士が選任されることが予想される。[注179]

裁判所書記官は，管理不全土地管理人に対し，選任証明書を交付するとともに，管理不全土地管理人の請求により，管理対象とされた土地についての権利に関する登記を申請するために必要な印鑑証明書を交付する（共有規則15条・14条）。[注180]

### イ　権　限

#### (ア)　管理処分権の対象

管理不全土地管理人の管理処分権の対象となる財産は，(i)　管理不全土地管理命令の対象とされた土地，(ii)　管理不全土地管理命令の効力が及ぶ動産，(iii)　(i)，(ii)の管理，処分その他の事由により管理不全土地管理人が得た財産（売却代金等）である（以下(i)〜(iii)を合わせて「管理不全土地等」という。民264条の10第1項）。

なお，上記(ii)の動産は，管理不全土地管理命令の対象とされた土地の所有者又はその共有持分を有する者が所有するものに限られる（民264条の9第2項）。ただし，管理不全土地上に第三者によって不法投棄されたゴミなどは，通常は所有権が放棄されていると考えられるから，管理不全土地管理人は，当該ゴミを適法に処分することができると考えられる。[注181]

また，管理不全土地管理人は，発令の要件を満たす限り，土地の所有者の所在が判明している場合にも発令され，管理不全土地管理人の選任後も，当該土地所有者が自ら管理処分権を行使する可能性がある。そこで，所有者不明土地管理人とは異なり，管理不全土地管理人には，当該土地の管理処分権が専属せず，また，管理不全土地等に関する訴えについて原告又は被告となることはない。

---

（注179）　『村松ら』202頁
（注180）　裁判所交付にかかる印鑑証明書には，管理不全土地管理人の事務所所在地が記載され，自宅住所は記載されないことが一般的である。
（注181）　『村松ら』205頁

第4節　所有者不明土地・建物管理制度

### (イ)　管理処分権の範囲を超える行為

　管理不全土地管理人は，対象となる管理不全土地等の保存行為及びその性質を変えない範囲内での利用・改良行為を行うことができるが（民264条の10第2項1号・2号），これら行為の範囲を超える行為をする場合には，その理由を疎明した上で，裁判所の許可を得なければならない（民264条の10第2項本文，非訟91条2項）。

　ただし，取引の安全を図る観点から，管理不全土地管理人が，裁判所の許可なく行った行為については，善意無過失の第三者に対抗することはできない（民264条の10第2項ただし書）。(注182)

　また，管理不全土地管理命令の対象とされた土地の処分について裁判所が許可をするには，その所有者の同意がなければならない（民264条の10第3項）。(注183)所有者の意思を尊重するためである。この点，当該土地が共有に属する場合，裁判所の許可の対象が土地の処分である以上，共有者全員の同意を得る必要がある。

### (ウ)　供　託

　管理不全土地管理人は，管理不全土地管理命令の対象とされた土地及び管理不全土地管理命令の効力が及ぶ動産の管理，処分その他の事由により金銭が生じたときは，その土地の所有者（その共有持分を有する者を含む。）のために，当該金銭を管理不全土地管理命令の対象とされた土地の所在地の供託所に供託することができる（非訟91条5項前段）。管理不全土地管理人が管理する土地や動産を売却等することにより金銭が生じた場合に，いつまでも当該金銭を保有していなければならないとすることは，合理性に欠けるからであり，供託の結果，管理人による管理を継続する理由がなくなったときは，管理命

---

（注182）　管理処分権が専属する所有者不明土地管理人の場合，第三者は善意であれば足りるとされている（民264条の3第2項）。

（注183）　管理命令発令後，土地所有者の認知機能が著しく低下していることが判明した場合，所有者による有効な同意が得られない可能性もある。管理不全土地管理人には現行法上，後見等申立権が認められていないため（民7条等），管理人は市区町村長又は検察官に後見等申立てを促すことになるであろう。なお，成年後見制度改正を議論するため，法制審議会――民法（成年後見等関係）部会が令和6年4月9日に発足し，本稿執筆時も審議が続いている。

第2　管理不全土地管理制度・管理不全建物管理制度／Q16

令の終了事由となる。この場合において，供託をしたときは，法務省令で定めるところにより公告しなければならない（非訟91条5項後段）。(注184)

### ウ　管理不全土地管理人の義務

#### ㋐　善管注意義務

管理不全土地管理人は，管理不全土地等の所有者のために，善良な管理者の注意をもって，その権限を行使しなければならない（民264条の11第1項）。

#### ㋑　誠実公平義務

管理不全土地等が数人の共有に属する場合には，管理不全土地管理人は，その共有持分を有する者全員のために，誠実かつ公平にその権限を行使しなければならない（民264条の11第2項）。

### (6)　管理に必要な費用及び報酬

管理不全土地管理人は，管理不全土地等から裁判所が定める額の費用の前払い及び報酬を受けることができる（民264条の13第1項）。(注185) また，管理不全土地管理人による管理不全土地等の管理に必要な費用及び報酬は，管理不全土地等の所有者の負担とする（民264条の13第2項）。

なお，裁判所が，費用若しくは報酬の額を定める裁判をする場合，費用については管理不全土地管理人，報酬については管理不全土地管理人及び管理不全土地の所有者の陳述を聴かなければならない（非訟91条3項4号・5号）。

実務上，対象となる土地の売却代金などから費用や報酬を受けることができない場合，申立人が裁判所に予納した予納金から支払を受けることになる。また，費用や報酬の引当ては管理不全土地等に限定されるものではなく，管理不全土地等の所有者（共有者）に対する債務名義を得て，他の財産に強制

---

（注184）　公告の方法は官報で，公告事項は①管理不全土地管理命令の対象とされた土地に係る所在事項，②供託所の表示，③供託番号，④供託した金額，⑤裁判所の名称，件名及び事件番号である（非訟90条8項及び91条5項並びに家事146条の2第2項の規定による公告の方法等を定める省令2条）。

（注185）　管理不全土地管理人が費用を立替払いした場合，実務上は，裁判所が立替額を加算した金額の報酬を決定する方法（民264条の13第1項）又は，立替額に相当する額の金銭を必要な費用として管理人に支払う形で処分することについて，裁判所の許可を得る方法（民264条の10第2項）などが考えられる（『村松ら』208頁）。

141

執行をすることもできる。(注186)

### (7) 管理不全土地管理人の解任及び辞任

#### ア 解 任

管理不全土地管理人がその任務に違反して管理不全土地等に著しい損害を与えたことその他重要な事由があるときは、裁判所は、利害関係人の請求により、管理不全土地管理人を解任することができる（民264条の12第1項）。この場合、裁判所は、管理不全土地管理人の陳述を聴かなければならない（非訟91条3項3号）。

#### イ 辞 任

管理不全土地管理人は、正当な事由があるときは、裁判所の許可を得て、辞任することができる（民264条の12第2項）。

### (8) 管理不全土地管理命令の取消し等

裁判所は、職権で管理不全土地管理命令を変更し、又は取り消すことができる（非訟91条6項）。

また、管理すべき財産がなくなったとき（非訟91条5項により、管理すべき財産の全部が供託されたときを含む。）その他財産の管理を継続することが相当でなくなったとき、裁判所は、管理不全土地管理人若しくは利害関係人の申立てにより又は職権で、管理不全土地管理命令を取り消さなければならない（非訟91条7項）。「管理を継続することが相当でなくなったとき」とは、土地を管理する必要がなくなった場合や管理に要する費用を支出することが困難である場合などが考えられる。(注187)(注188)

---

(注186)　『村松ら』185頁

(注187)　管理不全土地管理命令発令後、管理不全土地等から費用や報酬を支出することができなくなった場合で、申立人から必要な金銭の追納がされない場合も、管理を継続することが相当でなくなったときに当たると考えられる（『村松ら』212頁）。

(注188)　土地所有者による管理行為への妨害ないし抵抗があり、管理不全土地管理人による管理が不能となる場合も「管理を継続することが相当でなくなったとき」として管理命令取消事由に該当する可能性がある。また、「正当な事由」ありとして、管理人による辞任事由になり得ると考える。

## 2 管理不全建物管理人

### (1) 制度創設の経緯

　建物は，土地に定着して土地と同様に重要な機能を果たす不動産であり，管理不全状態となっている場合には，管理不全土地と同様に社会経済に悪影響を与えかねない。そこで，今般の改正では，管理不全土地管理制度とは別に，管理不全建物管理制度が設けられた（民264条の14）。

　管理不全建物管理命令の法的構造は，管理不全土地管理命令と基本的に同一であり，実体法及び手続法上の多くの規定について，管理不全土地管理命令に関する規定（民264条の10～264条の13，非訟91条2項～9項）が準用されている（民264条の14第4項，非訟91条10項）。以下，管理不全建物管理命令における論点を抽出して説明する。

### (2) 管理不全建物管理命令の及ぶ範囲

#### ア　建物，建物上の動産及び建物の敷地権

　管理不全建物管理命令の効力は，当該管理不全建物管理命令の対象とされた建物にある動産（当該管理不全建物管理命令の対象とされた建物の所有者又はその共有持分を有する者が所有するものに限る。）及び当該建物を所有するための建物の敷地に関する権利（賃借権その他の使用及び収益を目的とする権利（所有権を除く。）であって，当該管理不全建物管理命令の対象とされた建物の所有者又はその共有持分を有する者が有するものに限る。）に及ぶ（民264条の14第2項）。

　管理不全建物管理命令は，借地権等の権利が設定された土地上にある管理不全建物について発せられる場合もある。そこで，建物を円滑に管理する観点から，当該命令の効力を敷地権に及ぶものとしたのである。

　したがって，管理不全建物管理人は，建物を管理する際に，当該敷地に立ち入ることができるし，建物所有者の同意が必要とはなるが，建物を譲渡する際には，裁判所の許可及び当該敷地が借地権であるときは賃貸人の承諾を得て，当該借地権を建物と共に譲渡することができる。

#### イ　建物の取壊し

　管理不全建物の取壊しは，処分行為に該当する。したがって，管理不全建物管理人が建物を取り壊すためには，裁判所の許可だけでなく，建物所有者

第4節　所有者不明土地・建物管理制度

の同意[注189]を得る必要がある（民264条の14第4項・264条の10第3項）。当該建物が共有に属する場合は建物共有者全員の同意を得ることとなる。

(3)　管理不全土地管理命令と管理不全建物管理命令との関係

建物だけが管理不全状態にあるとき，当該建物を対象として管理不全建物管理命令を発することが可能であるし，土地だけが管理不全状態にあるときは，当該土地を対象として管理不全土地管理命令を発することができる。これに対し，双方が管理不全状態にある場合には，管理不全土地管理命令と管理不全建物管理命令の双方を申し立てる必要がある。この場合，同一の管理人を選任するか否かは事案によるが，土地と建物の所有者が同一であれば，同一の管理人を選任することは差し支えないと考えられる。これに対し，所有者が各別の場合には，利益相反の可能性があるため，別々の管理人を選任するケースが多いと考えられる。

(4)　区分所有建物について

改正区分所有法（建物の区分所有等に関する法律）6条4項は，改正民法「264条の8及び第264条の14の規定は，専有部分及び共用部分には適用しない。」と定める。所在等が不明な区分所有者の取扱いや区分所有建物の管理不全化への対応については，区分所有法特有の観点からの検討が必要なためである。[注190]

そこで，令和3年3月31日，一般社団法人金融財政事情研究会に「区分所有法制研究会」が設置され，令和4年9月30日，「区分所有法制に関する研究報告書」が公表された。[注191] また，同年9月12日に開催された法制審議会第196回会議では，法務大臣から発せられた「区分所有法制の見直しに関する諮問第124号[注192]」に関し，法制審議会に「区分所有法制部会」が新設され，

---

(注189)　注183も参照
(注190)　『村松ら』217頁
(注191)　同報告書には，「区分所有建物の管理に特化した財産管理制度」が検討項目として掲げられている。
(注192)　諮問第142号「老朽化した区分所有建物の増加等の近年の社会情勢に鑑み，区分所有建物の管理の円滑化及び建替えの実施を始めとする区分所有建物の再生の円滑化を図るとともに，今後想定される大規模な災害に備え，大規模な災害により重大な被害を受けた区分所有建物の再生の円滑化を図る等の観点から，区分所有法制の見直しを行う必要があると思われるので，その要綱を示されたい。」

令和4年10月28日に第1回部会の開催された後，令和5年6月8日に中間試案が，令和6年1月16日には要綱案が取りまとめられた。[注193]また，令和4年10月31日，国土交通省にも，「今後のマンション政策のあり方に関する検討会」が設置された。高経年マンションの増加や居住者の高齢化（二つの老い）に加え，マンションの大規模化等のマンションを取り巻く現状を踏まえて課題を整理するとともに，区分所有法制の見直しの動向も踏まえたうえで，管理・修繕の適正化や再生の円滑化の観点から今後進めるべきマンション政策を幅広く検討することを目的とし，概ね1か月に1度のペースで審議された。[注194]

なお，法制審議会──区分所有法制部会が取りまとめた要綱の概要については，コラム4を参照されたい。

**Column 4　区分所有法制の改正について**

令和6年1月16日，法制審議会─区分所有法制部会は，「区分所有法制のみ直しに関する要綱案」（以下「要綱案」という。）を公表した。

要綱案では，老朽化する区分所有建物の急増や相続等を契機とした区分所有建物の所有者不明化，区分所有者の非居住化が課題であることを前提に，区分所有建物の管理・再生の円滑化，被災建物の再生の円滑化に向けた区分所有法制の見直しが提言された。

その概要は以下のとおりである。

第1　区分所有建物の管理の円滑化を図る方策
　1．集会の決議の円滑化
　　(1)　所在等不明区分所有者を集会の決議の母数から除外する仕組み
　　(2)　出席者の多数決による決議を可能とする仕組み

---

（注193）　法務省ウェブサイト「法制審議会──区分所有法制部会」
（注194）　国土交通省ウェブサイト「今後のマンション政策のあり方に関する検討会──とりまとめ」

第4節　所有者不明土地・建物管理制度

　　⑶　専有部分の共有者による議決権行使者の指定

　2．区分所有建物の管理に特化した財産管理制度

　　⑴　所有者不明専有部分管理制度

　　⑵　管理不全専有部分管理制度

　　⑶　管理不全共用部分管理制度

　3．共用部分の変更決議及び復旧決議の多数決要件の緩和

　　⑴　共用部分の変更決議

　　⑵　復旧決議

　4．管理に関する区分所有者の義務（区分所有者の責務）

　5．専有部分の保存・管理の円滑化

　　⑴　他の区分所有者の専有部分の保存請求

　　⑵　専有部分の使用等を伴う共用部分の管理（配管の全面更新等）

　　⑶　管理組合法人による区分所有権等の取得

　　⑷　区分所有者が国外にいる場合における国内管理人の仕組み

　6．共用部分に係る請求権の行使の円滑化

　7．管理に関する事務の合理化（規約の閲覧方法のデジタル化）

　8．区分所有建物が全部滅失した場合における敷地等の管理の円滑化

第2　区分所有建物の再生の円滑化を図る方策

　1．建替え決議を円滑化するための仕組み

　　⑴　建替え決議の多数決要件の緩和

　　⑵　建替え決議がされた場合の賃借権の終了等

　2．多数決による区分所有建物の再生，区分所有関係の解消

　　⑴　建物・敷地の一括売却，建物取壊し等

　　⑵　建物の更新

第3　団地の管理・再生の円滑化を図る方策

　1．団地内建物の建替えの円滑化

　　⑴　団地内建物の一括建替え決議の多数決要件の緩和

　　⑵　団地内建物の建替え承認決議の多数決要件の緩和

146

Column 4　区分所有法制の改正について

　　(3)　団地内建物・敷地の一括売却

　　(4)　団地内建物の全部又は一部が全部滅失した場合における団

　　　　地の管理の円滑化

　第4　被災区分所有建物の再生の円滑化を図る方策

　　1．被災した区分所有建物の再建等に関する多数決要件の緩和

　　(1)　大規模一部滅失

　　(2)　全部滅失

　　2．被災した団地内建物の再建等に関する多数決要件の緩和

　　(1)　団地内建物の全部又は一部が大規模一部滅失をした場合

　　(2)　全部又は一部の団地内建物が全部滅失した場合

　　3．団地内の区分所有建物の全部又は一部が大規模一部滅失をし

　　　　た場合の通知の特則

　　4．大規模一部滅失時等の決議可能期間の延長

　法制審議会第199会議（令和6年2月15日開催）は，要綱案を審議，採決した結果，全会一致で原案どおり採決され，直ちに法務大臣に答申した。ただし，令和6年の通常国会では，法務省所管の法案提出が重なった関係から提出が見送られた。令和6年の臨時国会以降の提出が見込まれている。

第1 遺産共有の法的性質／Q 17

# 第**3**章　遺産共有をめぐる法律関係

## 第**1**節　相続財産の管理

### 第1│遺産共有の法的性質

**Q 17**　遺産共有とは何か。2021（令和3）年民法改正で898条2項が設けられた趣旨は何か。

**A**　遺産共有とは，相続が開始されてから遺産分割が終了するまでの間，相続財産が共同相続人の共有とされている暫定的・過渡的な状態をいう。遺産共有の法的性質については，共有説と合有説の対立があったが，2021年民法改正で新設された898条2項は，共有説に立つ判例を前提にしている。

**Check ▶**

民898条1項・2項

**解　説**

#### 1　遺産共有の意義

（1）概　説

相続人が数人あるとき，相続が開始されてから遺産分割が終了するまでの

*149*

間，相続財産は共同相続人の「共有」となる（民898条1項（改正前民898条と同じ。））。そして，相続財産中の個々の財産は，原則として遺産分割によって各共同相続人に確定的に帰属することになる。この遺産分割が終了するまでの暫定的・過渡的な状態を「遺産共有」という。

### (2) 遺産共有の法的性質

#### ア 共有説と合有説

遺産共有にいう「共有」の意義については，民法249条以下の「共有」と同義であるという共有説と合有説の対立が従来からあった。

共有説は，相続人の共有関係は民法249条以下の物権法上の共有とする立場である。この立場によれば，共同相続人は各自，相続財産を構成する個々の財産の上に物権的な共有持分権を有し，遺産分割前であってもその持分権を単独で処分できるという。

これに対して，合有説によれば，共同相続人は，相続財産全体について抽象的な持分を有し，この持分の処分は可能であるが，個々の財産に対する物権的な持分権というものはなく，遺産分割前にこの持分権を処分することはできないとされる。遺産共有持分は，あたかも民法676条の組合財産と同様にその処分は制限されていると考えるわけである。このような合有説の考え方は，共同相続財産を相続人の固有財産から切り離し，一種の財団的なものとして一体的・団体的に処理することを指向するものといえる。[注1]

#### イ 判例・実務と学説の動向

判例・実務は，「相続財産の共有は，民法改正の前後を通じ，民法249条以下に規定する『共有』とその性質を異にするものではない。」（最三小判昭30・5・31民集9巻6号793頁）として，戦前・戦後を通じ一貫して共有説を採用してきた。

これに対し，学説では，戦前は合有説が有力だった。すなわち，1947（昭和22）年改正前民法のもとでは，民法909条のただし書がなく，遺産分割前に遺産共有持分が第三者に処分されても，後に第三者による権利取得が否定

---

（注1） 代表的な学説として，中川善之助＝泉久雄『相続法〔第4版〕』（有斐閣，2000年）221頁。

第1　遺産共有の法的性質／Q17

される余地があったため，当時の民法909条は持分処分の自由を否定した民法676条と同様の規定と解することができたからである。ところが，戦後に民法909条ただし書が設けられ，遡及効に例外が認められると，遺産分割前に遺産共有持分を取得した第三者が保護されるようになったことから，持分処分の自由を前提とした個人主義的な規律と解することができるようになり，共有説が通説化していく。もっとも，民法905条は，共同相続人の一人が相続分（遺産分割前の相続財産全体に対する割合的持分）を第三者に譲渡しても，他の相続人に取戻権を認めており，合有説の根拠となる規定も存在するので，民法の規定からは，いずれかの説によるべきかを決することは難しい。

　確かに，個々の財産ではなく，相続財産全体に対して複数の者が持分を有するという仕組みは民法には存在しないから，基本的には物権法上の共有をもとに遺産共有を理解するしかないだろう。しかし，共同相続人同士は家族の関係にあり，遺産共有にある財産は，職業や心身の状態など各共同相続人の置かれている状況を考慮して分割されるべきことが想定されていること（民906条）などを考慮すれば，遺産共有を，共有者間の関係を捨象した個人主義的な物権法上の共有と全く同視することは適当でないといえる。したがって，遺産共有は，原則的には物権法上の共有ではあるが，遺産の一体性・団体性を強める観点から合有的に変更されている側面のほか，遺産共有が，遺産分割が終了するまでの暫定的・過渡的な性質を有するという側面などから例外的に変更を受けていると理解するべきだろう。[注2]

## 2　2021年改正民法898条2項の意義

　相続人が複数いる場合の相続財産の管理方法については，改正前民法には特段の定めがなかったので，共有のルールに準じて管理を行うものとされていたが，遺産共有の対象である相続財産の管理につき，各相続人の間で意見の一致が見られないときは，相続分による多数決で決することになる（改正

---

（注2）　鈴木禄弥『相続法講義〔改訂版〕』（創文社，1996年）211頁は，「わが国の民法のもとにおける遺産共有は典型的な合有でも共有でもなく，いわば，その中間的なものである」としている。なお，『潮見』167頁も参照。

第1節　相続財産の管理

前民252条本文)。ところが，その「相続分」については，法定相続分又は指定相続分なのか，具体的相続分なのか，については争いがあり（法定相続分・指定相続分・具体的相続分の異同の詳細については，Q18参照。)，具体的相続分を有しない相続人を管理に参画させるのは適当でないとして，具体的相続分によるべきとする見解もあった。(注3) しかし，具体的相続分は，遺産分割手続における分配の前提となるべき計算上の価額又はその価額の遺産の総額に対する割合を意味するものにすぎず，実体法上の権利関係であることはできないとする判例もあり（最一小判平12・2・24民集54巻2号523頁)，各相続人の持分は法定相続分により定まるという見解が有力である。

　そこで，2021年改正民法898条2項は，以上を踏まえ，相続財産について共有に関する規定を適用するときは，民法900条から902条までの規定により裁定した相続分，すなわち，遺言において相続分が定められている場合には指定相続分，そうでない場合は法定相続分を基準とすることを明記した。(注4) これは，① 遺産共有について，原則として民法249条以下の物権法上の共有の規定が適用されるとともに，② その適用に当たっては，法定相続分又は指定相続分が共有持分とされるとしたもので，いずれも従来の通説的な解釈を明文化したものといえる。(注5)

---

(注3)　泉久雄ほか『民法講義8　相続』(有斐閣，1978年) 132頁 [米倉明]
(注4)　『村松ら』243頁
(注5)　前田陽一ほか『リーガルクエスト民法Ⅵ〔第7版〕』(有斐閣，2024年) 323頁 [前田陽一]

第2 法定相続分・指定相続分・具体的相続分／Q18

## 第2 | 法定相続分・指定相続分・具体的相続分

> **Q18** | 遺産共有の基準となる相続分は法定相続分又は指定相続分だが，他にどのような相続分があるか。

**A** 民法898条2項は，遺産共有に民法249条以下の共有の規定が適用されるときは，法定相続分又は（相続分の指定があるときは）指定相続分が共有持分とされることを明らかにしたが，他に相続人当事者間の実質的公平を考慮した具体的相続分がある。

**Check ▶**

民898条2項・249条以下

**解 説**

### 1 相続分の種類

民法898条2項は，遺産共有に民法249条以下の共有の規定が適用されるときは，法定相続分又は指定相続分が共有持分とされることを明らかにしたが，相続分には，法定相続分，指定相続分のほかに具体的相続分がある。

### 2 指定相続分及び法定相続分の意義

相続分は，被相続人の意思，すなわち遺言によって定めることができる。被相続人が遺言によって指定した相続分，又は第三者に指定を委託し，当該第三者によって指定された相続分を指定相続分という（民902条）。指定されなかった部分については，次に述べる法定相続分が適用される（民902条2項）。

これに対し，遺言等による相続分の指定がないときは，法律によって定め

*153*

第1節　相続財産の管理

られた割合によって相続分が定められる。これを法定相続分という（民900条）。

　民法900条1号から3号は，配偶者と第1順位から第3順位の血族相続人ごとの組合せにより，法定相続分を規定する。すなわち，① 配偶者と第1順位の子の相続分は2分の1，2分の1であり，② 配偶者と第2順位の直系尊属の相続分は3分の2，3分の1であり，③ 配偶者と第3順位の兄弟姉妹の相続分は4分の3，4分の1である。また，同一順位の血族相続人が複数いるときは，等分される（民900条4号）。

　なお，法定相続分及び指定相続分のことを「抽象的相続分」又は「一応の相続分」と呼ぶことがある。

## 3　具体的相続分の意義

　具体的相続分とは，民法900条から902条が定める法定相続分又は指定相続分に加え，各相続人が受けていた特別受益を控除するとともに，相続人がした寄与を考慮する寄与分を加算して定まる相続分をいう。

　ところで，具体的相続分は，「相続開始の時において有した財産」（民903条1項）を基準に算定される。これに対し，遺産分割時には，遺産を構成する財産の内容・評価額・権利義務関係等が変動していることも多い。そこで，実務では，法定相続分又は指定相続分に特別受益及び寄与分による修正を加えて相続開始時を基準として算定する最終的な相続分の割合を「具体的相続分率」と呼び，相続開始後に生じた相続財産の変動を考慮して算出した，遺産分割時の遺産の評価額に具体的相続分率を乗じて共同相続人が取得する取得額（これを「現実的取得分額」と呼ぶことがある。）を決定する（『片岡ら』373頁）。

　なお，具体的相続分の性質については，指定相続分や法定相続部と同列の観念的権利と見る見解（相続分説）と単に遺産分割の過程で設定される一種の分割基準と見る見解（遺産分割分説）の対立があるが，最高裁は，具体的相続分はそれ自体実体法上の権利関係であるということはできないとして，その確認の利益を否定しており，遺産分割分説に立つことを明らかにしている（最一小判平12・2・24民集54巻2号523頁）。

第3 相続財産の管理における共有規定の適用／Q19

# 第3 | 相続財産の管理における共有規定の適用

## Q 19 | 2021（令和3）年改正で遺産共有と通常共有に関する規定が整備されたが，その趣旨は何か。

**A** 2021年民法改正で新設された258条の2第2項は，遺産共有と通常共有が併存する場合，相続開始時から10年経過したときには，共有物分割訴訟において通常共有も含め共有関係を解消できると定めた。これは，相続開始から長期間が経過し，特別受益や寄与分等の資料が散逸していることを考慮し，法定相続分又は指定相続分による共有物分割を可能にし，いわゆる所有者不明土地等が生じることを抑止する趣旨である。

### Check ▶

民258条の2第2項

### 解 説

## 1　遺産共有と通常共有が併存する場合

2021年改正民法898条2項により，遺産共有に民法の規定が適用されるときは，249条以下の規定が適用されることが明らかになった。しかし，遺産共有の解消は家庭裁判所の遺産分割手続によるのに対し（最三小判昭62・9・4裁判集民151号645頁），通常共有の解消は地方裁判所の共有物分割訴訟によることになり，全く別々の手続によって行われる。

このように遺産共有の解消を家庭裁判所で行うのは，「家族の歴史に従っ

*155*

第1節　相続財産の管理

て相続がされる」ことを目指すからだと言われる[注6]。すなわち，遺産分割は，まず当事者の協議が行われ，協議が不調又は不能のときは家庭裁判所が調停・審判を行う（民907条）。その際の基準となる相続分は，法定相続分又は指定相続分に加え，各相続人が受けていた特別受益が控除されるとともに（民903条），相続人がした寄与を考慮する寄与分（民904条の2）を加算して定まる具体的相続分である。しかも，遺産分割手続では，遺産に属する物又は権利の種類及び性質，各相続人の年齢，職業，心身の状態及び生活の状況その他一切の事情が考慮されるとされている（民906条）。

このような特性を有する遺産分割によって解消すべき遺産共有が通常の共有と併存していた場合は，地方裁判所による共有物分割訴訟ではストレートには解消できないというのが2021年民法改正前の判例の立場である。すなわち，判例は，遺産共有と通常共有が併存している場合に，共有者が遺産共有持分と他の共有持分との共有関係解消を求める方法は共有物分割訴訟だとしているが，共有物分割の判決によって遺産共有持分権者に分与された財産は遺産分割の対象となり，その共有関係の解消は907条の遺産分割によらなければならないとしている（最二小判平25・11・29民集67巻8号1736頁）。

## 2　2021年改正民法258条の2第2項の趣旨

このように，遺産共有と通常共有が併存している場合の共有関係の解消には複雑な手続が必要であり，場合によっては共有状態が放置され，所有者不明土地出現の原因となりかねない。他方で，2021年民法改正により，相続開始から長期間が経過し，特別受益や寄与分等の資料が散逸していることを考慮し，相続から10年を経過したときは，原則として具体的相続分に関する規定を適用しないと定めた（民904条の3）。

それを受けて，2021年改正民法は，遺産共有と通常共有が併存している場合において，相続開始から10年が経過したときは，遺産共有の解消も，地方裁判所での共有物分割訴訟という1回の手続によって行うことができるとさ

---

（注6）　山野目章夫『土地法制の改革』60頁（有斐閣，2022年）

第4 遺産の管理をめぐる諸問題／Q20

れた（民258条の２第２項本文）。共有物を分割する際の遺産共有持分の解消の基準は，具体的相続分ではなく，法定相続分又は指定相続分とされている（民898条２項）。

このように，遺産共有と通常共有が併存している場合でも，その共有関係を共有物分割手続という１回の手続で解消することが可能となれば，共有物が土地である場合には，所有者不明土地の発生を抑止することに繋がると考えられる。

## 第4 遺産の管理をめぐる諸問題

> **Q 20** 2021（令和３）年改正で新設された規定も含め，遺産の管理についてどのように変わったか。

**A** 相続開始後，相続の放棄・承認をするまでの間は，各相続人はその固有財産におけるのと同一の注意をもって遺産を管理すれば足りるが，単純承認後の管理については善良な管理者の注意でもって管理しなければならない。さらに，2021（令和３）年民法改正では，相続の段階にかかわらず，家庭裁判所が相続財産管理人の選任その他の相続財産の保存に必要な処分をすることができるという包括的な規定が新設された。

### Check ▶

民898条２項・918条・897条の２

第 1 節　相続財産の管理

解　説

## 1　遺産の管理

　相続が開始されると，遺産に属する財産は，遺産分割が終了するまで，共同相続人による遺産共有状態となる（Q17参照）。そうすると，その間，共同相続人による遺産の管理が必要となるが，2021年民法改正前は，① 遺産の管理に関する固有の規定，② 遺産共有に準用される共有物の管理の規定とも，十分とはいえなかった。そこで，2021年改正民法では，①，②について改正がされた。

## 2　遺産の管理に関する固有の規定(1)

　相続開始後，相続の承認（限定承認を含む。）又は放棄をするまでの熟慮期間中は，共同相続人は，「その固有財産におけるのと同一の注意」をもって遺産を管理する義務を負うが（民918条），この点は2021年民法改正前と変わらない。もっとも，単純承認後の遺産の管理については，2021年改正民法249条３項により善良な管理者の注意をもって共有物である遺産を使用しなければならないことが明確となった。

　なお，遺産の管理費用については，相続財産に関する費用として相続財産から支弁されるという規定があり（民885条），これも遺産の管理に関する固有の規定である。

## 3　遺産の管理に関する固有の規定(2)—相続財産管理人に関する規定の新設

### ⑴　改正の趣旨

　2021年改正前民法では，相続の段階ごとに，相続財産管理人の選任その他の相続財産の保存に必要な処分を命ずる相続財産管理制度が設けられていた。例えば，承認・放棄前の管理人（改正前民918条２項），相続放棄後の管理人（改正前民940条２項・918条２項）等がそれに当たるが，複数の相続人が単純承認をしたが遺産分割が未了である場合については規定を欠いていた。他方で，相続人があることが明らかでない場合には，相続財産の清算を職務とする管理

158

人（改正前民952条1項）が選任される仕組みが用意されていたが，相続財産の保存のみを目的とする財産管理制度は用意されていなかった（『村松ら』222頁）。

そこで，2021年改正民法は，相続が開始すれば，相続の段階にかかわらず，いつでも家庭裁判所は，相続財産管理人の選任その他の相続財産の保存に必要な処分をすることができるとの包括的な規定を設けた（民897条の2第1項）。これにより，今まで規定がなかった，①共同相続人が相続の単純承認をしたが遺産分割が未了で，相続財産の管理を行う者がいない場合，②相続人のあることが明らかでないケースで相続財産の管理を行う者がいない場合についても，相続財産の保存に関する必要な処分をすることが可能となり（『村松ら』223頁），過渡的な状態にある相続財産の保存に関する包括的な規律が設けられたことになる。

### (2) 申立ての要件

家庭裁判所が，相続財産管理人の選任などの処分を命ずるには，「相続財産の保存に必要」であると認められなければならない（民897条の2第1項本文）。例えば，相続人が相続財産についての管理の意欲を失い，保存行為をしないような場合や相続人のあることが明らかでないためにその物理的状態や経済的価値を維持することが困難な場合などは，処分の必要性が認められる場合がある（『村松ら』225頁）。

他方，①相続人が一人である場合において，その相続人が相続の単純承認をしたとき，②相続人が複数いる場合において，遺産の全部の分割がなされたとき，③2021年改正民法952条1項により相続財産清算人が選任されているときは，相続財産の保存に必要な処分はできないとされているから（民897条の2第1項ただし書），上記①〜③に当たらないことも，相続財産管理人を選任する要件とされている。

### (3) 相続財産管理人の職務・権限

「相続財産の保存に必要」な処分とは，2021年改正前民法918条2項の規定と同じく，相続財産の現状を全体として維持するために必要な処分を意味し，相続財産の保存と離れた利用・改良を目的として処分を命ずることまで予定されていない（『村松ら』224頁注2）。そこで，保存のための相続財産管理人の

第1節　相続財産の管理

職務・権限等については，2021年改正前民法と同じく，不在者財産管理人に関する民法27条から29条までを準用している。

(4)　相続財産管理人の職務の終了

保存のための相続財産管理人の選任後，①相続人が相続財産を管理できるようになったとき，②管理すべき財産がなくなったとき，③その他財産の管理を継続することが相当でなくなったときは，相続人，相続財産管理人若しくは利害関係人の申立てにより又は職権で，相続財産管理人の選任の処分は取り消される（家事190条の２第２項が準用する令和３年改正家事147条）。

なお，相続財産に属する財産の処分等により金銭を生じたが，相続人が相続財産の管理に関心がなく，金銭を相続人に引き渡すことが困難な場合があり，このようなケースで相続財産管理人が当該金銭を管理しなければならないのは合理性に欠ける。そこで，相続財産管理人の職務を適時に終了させるために，相続財産管理人は，相続財産の処分等により生じた金銭につき，相続財産管理人を選任した裁判所の所在地を管轄する家庭裁判所の管轄区域内の供託所に供託することができるとされている（令和３年改正家事190条の２第２項が準用する同146条の２第１項）。

## 4　共有の規定の準用

2021年改正民法898条２項により，遺産共有に民法249条以下の規定が適用（準用）されることが明らかになったことは前述した（Q17参照）とおりである。

その結果，共同相続人は，遺産全部について持分に応じて使用収益することができ（民249条１項），保存行為も各自単独でできることになる（民252条５項）。また，遺産の形状又は効用の著しい変更を伴う変更・処分は，共同相続人全員の同意がなければできないが（民251条１項），これを伴わない軽微変更については，持分の価格の過半数で決定することができる（民252条１項，詳細はQ６参照）。

第5　相続分の譲渡／Q21

## 第5 | 相続分の譲渡

**Q 21**　相続人の一人が遺産共有持分を譲渡できるか，その場合の法律関係はどうなるか。譲渡ではなく抵当権の設定の場合はどうか。

**A**　各相続人は単独で自己の持分を譲渡することができる。その場合，残りの共同相続人と持分を譲り受けた第三者の共有状態となるので，これを裁判で解消するには民法258条の共有物分割訴訟が必要となる。また，その他の遺産に関して共同相続人全員で遺産分割の必要があるが，2021年民法改正によって新設された906条の2の適用を受けることになる。また，抵当権設定の場合は持分譲渡と異なり引き続き遺産分割がなされることになるが，民法909条ただし書の適用に留意する必要がある。

**Check ▶**
民258条・258条の2・898条・906条の2・909条

**解　説**

### 1　持分の譲渡可能性

共同相続が開始され遺産分割が完了するまでの間，各相続人が有する権利はどのようなものか。この点に関して合有説と共有説の見解の違いがあったが民法898条1項が共同相続の場合，遺産は共有に属する旨を明文で規定し，現在は共有説に立つことが明らかにされている（Q17及びQ26を参照のこと）。

共有である以上，持分の処分が認められる。そこで，各相続人は遺産分割完了までの間も，自己の遺産共有持分を他人に譲渡することができる。また，

*161*

第1節　相続財産の管理

遺産が不動産の場合，被相続人が死亡し相続が開始した時点で，各相続人は法定相続分あるいは指定相続分に基づく相続登記（共有持分登記）を単独で行うことができる。そこで，自己の持分を登記に反映することができ，この持分を他人に譲渡した場合，その旨の持分移転登記も行うことが可能となる。

## 2　譲渡後の法律関係

### (1)　第三者が登記を有している場合

共同相続人の一人が遺産である特定の不動産について，その持分を第三者に譲渡した場合，当該遺産は遺産から逸出することとなり（最二小判昭50・11・7民集29巻10号1525頁），その他の共同相続人と譲り受けた第三者との共有になる。第三者が持分移転登記を完了していれば，第三者は持分取得の事実を他の共同相続人に対しても対抗し得ることになる（民899条の2第1項）。そこで，仮に共同相続人がＡＢの二人のみで，Ａが遺産である甲土地の持分を全て第三者Ｃに譲渡した場合には，甲土地はＢＣ共有となり，この共有関係は民法249条以下の一般的な共有となる。また，共同相続人がＡＢＤのような場合には，ＢＣＤ共有となり，ＢＤ間の共有関係は引き続き遺産共有のままとなる。

共有物の使用や管理に関しては第三者が持分を取得した場合でも共有関係が継続する以上，特に法律関係が変更されるものではないが，共有物の分割の場面では扱いが異なってくる。共同相続人のみの場合は専ら遺産分割手続によることとなり，民法258条の共有物分割訴訟によることはできないが（最三小判昭62・9・4裁判集民151号645頁），第三者が共同相続人の一人から持分を譲り受けたケースでは一般的な共有関係が形成されるため，当該物件の分割を裁判所に請求する場合には民法258条の共有物分割訴訟によることとなる。現に判例（前掲最二小判昭50・11・7）は，民法258条に基づく共有物分割請求によるべきとしている。

なお，前述のＢＣＤ共有のケースでＢＤ間の共有関係を解消する場面は，遺産共有状態の解消となるためＣとの間の共有物分割手続とは別に遺産分割が必要となる。これを共有物分割訴訟において行うことは，民法258条の2

第2項が定める相続開始後10年が経過するようなケースでない限りはできないので注意が必要である（同条第1項）。この点の詳細はQ26を参照されたい。

(2) 第三者の登記未了の場合

　これに対し，第三者が持分移転登記を未だ経ていない場合には，民法899条の2第1項を前提とする以上，当該第三者は他の共同相続人に対して持分の取得を対抗し得ない。この場合には，他の共同相続人は持分の譲渡をした相続人を引き続き当事者としての遺産分割を行うことができる。このとき，譲渡された持分を他の共同相続人が取得することが遺産分割で決定された場合には，第三者との関係でこの持分の帰属をめぐって紛争が生じるが，この点は民法909条ただし書の適用の有無によって解決される。同条ただし書の「第三者」として保護されるためには当該第三者が登記を備える必要があるというのが一般的な理解である。上記の共同相続人ABのみで甲土地のAの持分を取得したのがCのケースでは，Cが登記未了である以上，同条ただし書の適用はないので，遺産分割によってBが甲土地を取得し，Cは持分を取得できないこととなる。

## 3　遺産分割に与える影響

　共同相続人の一人による持分譲渡の結果，当該財産が遺産から逸出することは遺産共有の性質上，やむを得ないとしても，その後の残余の遺産に関する分割に関しては，この逸出した遺産の価値を何らかの形で評価することが公平な分割を行うためには不可欠となる。そこで，2018年相続法改正によって906条の2が新設され，同項1項によって，「共同相続人は，その全員の同意により，当該処分がされた財産が遺産の分割時に遺産として存在するものとみなすことができる。」と規定し，さらに同項2項が，「共同相続人の一人または数人により同項の財産が処分されたときは，当該共同相続人については，同項（筆者注：民906条の2第1項のこと）の同意を得ることを要しない。」と定めている。この規定に従った処理がなされれば，他の共同相続人の相続分が不当に害される事態は回避し得ることになる。

第1節　相続財産の管理

### 4　抵当権の設定の場合

　仮に共同相続人の一人による持分の処分行為が譲渡ではなく抵当権の設定であった場合は，扱いを異にするので注意が必要である。例えば共同相続人ＡＢのケースで，Ａが遺産である甲土地の自己の持分について債権者Ｃとの間で抵当権を設定した場合には，遺産共有持分自体は引き続きＡが有しており，Ｃの抵当権の負担が付いているに過ぎないことになる。この場合は，甲土地は未だ遺産として存続しているから，遺産共有状態のままであり，ＡＢが遺産分割によってその帰属を決定することになる。

　仮にＡＢ間の遺産分割によって甲土地をＢが取得することになれば，Ｂは民法909条本文で遺産分割効力が相続開始時に遡及するので，ＡＣ間でなされた抵当権設定は無権限の者によってなされたと主張し（遺産分割に関する宣言主義的理解），抵当権設定の有効性を否定したいところである。しかし，この場合も民法909条ただし書が，「第三者の権利を害することはできない。」と規定しているので，この規定によってＢは抵当権の存在を否定できないことになる。ちなみにこの規定の適用を受ける第三者は不動産の場合，登記を備える必要があるというのが学説上の通説である。したがって，仮に抵当権設定登記も完了しているとすれば，遺産分割によりＢは甲土地を取得するが，Ａから取得した持分部分に関してはＣの抵当権の負担を伴うことになる。

---

## 第6 ｜ 相続財産管理人・相続財産清算人

> **Q 22**　2021（令和3）年に改正された相続財産清算制度はどのような制度で，相続財産清算人はどのような権限を持つか。従前の相続財産管理人とはどこが違うか。

第6 相続財産管理人・相続財産清算人／Q22

**A** 2021（令和3）年民法改正前は，相続人があることが明らかでない場合に，相続財産管理人が選任されたが，相続財産の清算手続が完了するまで10か月以上の期間を要するなど，必ずしも合理的な制度とはいえなかった。これに対し，2021年改正民法では，相続の各段階で相続財産の管理のみをすることを職務とする相続財産管理人が新たに設けられたことから，相続財産の管理にとどまらず清算をも行う者の名称として相続財産清算人と改めるとともに，清算に要する期間を短縮し，制度の合理化を図った。もっとも，相続財産清算人の権限は，2021年改正前民法下の相続財産管理人と変わるところはない。

---

**Check** ▶

民936条・952条

---

**━━ 解 説 ━━**

### 1 2021（令和3）年改正前民法下の相続財産管理人

相続人のあることが明らかでないときには，相続財産は法人とされ（民951条。これを「相続財産法人」という。），相続財産の清算が行われる。この場合，清算手続は，①家庭裁判所による相続財産管理人を選任した旨の公告（改正前民952条2項），②①の公告後，相続財産管理人の調査によっても2か月以内に相続人のあることが明らかにならなかったときに相続財産管理人によって行われる相続債権者及び受遺者に対する請求の申告をすべき旨の公告（改正前民957条1項），③②の期間満了後も相続人が判明しない場合に家庭裁判所が相続財産管理人又は検察官の請求によって，6か月以上の期間を定めて行う相続人捜索の公告（改正前民958条）の3段階の公告が行われていた（後記図表9参照）。

しかし，①から③の公告は，いずれも相続人の捜索の意味を持つことに争いはなく，「①・②はともかく，そのうえさらに③の公告をすることに対し

*165*

第1節　相続財産の管理

疑問が呈されていた[注7]」。また、2021年改正前の制度では、相続人の不存在が確定し清算が開始されるまで最低でも10か月もの期間を要することから、相続財産の清算手続の合理化の必要性が指摘されていた。

〈図表9　2021年改正前民法下・改正後の相続財産管理人・相続財産清算人の業務フロー〉

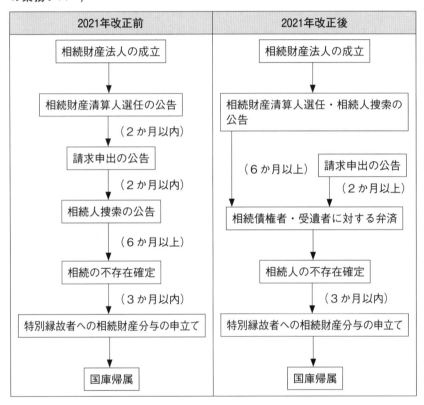

## 2　2021年改正民法による相続財産清算制度

### (1)　呼称の変更

2021年改正民法では、相続の各段階において相続財産の管理のみを職務と

---

(注7)　山野目章夫＝佐久間毅編『解説　民法・不動産登記法（所有者不明関係）改正のポイント』（有斐閣、2023年）309頁［西希代子］。

する相続財産管理人（民897条の2第1項）が新たに設けられたことから，相続財産の清算まで行う管理人を2021改正前民法下で用いられた「相続財産管理人」と呼ぶのは，混乱を招きかねない。そこで，2021年改正民法では，相続財産の管理のみならず清算まで行うことを職務とする者について「相続財産の清算人」（以下「相続財産清算人」という。）という呼称を用いて両者を区別することにした（民936条1項・952条1項等）。

(2) 清算開始までの期間の短縮化

2021年改正民法では，(1)で述べた問題点を踏まえ，前記①～③の公告を並行して実施することで清算開始までの期間を短縮化した。すなわち，①及び③の公告は，相続人の出現ないし権利主張を促す点で趣旨が共通することから統合し，家庭裁判所は，相続財産清算人を選任したときは，選任の公告と併せて，6か月以上の期間を定めて相続人捜索の公告をしなければならないとした（民952条2項）。また，相続財産清算人は，全ての相続債権者及び受遺者に対し，2か月以上の期間を定めて，その期間内にその請求の申出をすべき旨を公告しなければならないが，その期間は，相続人捜索の公告として家庭裁判所が設定した期間内に満了するものでなければならないとされた（民957条1項）。

これにより，2021年民法改正後は最短6か月で権利関係が確定して清算が終わり，9か月で相続人のいない遺産を国庫に帰属させることができる[注8]ことになった（前記図表9参照）。

## 3 相続財産清算人の権限

相続財産清算人は，相続財産法人の代理人であり，不在者財産管理人と同じ権利義務を有する（民953条・27条～29条）。相続財産清算人は，相続財産法人又は後に現れるかもしれない相続人のために相続財産の管理・清算を行うので，委任に関する規定が準用される（家事208条・125条6項，民644条・647条・650条）。また，相続財産清算人は，相続債権者や受遺者に対して財産状況報

---

(注8) 潮見佳男ほか編『Before／After民法・不動産登記法改正』（弘文堂，2023年）131頁［矢吹徹雄］

第1節　相続財産の管理

告義務を負う（民954条）。

　このように，2021年改正民法によって呼称は変わったものの，相続財産清算人の職務権限については，変更はない。実際，2021年改正民法の施行日前に選任された相続財産管理人は，施行日後は相続財産清算人とみなされている（2021年改正民附則4条3項・7条3項）。


## 4　相続財産の終局的帰属

### (1)　特別縁故者への分与と国家帰属

　相続人の不存在が確定し，その後の清算手続に残った相続財産があれば，その終局的な帰属を決定する必要があるが，この点については，2021年民法改正での変更はない。すなわち，まず，被相続人と特別の縁故があった特別縁故者がいれば，家庭裁判所の審判により，相続財産の全部又は一部がこの特別縁故者に分与される。特別縁故者の制度は，被相続人の合理的意思を推測し遺贈制度を補充する趣旨だと言われている。

　ここで，特別縁故者とは「被相続人と生計を同じくしていた者，被相続人の療養看護に努めた者その他被相続人と特別の縁故があった者」である（民958条の2第1項）。相続人の公告期間の満了後3か月以内に，特別縁故者とされる者から相続財産の分与の申立てがあれば，家庭裁判所は，その者が特別縁故者に当たり，かつ，分与が相当と認められる場合に，その者に相続財産の全部又は一部を分与することができる（民958条の2）。

　特別縁故者がいない場合や特別縁故者への分与後もなお残余財産がある場合には，相続財産は最終的に国庫に帰属する（民959条）。

### (2)　特別縁故者と共有者の優先関係

　なお，本書のテーマである共有不動産の法律関係との関係で，共有者の一人が死亡し，その相続人の不存在が確定した場合において，その共有持分は，958条の2を優先的に適用して特別縁故者に帰属するか，それとも，255条が，共有者の一人が相続人なくして死亡したときは，その者の持分は他の共有者に帰属すると規定することから，255条を優先的に適用して他の共有者に帰属するかという問題がある。これについて最高裁は，(1)で指摘した958条の

第6 相続財産管理人・相続財産清算人／Q22

2の制度趣旨を重視し，共有持分も958条の2に基づく分与の対象となり，分与がなされないときにはじめて255条が適用されるという958条の2優先適用説を採用することを明らかにした（最二小判平元・11・24民集43巻10号1220頁）。

第1編 不動産共有の実務

第3章 遺産共有をめぐる法律関係

*169*

第2節　遺産分割

# 第2節　遺産分割

## 第1 遺産分割の意義

## Q 23 遺産分割とはどのような手続か。

被相続人が死亡し複数の相続人が相続した場合に，遺産共有状態を解消し各相続人が相続する財産を確定させるために共同相続人間において協議してその分割方法を定める手続をいう。共同相続人間に協議が整わないときなどには各相続人は家庭裁判所に対し調停を申し立て，さらに調停で解決することができないときは審判を求めることができる。遺産分割の方法には現物分割，換価分割及び代償分割があるとされている。

### Check ▶

民906条・907条・909条

解 説

### 1 遺産分割の概要

#### (1) 遺産分割の意義

相続は被相続人の死亡によって開始され（民882条），民法889条に定める直系尊属及び兄弟姉妹が同条の定める順位によって相続人となる。そこで，複数の相続人が生じることも一般的であり，その場合，被相続人の遺産は一定の遺言がない限り複数の相続人が共有することとなる。この相続により生じる共有状態を「遺産共有」と呼び，民法249条以下に定める「共有」と区別している。そして，この遺産共有状態にある遺産を各相続人の固有の財産と

するためになされる手続が，民法906条以下に定める遺産分割である。すなわち，遺産分割は複数の相続人が存在するケースにおいて相続の開始により生じる遺産共有状態を解消させ，相続による過渡的な権利状態から各相続人に関する本来的な権利状態に移行させるための手続となる。

### (2) 遺産分割の基準

遺産共有となる被相続人の遺産には様々なものがある。また，相続人の属性や関係性も多様である。そこで，共有状態にある遺産をどのように各相続人に分割するかについて，一律の基準を設定することは妥当でない。そこで，民法906条は遺産の分割の基準について，「遺産に属する物又は権利の種類及び性質，各相続人の年齢，職業，心身の状態及び生活の状況その他一切の事情を考慮してこれをする。」と規定している。各相続人が有する法定相続分は民法900条で定められているが，相続人間の協議によって分割内容が決定される場合には必ずしも法定相続分に従った分割になるとは限らず，相続人間で自由に分割内容が定められることになる（遺産分割自由の原則）。

### (3) 全部分割と一部分割

遺産共有状態にある全ての遺産を対象とし，一度の遺産分割で手続を終了させるのが全部分割である。これに対して遺産の一部を他の遺産から切り離して，その遺産のみを分割する手続が一部分割である。争いのない遺産のみを先行させて分割手続を行うことは紛争の早期解決のためには有益であり，従来から一部分割は認められるという見解が一般的であったが，この点は明文の規定もなく不明確であった。そこで，2018年相続法改正によって民法907条の規定が改正され，一部分割が認められること及び一部分割のみの請求も家庭裁判所に請求し得ることが明文化されている。

## 2 遺産分割の手続

### (1) 協議による分割

遺産共有は相続人間で生じている法律状態であるから，これを解消するための遺産分割手続は当然，全ての相続人による協議の下で行われるべきことになる。民法907条1項は，被相続人の遺言や相続人間の合意で一定期間，

第2節　遺産分割

遺産分割を禁止した場合を除き、「いつでも、その協議で、遺産の全部又は一部の分割をすることができる。」と規定しており、協議による遺産分割が原則であることが明記されている。協議による分割においては遺産分割自由の原則が働くことになる。

そのうえで、遺産分割について、共同相続人間に協議が調わないとき、又は協議をすることができないときは、各相続人は家庭裁判所に遺産分割を請求できるとされている（民908条2項）。遺産分割協議が行われたが合意を得ることができなかった場合は無論のこと、特定の共同相続人が遺産分割をする意思がなく分割協議そのものに応じない場合にも、家庭裁判所の手続によって遺産分割がなされることになる。この家庭裁判所で行われる分割手続にも調停によるものと、審判によるものがある。

(2)　調停による分割

調停による分割とは相続人が家庭裁判所に対し遺産分割の調停を申し立てることで開始される分割手続である（家事244条・別表2の12）。遺産分割については調停前置主義は採られておらず、相続人は事前に調停を求めることなく、いきなり審判の申立てをすることも許容されるが、この場合でも家庭裁判所は職権によって調停に付すことが認められている（家事274条1項）。

遺産分割調停においては共同相続人全員が当事者（申立人又は相手方）にならなければならない。調停による分割が合意され、調停調書に記載されたときは確定判決と同一の効力を有する（家事268条1項）。調停はあくまで当事者である共同相続人間の合意で成立するものであるから、ここでも遺産分割自由の原則は許容されることになる。

(3)　審判による分割

遺産分割の審判申立てがあった場合に家庭裁判所においてなされる手続である。ただし、一般的には遺産分割に関する調停手続が不調で終了した場合に、引き続き審判手続に移行する形でなされることが多い。遺産分割調停が成立しなかったときは調停の申立てがあった時に審判の申立てがあったものとみなすと規定されており（家事272条4項）、この場合には審判への移行は格別の申立てを不要とするものであることに注意する必要がある。審判による

場合には審判官が当事者たる共同相続人に告知することにより，その効力が生じる（家事74条）。

審判による分割では，共同相続人間の均衡を考慮して相続分に従った分割がなされなければならないとされている。[注9]

### 3　遺産分割の方法

#### (1)　分割方法に関する種類

前述の遺産分割の基準に依拠したうえで，共同相続人間の協議（協議が調わないとき，又は協議をすることができないときは家庭裁判所における調停，審判）によって遺産分割を実現することになる（民907条）。その場合の具体的な分割方法としては，以下の3種の方法があるとされる。

##### ①　現物分割

遺産共有状態にある相続財産を新しい1個の物とし，これを相続人が単独で所有する等の分割方法である。1筆の相続土地を分筆して，分筆後の土地を各相続人がそれぞれ単独で相続するような場合がこれに該当する。あるいは甲土地と乙土地のように複数の不動産が遺産として存在している場合に，甲土地を相続人A，乙土地を相続人Bがそれぞれ単独で所有するような場合も現物分割である。さらには民法249条以下の共有とすることも現物分割として認められている。現物分割は相続人間の協議による場合，家庭裁判所での調停又は審判による場合のいずれにおいても認められる。

##### ②　換価分割

遺産共有状態にある財産を各相続人が協力して売却処分し，その売却代金から売却に要した費用等を控除し，残金を各相続人がそれぞれ取得する分割方法である。協議による遺産分割で換価分割の合意が成立したときにこの分割方法が認められることは当然であるが，家庭裁判所による調停，審判による場合にも換価分割がなされることがある（家事194条2項）。

---

(注9)　最高裁事務総局家庭局「昭和42年3月開催家事審判官会合概要」（家月21巻2号79頁）

第2節　遺産分割

### ③　代償分割

　特定の相続人が他の相続人に対し一定の代償となる債務を負担し，これによって他の相続人が有する遺産共有持分を取得することにより遺産を分割する方法である。遺産である不動産について相続人Aが有する遺産共有持分に相当する金額の金銭を，相続人Bが相続人Aに支払うことによって相続人Aのこの遺産共有持分を相続人Bのものとするようなケースである。このように負担する代償債務は金銭の支払であることが多く，代償金と呼称される。しかし，代償分割において相続人が負担する債務は金銭債務に限られず，例えば自ら有する固有の不動産を他の相続人に譲渡するような方法も認められる。

### (2)　各手続との関係

　協議による分割及び調停による分割においては基本的に共同相続人間の合意によって遺産分割がなされることになる。したがって，これらの手続においては，現物分割，換価分割，代償分割のいずれの方法を採用するかは共同相続人間の合意によって決定されることになり，格別の制限はない。

　これに対し審判による分割手続では，審判官の判断により分割方法も決定されることになる。当事者である共同相続人の希望は審判官も考慮するが，それに拘束されるわけではなく，家事事件手続法において定められる規律に従って判断されることになる。そこで審判による分割においては現物分割を基本的分割方法としたうえで，家事事件手続法194条2項が換価分割を命じることができる場合（遺産分割の審判をするために必要があり，かつ，相当と認めるとき）を，同法195条が代償分割を命じることができる場合（特別の事情があると認めるとき）を，それぞれ規定している。また，同法194条1項は換価分割の特殊な形態としての競売分割を規定している。遺産分割の審判をするために必要があるときに家庭裁判所は競売分割を命じることができる。

## 4　遺産分割を必要としない場合

　遺産分割は遺産共有状態を解消するためになされる。したがって，相続人が一人しか存在していない場合には相続開始によって当然にその相続人の単

第1　遺産分割の意義／Q23

独所有となるので遺産分割は不要となる。

　さらには，相続人が複数の場合でも遺産の性質によって遺産共有状態を形成しない財産に関しては，やはり遺産分割は不要ということになる。具体的には被相続人が有していた金銭債権は，性質上，可分であるので，相続が開始した場合，共同相続人間で相続分に従って当然に分割され，新たに遺産分割の必要はないと理解されている。その結果，各共同相続人は自己が相続した金銭債権について遺産分割を行うことなく単独で行使できると理解されている。

　金銭債権の扱いについては以上が原則となるが，預貯金債権に関しては金融機関が預貯金の払出しにあたって遺産分割協議書の存在を求める扱いが一般化していたり，さらには不動産や動産等と預貯金債権を併せて遺産分割をすることが必要であるとの理解から，調停等においても各共同相続人が合意する限り例外的に遺産分割の対象とすることができるなどの扱いがなされていた。そのような状況を踏まえ，最大決平28・12・19民集70巻8号2121頁は，それまでの扱いを変更し，預貯金債権は遺産分割の対象に含まれるとの判断を示した。したがって，現在は預貯金債権については当然に遺産分割の対象となる。もっとも，そうなると遺産分割が成立するまでの間，相続人は被相続人の遺産である預貯金を現金化できず，不都合な事態が生じることも想定されるため，2018年相続法改正によって共同相続人の各種の資金需要に迅速に対応できるようにするために，各相続人が一定の範囲の預貯金を遺産分割前に権利行使（現金化）できる旨の規定が新設されている（民909条の2）。

第1編　不動産共有の実務

第3章　遺産共有をめぐる法律関係

*175*

第2節　遺産分割

## 第2 遺産分割における不動産の分割方法

> **Q 24** 遺産に土地が含まれるとき，遺産分割として土地を分割する際にどのような方法があるか。

**A** 現物分割，換価分割及び代償分割の方法がある。基本的に相続人間の合意でなされる協議あるいは調停による遺産分割ではいずれの分割方法も共同相続人間の選択に従い行うことが可能である。これに対し審判による遺産分割では現物分割を基本的な分割方法として，換価分割及び代償分割は家事事件手続法の定める場合に許容されることになる。なお，不動産の遺産分割は物権変動の一形態となり，相続人以外の第三者との関係では物権法が定める対抗要件主義の適用があるので注意が必要となる。

### Check ▶

民899条の2，家事194条・195条

### 解　説

#### 1　遺産分割の方法

　遺産分割の方法として現物分割，換価分割及び代償分割がある。その内容はQ12に記載しているが，遺産に土地が含まれる場合の遺産分割においては，この3種の分割方法のいずれもが認められる。

#### (1)　現物分割

　1筆の土地を分筆して文筆後の土地をそれぞれ各相続人が単独で相続するという分割方法が典型例である。相続人がABCの3名だとして，遺産である甲土地を3筆（甲乙丙）に分筆したうえで，ABCが分筆後の各土地を1

*176*

筆ずつ単独で取得するというようなケースである。ただし，遺産共有状態を解消し各相続人に財産を帰属させればよいのであり，その帰属形態には民法249条以下に定める共有も含まれる。そこで，甲土地を2筆（甲乙）に分筆し，遺産分割によりAが甲土地を単独所有し，BCが乙土地を共有とすることも可能である。

　さらには，甲土地を分筆することなく，引き続き1筆の土地のままにした上で，遺産分割によって甲土地をABC3名の共有とすることも現物分割として認められる。

　遺産が甲土地のみである場合，あるいは甲土地のみを一部分割の対象とした場合の現物分割の例としては，およそ以上のようなものである。しかし，甲土地以外にも被相続人の遺産が存在しこれらを一括して遺産分割する場合には，例えば甲土地は相続人Aの単独所有とし，他の相続人BCは甲土地以外の遺産をそれぞれ取得するという分割方法をとることも可能である。これもまた現物分割の例となる。

　現物分割は協議，調停による遺産分割は無論のこと，審判による遺産分割でも原則的な分割方法となる（最三小判昭30・5・31民集9巻6号793頁）。

(2)　換価分割

　遺産である土地を共同相続人全員で第三者に対し売却譲渡し，これによって得られる代金をそれぞれが分割取得するという方法である。土地売却に当たっては不動産仲介業者に対する手数料や譲渡所得税等の公租公課の負担が伴う。そこで，換価分割においてはこれらの諸費用を売却代金から控除した残金を各相続人で分割することが一般的である。

　協議，調停による遺産分割において換価分割を実施することに制限はない。これに対し，審判による遺産分割は共同相続人間で合意ができないために家庭裁判所の審判官がこれを命じるものであるため，換価分割及びその特殊な形態である競売分割については，家事事件手続法にこれが認められる場合について一定の規定が設けられている。すなわち，家事事件手続法194条1項は，「家庭裁判所は，遺産の分割の審判をするため必要があると認めるときは，相続人に対し，遺産の全部又は一部を競売して換価することを命ずるこ

*177*

第2節　遺産分割

とができる。」と規定し，まず競売分割について規定する。さらに競売によらない任意の売却である換価分割に関しては，同条2項が，「家庭裁判所は，遺産の分割の審判をするため必要があり，かつ，相当と認めるときは，相続人の意見を聴き，相続人に対し，遺産の全部又は一部について任意に売却して換価することを命ずることができる。ただし，共同相続人中に競売によるべき旨の意思を表示した者があるときは，この限りでない。」と規定している。審判で任意売却を命じても当事者の協力なくしては実現が困難であることを考慮したものである。実務上は審判手続の係属中に中間処分として換価をし，その売却代金を分割取得させるというような方法がとられることがある。[注10]

### (3)　代償分割

代償分割とは，例えば共同相続人ＡＢがいるケースにおいて，Ａが一定額の代償金をＢに支払うことで遺産共有状態にある甲土地全部をＡの単独所有とするようなケースである。代償債務の内容は金銭の支払であることが一般的であるが，金銭に限定されるわけではなく，Ａが所有する土地等の物をＢに交付することでも代償分割は可能である。この代償分割も共同相続人間の合意に基づく協議，調停による分割では特に制限なく認められる。これに対し，審判による分割では，家事事件手続法195条が，「家庭裁判所は，遺産の分割の審判をする場合において，特別の事情があると認めるときは，遺産の分割の方法として，共同相続人の一人又は数人に他の共同相続人に対する債務を負担させて，現物の分割に代えることができる。」と規定する。そして，この「特別の事情」の判断にあたっては，金銭の支払によって代償分割を求める相続人について，単に支払の意思があるだけでは足りず，その支払能力があることが必要（その点が審判手続において認められることが必要）というのが判例法理である（最一小決平12・9・7家月54巻6号66頁）。

---

（注10）　司法研修所編『遺産分割事件の処理をめぐる諸問題』322頁（法曹会，1994年）

第2　遺産分割における不動産の分割方法／Q24

## 2　分割土地をめぐる第三者との関係

### (1)　第三者との間の権利関係の必要性

　換価分割では相続人が土地を売却するのであるから，共同相続人がその土地の所有権を取得することはない。したがって土地所有権をめぐって相続人以外の第三者との間で紛争が生じることは基本的にない。これに対し，現物分割及び代償分割においては，遺産分割による共同相続人間の土地共有持分の移動と当該共有持分を別途，取得する第三者との間で権利の有無をめぐって対立，紛争を生じることがある。例えば，遺産として甲土地が存在し，共同相続人がＡＢの二人である場合において，ＡＢ間の遺産分割協議によって甲土地を全てＡが相続することとしたにもかかわらず，Ｂは遺産共有状態にあった甲土地共有持分を第三者Ｃに売却譲渡してしまうなどのケースである。このとき，Ｂが有していた甲土地共有持分を取得するのはＡ，Ｃのいずれであるのかが問題となる。

　このように遺産が土地のような不動産である場合には，第三者との関係でその権利関係をめぐって法的に解決する必要があり，そのための規定が民法に設けられることになる。

### (2)　遺産分割をめぐる宣言主義と移転主義

　遺産分割による不動産の権利関係の移動を一般的な物権変動論との関係でどのように理解するかに関しては，遺産分割をめぐる宣言主義と移転主義という見解の違いに注意する必要がある。宣言主義とは，遺産分割に遡及効が認められる以上，相続開始時から遺産分割に応じた財産の帰属が相続人にあったと考える立場である。遺産分割はこれを宣言したにすぎないと理解する。これに対し，移転主義とは，遺産分割を共同相続人がそれぞれの共有持分を譲渡するものだと考える立場である。

　前述した甲土地の共同相続人ＡＢの遺産分割のケースで考えるならば，Ａによる甲土地取得とＢから共有持分を取得した第三者Ｃとの関係は，宣言主義に基けば遺産分割によってＢは無権利者となり，Ｃも無権利者となるため，原則としてこの土地共有持分はＡに帰属する。民法177条の適用を前提とする対抗問題には立たない。

*179*

第2節　遺産分割

これに対し移転主義に基づけば，前述のケースではBを中心としたAへの遺産分割による共有持分の譲渡と，BからCへの共有持分の売却譲渡との二重譲渡の関係に立つことになる。したがって，不動産物権変動に関する対抗要件の有無によってその優劣が決せられることになる。

この宣言主義と移転主義の見解の違いは伝統的なものであるが，2018年相続法改正によって899条の2が新設されたので，実務においてはこの規定を前提とする必要がある。

### (3) 民法899条の2の適用

民法899条の2第1項は，「相続による権利の承継は，遺産の分割によるものかどうかにかかわらず，次条及び第901条の規定により算定した相続分を超える部分については，登記，登録その他の対抗要件を備えなければ，第三者に対抗することができない。」と規定する。したがってこの規定は遺産分割のケースでは当然に適用されることになる。共同相続人AB間の遺産分割協議によって甲土地を全てAが相続することとしたにもかかわらず，Bは遺産共有状態にあった甲土地共有持分を第三者Cに売却譲渡した場合，AとCの権利関係の優劣は，AがBの土地共有持分を含め甲土地について相続登記を備えることと，CがBから土地共有持分の移転登記を備えることの先後によって決せられることになる。このような遺産分割と共同相続人の一人による持分譲渡の関係については従来から移転主義的な理解に基づいて対抗要件の有無でその優劣を判断するという判例が存在したが（最三小判昭46・1・26民集25巻1号90頁），2018年相続法改正によってこの対抗要件主義の適用が明文化されたのである。

なお，ここで想定しているのは遺産分割成立後に相続人の一人が第三者に共有持分を譲渡したケースである。これに対し，遺産分割未了の時点において相続人の一人が自己の共有持分を第三者に譲渡するケースでは民法899条の2の適用はなく，全く異なった解決方法になる。この点についてはQ21を参照されたい。

## 3 相続登記と遺産分割登記

以上のように不動産が遺産である場合には，第三者との間の権利関係をめぐって登記が重要となる。それでは共同相続の場合にどのような登記手続が行われるのか，以下の2種類の方法があるとされるので注意が必要である。

### (1) 「相続登記＋遺産分割登記」型

相続開始後，遺産分割の未了の時点において，「相続」を登記原因として共同相続人の法定相続又は指定相続分を持分とする共有登記（いわゆる共同相続登記）を行い，その後，遺産分割が行われた時点で，その内容に従った登記を「遺産分割」を登記原因として行うというものである。相続登記は相続人の一人による単独申請が可能であるが，遺産分割登記は共同申請となる。この方法は移転主義に親和的な登記方法である。まず，相続登記を行い，その後，遺産分割登記を行うことになる。遺産分割登記に関する登記原因の日付も遺産分割の日（協議の日，調停成立の日又は審判確定の日）となる。第三者との間でその優劣を決する対抗要件となるのは当然のことながら後者の遺産分割登記である。

### (2) 「相続登記のみ」型

共同相続登記を先行させることなく，遺産分割未了の時点では被相続人名義の所有権登記のままにしておき，遺産分割が行われた時点でその内容に従い，「相続」を登記原因として所有権移転登記を行う方法である。この場合は登記原因の日付は相続開始の日（被相続人の死亡日）となり，遺産分割によって単独で不動産を取得することとなった相続人が登記手続についても単独申請ができる。この方法は宣言主義に親和的な登記方法である。第三者との関係ではこの相続登記が対抗要件となる。

第2節　遺産分割

## 第3 | 遺産分割の時的限界

> **Q 25** | 令和3年改正で遺産分割に時的限界が設けられたが，その趣旨は何か。また具体的にどのような違いが生じるか。

遺産分割に時的限界が設けられたのは，改正前民法の下で遺産分割に期間制限がなかったことが，いわゆる所有者不明土地発生の一因と考えられたからである。

改正民法の下では，相続開始から10年を経過した場合には，特別受益や寄与分など，具体的相続分に関する規定の適用がなくなることになる（民904条の3）。

### Check ▶

民904条の3

### 解　説

### 1　所有者不明土地の利用の円滑化を図る方策としての「遺産分割の期間制限」

所有者不明土地の発生原因には色々あるが，その一つに，遺産分割が長期間行われないことが挙げられる。すなわち，遺産に土地が含まれている場合，相続が何世代にわたって発生する，いわゆる数次相続が生じたにもかかわらず，土地の登記名義人を長期間変更しないと，実際には多数の相続人による共有状態となり，登記簿（全部事項証明書）の記載からは土地の真の所有者を探知できないという意味で所有者不明土地が発生することになる。そこで，2021年民法改正では，平成30年法律第72号等によって40年ぶりに改正された

182

相続法を更に見直し，遺産分割をはじめとする相続制度の見直しを行い，遺産分割を促進することで所有者不明土地発生の予防にも配慮しつつ，遺産共有の解消を容易化することで，すでに発生している所有者不明土地の利用の円滑化を図ろうとしている。

## 2 長期間経過後の遺産分割の見直し

### (1) 具体的相続分による遺産分割の時的限界

#### ア 改正法の趣旨と規律内容

遺産共有を解消するためには遺産分割手続によらなければならないが（民258条の2第1項参照），遺産分割手続では，「遺産に属する物又は権利の種類及び性質，各相続人の年齢，職業，心身の状態及び生活の状況その他一切の事情」（民906条）を考慮し，法定相続分又は指定相続分を基礎としつつ，特別受益の額（民903条・904条）や寄与分（民904条の2）を加味して算出される具体的相続分に応じて分割される。そこで，共同相続人は，遺産分割手続によって遺産の分割がされることについて「遺産分割上の権利[注11]」を有するとされている（部会資料42（第17回）3頁）。

もっとも，従来，遺産分割には期間制限がなかったため，長期間遺産分割がなされず放置されることにより，具体的相続分に関する証拠等が散逸し，関係者の記憶も薄れることから，具体的相続分による遺産共有状態の解消が困難となった。そして，土地について共同相続が生じると，これが原因で，所有者不明土地が生じると指摘されてきた。

改正の過程では，遺産分割の期間自体を制限することも検討されたが，従来の規律に比べ，あまりにもドラスティックである。そこで，改正法は，相続開始から10年を経過した後にする遺産分割については，具体的相続分の算定の基礎となる特別受益や寄与分に関する規定を適用しないものとした（民

---

（注11） なお，「遺産分割上の権利」には，①具体的相続分による遺産分割を受ける利益の他に，②遺産の総体について民法906条の基準に基づく分割を受けられる権利（淡路剛久ほか『民法Ⅱ 物権（有斐閣Sシリーズ）〔第5版〕』（有斐閣，2022年）180頁〔原田純孝〕は，後者を明確に「もう1つの『遺産分割上の権利』」と呼ぶ。）の2種類を含むと考えると便宜である。その意義については，第2編第4章第1節第2款を参照。

第2節　遺産分割

904条の3本文。令和5年4月1日施行）。その結果，遺産分割は，法定相続分（民
900条・901条）又は指定相続分（民902条）に従って行われる。

これは，改正法の下では，相続開始から10年を経過した場合，共同相続人
は，上述した遺産分割上の権利のうち，具体的相続分による遺産分割を求め
る利益を失うことを意味するが，これにより，具体的相続分による分割を求
める相続人に相続開始から10年以内に遺産分割を行うよう促すとともに，期
間経過後においては，具体的相続分の算定が不要となり，法定相続分又は指
定相続分による円滑な分割が可能となる。

　イ　期間制限の例外

これに対し，① 相続開始から10年を経過する前に，相続人が家庭裁判所
に遺産分割調停・審判を申し立てた場合（民904条の3第1号）や，② 相続開
始から始まる10年の期間満了前6か月以内の間に，遺産分割調停・審判を申
し立てることができないやむを得ない事由が相続人にあった場合（民904条の
3第2号）に，そのやむを得ない事由が消滅した時から6か月を経過する前
に当該相続人が遺産分割調停・審判を申し立てた場合は，例外的に具体的相
続分の期間制限は適用されない。なお，例外の②の「やむを得ない事由」の
例としては，被相続人の生死が不明な場合や，相続開始から10年を経過した
後に相続放棄がされて新たに相続人になった場合などが考えられる。

　ウ　実務上の問題点

2021年民法改正により新設された民法904条の3は，相続開始の時から10
年を経過した場合に特別受益及び寄与分の規定の適用がなくなると定めるだ
けだから，10年経過後もなお民法906条が定める遺産分割の基準に従って分
割が行われる（部会資料42（第17回）1頁）。他方で，10年経過後に法定相続分
によって遺産分割が行われたことに対して，具体的相続分による遺産分割の
場合よりも不利益を受けた共同相続人が，同じく利益を受けた共同相続人に
対し不当利得返還請求をすることは認められないと解される（部会資料51（第
21回）20頁）。

これに対し，相続開始から10年の期間経過後も，共同相続人全員で具体的
相続分に従って分割する旨の合意がされた場合は，それに従って遺産分割の

協議による分割は有効であり，遺産分割の調停・審判による場合でも，当該合意に従った遺産分割は可能である（部会資料42（第17回）8頁）。

なお，弁護士としては，相談を受けて初めてその事案に関与するものだから，例えば相続開始の時から10年が経過する直前の時期に相談を受けたような場合は悩ましい。特に，寄与分を争う立場の相続人や特別受益者から相談を受けたような場合に，10年経過を待つようにアドバイスすることは弁護士倫理上問題となり得るという指摘（佐久間毅ほか「座談会　改正の意義と今後の展望」（ジュリ1562号19頁））があることにも注意が必要であろう。

### (2)　遺産分割調停・審判の取下げの制限

遺産分割調停を含めて，家事調停事件は，その調停事件が終了するまでの間，いつでも取り下げることができる（家事273条1項）。また，遺産分割審判事件については，相手方が本案について書面を提出し，又は家事審判の手続の期日において陳述をした後は，相手方の同意がないと取下げはできないとされていた（家事199条・153条）。

しかし，今回の改正により，遺産分割に関して，相続開始時から10年を経過した場合には，原則として，具体的相続分による遺産分割はできなくなった（民904条の3（令和5年4月1日施行））。そうすると，相続開始時から10年内に遺産分割の調停・審判の申立てをしたが，10年経過後にその申立てを取り下げると初めから係属していなかったものとみなされるため（家事82条5項・273条2項，民訴262条1項），相手方が改めて，遺産分割の調停又は審判の申立てをした場合には，具体的相続分による遺産分割ができなくなってしまう（民904条の3）。

そこで，このような不都合を回避するため，改正法は，遺産分割調停・審判の申立ての取下げは，相続開始の時から10年を経過した後は，相手方の同意を得なければならないと定めた（家事199条2項・273条2項）。

これにより，相続開始の時から10年を経過した後に遺産分割調停・審判の申立人がその取下げを検討している際には，その相手方から依頼を受けた弁護士は，相手方に具体的相続分を主張する利益の有無を精査し，取下げの同意に応じるかどうかを判断する必要が生じることになる。

第2節　遺産分割

# 登記手続との接合 (注12)

　改正不動産登記法では遺産分割が成立した場合の登記申請義務と共に，相続が発生した際の登記申請義務についても定めている。ここでは，その双方に関して，新たに設けられた条文に沿って概観したい。

　相続や遺産分割に関する登記申請義務（相続人である旨の申出等）について新たに設けられた条文は不動産登記法76条の2と76条の3である。76条の2は「相続等による所有権の移転の登記の申請」についての規定で，76条の3は「相続人である旨の申出等」についての規定である。

## 1　不動産登記法76条の2について

（相続等による所有権の移転の登記の申請）

**第76条の2**　所有権の登記名義人について相続の開始があったときは，当該相続により所有権を取得した者は，自己のために相続の開始があったことを知り，かつ，当該所有権を取得したことを知った日から3年以内に，所有権の移転の登記を申請しなければならない。遺贈（相続人に対する遺贈に限る。）により所有権を取得した者も，同様とする。

2　前項前段の規定による登記（民法第900条及び第901条の規定により算定した相続分に応じてされたものに限る。次条第4項において同じ。）がされた後に遺産の分割があったときは，当該遺産の分割によって当該相続分を超えて所有権を取得した者は，当該遺産の分割の日から3年以内に，所有権の移転の登記を申請しなければならない。

3　前二項の規定は，代位者その他の者の申請又は嘱託により，当該各項の規定による登記がされた場合には，適用しない。

　不動産登記法76条の2第1項では，相続等による所有権移転登記申請義務について定めている。

　まず，「所有権の登記名義人について相続の開始があったときは」とあるため，個人の賃借権者や抵当権者である登記名義人に相続が発生しても登記

---

（注12）　相続人申告登記に関する事務の取扱いについては，令6・3・15民二第535号民事局長通達「民法等の一部を改正する法律の施行に伴う不動産登記事務の取扱いについて（相続人申告登記関係）（通達）」参照。

*186*

第3　遺産分割の時的限界／Q25──登記手続との接合

申請義務はない。一方で，必ずしも土地に限定されておらず，建物の所有者に相続があったときも申請義務が課されることになる。また，「所有権の登記名義人」とあるため，表題部所有者の死亡による保存登記申請義務までは課されていない（不登74条1項1号）。

　次に，「当該相続により所有権を取得した者は」（不登76条の2第1項）とあるため，相続放棄をした者は登記申請義務を負わない。遺贈又は特定財産承継遺言がなされている場合に，これにより不動産の所有権を取得しなかった相続人も同様である。また，遺産分割協議により不動産を取得しないことが確定した相続人については，結果として，当該登記申請義務を負わないことになる。逆に，遺産分割協議により不動産を取得した者は，本項による相続登記申請義務と本条2項による登記申請義務を負うことになる[注13]が，後者の登記を申請することで，そのいずれの登記申請義務も履行したことになる。

　さらに，登記は「自己のために相続の開始があったことを知り，かつ，当該所有権を取得したことを知った日から3年以内に」申請しなければならない。

　最後に，遺贈により所有権を取得した場合も，それが相続人に対する遺贈に限り，同様に扱われる。したがって，相続人以外の者に対する遺贈については申請義務が課されない。なお，「遺贈する」旨の遺言は，本項の後段で登記義務を負い，「相続させる」旨の遺言は，特定財産承継遺言として本項の前段で登記義務を負うことになる。

　同条2項では，法定相続分での相続登記がされた後に遺産分割があったときについて，その登記申請義務を定めている。

　まず，法定相続分での相続登記がされた後の遺産分割という前提があるため（同項の括弧書き部分参照），遺言による登記がされた場合においては，その後に遺産分割が行われたときであっても，当該遺産分割に基づく申請義務が課されていない。[注14]一方で，遺贈を定めた遺言があるにもかかわらず共同相続人間でこれと異なる内容の遺産分割が行われたときは，遺贈の放棄がされた

(注13)　『村松ら』285頁注1
(注14)　『村松ら』280頁注3なお書き

第2節　遺産分割

上で遺産分割協議が行われていることとなるため，当該遺産分割協議により
不動産を相続した者は，76条の2第1項前段の「相続により所有権を取得し
た者」に該当することとなる。これにより，仮に遺贈に基づく登記がなされ
ていたとしても，遺産分割の結果を踏まえた登記の申請義務を負うことにな
ると考えられている。<sup>(注15)</sup>

　次に，「遺産の分割によって当該相続分を超えて所有権を取得した者は」
とあるため，法定相続分を超えない持分を取得したに過ぎない相続人に（遺
産分割に関する登記の）申請義務はない。

　さらに，所有権の移転の登記は「遺産の分割の日から3年以内に」申請し
なければならない。

　同条3項では，相続登記が代位等で行われた場合の申請義務について定め
ている。

　相続登記が代位等により行われた場合であっても，必要な登記が行われる
ことに変わりはないため，1項と2項の登記申請義務を免れることとなる。
ここには，共同で相続した者の一人が（いわゆる保存行為として相続した者全員の
ために）相続登記を申請した場合も含まれる。

## 2　不動産登記法76条の3について

> **（相続人である旨の申出等）**
> **第76条の3**　前条第1項の規定により所有権の移転の登記を申請する義務を
> 　負う者は，法務省令で定めるところにより，登記官に対し，所有権の登記
> 　名義人について相続が開始した旨及び自らが当該所有権の登記名義人の相
> 　続人である旨を申し出ることができる。
> 2　前条第1項に規定する期間内に前項の規定による申出をした者は，同条
> 　第1項に規定する所有権の取得（当該申出の前にされた遺産の分割による
> 　ものを除く。）に係る所有権の移転の登記を申請する義務を履行したもの
> 　とみなす。
> 3　登記官は，第1項の規定による申出があったときは，職権で，その旨並
> 　びに当該申出をした者の氏名及び住所その他法務省令で定める事項を所有

---

(注15)　『村松ら』266頁注6

権の登記に付記することができる。

4 　第１項の規定による申出をした者は，その後の遺産の分割によって所有権を取得したとき（前条第１項前段の規定による登記がされた後に当該遺産の分割によって所有権を取得したときを除く。）は，当該遺産の分割の日から３年以内に，所有権の移転の登記を申請しなければならない。

5 　前項の規定は，代位者その他の者の申請又は嘱託により，同項の規定による登記がされた場合には，適用しない。

6 　第１項の規定による申出の手続及び第３項の規定による登記に関し必要な事項は，法務省令で定める。

　これまでの実務において法定相続分で相続登記がなされるケースは，元々登記申請が任意であったこともあり，例外的なものであった。相続登記申請の義務化に伴い，本条では，法定相続分での相続登記を申請することなく，簡易な方法により，その申請義務を履行できるよう，新たに設けられた相続人申告登記の申出手続等について定めている。

　不動産登記法76条の３第１項及び２項では，76条の２第１項により登記申請義務を負う者に対して，「相続が開始した旨及び自らが当該所有権の登記名義人の相続人である旨を申し出る」ことを認め，これにより，申請義務を履行したものとみなす旨を定めている。この「登記申請義務を負う者」には，相続により不動産の所有権を取得した者のほか，遺贈（相続人に対する遺贈に限る。）により不動産の所有権を取得した者も含まれている。相続させる旨の遺言により不動産の所有権を取得した者も同様である。なお，遺産分割により不動産を取得した後に相続人申告登記の申出をしても，その（遺産分割による）登記申請義務を履行したものとはみなされない（同条２項の括弧書き部分参照）。

　同条３項では，１項の申出があったときは，職権で，その旨並びに当該申出をした者の氏名及び住所などを所有権の登記に付記する旨を定めている。具体的な登記の記録例等は不動産登記通達等で示されている（186頁注12参照）。

　同条４項では，相続人申告登記の申出をした者に対し，その後の遺産分割によって所有権を取得したときは，当該遺産分割の日から３年以内に，所有

第2節　遺産分割

権移転の登記を申請しなければならないと定めている。相続人申告登記では持分が公示されないため，不動産登記法76条の2第2項の場合と異なり，法定相続分を超えて所有権を取得したかどうかにかかわらず，遺産分割協議を踏まえた所有権移転登記申請義務が課されている。なお，本項では“相続人申告登記の申出をした者”とされているが，遺産分割協議が成立した以上，申告登記の申出をしていなくても，遺産分割に基づく所有権移転登記義務を負うのは（不登76条の2第1項・2項により）いうまでもない。また，相続人申告登記の申出がされた後，遺産分割協議が成立するまでの間に，法定相続分での相続登記がなされている場合は，不動産登記法76条の2第2項が適用されることとなるため，法定相続分を超えない持分を取得したに過ぎない相続人には同法76条の3第4項の申請義務は（同項括弧書きの定めにより）課されないこととなる。[注16]

　同条5項の定めは，同法76条の2第3項と同様に，遺産分割による相続登記が代位等により行われた場合であっても，必要な登記が行われることになるため，4項の登記申請義務は免れることとなる。

　同条6項では，1項の申出の手続や3項の登記に関して必要な事項を，法務省令で定め，不動産登記規則が改正された（不登規158条の2以下）。

---

(注16)　『村松ら』280頁注5

第4　遺産分割と共有物分割の関係／Q26

## 第4 遺産分割と共有物分割の関係

**Q 26** 遺産分割と共有物分割手続はどのような点が異なるか。遺産共有を共有物分割訴訟で解消できる場合があるか。

遺産分割は共同相続人間で遺産共有状態にある財産を一括して分割する手続であり，一般的な共有に関して行われる共有物分割訴訟は個別の財産を基本的に想定するものである。遺産共有の特殊性に鑑みれば，その解消は遺産分割によってなされるべきであり，共有物分割訴訟によることは許されない。ただ，例外的に遺産について共有物分割訴訟によって行える場合があり，2021年民法改正で新設された258条の2第2項に注意する必要がある。

**Check ▶**

民258条・258条の2・904条の3

**解　説**

### 1　共同所有形態の諸類型と遺産共有

#### (1)　共同所有の一形態としての共有

　1個の物を共同で所有することは現代社会においても認められている。この共同所有形態にも共同性の強弱に差異があり，法はこれを「総有」，「合有」，「共有」と類型化し，以下のように区別している。

#### ①　共　有

　共同所有している個々の構成員が持分という固有の権利を有し，かつその持分を自由に処分しうることが許容されている共同所有形態である。

*191*

第2節　遺産分割

　②　合　有

　個々の構成員が固有の持分を有する点では共有と同じだが，この持分を処
分することはできないとされる共同所有形態である。

　③　総　有

　構成員は固有の持分を有しておらず，構成員全員が共同してその物を使用，
収益及び処分することが求められる共同所有形態である。

(2)　民法256条以下の共有

　個人の私的自治の保障を前提とする現代の取引社会においては，一人一人
の個人がその所有物を自由に使用，収益及び処分し得ることを前提としてい
る。民法ではこの原則を，所有権絶対の原則などと名付けて重視している。
したがって，共同所有においても，個々の構成員の個別的権利行使を可能な
限り認めることが社会的に要請される。持分を有しその処分性も認められる
共有が，現代社会では本来的な共同所有形態となる。

　以上を前提に民法は249条以下において，共有に関する規定を設けている。
249条1項において持分が明定され，252条以下で持分を前提とした共有物の
管理に関する規定が設けられている。そして，256条以下にこのような共有
物を個々の構成員の単独所有形態に移行させるための分割請求の規定が用意
されている。

(3)　遺産共有について

　相続が発生し遺産分割がなされるまでの間の遺産共有がどのような共同所
有状態であるかについては法律上，多くの議論があった。共同相続人という
特別の関係で関連づけられた財産であること，遺産分割がなされるまでの一
時的な共同所有形態であることに着目して合有説も有力に存在したが，判例
は古くから共有説に依拠していた。そして，民法898条1項が共同相続の場
合，遺産は共有に属する旨を明文で規定し，共有説に立つことを明らかにし
ている。この点はQ17に記述するとおりである。

　したがって，共同相続における遺産遺産は共有の一種であり，遺産分割未
了の段階において各相続人は法定相続分あるいは指定相続分の割合で持分を
有し，その持分を処分する権限を有することになる。

*192*

## 2　遺産分割と共有物分割手続の異同

### (1)　遺産分割の必要性

令和3年に改正された民法（2021年改正民法）によって共同相続された遺産は共有であることが明確にされたが，この遺産共有は一般的な共有とは異なる特殊性を有していることも事実である。相続財産は被相続人が生前に有していた財産を一括して共同相続人に相続させるものであり，個別の財産を念頭においた一般的な共有とは自ずと性質を異にする。さらに法定相続分や指定相続分にとどまることなく，特別受益（民903条）や寄与分（民904条の2）を考慮して具体的な相続分が決定される。また，遺産共有は遺産分割によって共有状態を解消させ各相続人の固有財産として帰属させるまでの間の過渡的な権利状態である。そこで，遺産共有に関しては民法249条以下の共有には見られない特別の規律を認める必要があり，具体的には共有状態の解消に当たり，通常の共有に関する民法256条以下の共有物分割請求ではなく，民法906条以下の遺産分割手続によることとされている。

### (2)　分割手続の峻別

遺産分割であれば，遺産共有状態にある遺産を一括して，民法906条に定める一切の事情を考慮して各相続人に分割することができる。これに対し，民法256条以下に定める一般的な共有物分割手続は個別の財産の分割を基本的に前提としている。[注17]したがって，遺産共有の解消に関しては遺産分割で行うことが妥当であり，民法256条以下の一般的な共有物分割手続でこれを行うことは本来，適切でない。そこで，相続によって遺産共有となった財産の分割について協議による遺産分割ができないときは，家庭裁判所の遺産分割手続によってなされるべきであり，地方裁判所又は簡易裁判所による共有物分割訴訟で分割を行うことはできないと理解されていた（最三小判昭62・9・4裁判集民151号645頁）。

---

（注17）　現在の実務では共有物分割手続でも複数の不動産を一括して分割する余地を認めている。すなわち，協議による分割の場合は古くから一括分割は認められると解されてきたが（大決昭10・9・14大民集14巻1617頁），裁判による分割についても最大判昭62・4・22民集41巻3号408頁がこれを許容している。しかし，あくまで一括分割が可能ということであり，遺産分割のように遺産を一括して分割することが原則とされていることとは違いがある。

第 2 節　遺産分割

　これを踏まえて2021年民法改正によって民法258条の 2 が新設され，その第 1 項において「共有物の全部又はその持分が相続財産に属する場合において，共同相続人間で当該共有物の全部又はその持分について遺産の分割をすべきときは，」同法258条の共有物分割請求はできないと規定されている。被相続人が単独で所有していた不動産について共同相続が開始され遺産共有状態になったとき，あるいは被相続人が他の者と不動産を共有していたケースで共同相続が開始された場合に被相続人が有していた持分についてのみ共同相続人間で分割をするようなときは，専ら遺産分割によるべきであり共有物分割訴訟は許されないこととなる。

### 3　遺産共有に関して共有物分割請求が許容される事例

#### (1)　被相続人が第三者と共有していた物件の場合

　以上のように裁判所に対し共有物の分割を請求する場合，遺産共有とその他の共有の場合には，その分割手続は峻別されることになるが，例外的に遺産共有の解消の場面において民法258条の共有物分割請求が利用される場合がある。

　そのようなケースの一つとして，遺産としての不動産等が被相続人の生前から共有であった場合がある。この場合，共同相続が開始すれば被相続人の持分についてさらに各相続人の相続分に応じた遺産共有となり，この他に第三者の持分が存在することとなる。仮に共同相続人間で遺産共有状態にある被相続人の持分のみを分割するのであれば，民法258条の 2 第 1 項の定める場合となり，専ら遺産分割によることとなる。これに対し，当該共有不動産全部の分割を求める場合にはこの条文に定める要件には該当せず，民法258条に基づく共有物分割を地方裁判所又は簡易裁判所に請求することが可能となる。現に最二小判平25・11・29民集67巻 8 号1736頁は，遺産共有持分と他の持分が併存する場合に，遺産分割共有持分と他の持分の共有関係の解消を求める方法として裁判上採るべき手続は民法258条の共有物分割訴訟であるとしている。

　なお，上記判決はさらに，「共有物分割の判決によって遺産共有持分権者

*194*

に分与された財産は遺産分割の対象となり，この財産の共有関係の解消については同法907条に基づく遺産分割によるべきものと解するのが相当である。」と判示しているので，この点にも注意が必要である。

### (2) 共同相続人が持分を譲渡した場合

さらには遺産分割未了の時点で，共同相続人の一人がその持分を共同相続人以外の第三者に譲渡した場合がある。このケースについては，Q21を参照されたい。

### (3) 民法258条の2第2項のケース

2021年民法改正によって新たに258条の2第2項が新設され，この規定によっても遺産共有の解消を共有物分割訴訟によって行うことができるようになった。この規定は，前記(1)及び(2)で指摘した遺産共有状態と他の共有とが併存しているケースにおいて（この点は同項が，「共有物の持分が相続財産に属する場合」とのみ規定していることから明らかである。），遺産共有部分に関しても別途，遺産分割を必要とすることなく，共有物分割訴訟において一元的に分割を行うことを可能とするものである。本来，他の持分権者との間の共有関係を共有物分割手続で解消した後に各相続人間で遺産分割を行うこととしたのは，遺産全部を一括して分割することを可能とする等の遺産分割の利点を保障しようという趣旨である。しかし，遺産分割については一方で2021年民法改正により904条の3が新設され，相続開始時から10年を経過した時点で原則として特別受益や寄与分の規定の適用が否定され，相続関係をめぐる諸事情を具体的相続分として反映させることができなくなる。時的限界などと言われる規律であるが，この規定が設けられたことに鑑み，民法258条の2第2項は，相続開始時から10年を経過したときは同条1項が適用されず，遺産共有持分について遺産分割の請求があり，かつ，相続人が共有物分割による手続に異議の申出をしたときでない限り，遺産共有状態の解消分も含めて，共有物分割手続の一元的に共有関係を解消することを許容している。

この規定が設けられたことにより，相続開始後10年を経過することが必要であるものの，遺産分割を必要とすることなく民法258条の共有物分割訴訟によって遺産共有状態そのものを解消することが可能となった。2021年民法

第2節　遺産分割

改正で新たに導入された規律の一つである。

## 第5 | 配偶者居住権との関係

> **Q 27** 配偶者居住権を遺産分割で設定する場合，配偶者が居住建物に関して他の者と共有関係になることはあるか。

**A** 被相続人が他の者と共有していた居住建物については，相続が開始しても配偶者居住権を配偶者が取得することはできないとされている。ただし，被相続人と配偶者で居住建物を共有していたケースであれば，例外的にこの建物に配偶者居住権を設定することは可能となる。また，配偶者短期居住権の扱いについても注意する必要がある。

**Check ▶**

民1028条・1029条・1037条

**解　説**

### 1　配偶者居住権の概要

2018年相続法改正によって新たに配偶者居住権の制度が新設され，一定の要件を満たす場合には遺産である被相続人の建物に居住していた被相続人の配偶者は，その居住建物全部に関して無償で使用，収益する権利を取得することができることとなった（民1028条1項本文）。居住建物の所有権を取得することなく，使用収益権のみを取得することで配偶者が自己の相続分の範囲

*196*

内で建物居住を確保することを可能とし，あるいは他の遺産を取得する余地を確保するための制度である。

この配偶者居住権が認められるためには，遺産分割によりこの権利を取得するか，あるいは遺贈の目的とされたことが要件となる（民1028条1項各号）。この場合の遺産分割には遺産分割の審判も含まれるから，家庭裁判所が配偶者居住権を審判で配偶者に取得させることは可能である。しかし，居住建物の所有権を取得した他の相続人との間で審判後にも建物利用をめぐって紛争を生じる可能性があることを考慮して，民法1029条において審判によって配偶者居住権を取得させることができる場合を要件化している。具体的には，「共同相続人間に配偶者が配偶者居住権を取得することについて合意が成立しているとき。」（同条1号），あるいは，「配偶者が家庭裁判所に対して配偶者居住権の取得を希望する旨を申し出た場合において，居住建物の所有者の受ける不利益の程度を考慮してもなお配偶者の生活を維持するために特に必要があると認めるとき。」（同条2号）に限り，審判で配偶者居住権を取得させることができる。

## 2 共有状態となる場合

さらに民法1028条1項はただし書において，「被相続人が相続開始の時に居住建物を配偶者以外の者と共有していた場合にあっては，この限りでない。」と規定している。被相続人が従来から居住建物を他の共有者と共有していた場合にまで配偶者居住権を認めれば，配偶者に当該居住建物の排他的利用権を設定することとなり，被相続人の死亡という事情によって他の共有者の利益が不当に害される結果となるので，そのような事態を招かないための規律である。

ただ，配偶者が他方配偶者である被相続人と居住建物を共有していた場合（夫婦で居住建物を共有していた場合）であれば，上記のような不利益となる事態は生じない。また，夫婦で自宅建物を共有するケースは実際にも存在しており，このような場合に配偶者居住権を取得させる必要性は相当程度，高いといえる。これらの点を考慮して，民法1028条1項ただし書は「配偶者以外の

第2節　遺産分割

者と共有していた場合」と規定し，例外的に居住建物が共有であった場合で
も，それが夫婦による共有であった場合には一方配偶者の死亡によって他方
配偶者が配偶者居住権を取得し得る余地を認めている。

　相続人である他方配偶者が従来から居住建物の持分を有しているとしても，
被相続人が有していた居住建物の持分を配偶者以外の相続人が取得したよう
な場合には，その相続人から配偶者が被相続人死亡後も居住し続けることに
対して不当利得返還請求や，あるいは共有物分割請求がなされることがあり
得る。そこで，このような事態を回避するためには配偶者居住権を遺産分割
等において取得することに一定の実益が認められる。

## 3　配偶者短期居住権

　配偶者居住権と類似の制度として配偶者短期居住権がある（民1037条以下）。
これは被相続人の死亡後，遺産分割がなされるまでの間，あるいは一定期間，
配偶者がそれまで無償で居住していた建物に関して引き続き無償で使用する
権利を認めるというものである。そこで，居住建物が共有の場合にも被相続
人が有していた共有持分に関しては，相続，遺贈あるいは死因贈与により被
相続人の居住建物持分権を取得した相続人に対して，配偶者は民法1037条1
項に基づき配偶者短期居住権を主張することができる。ただし，この権利を
主張できるのはあくまで被相続人の居住建物持分を取得した相続人等に対し
てであるから，被相続人の生前から居住建物を共有していた他の共有者との
関係ではこの配偶者短期居住権を主張することはできない。

　ただし，その場合でも被相続人と他の共有者間において居住建物利用に関
して一定の合意が存在するケースも想定され，その場合にはこの合意を被相
続人の持分を相続によって相続人が承継することがあり得る。そのような
ケースであれば，配偶者は居住建物利用に関する他の共有者と間の合意を相
続人が承継していることを理由に，他の共有者に対しても居住建物の利用権
を主張することが可能となる。[注18]

---

（注18）　この点について，『堂薗ら』38頁。

第6　遺留分減殺請求権・遺留分侵害額請求権との関係／Q28

## 第6 | 遺留分減殺請求権・遺留分侵害額請求権との関係

**Q 28** | 遺留分権利者が遺留分減殺請求権又は遺留分侵害額請求権を行使した場合，遺留分権利者との共有関係が発生することがあるか。

**A** 　遺留分制度に関しては2018年相続法改正によって，物権的効果を生じる遺留分減殺請求権から，金銭の支払を命じる遺留分侵害額請求権に変更された。その結果，改正法が適用される2019年7月1日以降に被相続人が死亡したケースでは，遺留分権利者が侵害額請求権を行使しても遺贈又は贈与の目的となった不動産について共有関係が生じることはなくなった。

**Check ▶**

民1046条・1047条5項

**解　説**

### 1　遺留分減殺請求権について

　2018（平成30）年改正前民法1031条は，「遺留分権利者及びその承継人は，遺留分を保全するのに必要な限度で，遺贈及び前条に規定する贈与の減殺を請求することができる。」と規定していた。この遺留分減殺請求権は遺贈又は贈与された財産に対し遺留分を確保する限度で遺留分権利者に物権的な権利を認めるものであった。そこで，権利者が減殺請求権を行使すると，当該財産は遺留分権利者と受遺者又は受贈者との共有となると理解されていた。

　しかし，このような共有状態を認めることは，共有者間での紛争状態を継

第1編　不動産共有の実務

第3章　遺産共有をめぐる法律関係

第2節　遺産分割

続させ，当該共有物の管理，処分に支障が生じる事態を招来する。そこで上記改正前の民法1041条が価額による弁済の余地を認めていたが，あくまで原則は不動産等について物権的な回復を認め，共有関係をもたらすものであった。

## 2　遺留分侵害額請求権について

### (1)　2018年相続法改正の経緯

このような問題状況を踏まえて，2018年相続法改正に向けた法制審議会の審議では従来の減殺請求権を見直し，遺留分を侵害された権利者は侵害者に対し金銭の支払を求めるという内容とすることが議論された。

しかし，金銭の支払義務を負う者の負担あるいは支払能力の有無を考慮した際に，一律に金銭債務とすることにも疑問が示され，金銭債務化を原則としたうえで例外的に遺贈又は贈与の目的となった不動産をもって金銭の支払に代えることができる旨の規定を設けるなどの議論が積み重ねられたが，例外的といえども現物給付を認めることには問題が多いとの指摘が有力であり，あくまで金銭債務の支払に限定する方針が打ち出された。[注19]

### (2)　改正法の内容

以上の審議を経て民法1046条1項は，遺留分を有する権利者及びその承継人は，受遺者（特定財産承継遺言により財産を承継し又は相続分の指定を受けた相続人を含む。）又は受贈者に対し，「遺留分侵害額に相当する金銭の支払を請求することができる。」と規定した。この条文のタイトルも「遺留分侵害額の請求」と表示され，名称も従来の遺留分減殺請求権から遺留分侵害額請求権に改められた。

そして，同条5項において，受遺者（この場合も特定財産承継遺言による承継者，相続分の指定を受けた相続人を含む。）又は受贈者の請求があるときは，この遺留分侵害額に関する支払債務について，裁判所はその全部又は一部の支払につき相当の期限を許与することができる旨が規定された。支払義務を負う者の

---

(注19)　この点について，『堂薗ら』131頁。

負担が過度にならないようとの要請は期限の許与ということで図ることとされたのである。

したがって，遺留分侵害額請求権が行使されるケースにおいては，被相続人の財産の遺贈あるいは生前に贈与を受けた者は，それが遺留分を侵害する場合であっても，物件自体の取得に影響を受けることはない。遺留分侵害額請求権が行使されても取得した不動産等の物件について遺留分権利者との間で共有関係を形成することはない。その点において，財産を遺贈あるいは贈与した被相続人の意思は全うされることになるし，物件が共有状態となって紛争が継続するという事態も生じないこととなった。

## 3 遺贈又は贈与の目的が不動産の場合の規律

### (1) 二つの制度の違い

遺留分減殺請求権の場合は，その行使により原則として物権的な効果が生じるため，受遺者あるいは受贈者が価額による弁済をする例外的場合以外では，当該不動産に関して受遺者あるいは受贈者と遺留分権利者の共有状態が生じることとなる。

これに対し，遺留分侵害額請求権の行使の場合は，受遺者あるいは受贈者は金銭債務を負担するのみであるから，遺贈あるいは贈与された不動産について遺留分侵害額請求権が行使されても当該不動産について共有関係が生じることはない。

遺留分を侵害された場合の遺留分権利者の権利行使方法が減殺請求であるのか，あるいは侵害額請求であるのかよって，不動産が共有状態となるか否かについて結論が異なることになる。

### (2) 経過措置

従来の遺留分減殺請求権が遺留分侵害額請求権に変更されたのは，前述のとおり2018年相続法改正によってである。そこで，この新しい遺留分侵害額請求権の適用が具体的にいつの時点から適用になるのか，いわゆる経過措置が問題となる。

この点について，2018年相続法改正時の附則（平成30年7月13日法律第72号）

第2節　遺産分割

第2条は，この改正法の施行日である令和元年7月1日の前に開始した相続については，「この附則に特別の定めがある場合を除き，なお従前の例による。」と規定する。民法1046条1項に関しては附則に特別の定めはないので，この原則のとおりとなる。

したがって，令和元（2019）年6月30日までに相続が開始されたケースでは遺留分減殺請求権が行使され，同年7月1日以降に相続が開始されたケースでは遺留分侵害額請求権が行使されることになる。

---

# 第7 遺産分割調停・審判

## Q 29
遺産分割調停・審判とはどのような手続か。特に不動産の共有持分が遺産に含まれる場合，どのような問題が生じるか。

A　遺産分割に関する協議が当事者間で調わない場合に申し立てるのが遺産分割調停・審判である。遺産分割調停とは，家庭裁判所における遺産分割に関する話合いであり，調停が不成立に終わった場合には，遺産分割審判に移行する。遺産に不動産が含まれる場合，遺産分割の方法としては，①現物分割，②代償分割，③換価分割，④共有分割の4種類がある。

また，不動産の共有持分が遺産に含まれる場合，2021（令和3）年改正民法258条の2との関係で注意が必要である。

**Check ▶**

民907条・258条の2，家事244条等

第7 遺産分割調停・審判／Q29

‼️ 解 説 ‼️

### 1 遺産分割調停・審判の意義

遺産分割は，協議により行う場合（民907条1項）のほかに，調停により行う場合（家事244条・別表第2の12項），審判により行う場合がある（民907条2項）。すなわち，遺産分割について共同相続人間で協議が調わないときは，各共同相続人は家庭裁判所に遺産の分割を請求できるが（民907条2項），遺産分割事件は，法的紛争性の強い，家事事件手続法別表第2に掲げられた事件なので，民法907条2項の「家庭裁判所に遺産の分割を請求できる」とは，「遺産分割の審判を申し立てることができる」という意味である。

もっとも，遺産分割事件は，「基本的には相続人が本来任意に処分することを許された遺産に対する相続分を具体化するための手続であり，私的な財産紛争であるから，当事者の合意を可能な限り尊重する[注20]」ことが望ましい。そこで，遺産分割調停を経ずに遺産分割審判が申し立てられた場合であっても，家庭裁判所は職権で審判事件を調停に付するという運用がなされている（家事274条1項）。このように，遺産分割事件では，一度は調停による解決を模索し，調停が不成立になった場合に審判に移行するのが通常である（家事272条4項）。

### 2 家事調停・審判の手続の特徴

#### (1) 家事調停

家事調停とは，家庭裁判所で行う調停のことをいうが，遺産分割調停も家事調停である。本人出頭主義，非公開主義，職権探知主義が採用されている（家事33条・51条・56条）。

家事調停では，家庭裁判所の裁判官1名と民間人から選任された調停委員2名以上からなる調停委員会が組織され（家事248条1項），紛争の解決を目指す。いわば家事調停は，家庭裁判所において，調停委員会という第三者を交

---

(注20) 『片岡ら』4頁

第2節　遺産分割

えて行われる話合いであり，当事者による主体的な解決を目指す手続といえる。もっとも，話合いといっても，当事者間で合意が成立して調停調書が作成されれば，確定判決と同一の効力を有することになる（家事268条1項）。これに対し，当事者間で合意が成立しなければ，調停は不成立となる。

(2) 家事審判

　家事審判とは，家庭裁判所が，当事者から提出された資料や家庭裁判所調査官が行った調査の結果等の資料に基づいて判断する手続である。別表第2事件（遺産分割事件もこれに当たる。）に関する家事調停が不成立となると，自動的に審判手続に移行する（家事272条4項）。遺産分割審判では，具体的相続分に従った分割が行われるが，相続開始から10年を経過した場合には特別受益や寄与分に関する規定の適用が制限されるので（民904条の3），家庭裁判所は，法定相続分又は指定相続分に従って遺産分割を行うことになる。

　遺産分割事件は，家事事件手続法別表第2事件なので，家庭裁判所は相当と認める場合，当事者双方に衡平に考慮し，調停に代わる審判をすることができる（家事284条1項）。調停に代わる審判は，異議が申し立てられると失効するが（家事286条5項），家事調停申立ての時に当該事項についての家事審判の申立てがあったものとみなされ（家事286条7項），審判に移行する。なお，家事審判も，家事調停と同じく，確定すると確定判決と同一の効力を有する（家事287条）。


## 3　遺産分割調停の流れ

(1) 全体的な流れ

　遺産分割調停では，当事者の感情的主張が繰り返される懸念があることから，①相続人の範囲の確定，②遺産の範囲の確定，③遺産の評価，④特別受益・寄与分の確定，⑤遺産の分割方法の確定の順番で当事者の主張を整理し，対立点を調整しながら合意の形成を図るという段階的進行モデルが提案され,[注21]実際に運用されている。

---

(注21)　『片岡ら』8頁

（2）　遺産の分割方法

　特に遺産に不動産が含まれる場合，その分割方法が問題となる。分割方法には，①現物分割，②代償分割，③換価分割，④共有分割の4種類がある。まず，①現物分割を検討し，それが相当でない場合には②代償分割，③換価分割を順に検討し，④共有分割となるのは，①〜③のいずれも相当でない場合の「最後の手段」[注22]となる。

　なお，④共有分割は，「遺産の一部または全部を具体的相続分による物権法上の共有取得とする方法であり，共有関係を解消する手続は，共有物分割訴訟（258条）による」[注23]ことになる。

## 4　遺産に不動産の共有持分が含まれる場合

　では，遺産に不動産の共有持分が含まれる場合はどうか。これは，遺産共有と通常共有が併存している場合といえるが，2021年民法改正前は，遺産共有持分の解消は必ず遺産分割調停・審判によらなければならないとされていた（最二小判平25・11・29民集67巻8号1736頁。詳細はQ3参照）。したがって，遺産分割調停とは別に，通常共有の持分権者と別途，交渉ないし訴訟で共有関係の解消を図らなければ，紛争を最終的に解決したことにはならない場合が多いだろう。

　しかし，2021年改正民法258条の2第2項により，相続開始の時から10年を経過したときは，例外的に遺産共有持分の解消を共有物分割の手続によることができることとなった。ただし，①問題の遺産共有持分について遺産分割の請求があり，かつ，②相続人が，共有物分割訴訟の受訴裁判所から訴状の送達を受けた日から2か月以内に当該裁判所に対し，当該持分について共有物分割の手続によることへの異議を申し出たときは，当該持分について共有物分割の手続によることはできないとされている（民258条の2第3項）。

　そこで，遺産分割調停中に，遺産の対象である不動産の通常共有の持分権者が2021年改正民法258条の2第2項に基づいて共有物分割訴訟を提起して

---

（注22）　『片岡ら』403頁
（注23）　『片岡ら』416頁

第3節　相続登記

きた場合には，同訴訟の被告である相続人としては，2021年改正民法258条の2第3項の異議を申し立てるべきか否か（例えば，他の相続人との関係で特別受益や寄与分の主張が可能か（もっとも，これは，当該事例が相続開始から10年を経過していることから，遺産分割調停を相続開始から10年が経過する前に申し立てた場合でない限り，難しいと考えられる。），当該不動産のほかに分割対象とすべき遺産があるか等）を慎重に，かつ，共有物分割訴訟の訴状送達から2か月以内という期限があることから速やかに検討すべきであろう。

## 第3節　相続登記

**Q 30** 従来，「相続と登記」と呼ばれてきた問題には，どのような問題点があるか。それが2018年相続法改正によってどのような影響を受けるか。

**A** 従来，相続と登記に関しては，遺産分割と登記，遺贈と登記，相続放棄と登記など個別の問題ごとに無権利の法理や対抗問題として説明してきた。しかし，2018年改正民法899条の2によって，その大半が説明されるようになった。

**Check ▶**

民177条・899条の2

Q30

## 解　説

### 1　概　説

　相続と登記という問題は，相続承継による権利関係を反映していない登記に基づいて権利関係に入った第三者と，登記に公示されていない権利の承継を主張する相続人との間の利害調整の問題である。判例は，実体的権利関係を超える登記は無効な登記とした上で（これを「無権利の法理」という。），一定の場合に登記の有無で優劣を判断する対抗問題として考えていた。これに対し，2018年（令和元年）改正民法は，相続による承継について，法定相続分を超える権利の取得を第三者に対抗するには，対抗要件を必要とするという規律を新設し（民899条の2第1項），従前の判例法理の一部を明文化した（令和2年4月1日施行）。

　以下，各論点につき，詳述する。

### 2　共同相続と登記

〈ケース1〉

　Aが遺言を残さず死亡し，その法定相続人は子B，Cだけであった。Aの遺産には甲不動産があったが，Bは書類を偽造して甲不動産について単独相続の登記をし，Dに売却して登記を経由した。

#### ⑴　判例の立場

　判例は，相続による不動産の物権変動は登記がなければ第三者に対抗できない物権変動に当たるとしながら，法定相続分については登記なくして第三者に対抗できるとしている（最二小判昭38・2・22民集17巻1号235頁）。例えば，ケース1では，BもCも，自己の法定相続分である2分の1の取得について登記なくして対抗することができる。これを正当化する理由としては，共同相続の場合には相続の開始によりまず遺産共有が生じるが，遺産共有は遺産分割によって個々の財産の最終的な帰属が決定するまでの過渡的な状態にすぎないから，相続開始後すぐに相続人に登記を備えるように要求することは

*207*

第3節　相続登記

現実的でないことがあげられる。[注24]

　2018年民法改正前においては，このルールをどのような構成によって正当化するかについて争いがあった。第1の見解は，民法177条が意思表示による物権変動を対象としていることを理由に，相続による法定相続分に応じた権利の承継は，民法177条の登記を要する「物権の得喪及び変更」に当たらないとするものである。しかし，この見解は，物権変動の原因を意思表示に限定しない一方で，「第三者」の範囲を「登記欠缺を主張する正当の利益を有する者」に制限することを通じて民法177条の適用範囲を画する判例（大連判明41・12・15民録14輯1301頁，大連判明41・12・15民録14輯1276頁）の立場と相容れない。

　第2の見解は，相続による法定相続分に応じた部分についての権利の承継も，民法177条の登記を要する物権変動に当たるとしたうえで，同条の「第三者」に無権利者は含まれないところ，各相続人も自己の法定相続分を超えた範囲については無権利だから，その相続人から譲り受けた第三者も民法177条の「第三者」に当たらないと説明する。ケース1に即して説明すれば，相続の開始により，甲不動産はB及びCによる各2分の1の持分で遺産共有状態が生じるところ，Bが甲不動産を第三者Dに売却したからといって，Cの持分2分の1についてBは無権利であり，無権利者から甲不動産を譲り受けたDもこの部分については無権利だから，Cはその法定相続分につき登記なくしてDに対抗できることになる。前掲最二小判昭38・2・22も，上記の結論の理由を「けだしBの登記はCの持分に関する限り無権利の登記であり，登記に公信力なき結果DもCの持分に関する限りその権利を取得するに由ないからである」（人名はケース1に合わせた。）と述べ，第2の見解と同様の立場を採っている。この立場が判例・通説といってよいだろう。

(2)　2018年改正民法899条の2第1項の意義

　2018年改正民法899条の2第1項は，相続による不動産の物権の承継は，法定相続分を超える部分については登記を備えなければ第三者に対抗できな

---

(注24)　鎌田薫『民法ノート　物権法1〔第4版〕』140頁（日本評論社，2022年）

いと規定した。これは，前掲最判昭38・2・22を明文化したものと理解することができる。そして，2018年改正民法899条の2第1項に関しては，民法177条の登記を要する物権変動には相続も含まれるが，法定相続分については無権利の法理を前提とする「第三者の範囲」に係る従前の解釈論を維持しつつ，法定相続分を超える権利取得について対抗不能の効果を限定する特則と理解すべきだろう。[注25]

立案担当者によれば，法定相続分を超える部分について，その権利の取得を第三者に対抗するためには，法定相続分を超える部分についてのみ登記をすれば足りるのではなく，その全体について登記しなければならないとしている[注26]が，この扱いは，相続による権利承継について，「法定相続分に応じた部分であるか，それを超える部分であるかにかかわらず，これを一体のものととらえる理解」[注27]を前提にしている。

なお，2021年不動産登記法の改正によって，相続等による所有権取得の登記の申請を義務化する不動産登記法76条の2が新設されたが，相続と登記に関する判例理論に直接には影響しないとされている。[注28]

## 3　遺産分割と登記

〈ケース2〉

> Ａが遺言を残さず死亡し，その法定相続人は子Ｂ，Ｃであった。Ａの遺産の中には，甲不動産があった。Ｂ，Ｃの遺産分割協議により，Ｂが甲不動産を単独で取得したが，その旨の登記をしなかった。すると，Ｃは，甲不動産についてＢが2分の1，Ｃが2分の1の持分を取得した旨の登記をし，自己の持分をＤに売却して登記を経由した。

---

(注25)　石田剛「相続による権利承継の対抗要件」（法学教室478号8頁）
(注26)　『堂薗ら』162頁
(注27)　水津太郎「相続による権利および義務の承継」（法時92巻4号69頁）
(注28)　前掲本章注24鎌田140頁

第3節 相続登記

## (1) 判例の立場

　判例は，遺産分割によって相続不動産について法定相続分を超える持分を取得した共同相続人は，遺産分割後に現れた第三者に対して，自己の法定相続分については登記なくして対抗できるが，法定相続分を超える部分については登記をしなければ対抗することができないとしている（最三小判昭46・1・26民集25巻1号90頁）。この結論を判例は，「遺産の分割は，相続開始の時にさかのぼってその効力を生ずるものではあるが，第三者に対する関係においては，相続人が相続によりいったん取得した権利につき分割時に新たな変更を生じるのと実質上異ならない」という論拠で正当化した。実質的にも，遺産分割により遺産を構成する個々の財産の帰属が確定するから，遺産分割後は共同相続人に速やかに登記を備えるよう期待してよく，それにもかかわらず登記をしなかった者は不利益を受けてもしかたがないといえよう。

　ところで，民法909条本文は，相続開始時に相続人が被相続人から直接権利を取得することを宣言する趣旨の規定と理解されるところ（このような構成を「宣言主義」という。），戦後，民法909条ただし書が置かれたことにより，実際上遺産分割により相続人は他の相続人からその持分を取得するととらえる構成（このような構成を「移転主義」という。）とほとんど異ならなくなったと評されている。[注29] ケース2に即して説明すれば，相続により，相続開始時に，「A→B，A→C」とそれぞれ法定相続分に応じた部分についての権利の承継が生じるが，甲不動産についてBが取得するとの遺産分割協議がなされた結果，遺産分割時にCの法定相続分が「C→B」へと移転する。そこで，BとCとの関係は，Cを起点とした二重譲渡類似の関係として，民法177条によってその優劣が決せられると説明される（図表10参照）。もっとも，このような説明は，遺産分割の遡及効（民909条）との関係で，理論的な説明が困難であると指摘されている。[注30]

## (2) 2018年改正民法の下での説明

　2018年改正民法899条の2第1項は，文言上「遺産の分割」にも適用され

---

（注29）　前掲本章注25石田10頁
（注30）　前掲本章注27水津71頁

るから，遺産分割後の第三者に対して自己の法定相続分を超える部分の取得を対抗するには登記を備えなければならないという従前の判例の結論は維持される。もっとも，法定相続分を超える部分の取得について対抗要件の具備が求められる根拠の説明については，複数の見解がある。

第1の見解は，判例の移転主義による解決を明文化したとみる見解である（図表10）。しかし，前述のとおり，「A→C→B」の権利移転を観念することは，遺産分割の遡及効（民909条）に照らし難しいのではないかという指摘がある。

第2の見解は，Cの持分について第三者Dが現れることで「A→C→D」の権利移転があるものとし，これと相続による「A→B」の権利移転が対抗関係に立つという見解である（図表11）。すなわち，Bが法定相続分を超えて取得した部分は，Cが自己の法定相続分についてBのために制限物権を設定したのと同様の立場にあり，Bは第三者DにCの法定相続分の取得を登記なくして対抗できないとする。(注31)

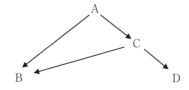

〈図表10　2018年改正民法による法定相続分を超える部分の取得に関する見解（その1）〉

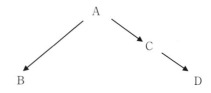

〈図表11　2018年改正民法による法定相続分を超える部分の取得に関する見解（その2）〉

### 4　特定財産承継遺言と登記

〈ケース3〉

> Aが死亡し，その法定相続人は子であるB及びCであった。Aは甲不動産をBに相続させる旨の遺言を残したが，Bは，所有権移転登記手続

(注31)　水津太郎「相続と登記」（ジュリ1532号51頁）。なお，山野目章夫『初歩からはじめる物権法』（日本評論社，2022年）163頁も参照。本文の図表10及び図表11は，同頁の図を参考に作成した。

第3節　相続登記

をしなかった。すると，Cは書類を偽造して甲不動産について単独相続
の登記をし，Dに売却して登記を経由した。

　特定財産承継遺言（いわゆる相続させる旨の遺言）は，被相続人による意思表
示であるが，判例によると遺贈ではなく，相続における遺産分割方法の指定
である（最二小判平3・4・19民集45巻4号477頁）。そして，特定財産承継遺言が
なされると，従前の判例によれば，ケース3において，Bは，遺産分割によ
らずに甲不動産を相続開始と同時に承継し，これを登記なしに第三者Dに対
抗することができるとされていた（最二小判平14・6・10家月55巻1号77頁）。な
ぜなら，Bは相続開始と同時に甲不動産の全体について所有権を取得してい
るから，Cは自己の法定相続分に相当する部分も含めて無権利であり，Cか
ら譲り受けたDも無権利者といえるからと説明されていた。

　これに対し，2018年改正民法899条の2第1項が新設されたことで，判例
は変更され，Bは自己の法定相続分2分の1を第三者Dに対抗するには登記
を備えなければならなくなった。その理由は，法定相続分を超える部分につ
いては，遺言による意思表示にしたがった物権変動であるから対抗関係が生
じると説明されている。<sup>(注32)</sup>

## 5　遺贈と登記

　遺贈とは，遺言者が死亡したときに無償で財産を与える法律行為である。
もっとも，遺贈の権利変動原因は相続ではなく，被相続人の意思表示である。
判例も，遺贈は無償の法律行為であり，贈与と同様に，その登記手続をしな
い間は完全に排他性のある権利変動を生じないから，第三者に遺贈を対抗す
るには登記を備えなければならないとして，民法177条の適用を肯定してい
る（最二小判昭39・3・6民集18巻3号437頁）。

　2018年改正民法の下では，遺贈による権利変動について2018年改正民法
899条の2第1項の適用を認める見解もあるが，多数の見解は，遺贈が「相

---

（注32）　前掲本章注25石田60頁

続」に当たらないことから，その根拠を民法177条に求めている。

## 6　相続放棄と登記

　相続放棄をした者の持分を，その者の一般債権者が相続放棄をしたことを知らずに差し押さえることがあるが，判例は，相続放棄の遡及効は絶対的であり，放棄をした相続人の法定相続分を差し押さえた債権者に対して，他の共同相続人は放棄に伴う権利取得を登記なくして対抗できるとしている（最二小判昭42・1・20民集21巻1号16頁）。学説は，相続放棄が相続資格の遡及的消滅であること，放棄の有無は家庭裁判所で確認できること，放棄できる期間には3か月という制限があり，短期に結着すること（民915条1項）等を理由に判例を支持している。

　2018年民法改正では，相続放棄には従来の判例・学説が指摘してきた制度上の特徴があり，従来の法理を尊重することが相当であるとして，相続放棄については改正がなされていない。

## 登記手続との接合

### 1　一般的な相続登記等の申請方法について

　【解説】の部分で説明されてきた2から6の登記は，5の遺贈を除き，実務上，いわゆる一般的な相続登記として登記申請がなされるものである（法定相続分で登記された後に遺産分割や相続放棄等があった場合の登記については後述する。）。したがって，不動産登記法63条2項により，いわゆる共同申請の例外として，最終的に不動産を取得した相続人である登記権利者が，単独で登記を申請することとなる。相続登記の申請においては，相続を証する情報として，戸籍類など相続関係を確認できる情報はもとより，遺産分割協議によるものであれば当該遺産分割協議書が相続人の印鑑証明書付で提供されること

第3節　相続登記

となる。また，特定財産承継遺言によるものであれば当該遺言書[注33]が提供
され，相続放棄が行われている場合には相続放棄申述受理証明書等が提供さ
れる。[注34]このような添付情報が提供されることにより登記の真正が担保され
るため単独申請が認められているものである。

　一方で，5の遺贈登記については，これまでは遺言執行者（遺言執行者がい
ない場合は相続人全員）を登記義務者とし，受遺者を登記権利者とする共同申
請で行われていたところ，改正不動産登記法63条3項が新設され，相続人に
対する遺贈については受遺者が単独で申請できるようになった。共同申請は，
登記をすることにより登記上直接に不利益を受ける登記義務者が，登記権利
者と共に申請に関与することで登記の真正を担保するものとして採用されて
いる登記申請の基本原則であるところ，相続人に対する遺贈の登記は，遺言
書が提供されて申請されることにより，特定財産承継遺言による相続登記と
同程度の真正担保が図られているからである。一方で，第三者に対する遺贈
の場合は，そもそも前提として特定財産承継遺言による相続登記と同視でき
るものではないため，改正不動産登記法63条3項により対象外とされている。

　なお，この遺贈登記の申請は，同法63条3項の施行日である令和5年4月
1日以降に申請するものであれば，相続発生日が施行日の前か後かを問わず，
受遺者が単独で行うことができる。[注35]

（注33）　遺言公正証書であれば検認の必要はなく，その正本や謄本がそのまま相続を証する情報の
　　　一部として使用できる一方で，自筆証書遺言の場合は家庭裁判所による検認が必要となる
　　　（平7・12・4民三第4343号民事第三課長回答）。なお，検認済自筆証書遺言に代えて家庭裁
　　　判所の遺言検認調書の謄本でも差し支えない（平7・6・1民三第3102号民事第三課長回答
　　　参照）。また，自筆証書遺言であっても，法務局による遺言書の保管制度を利用した自筆証
　　　書遺言（遺言書情報証明書）によれば検認が不要となる（法務局における遺言書の保管等に
　　　関する法律9条～11条など参照）。
（注34）　従来は「相続放棄申述受理通知書」では相続放棄があったことを証する情報として扱えな
　　　かったが，運用が変更され，「当該通知書」や「相続放棄の申述の有無についての照会に対
　　　する家庭裁判所からの回答書」であっても，相続放棄申述受理証明書と同等の内容が記載さ
　　　れているものと認められるものであれば，相続放棄があったことを証する情報として利用で
　　　きるようになった（登研808号147頁）。
（注35）　全ての面で相続登記と同等の取扱いが認められるかについては，課題点が指摘されると共
　　　に，相続登記と同様の取扱いとすることが望ましいとの考えが示されている。例えば，被相
　　　続人の住所や氏名の表示に変更がある場合の当該登記の要否について（一般的な相続登記で
　　　は当該表示変更登記は不要である。），数次相続の場面において遺贈が含まれている場合の申
　　　請方法（相続登記の場面では中間の相続が単独で取得するケースのときは登記原因を併記し

ところで，法定相続分による相続登記など，最終的な不動産の取得者が複数になる場面では，その共有者の一人から相続登記を申請することができる。いわゆる保存行為としての相続登記申請である。[注36]したがって，解説3で説明のとおり，遺産分割協議等により相続人の一人が遺産である不動産を取得した場合であっても，他の相続人の一人が単独で法定相続分に従った相続登記を申請することは可能であり，当該登記と併せて当該申請人（共有者の一人）の持分を第三者に移転する登記も容易に可能となる。相続登記の義務化に先立ち，法定相続情報の活用など，相続人としては登記申請がしやすい環境が調ってきているため，このような形で対抗関係に立つ場面が容易に生じうるともいえる。

## 2 法定相続分による登記完了後に遺産分割協議等があった場合の登記手続について

令和5年3月31日以前にされていた登記の申請では，法定相続分による相続登記がなされている不動産について，その後に遺産分割協議等により持分の変動があった場合，共同申請で持分の移転登記を行う実務であった。このような実務については，一旦は相続登記が完了しているとはいえ，その後の持分の変動についても，遺産分割協議書や遺言書といった相続登記と同等の情報提供があれば，必ずしも共同申請によらずとも登記の真正は担保できるといえる。

したがって，このようなケースにおいては，これまで共同申請で行っていた登記を単独申請で行うことができるようになった。[注37]

---

て1件で申請できる。）などについてである（月報司法書士609号37頁）。なお，前段の被相続人の表示変更登記については，受遺者（相続人）が単独で遺贈による所有権移転登記を申請する場合は，その登記を要せず，登記権利者と登記義務者の共同申請で行う場合は，その登記を省略することができないとの考えが示されている（登研908号6頁）。

(注36) 登記識別情報の通知が申請人に対してのみ行われることから，実務上，相続登記が共有者の一人から申請される例が少ないのは27頁で説明のとおり。

(注37) これまでの不動産登記実務の運用見直しは法務省令によって規定が設けられることとなり（『村松ら』336頁以降），令5・3・28民二第538号民事局長通達が発出され，令和5年4月1日以後にされる登記の申請から実施された。

第3節　相続登記

具体的には下記のとおりである。

### (1)　法定相続分による相続登記完了後に遺産分割協議が成立した場合

これまでは，法定相続分による（例えば相続人ＡＢＣ名義の）登記完了後に，相続人の一人（例えばＡ）が当該不動産を所有する遺産分割協議が成立した場合は，ＢＣ持分をＡに移転する登記を，Ａを登記権利者，ＢＣを登記義務者として共同で申請しなければならなかった。これが，今後は，持分移転登記ではなく所有権更正登記により，かつ，Ａが単独で申請できるようになった。このことに伴う具体的な相違点として，下記のような点があげられる[注38]。

①　持分移転登記による場合の登録免許税は不動産価格（移転する持分）の1000分の4である（登免別表第1の1(2)イ）[注39]が，更正登記による場合は不動産の個数1個につき1,000円である（登免別表第1の1(14)）。

②　更正登記の場合は，登記申請にあたり，登記識別情報を提供する必要がなく，印鑑証明書は作成後3か月以内のものを用意する必要がない。[注40]

具体的な登記申請にあたり，その登記原因及び日付の取扱いについて，これまでの更正登記申請では「（日付を記載することなく）錯誤」とされていたが，今後は，一般的な更正登記とは区別され，「年月日遺産分割」を登記原因として更正登記が行われることとなった。なお，日付は，遺産分割の協議若しくはその調停が成立した日又はその審判が確定した日である。

---

(注38)　その他，遺産分割の結果として法定相続分と同一割合により登記されているものを，単純に法定相続分によりなされた登記と，どのように区別し，どのように判断するのかが明らかになっていないといった指摘がある（月報司法書士609号41頁）。また，更正登記か持分移転登記によるかは選択できるものの，法定相続持分で登記された後に，当該持分に抵当権が設定された場合など，その後の登記を持分移転登記によらざるを得ない場面もあり得る（『村松ら』338頁注1）。法定相続分による相続登記がなされると，登記簿上に持分を有することとなった名義人は，その持分（自己の持分のみ）に抵当権を設定することができる。このように持分に抵当権が設定されている状態で，その後の遺産分割協議に基づく所有権更正登記を申請する場合，当該抵当権者の承諾が必要となる。この承諾が（得られ）ない限り所有権の更正登記によることができないことは従前と変わりはなく（不登66条・68条），このような場合には，持分移転登記を選択せざるを得ないこととなる（登研908号27頁）。

(注39)　平12・3・31民三第828号民事局長通達参照

(注40)　遺産分割協議書に添える印鑑証明書については，不動産登記令16条3項の適用はなく，作成後3か月以内であることは求められていない。

216

Q30 —— 登記手続との接合

(2)　法定相続分による相続登記完了後に相続人の一人に相続放棄があった
　　場合や特定財産承継遺言又は相続人に対する遺贈があることが判明した
　　場合

　これまでは，法定相続分による（例えば相続人AB名義の）登記完了後に相続人の一人（例えばB）が相続放棄をした場合の登記は，Aの単独所有とするための更正登記を，Aを登記権利者，Bを登記義務者として共同で申請しなければならなかった。これが，今般の運用見直しにあたり，(1)と同様にAが単独で申請できるようになった。

　特定財産承継遺言又は相続人に対する遺贈があることが判明した場合も同様である。法定相続分による（例えば相続人AB名義の）登記完了後に，相続人の一人（例えばA）に対し，対象となった不動産を相続させる旨の遺言（又は遺贈する旨の遺言）が発見された場合は，相続放棄のケースと同様に，今般の運用見直しにあたり，Aの単独所有とするための更正登記を，Aが単独で申請できるようになった。

　相続放棄があったことを証する情報や遺言書が提供されれば，相続登記と同程度の真正担保が図られることにより，単独申請が認められるとする考え方は，相続人に対する遺贈登記が単独申請できるようになることと同様である。そのほか，登記原因は，(1)と同様に，更正登記に一般的に用いられてきた「錯誤」ではなく，下記のとおり，より具体的な記載となる。

---

【他の相続人の相続放棄による所有権の取得に関する登記の場合】
　年月日相続放棄　　※　日付は，相続放棄の申述が受理された年月日
【特定財産承継遺言による所有権の取得に関する登記の場合】
　年月日特定財産承継遺言
　　　　　　　※　日付は，特定財産承継遺言の効力が生じた年月日
【相続人が受遺者である遺贈による所有権の取得に関する登記の場合】
　年月日遺贈　　※　日付は，遺贈の効力が生じた年月日

---

　なお，登記官は，上記の「特定財産承継遺言による更正登記」又は「相続人が受遺者である遺贈による更正登記」が，登記権利者の単独申請によりあった場合には，登記義務者に対し，当該申請があった旨を通知しなければ

217

第3節　相続登記

ならない（不登規183条4項）。<sup>(注41)</sup>ただし，この通知を受けて，登記義務者から登記手続の処理の中止や停止の要請を受けても，それに応じる必要はないものとされている。あくまで情報提供に過ぎないとの位置づけである。

---

（注41）　当該通知は登記記録上の住所に宛てて発送されるものの，この通知は他の共有者（法定相続人）に対する情報提供にすぎず，当該通知後に登記手続の処理を中止したり停止したりすることは想定されていない（『村松ら』338頁，不登規183条4項参照）。
　　　　また，遺産分割協議等による更正登記や相続放棄による更正登記の場合は，各々，遺産分割協議書や相続放棄申述受理証明書といった持分を失うこととなる当事者の意思が確認できる情報が提供されるため，このような通知はなされない。

# 第2編

共有関係訴訟の実務

第1 考慮すべき問題

# 第1章 原告共有者の第三者に対する請求

## 第1節 共有のケース

### 第1 考慮すべき問題

#### 1 想定される紛争類型

　共有不動産をめぐる紛争のうち，共有者が原告となるケースである。第三者が共有不動産を不法に占拠している場合や，第三者が無権限で所有権登記名義を有する場合などに，共有者が全員あるいは単独でこれらの第三者に対し，明渡しを求めたり，第三者名義の所有権登記の抹消登記や移転登記を求める訴訟が想定される。

　共同所有形態としては，共有，合有，総有という諸類型があるが（この点は，第1編第1章第1節参照），不動産を共同購入したり，あるいは共同相続したような場合に生じる共同所有形態は原則として共有となる。そこで本節では不動産を複数の人が共有するケースを考える。

#### 2 共有者の一人が単独で訴訟を提起することの可否（原告適格）

##### (1) 固有必要的共同訴訟

　一人の原告が一人の被告を相手に訴訟を提起するのが民事訴訟の原則的形態であるが，原告あるいは被告（ときには原告も被告も）が複数の訴訟も一定の場合に許容される。いわゆる共同訴訟であり，この場合も民事訴訟法38条が定める要件さえ満たせば共同訴訟が可能となる通常共同訴訟と，同法40条に定める合一確定の必要のある必要的共同訴訟とが存する。このうち，原告適格（当事者適格）との関係で問題となるのは，共同訴訟とすることが義務付けられる固有必要的共同訴訟と呼ばれる訴訟形態である。

*221*

第1節　共有のケース

　一定の訴訟類型がこの固有必要的共同訴訟に該当すると判断されると，必ず原告適格を有する者全員が原告となって訴訟を提起しなければならず，一人でも欠いた場合には訴えは不適法として却下を免れないこととなる。したがって，固有必要的共同訴訟と判断される場合には，訴訟提起を望まない者が一人でもいると訴訟提起が不可能となる事態を招くことになる。また，訴訟提起後も固有必要的共同訴訟においては合一確定を可能とするために民事訴訟法40条各項が定める諸規律に従うことが要請され，訴訟当事者は厳格かつ硬直的な訴訟遂行を迫られることになる。一定の訴訟類型が固有必要的共同訴訟と判断されると訴訟遂行に困難が生じることが想定されるのである。

　ところが固有必要的共同訴訟となるか否かの判断基準は必ずしも明確でなく，共有不動産に関する訴訟に関しては，訴訟類型ごとに個別具体的に判断しているというのが実態と思料される。固有必要的共同訴訟とされるケースと，そうでないケースが実務上，混在しており，共有の法的性質に着眼したうえで，これまでに蓄積された判例法理を正確に理解することが重要となるのである。

⑵　共有持分に基づいた訴訟遂行と共有権の主張

　不動産を共同購入したり，あるいは相続で取得した場合，実体法上の権利関係は共有（民249条以下）とされ，共有者各自について「持分」が観念される。持分の内容についてはＱ１の【解説】２に記載しているが，共有不動産に関する訴訟の場合には，この持分を法的根拠に訴訟を遂行することが可能となる。その結果，各共有者がそれぞれ単独でこの持分に基づいて訴訟を提起するという構成が可能となり，固有必要的共同訴訟性を否定する理論的根拠を与えることになる。そこで，判例は各共有者が有する持分権を根拠に単独での訴訟提起を認めるものがある。ただし，その場合にも判例は保存行為であることの指摘をしており，この点に注意する必要がある。

　一方で判例は，各自の持分権にとどまらない共有権という概念を認め，一定の訴訟類型に関しては，この共有権に基づく請求として固有必要的共同訴訟となる旨を判示している。個別具体的な検討が必要となる。

第2 持分権に基づく妨害排除請求権としての抹消登記手続請求訴訟

# 第2 持分権に基づく妨害排除請求権としての抹消登記手続請求訴訟

〈ケース4〉

　Aは，令和3年10月1日，甲建物を代金1000万円でBから購入した。しかし，Aは甲建物を自己の所有名義にすることを望まず，甲建物の所有権登記名義は，Aの弟であるCが甲建物を買い受けたかのように装い，Cへの所有権移転登記手続が同年10月1日になされている。

　Aは，令和5年5月1日，死亡し，Aの財産は長男Dと次男Eが相続した。Dは自らが原告となり，甲土地の所有権登記名義を有するCを被告として，BからCへの売買を原因とする所有権移転登記を抹消することを求める訴訟を提起した。なお，EはCに対して訴訟を提起することを望んでおらず，この訴訟の原告にはなっていない。

　このDのみを原告とする所有権移転抹消登記手続請求訴訟は適法か。

〈図表12　ケース4の関係図〉

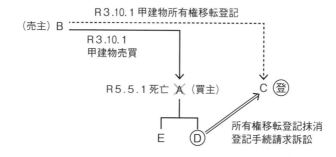

## 1　原告適格について

　甲建物はAが死亡したことによりDEが共同相続し，遺産共有状態となっている。この遺産共有状態の法的性質については，これを共有と理解するのが判例である。(注1)そこで遺言がない限り，DEは法定相続分に応じた持分を有することになる。この場合に持分を有するDのみでCに対する抹消登記手

(注1)　最三小判昭30・5・31民集9巻6号793頁

第1節　共有のケース

続請求訴訟を提起する原告適格が認められるか否かが問題となる。この点について，判例[注2]は，「ある不動産の共有権者の一人がその持分に基き当該不動産につき登記簿上所有名義者たるものに対してその登記の抹消を求めることは，妨害排除の請求に外ならずいわゆる保存行為に属するものというべく，従つて，共同相続人の一人が単独で本件不動産に対する所有権移転登記の全部の抹消を求めうる旨の原判示は正当である」として，固有必要的共同訴訟にはならないとの判断をしている。

したがって，この訴訟類型については持分を有するDは単独でBからCの所有権移転登記の全部抹消を求める原告適格を有することになる。

## 2　訴訟提起にあたってのその他の留意点

### (1)　訴訟物

訴訟物は，原告であるDの持分権に基づく妨害排除請求権としての所有権移転登記抹消登記請求権，1個となる。この場合の持分権の性質については，共有物全体についての1個の所有権（共有権）があり，その分量的な一部であるという理解が伝統的である。これに対し，共有者の有する持分権は各共有権者がそれぞれ有する所有権の一種であり，共有物は複数の所有権が併存する状態であるという見解が近時は有力となっている。

### (2)　請求の趣旨

請求の趣旨は以下のようなものとなる。

---

1　被告は，別紙物件目録記載の建物について，別紙登記目録記載の所有権移転登記の抹消登記手続をせよ。
2　（訴訟費用の負担）
との判決を求める。

---

※　別紙物件目録には甲建物に関する登記簿上の表題部の内容を記載することになる。また，別紙登記目録には甲建物に関する登記簿上の権利に関する登記の甲区欄の記載のうちBからCへの所有権移転登記手続に関する内容を記載することになる。

---

（注2）　最一小判昭31・5・10民集10巻5号487頁

224

第2　持分権に基づく妨害排除請求権としての抹消登記手続請求訴訟

(3)　請求の原因

---

1　訴外Ｂは，令和３年10月１日当時，別紙物件目録記載の建物（以下「本件建物」という。）を所有していた。
2　訴外Ａは，令和３年10月１日，訴外Ｂとの間で本件土地を代金1000万円で購入する売買契約を締結した。
3　訴外Ａは，令和５年５月１日，死亡した。訴外Ａの相続人は長男である原告と次男Ｅであり，原告は本件建物について２分の１の持分権を有している。
4　本件建物について，別紙登記目録記載の被告名義の所有権移転登記がある。
5　よって，原告は，被告に対し，本件建物の持分権に基づき，上記登記の抹消登記手続をすることを求める。

---

※　持分権に基づく請求となるので，共同相続の事実を請求原因に記載すべきである。ただし，単に「原告が訴外Ａを相続した」旨の記載のみでよいとの見解も思料されるところである。この点は持分権の性質に関する理解に関わる問題である。

## 3　主張・立証のポイント

　本件では，甲建物をＢから購入したのはＡではなくＣであるとの反論が想定される。そこで，ＣもまたＢからの購入を前提とすることとなるので，Ｂが甲建物の前所有者であった事実は争わないものと思われる。そこで，原告の主張立証のポイントはＡが甲建物を令和３年10月１日にＢから購入した事実となる。

　ＢからＣへの売買を原因とする所有権移転登記がある以上，Ｃが買い受けたのではないかという心証を裁判官が有することが考えられる。いわゆる登記の推定力といわれる問題である。この点については法律上の推定までの効力は認めないものの，一定の事実上の推定力があると考えるのが学説上の多数説であり，判例も同様の立場であるとされている。[注3]そこで，原告としてはこの点を意識して立証に努める必要がある。

---

（注3）　最一小判昭34・1・8民集13巻1号1頁，最三小判昭38・10・15民集17巻11号1497頁

225

第1節　共有のケース

## 4　判決確定後の手続

　民事執行法177条によって当該登記手続に関する被告の意思表示が擬制される。そこで，被告の協力を得ることなく判決に基づく抹消登記手続が行われることになる。その結果，所有権登記名義は売主であったBに戻ることになる。D（及びE）はBと協議し，改めて移転登記を受けることなる。

　この場合の具体的な登記手続の概要は，後述の【登記手続との接合】1で確認いただきたい。

## 第3 ｜ 共有権に基づく妨害排除請求権としての移転登記手続請求訴訟

### 〈ケース5〉

　　前述のケース4の事案において，Dは自らが原告となり，Cを被告として，Cの所有権登記名義をD，Eへと移転する旨の移転登記手続請求訴訟を提起したいと考えている。このDのみを原告とする所有権移転登記手続請求訴訟は適法か。

## 1　抹消に代わる移転登記手続請求

　第2で検討した抹消登記手続請求では登記名義が売主Bに戻るだけのことであり，その後，これを現在の所有者であるD，Eに登記名義を移転する手続が別途必要となる。このような煩雑な扱いを避けるために，DがCに対して抹消登記手続ではなく，移転登記手続を請求することができれば，より簡便な手続にて登記名義を自らのものにすることができる。

　この点は共有に限らず，不動産に関する登記手続請求訴訟一般において問題になるが，一般的には，当事者の便宜を考慮し，「真正な登記名義の回復」を登記原因として，抹消登記手続請求に代わる移転登記手続請求を認めるのが判例法理である。[注4]

---

（注4）　最三小判昭30・7・5民集9巻9号1002頁，最一小判昭34・2・12民集13巻2号91頁

226

第3　共有権に基づく妨害排除請求権としての移転登記手続請求訴訟

## 2　Dが単独で訴訟提起をすることが可能か（原告適格）

### (1)　固有必要的共同訴訟性

そこで，抹消に代わる移転登記手続請求が一般的には認められるとして，本件のような共有のケースにおいてDのみが単独で訴訟を提起し得るか否かを検討しなければならない。抹消登記手続の場合には登記名義が売主であるBに戻るだけであるのに対し，移転登記手続を請求する場合には新たにD，Eへの登記名義の移転を求めることになる。そのような訴訟をD単独で行い得るかが問題となる。

この点について，判例[注5]は，「1個の不動産を共有する数名の者全員が，共同原告となつて，共有権に基づき所有権移転登記手続を求めているときは，その訴訟の形態も固有必要的共同訴訟と解するのが相当」とし，また，「その移転登記請求が真正な所有名義の回復の目的に出たものであつたとしても，その理は異ならない。」と判示している。

そこで，この判例法理によるならば，甲建物の所有権登記名義全部の移転を求める訴訟は，抹消登記手続請求の場合と異なり固有必要的共同訴訟となり，共有者全員が原告になることが求められる。仮にDが単独で訴えを提起しても原告適格（当事者適格）を欠くものとして不適法な訴えとなり，却下判決が言い渡されることになる。

### (2)　訴訟物の理解

以上より，全部移転登記手続を求めるためには共有者全員が原告となって訴訟を提起すべきことになる。この場合の訴訟物は，共有権に基づく妨害排除請求権としての所有権移転登記請求権，1個となる。

### (3)　判決確定後の手続

共有者全員が原告となり訴訟を遂行し，移転登記手続を命じる判決が確定した後の手続については後述【登記手続との接合】2で確認いただきたい。

---

（注5）　最一小判昭46・10・7民集25巻7号885頁

227

第1節 共有のケース

## 3 持分に基づく一部移転登記手続を求める場合

これに対し，Ｄが持分権に基づき自己の持分に相当する２分の１の一部所有権移転登記を求めることは，持分権が観念される共有の性質に照らし許容される。

抹消登記手続を求める訴訟では保存行為を理由に所有権登記全部の抹消登記を認めるのが判例法理であるが，移転登記手続請求において移転登記手続を求めることができる範囲は，あくまで自己の持分部分に限定されるというのが判例法理である。これは，共有建物全体についての移転登記手続請求は持分権を基礎としては困難であるとの理解に加え，より実質的な根拠として抹消登記手続においては元の登記に戻るだけであり，他の共同所有者に不利益が生じることは想定されないが，移転登記手続の場合には，原告となったＤが自らだけの単独登記としたり，あるいは共有登記とする場合にもＤが真実に反する持分割合による請求をする可能性を否定できず，他の共同所有者に対して大きな不利益が生じる点を考慮したものと説明される（小倉顕（判解民・昭和46年度）594頁）。

なお，この点は本編第５章第３で扱う通行地役権に関する判例との違いに注意する必要がある。要役地が共有の場合において承役地の所有者を被告として通行地役権の設定登記手続を求めた訴訟において，判例は共有物に関する保存行為であるとして共有者の一人による訴え提起を適法とし，固有必要的共同訴訟には当たらないと判示している（344頁参照）。

## 第4 持分権に基づく返還請求権としての建物明渡請求訴訟

〈ケース６〉

　Ａは甲建物を所有しているが，この建物を令和２年８月頃にＢが占拠し，以後，不法に占有している。Ａは令和５年11月22日に死亡し，相続が開始した。相続人は長男Ｃ，長女Ｄ，次女Ｅの３人である。令和６年７月10日にＣＤＥとの間で遺産分割協議が成立し，甲建物はＣＤＥがそれぞれ３分の１の割合で共有することが合意された。

*228*

第4 持分権に基づく返還請求権としての建物明渡請求訴訟

このような状況で，Cのみが単独で不法占拠者Bに対する甲建物の明渡しを求めることは適法か。

〈図表13　ケース6の関係図〉

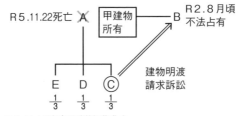

## 1 固有必要的共同訴訟性の有無

この場合も，Cの提起する建物明渡請求訴訟が固有必要的共同訴訟であるのか否かが問題となる。この点に関する判例(注6)であるが，以下のように判示して固有必要的共同訴訟性を否定している。すなわち，「本件家屋の明渡を求める権利は債権的請求権であるが，性質上の不可分給付と見るべきものであるから，各明渡請求権者は，総明渡請求権者のため本件家屋全部の明渡を請求することができる」と判示している。この案件は原告が被告に対し使用貸借契約の終了に基づき建物明渡しを求めた事案であったが，債権的な請求の場合と物権的請求の場合とで結論を異にするものではなく，明渡しについては共有者の一人が単独で明渡請求を提起し得ると理解されている。

## 2 訴訟提起に当たってのその他の留意点及び主張・立証のポイント

訴訟物は，持分権に基づく返還請求権としての建物明渡請求権，1個となる。

請求原因についても原告が持分権を有する事実と被告が甲建物を占有している事実を記載すべきことになる。

主張・立証のポイントは，原告としては持分権の発生原因事実の立証に努

(注6)　最二小判昭42・8・25民集21巻7号1740頁

229

第1節　共有のケース

めることになるが，相続にかかわる事実は比較的容易に立証できると思われるので，ポイントは被相続人が生前に甲建物を所有していた事実を具体的に立証できるか否かの点になる。一方，被告は占有の事実に争いがなければ抗弁としての占有権限の主張・立証がポイントになると思料される。

### 3　判決確定後の手続

　明渡しを命じる判決が確定した段階で強制執行手続に移行することになる。建物明渡しの強制執行であり，民事執行法168条以下に基づき実行されることになる。

## 第5 | その余の紛争類型について

### 1　共有権の確認を求める訴訟

　前記第3において言及した最一小判昭46・10・7民集25巻7号885頁は，移転登記手続を求める請求が固有必要的共同訴訟になる旨を判示しているが，併せて共有権を争う第三者を相手方とする共有権の確認訴訟の固有必要的共同訴訟性にも言及している。すなわち，同判決は，「1個の物を共有する数名の者全員が，共同原告となり，いわゆる共有権（数人が共同して有する1個の所有権）に基づき，その共有権を争う第三者を相手方として，共有権の確認を求めているときは，その訴訟の形態はいわゆる固有必要的共同訴訟と解するのが相当である」と判示し，共有権確認請求訴訟も固有必要的共同訴訟になるとの判断を示している。

### 2　共有地の境界の確定を求める訴訟

　隣接する土地の境界の確定を求める訴えにおいて，一方の土地（あるいは双方の土地）が共有の場合にこれを固有必要的共同訴訟と考えるべきか否かが問題になる。この点について判例[注7]は，「土地の境界は，土地の所有権

---

（注7）　最一小判昭46・12・9民集25巻9号1457頁。なお，最三小判平11・11・9民集53巻8号1421頁は，土地の「共有者のうちに右（編注：境界確定）の訴えを提起することに同調しな

230

第1節　共有のケース──登記手続との接合

と密接な関係を有するものであり，かつ，隣接する土地の所有者全員について合一に確定すべきものであるから，境界の確定を求める訴は，隣接する土地の一方または双方が数名の共有に属する場合には，共有者全員が共同してのみ訴えまたは訴えられることを要する固有必要的共同訴訟と解するのが相当である。」と判示している。

### 3　本節のまとめ

以上に記載したように，共有不動産の共有者が共有権を根拠に原告となる場合に関して判例は，① 共有権に基づく不動産登記全部の移転登記手続請求訴訟，② 共有権の確認を求める訴訟，③ 共有地の境界の確定を求める訴訟，の3類型が固有必要的共同訴訟であるとしている。

これに対し，それ以外の訴訟類型に関しては，持分権を根拠に単独での訴訟提起を認める扱いがなされているということができる。

## 登記手続との接合

### 1　第2に記載した所有権移転登記抹消登記手続請求訴訟で勝訴した原告Dが判決に基づき抹消登記を求める場合の手続の概要（ケース4について）

所有権移転登記の抹消を含む，いわゆる権利に関する登記は，登記権利者と登記義務者が，共同して申請することが不動産登記手続上の原則（不登60条）である。また，ここでいう登記権利者とは，不動産登記法2条12号により，「権利に関する登記をすることにより，登記上，直接に利益を受ける者をいい，間接に利益を受ける者を除く。」と定められている。判決に基づき登記を申請する場合，上記共同申請の例外として，登記権利者が登記義務者

---

い者がいるときには，その余の共有者は，隣接する土地の所有者と共に右の訴えを提起することに同調しない者を被告にして訴えを提起することができる」と判示し，訴訟提起に同調しない者に関する便宜的取扱いの余地を認めている。

*231*

第1節　共有のケース

の協力を得ることなく単独で申請できる[注8]ものの，この場合であっても，登記権利者の意味合いが変わるものではない。

このことを，本文中のケース4に当てはめてみると，原告であるＤは，今回の抹消登記を申請することにより（登記上，直接に利益を受ける者とはいいがたく）不動産登記法上の登記権利者ではない。[注9]したがって，共同申請で所有権移転登記を抹消するか，判決に基づき単独で登記を申請するかにかかわらず，原告であるＤは，不動産登記法上の登記権利者（申請人）とはなり得ない。その上で，当該判決に基づく登記を，どのような方法で実現するかを検討することとする。

この点について，Ｄは，不動産登記法上の登記権利者であるＢの代わりに所有権移転登記を抹消する者であり，また，終局的には自己の登記名義を確保する（登記請求権を保全する。）ためのものとして，債権者代位による登記申請を行うことが考えられる。[注10]なお，代位による登記申請の場合は，その代位原因を証する情報を提供する必要がある[注11]（不登令7条1項3号）ところ，当該判決がこれに該当することとなり，当該判決が，登記原因証明情報（不登61条）も兼ねることとなる。

また，登記申請に当たっては，その代位原因を記載する必要がある。この代位原因とは，Ｄが保全しようとしている登記請求権のことである。訴訟上の中心的な請求権は妨害排除請求権や所有権移転登記の抹消登記請求権であるものの，Ｄが最終的に自身の登記名義を確保するために求めているものは

(注8)　不動産登記法63条1項では，「申請を共同してしなければならない者の一方に登記手続をすべきことを命ずる確定判決による登記は，当該申請を共同してしなければならない者の他方が単独で申請することができる。」と定められており，必ずしも登記権利者による単独申請のみを想定しているものではない。不動産売買に伴い買主が登記申請手続に協力しない場合に，いわゆる登記引取請求訴訟に基づき，登記義務者が単独で所有権移転登記を申請できることも当然の前提となっている。

(注9)　この場合，直接に利益を受ける者は，Ｃ名義への所有権移転登記が抹消されて，所有権の登記名義を回復することとなるＢである。

(注10)　登記先例として，詐害行為取消判決による登記を代位で申請することを認めたもの（昭38・3・14民事甲第726号民事局長回答）や，甲から乙，乙から丙と順次所有権移転登記がなされている場合の，乙，丙の登記の抹消の取扱いについて，甲が乙に代位して乙丙間の所有権移転登記の抹消を申請することを認めたものがある（昭43・5・29民事甲第1830号民事局長回答）。

(注11)　代位による登記申請の概要は260頁を参照。

232

Bから（亡）Aに対する所有権移転登記である。したがって，この場合の代位原因は「年月日売買の所有権移転登記請求権」[注12]が妥当である。

　なお，一般論として，共有不動産の共有者の一人が，いわゆる保存行為として，所有権移転登記の抹消を求めることは可能である。[注13]したがって，本文中の事例においても，共有者の一人であるDは，所有権移転登記の抹消を請求することができ，その抹消登記は，上記のとおり代位による申請で実現することとなる。

　ところで，登記申請には，その登記原因及び日付を提供する必要があり（不登令3条6号），その内容が登記事項となっている（不登59条3号）。[注14]したがって，登記手続を求める裁判においては，判決取得後の登記手続も想定した上で，判決主文や理由に登記原因や日付が記載されるよう実務運用が求められる。[注15]

　以上を踏まえた登記申請内容を，参考までに，以下に示しておく。

〈例14　登記申請書──代位による抹消登記申請〉

| 登記申請書 |
| --- |

|  |  |
| --- | --- |
| 登記の目的 | 何番所有権抹消 |
| 原　　　因 | 錯誤[※1] |
| 権　利　者 | 何市何町何番地 |
| （被代位者） | B |
| 義　務　者 | 何市何町何番地 |
|  | C |
| 代　位　者 | 何市何町何番地 |

---

（注12）　この場合，日付はBと（亡）A間の売買（所有権移転）の日付である。なお，「年月日判決の所有権移転登記抹消請求権」を代位原因とする実例もあるようであり，代位原因の記載に関しては，実務的に統一されていないように思われる。

（注13）　最一小判昭31・5・10民集10巻5号487号，最二小判平15・7・11民集57巻7号787頁

（注14）　無効や錯誤といった日付のない登記原因もある。

（注15）　「判決に基き登記を申請する場合における登記原因は，判決書に，登記すべき権利の変動の原因の記載があるときは，その原因により，その記載がないときは「判決」とする」といった先例（昭29・5・8民事甲第938号民事局長回答）もあるが，これは判決という最終的な司法判断が下された場面における，あくまで便宜的な救済措置であり，これを一般的な取扱いと考えることはできない。

第1節 共有のケース

```
（申 請 人）　　　　D
代 位 原 因　　　年月日売買の所有権移転登記請求権
添 付 情 報　　　登記原因証明情報※2　　代位原因証明情報※3
　　　　　　　　　　　　　（以下，省略）
```

※1　判決主文や判決理由の中に記載された抹消の原因を記載することとなる。
※2　判決正本がこれに当たる。
※3　判決正本がこれに当たる。

　最後に，本事例において最終的に実現しようとしているのは，相続人
（D・E）名義への登記である。上記により抹消された後は，登記名義がBに
戻るため，その後は，Bと（亡）Aの相続人であるD及びEが，Bから（亡）
A名義への（令和3年10月1日売買を登記原因とする）所有権移転登記を申請する
ことになる（不登62条）。

　すでにAは死亡しているものの，Aの相続人がBから不動産を購入したも
のではないため，Bから直接Aの相続人名義に所有権移転登記をすることは
できない。(注16)A名義への所有権移転登記完了後に，Aから相続人への所有権
移転登記を（令和5年5月1日相続を登記原因として）申請することとなる。(注17)

## 2　第3に記載した所有権移転登記請求訴訟で原告が勝訴した場合に判決に基づき移転登記を行う場合の手続の概要（ケース5について）

　前提として，本件事例の訴訟は「真正な登記名義の回復」を原因として所
有権移転登記手続を求めるものであり，【解説】第3の1において説明のと
おり，登記実務においても，当該登記原因により所有権移転登記をすること

---

(注16)　不動産登記法1条では「この法律は，不動産の表示及び不動産に関する権利を公示するた
　　　めの登記に関する制度について定めることにより，国民の権利の保全を図り，もって取引の
　　　安全と円滑に資することを目的とする。」と定められている。これにより，不動産の権利に
　　　関する物権変動は，原則として，その過程に応じて，その物権変動ごとに登記すべきことが
　　　求められている。
(注17)　Bから（亡）A名義への所有権移転登記（売買登記）とAから相続人名義への所有権移転
　　　登記（相続登記）は，2段階を踏めばよいのであり，必ずしも売買登記の完了を見届けてか
　　　ら相続登記を申請する必要はない。いわゆる連件申請として，登記実務上は，同じタイミン
　　　グで2件の登記を連続して申請することが可能であり，このような申請スタイルの方が一般
　　　的である。

第1節　共有のケース——登記手続との接合

が認められている。<sup>(注18)</sup>したがって，本件ケース5においても，共有者全員（D，E）に対して，真正な登記名義の回復を登記原因として，所有権移転登記手続を命じる判決が確定した場合は，いわゆる判決による登記として，不動産登記法63条により，登記権利者（原告D，E）が，登記義務者であるCの関与なく，申請することができることとなる。

　なお，本件ケース5は「固有必要的共同訴訟」であるものの，登記申請については，必ずしも登記権利者である共有者全員が申請人になる必要はない。いわゆる保存行為として，共有者の一人からの登記申請が可能である。この点，判決による登記申請ではない事案においては，必ずしも（共有者間の持分割合について）真正担保が図られないといった観点から，複数の買主のうちの一人から共有者全員のための所有権移転登記申請を行うことはできないという考え方がある。<sup>(注19)</sup>この点については，本件事例のように，確定判決を登記原因証明情報として提供する以上，真正担保は十分に図ることができるといえる。したがって，仮に原則どおり共同申請（不登60条）で行う場合であっ

---

（注18）　昭36・10・27民事甲第2722号民事局長回答。なお，登記制度の基本は，実体的な権利変動の過程を忠実に公示すべきものであり，真正な登記名義の回復を登記原因とする所有権移転登記は，本来，不動産登記法が想定する登記申請手続ではない。一方で，最終的に下された裁判例などを踏まえ，抹消登記では対処しきれない事例や，裁判所の個々の法律判断に対して行政庁である登記所として従わざるを得ないことなどの事情をも考慮して実務的に許容されている登記手続である。また，この取扱いは，判決による登記に限らず，当事者による共同申請による所有権移転登記でも認められることとなり（昭39・2・17民事三発第125号民事第三課長回答）現在に至っている。ただし，上記不動産登記制度の基本的な考え方を踏まえ，登記原因証明情報を提供させる現行の不動産登記法においては，軽々に利用できるものではなく，当該登記原因により申請を行う場合には，その内容について，丁寧な検討が必要である。

　なお，「真正な登記名義の回復」を登記原因とする場合，登記請求権の発生の基本的な要件は，①不真正な登記名義の存在と，②申請人が真正な登記権利者であることの二つである。したがって，共同申請の際に提供することとなる登記原因証明情報に「登記上の利害関係を有する第三者の承諾が得られないこと」が記されていなくても，これをもって却下することはできないと考えられている。一方で，登記原因証明情報が閲覧されることにより後日の紛争防止機能を果たすことも期待されていることから，この辺りの詳細な事実も記載することが望ましいとされている（登研710号198頁・823号149頁）

（注19）　登研513号123頁。本文中で引用している小倉顯（判解民・昭和46年度）594頁も同じ文脈と理解することができる。一方で，不動産を複数人で購入し，そのうちの一人が所有権移転の登記の申請をした場合を前提とした実務回答もある（登研727号169頁）。後者の実務回答をどのように理解するのかは難解であるが，少なくとも，本件事例のように確定判決が登記原因証明情報となっている場合には，登記権利者（不動産の購入者）の一人から申請することが可能と考えてよいであろう。

第1節　共有のケース

ても<sup>(注20)</sup>共有者の一人から申請することは可能である。

　一方で，登記実務上からは，この登記権利者（共有者）の一人から申請することは慎重な対応が必要である。登記識別情報は，登記申請人に対してのみ通知されるからである（不登21条）。共有者の一人から所有権移転登記を申請した場合，申請人以外の他の共有者も，登記名義人として登記されることとなるが，申請人ではない他の共有者には登記識別情報が通知されないこととなる。したがって，次に，当該共有者が登記識別情報の提供を要する登記を申請する場合（不登22条），その提供ができない場合の登記申請手続（不登23条）が必要となる。この点も十分に理解のうえ共有者の一人から申請するか否かを決めることとなる。

　最後に，【解説】第3の3による「持分に基づく一部移転登記手続を求める場合」について，共同相続による所有権移転登記を，その一部の共有者が自己の相続分についてのみ申請することが認められないとする実務先例<sup>(注21)</sup>との関係に触れておきたい。ケース5においてDが最終的に持分を取得する原因は亡Aの相続であり，相続人であるD，EのD持分についてのみ登記をすることが当該実務先例と抵触することにならないかという点である。これについては，ケース5では，真正な登記名義の回復を登記原因として本件持分移転登記手続を請求するものであり，直接的には，相続を登記原因とした登記手続ではない。また，裁判手続に基づき確定した判決により登記を申請する以上，その登記申請手続が否定されることはないものと考えられる。

---

（注20）　確定判決を得たからといって必ず登記権利者が単独で登記を申請しなければならないものではない。もとより，原則どおり，共同申請も可能である。

（注21）　昭30・10・15民事甲第2216号民事局長電報回答

第1 考慮すべき問題

## 第2節 総有のケース

## 第1 考慮すべき問題

### 1 想定される紛争類型

　一定数の者が不動産を総有するというのは，古典的には入会団体などが想定されているが，そのような団体に限られるものではなく，いわゆる「権利能力なき社団」と呼ばれるような団体一般においても総有性が問題となる。例えば法人格を有していない地域納税者団体や町内会などと呼ばれる団体が，事実上，不動産を所有するような場合に，判例法理によれば当該不動産は総有とされ，特殊な権利状態となる。総有の法的性質に関しては，Ｑ２を参照されたい。

　このような団体構成員の総有に属する不動産について第三者が権限なくして不法に占拠したり，所有権登記名義を有するような場合，すなわち，妨害状態にある場合に，その排除を求めて訴訟が提起されることが想定される。

### 2 権利能力なき社団に関する実体法上及び訴訟法上の位置付け

#### (1) 実体法上の法主体性

　民法等の実体法上の扱いにおいては，判例(注22)は一貫して，法人登記をしていない権利能力なき社団について法主体性を認めず，実体法上の権利義務の主体にならないとする。そこで，その法主体性を団体の構成員レベルで理解し，実質的には団体が一定の不動産を所有しているような場合にも，法的には当該団体の構成員全員が不動産を総有していると考えることになる。

　総有状態にある不動産である以上，本来的には団体構成員全員を登記名義人とする所有権登記がなされるべきであるが，それは現実的には困難である。そこで，登記実務上は，当該団体の代表者の個人名義で所有権登記がなされることが一般的である。

---

(注22)　最一小判昭39・10・15民集18巻8号1671頁，最三小判昭48・10・9民集27巻9号1129頁

第2節　総有のケース

## ⑵　訴訟上の当事者能力，当事者適格

　権利能力なき社団が不動産の明渡しや抹消登記，移転登記等を求める訴訟を提起する場合，団体そのものが原告となることができるかが，実体法上の法主体性（権利能力）を有していないこととの関係で問題となる。

　しかしながら，団体の構成員全員が当事者となって訴訟遂行をすることはおよそ現実性を欠くことになるので，この点に関しては訴訟法上の規定及び判例法理によって格別の扱いが認められている。

　すなわち，当事者能力に関しては民事訴訟法29条によって権利能力なき社団について当事者能力を認める旨が規定されている。団体そのものによる訴訟提起の必要性を認めたものである。この規定により，権利能力なき社団に関する争訟の多くについて自ら原告となり，あるいは被告となることが可能となっている。無論，権利能力なき社団が訴訟上の当事者となるためには，当事者能力のみならず当事者適格も必要となるが，一般的な給付訴訟等においては，権利あるいは義務があるとして訴えあるいは訴えられれば，訴訟物との関係においても当事者適格が認められることになる。そこで，例えば権利能力なき社団が第三者との間で売買契約を締結し，代金債務を負担したような場合には売主が権利能力なき社団を被告として訴訟を提起するなどの扱いが，以前から問題とされることもなく認められてきたのである。

## ⑶　不動産登記関係訴訟の特殊性

　これに対し，不動産登記関係訴訟に関して，権利能力なき社団が原告として訴訟を提起する場合には，その当事者適格をめぐって大きな論争があったところである。前記⑴に指摘したように，権利能力なき社団名義の所有権移転登記手続ができない以上，第三者に対し所有権登記名義の移転登記手続を求める訴訟を提起する場合には，当該権利能力なき社団には原告適格が認められないのではないかという問題である。後記最高裁平成26年判決が言い渡されるまでは判例もこの訴訟類型においては権利能力なき社団の原告適格性を否定していた。社団代表者が個人の資格で原告となり訴訟提起をする実務的扱いがなされてきたが，この点については学説上，権利能力なき社団に原告適格を認めるべきとの批判も強かったところである。それがようやく最一

小判平26・2・27民集68巻2号192頁が権利能力なき社団に原告適格を認め，多年にわたる論争に終止符を打つこととなった。詳細はＱ2に記載したとおりである。そこで，本節においても移転登記請求訴訟に関して，権利能力なき社団自身が原告となる場合を検討する。

## 第2 ＡもしくはＢを原告とする所有権移転登記手続請求訴訟

〈ケース7〉

Ａは，○○県△△市内で自営業を営む事業者のなかで会員登録した者によって組織された業界団体であり，いわゆる権利能力なき社団である。規約に基づき会員総会において会長が任期を2年として選任されることとなっており，令和5年6月1日開催の総会においてＢが新会長に選任された。Ａは△△市内に土地建物（以下「本件不動産」という。）を所有し，本部事務所として使用している。本件不動産の所有者名義は代々，現役の会長名義となっていた。Ｂが会長に就任する直前の会長はＣであり，令和3年4月1日から本件不動産の所有権登記名義はＣになっていた。ところが，Ｃは会長退任後の令和6年8月15日に，本件不動産の登記名義が自己にあることを利用して，Ａとは無関係のＤに本件不動産を代金1億円で売却し，同日，Ｄへの移転登記手続を完了した。

Ｂは，令和6年9月5日，本件不動産をＣがＤに売却し，Ｄへの移転登記手続がなされていることを知った。そこで，Ａの役員会議を開催し，被告をＤとして，本件不動産について所有権登記名義の移転を求める訴訟を提起することを決定した。

具体的にはどのような訴訟を提起すべきことになるか。

第2節　総有のケース

〈図表14　ケース7の関係図〉

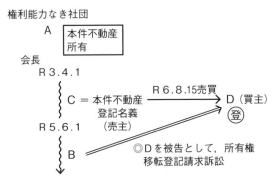

## 1　原告適格について

前記第1(3)に記述したように，この場合，原告となり得るのは，(1)A代表者であるB個人，あるいは，(2)Aそのものとなる。Bが個人として訴訟を提起し得る法的根拠は，社団代表者が権利能力なき社団が実質的に所有する不動産の受託者として信託的にその財産関係の主体となっていることに求められる。また，権利能力なき社団自身が原告となりうるのは前記最一小判平26・2・27がこれを認めたことに由来する。

## 2　訴訟物

上記の実体法上の理解を反映して，訴訟物についても，B個人を原告とする場合には信託的な受託者の立場であることを考慮することとなる。また，A自体を原告とする場合にはAが権利能力なき社団で当該不動産が社団構成員に総有的に帰属していることに基づくことになる。いずれの場合についても，所有権（あるいは総有権）に基づく妨害排除請求権としての所有権移転登記請求権，1個となる。

## 3　請求の趣旨

(1)　原告がB個人である場合

請求の趣旨は以下のようなものとなる。

第2 AもしくはBを原告とする所有権移転登記手続請求訴訟

> 1 被告は，原告に対し，別紙物件目録記載の不動産について，真正な登記
> 名義の回復を原因とする所有権移転登記手続をせよ。
> 2 （訴訟費用の負担）
> との判決を求める。

※1 別紙物件目録には本件不動産（土地，建物）に関する登記簿上の表題部の
内容を記載する。
※2 所有権移転登記を求めずに，CからDへの所有権移転登記の抹消登記手続
を求める訴訟を提起することも考えられる。むしろ，原告の請求が物権請
求権の行使としての妨害排除請求権であることに鑑みるならば抹消登記手
続請求が本来的であるとも解される。しかし，抹消登記手続を求めただけ
ではC名義の登記名義に戻るだけであるから，A（ないしB）としてはさ
らにCに対する法的請求を考えなければならず，迂遠な手続となる。そこ
で，いわゆる抹消に変わる移転登記手続が求められる。判例法理もこれを
認めている。この場合，移転登記原因は，「真正な登記名義の回復」とな
るのが実務の扱いである。

(2) 原告がA社団自体である場合

この場合の請求の趣旨は以下のようなものとなる。

> 1 被告は，Bに対し，別紙物件目録記載の不動産について，真正な登記名
> 義の回復を原因とする所有権移転登記手続をせよ。
> 2 （訴訟費用の負担）
> との判決を求める。

※ Aが原告となった場合，判決においてAに対する移転登記手続を命じても，
実際にはA名義への登記手続を法務局は受け付けないため判決内容の実現を
図ることはできない。そこで，Aを原告とする訴訟の場合でも，判決主文，
そしてその前提となる請求の趣旨において，法人格（権利能力）を有するB
に対する移転登記手続を求めるべきことになる。この点は前記最一小判平
26・2・27もこれを許容するところである。

## 4 請求の原因

Bが信託的な受託関係に基づき所有権を有する，あるいはA社団の構成員
全員が総有権を有することによる，物権的請求権としての妨害排除請求権の
行使であるので，請求原因は基本的に，① Bが本件不動産を所有している

第2節　総有のケース

事実あるいはＡの構成員が本件不動産を総有している事実，②　Ｃ名義の所有権登記がある事実となる。

そして，上記Ｂが信託的な受託関係に基づき所有権を有する事実をもたらす事実（原告をＢとした場合）は，結局のところ，Ａが権利能力なき社団である事実（①―1），ＢがＡの代表者である事実（①―2），そして，Ａが本件不動産を実質的に有している事実（①―3）からなると解される。また，Ａ自体を原告とする場合にも，結局，Ａが権利能力なき社団である事実（①―1）とＡが本件不動産を実質的に有している事実（①―2）から，本件不動産をＡの構成員全員で総有している事実が導き出されることになる。

よって，原告は以上の事実を請求原因として訴状に記載すべきと解される。

## 5　主張立証のポイント

### (1)　原告の主張立証

Ａが権利能力なき社団である事実を主張立証することが請求原因として必要になる。被告がＡの権利能力なき社団性を争う場合には，判例法理[注23]に基づき原告は，①　団体としての組織を備えている事実，②　多数決の原則が行われている事実，③　構成員の変更にもかかわらず団体そのものが存続している事実，そして，④　その組織において代表の方法，総会の運営，財産の管理その他団体としての主要な点が確定している事実を主張立証すべきことになる。

なお，権利能力なき社団における代表者の権限に関する規約等の定めは様々である。そこで，当該社団において代表者が訴訟提起をする場合，あるいは当該社団が実質的に有する不動産を処分する場合などには，構成員の個別の授権等が必要となるとの定めが規約等に存在する場合があり得る。このような場合には必要な授権がなされたか否かが訴訟においても争点となることがある。入会団体について原告適格を認めた最三小判平6・5・31民集48巻4号1065頁においては現にこの点が争点の一つとなり，規約等に不動産を

---

(注23)　最一小判昭39・10・15民集18巻8号1671頁

処分するのに総会の議決等が必要とされる場合には，訴訟提起に関しても同様の手続による授権が必要と判示している。この点にも留意する必要がある。

### (2) 被告の主張立証 (民94条2項類推適用の抗弁)

ケース7において原告が請求原因の立証に成功した場合，被告の抗弁として想定されるのは，民法94条2項類推適用である。すなわち，実体法上，Aの構成員全員の総有であるにもかかわらずC単独の所有権登記名義となっており，さらには，CがAの会長を退任したにもかかわらず引き続きC名義のままになっていた事実 (虚偽の外形の存在)，AがC退任後もC名義の所有権登記をそのまま放置していた事実 (Aの帰責性)，DがC名義の所有権登記から本件不動産がC個人の所有であると信じ，また，信じたことに過失もなかった事実 (Cの善意無過失) を主張立証することによって，原告の請求を妨げることが可能となる。

もっとも，Aが本件不動産の登記名義をCにしたのは，現在の登記実務を前提とした場合に権利能力なき社団である以上，A名義の所有権登記ができないことに由来している。そのため，Aの代表者個人名義とすることが慣行化したのであり，このような扱いがされたからといってAに帰責性を認めることはできないであろう。そこで，帰責性のポイントは，Cが会長を退任したあと，AがC名義の登記が存在することを放置したかどうかにかかることになると思料される。

### 6 判決確定後の手続

原告が勝訴した場合，民事執行法177条によって当該登記手続に関する被告の意思表示が擬制される。そこで，被告の協力を得ることなく判決に基づきBへの移転登記手続を行うことが可能となる。

この場合の具体的な登記手続の概要は，後述の【登記手続との接合】で確認いただきたい。

第2節　総有のケース

## 第3 | その余の訴訟類型の可能性

### 1　Aを原告とする所有権移転登記抹消登記請求訴訟

　原告としては移転登記手続を求めた方が直截的であり，被告D名義の所有
権登記の抹消登記手続を求めるのは迂遠な訴訟となることは，上記第2の3
「請求の趣旨」に記載したとおりである。ただし，抹消登記請求訴訟を提起
することも不可能という訳ではなく，この訴訟類型を選択することもあり得
る。この場合は単にDへの所有権移転登記を抹消するだけであるから，権利
能力なき社団名義への移転登記の可否という点が論点となることはない。そ
こで，権利能力なき社団に当事者適格を認めた前記最一小判平26・2・27以
前の段階から，裁判例[注24]は権利能力なき社団が自ら原告となって現在の登
記名義人に対して所有権移転登記抹消登記手続請求訴訟を提起することを許
容していた。

　なお，抹消登記手続を求める場合の請求の趣旨は，通例，「被告は，別紙
物件目録記載の不動産について別紙登記目録記載の所有権移転登記の抹消登
記手続をせよ。」となる。なお，移転登記手続請求訴訟における請求の趣旨
及び判決主文では登記原因が記載されるが，抹消登記手続請求訴訟の請求の
趣旨及び判決主文では登記原因を示さないのが通例とされる。[注25]

### 2　第三者に対する総有権確認請求訴訟

　権利能力なき社団が全構成員に帰属する総有権の確認に関して，これを争
う第三者を被告として訴訟（総有権確認請求訴訟）を提起することが許されるか。
この点も社団自体の原告適格（当事者適格）性が問題となる。この総有権確認
請求については，入会団体の当事者適格が争点となった前記最三小判平6・
5・31がこれを認める判決を言い渡して以来，その後の裁判例においても一

---

（注24）　東京高判昭49・12・20高民27巻7号989頁，鹿児島地判昭60・10・31判タ578号71頁
（注25）　司法研修所『新問題研究　要件事実―付―民法（債権関係）改正に伴う追補―』87頁（法
　　　曹会，2020年）

般的に許容されている。[注26]

　また，当該社団において規約等に社団代表者の訴訟提起あるいは財産処分に関して個別の授権を必要とする旨の定めがある場合には，これに基づく授権が必要であることは第2の5(1)に記載したとおりである。

## 登記手続との接合

　前提として，権利能力なき社団は，当該社団名義で登記することは認められず，権利能力なき社団の代表者がその肩書をつけた登記をすることも許されていない。このことは14頁，19頁で説明のとおりである。

　その上で，確定判決後の登記手続は，本節第2の3(2)の※（241頁）に記載のとおり，Bが，B（個人）の名義にするための登記手続を行うことになる。その実質は，A社団の代表者としてのA社団のための登記申請ではあるが，繰り返し述べてきたとおり，A社団名義等で登記することができないため，形式的な申請手続は，B個人が行う登記申請と異ならない。[注27]したがって，ここでは，Bが，不動産登記法63条による，判決による単独申請を行う場合の，具体的な登記申請書（抜粋）のイメージと登記簿の記録例を示すことで説明に変えることとする。

〈例15　登記申請書──真正な登記名義の回復〉

| 登記申請書 |
| --- |
| 登記の目的　　　所有権移転 |

---

（注26）　東京高判平26・4・23金法2004号134頁
（注27）　第3の1（244頁）で所有権移転登記の抹消手続が認容された場合も，Bは，Aの代表者として訴訟や登記手続に関わる一方で，事実上B個人がその抹消登記申請手続を行うことに変わりはない。なお，登記申請には，その登記原因及び日付を提供する必要があり（不登令3条6号），その内容が登記事項となっている（不登59条3号）。したがって，登記手続を求める裁判においては，判決取得後の登記手続も想定したうえで，判決主文等に登記原因や日付が記載されるよう（真正な登記名義の回復のように日付が入らない例もあるものの）裁判実務と登記実務の歩み寄りが必要であると考える。

第2節　総有のケース

```
原　　　因　　真正な登記名義の回復
権　利　者　　何市何町何番地
（被代位者）　　　B
義　務　者　　何市何町何番地※1
　　　　　　　　　D※1
添 付 情 報　　登記原因証明情報（判決正本）　　住所証明情報※2
　　　　　　　　　　　（以下，省略）
```

※1　登記申請においては，Bの単独申請による場合でも，登記義務者Dを表示
　　する（不登令3条11号イ）。また，Dの登記簿上の住所と判決正本に記載
　　された住所が異なる場合には，所有権移転登記の前提として，Dの表示
　　（住所や氏名）の変更登記が必要となる。この表示変更登記をDが任意に
　　協力することは想定しづらいため，事実上は，BがDに代位して当該表示
　　変更登記を申請する（不登59条7号参照）ことになろう。

※2　B個人が登記名義人になる以上，住民票等の住所を証する書面を提供する
　　必要がある（不登令7条1項6号・別表30の添付情報欄ハ）。

### 〈例16　登記申請書 ── 代位による登記名義人の表示変更登記（住所移転の場合）〉

```
登記申請書

登 記 の 目 的　　何番所有権登記名義人住所変更
原　　　因　　令和何年何月何日住所移転
変更後の事項　　何市何町何番地
登 記 名 義 人　　何市何町何番地
（被 代 位 者）　　　D
代　位　者　　何市何町何番地
（申　請　人）　　　B
代 位 原 因　　真正な登記名義の回復による所有権移転登記請求権
添 付 情 報　　登記原因証明情報※1　　代位原因証明情報※2
　　　　　　　　　　（以下，省略）
```

※1　Dの住所について変更があったこと（その変更の経緯）が確認できる住民
　　票等を提供する（不登令7条1項6号・別表23の添付情報欄）。

※2　本件では，所有権移転登記申請手続を命じた判決正本が代位原因証明情報
　　となる。

第2節　総有のケース──登記手続との接合

〈例17　登記記録──代位によるＤの住所変更登記を行った後に所有権移転登記を申請した場合〉

| 権　利　部　（甲　区）　（所　有　権　に　関　す　る　事　項） | | | |
|---|---|---|---|
| 順位番号 | 登　記　の　目　的 | 受付年月日・受付番号 | 権　利　者　そ　の　他　の　事　項 |
| 何 | 所有権移転 | 令和何年何月何日<br>第何号 | 原因　令和３年４月１日委任の終了（注28）<br>所有者<br>　何市何町何番地<br>　　　　C |
| 何 | 所有権移転 | 令和何年何月何日<br>第何号 | 原因　令和６年８月15日売買<br>所有者<br>　何市何町何番地<br>　　　　D |
| 付記１号 | 何番登記名義人住所変更 | 令和何年何月何日<br>第何号 | 原因　令和何年何月何日住所移転<br>住所　何市何町何番地<br>代位者　何市何町何番地<br>　　　　B<br>代位原因　真正な登記名義の回復による所有権移転<br>登記請求権 |
| 何 | 所有権移転 | 令和何年何月何日<br>第何号 | 原因　真正な登記名義の回復<br>所有者<br>　何市何町何番地<br>　　　　B |

第2編　共有関係訴訟の実務

第1章　原告共有者の第三者に対する請求

---

（注28）　Ｃが所有者になった原因が前代表者からの交代である場合，その登記原因は「委任の終了」となる。この委任の終了という登記原因は，ケース７のように権利能力なき社団の代表者が交代するときなどに用いられるものであり，逆に，「委任の終了」という登記原因が用いられているときには，その不動産を「権利能力なき社団」が所有しているものと一定程度の推測をすることができる。

もっとも，権利能力なき社団が不動産を購入した場合は単純にその登記原因は売買となる。また，権利能力なき社団が所有する不動産をその代表者（個人）が購入した場合，すでに登記簿上の所有者は当該社団の代表者である「個人名」で登記されているため，同一人間での所有権移転登記を実現することができない。

このように，委任の終了が登記原因となっている場合でも，権利能力なき社団が所有していないケースがあり，委任の終了が登記原因となっていない場合でも権利能力なき社団が所有するケースも当然に存在することにも注意が必要である。15頁参照。

*247*

第1 考慮すべき問題

# 第 **2** 章　第三者から被告共有者に対する請求

## 第 **1** 節　共有のケース

### 第1 考慮すべき問題

#### 1　想定される紛争類型

　共有不動産をめぐる紛争のうち，共有者が被告となるケースも想定される。第三者が不動産の共有者を相手に明渡し訴訟や登記関係訴訟を提起する場合である。具体的には，① 第三者が所有する土地上に共有名義の建物が存在し，土地所有者が物権的請求権を行使して建物収去土地明渡請求訴訟を提起するケースや，② 土地を購入した買主が売主から所有権移転登記を受ける前に売主が死亡し，共同相続が開始された場合に買主が相続人に対して所有権移転登記請求訴訟を提起するケースなどが想定される。

#### 2　被告適格

　これらの訴訟で大きな問題となるのは，第三者は共有者の一人（あるいは一部の者のみ）を被告として訴訟を提起することができるか，あるいは共有者全員を被告とする必要があるかという被告適格の点である。本編第1章第1節において検討した不動産共有者が原告となるケースと同様に固有必要的共同訴訟性の有無の問題である。そして，共有不動産をめぐる訴訟であるからという点だけでこの問題を解決することはできず，具体的な紛争態様によって，固有必要的共同訴訟か否かを決定しなければならない点も，共有者が原告の場合と同様である。本節においても，存在する判例等を前提として具体的な紛争類型ごとに考察することとする。

*249*

第1節　共有のケース

## 第2　土地所有権に基づく返還請求権としての建物収去土地明渡請求訴訟

〈ケース8〉

　Aは甲土地を所有している。甲土地上には木造2階建の乙建物が存在し，乙建物はBCの共有となっている。この建物を建築したのはBCの父Dであった。DはEとの間で土地賃貸借契約を締結し，敷地土地を借り受け乙建物を建築したが，その後，Dが死亡したためBCが乙建物を相続したものであった。遺産分割は未だなされておらず，登記名義はDのままである。また，乙建物に実際に居住しているのはCである。なお，敷地土地はEが所有する丙土地の一部分であるとDE共に考えていたため，DEの間で前記の土地賃貸借契約が締結されたものであったが，実際には乙建物の敷地土地は丙土地の一部ではなく，丙土地の隣地であり，Aが所有する甲土地であった。

　Aは，乙建物の敷地土地はAの所有する甲土地であるとして，BCに対して乙建物を収去して甲土地を明け渡すように求めた。そうしたところ，CはAの説明を納得し，Aの要求に応じる姿勢を示した。一方，Bは敷地土地はあくまでEの所有する丙土地であり，Aに明渡しを求める権利はないとして，Aの要求を拒絶している。

　そこで，Aとしては，Bのみを被告として，甲土地所有権に基づく返還請求権としての建物収去土地明渡請求訴訟を提起した。この訴えは適法か。

〈図表15　ケース8の関係図〉

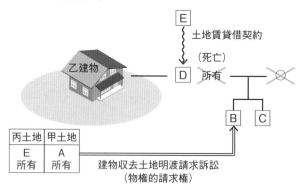

第2 土地所有権に基づく返還請求権としての建物収去土地明渡請求訴訟

## 1 被告適格

これと類似するケースにおいて，判例[注1]は，「土地の所有者がその所有権に基づいて地上の建物の所有者である共同相続人を相手方とし，建物収去土地明渡を請求する訴訟は，いわゆる固有必要的共同訴訟ではないと解すべきである」と判断している。

その理由として，共同相続人ら（ケース8のB，C）の義務が不可分債務であるとの点，仮にこの訴訟類型を固有必要的共同訴訟であるとすると手続上の不経済と不安定を招くとの点を指摘している。手続上の不経済とは，建物収去土地明渡しの義務のあることを争わない共同相続人（ケース8のC）までをも，固有必要的共同訴訟とすると被告としなければならなくなるという問題である。手続上の不安定とは，相続登記のない家屋を数人の共同相続人が所有してその敷地を不法に占拠しているような場合には，原告たる土地所有者が被告となるべき建物共有者を正確に把握することは困難であり，仮に被告となるべき者の一部を手続に加えなかった場合に，固有必要的共同訴訟では訴えが不適法となり判決が無効となってしまうという問題である。

したがって，この紛争類型については固有必要的共同訴訟となることはなく，原告は建物共有者全員を被告とすることももちろん可能であるが，共有者の一人（あるいは一部の共有者）を被告とする訴訟も許容されることとなる。Bのみを被告として訴訟を提起する本ケースも認められることとなる。

なお，原告が複数の共有者を被告として訴訟を提起した場合にも，各共有者間に判決効（既判力）が及ぶ関係にはなく，類似必要的共同訴訟とする必要はない。この場合，通常共同訴訟として民事訴訟法39条が定める共同訴訟人独立の原則の適用があると解される。[注2]

---

（注1） 最二小判昭43・3・15民集22巻3号607頁
（注2） 上記最二小判昭43・3・15も，訴訟係属中に共同被告の一人が認諾をして訴訟を終了させることや，共同被告の一人が原告の主張を認め，これに応じて原告がその者に関する訴えを取り下げることの必要性を指摘している。このような扱いは類似必要的共同訴訟では不可能であるから，判例も通常共同訴訟を前提としているものと思料される。

第1節　共有のケース

## 2　訴訟提起にあたりその他の留意点

### ⑴　訴訟物

　この紛争類型の訴訟物は，原告の被告に対する所有権に基づく返還請求権としての建物収去土地明渡請求権，1個である。物権的請求権の行使態様として返還請求権と考えるのが一般的である。また，建物収去土地明渡請求に関する訴訟物の理解には諸説があるが，建物収去部分は強制執行手続における執行方法を明示するものであり，訴訟物となる権利そのものは所有権に基づく返還請求権としての土地明渡請求権であるという理解が通説である。

### ⑵　請求の趣旨

　請求の趣旨は以下のようなものとなる。

---

　1　被告は，原告に対し，別紙物件目録記載2の建物を収去して，同目録1
　　の土地を明け渡せ。
　2　（訴訟費用の負担）
　との判決を求める。

---

※1　実際の訴訟では明渡しに至るまでの遅延損害金請求を付加することが通常
　　と思料される。この付帯請求は別個の訴訟物となる。
※2　仮執行宣言についても原告がこれを求めることがあり，その場合には，「3
　　仮執行宣言」と記載したり，あるいは，「との判決及び仮執行宣言を求め
　　る。」と記載することになる。

### ⑶　請求の原因

---

　1　原告は，別紙物件目録記載1の土地（以下「本件土地」という。）を所
　　有している。
　2　被告は，本件土地上に存在する別紙物件目録記載2の建物（以下「本件
　　建物」という。）を共有しており，原告の所有権を妨害している。
　3　よって，原告は，被告に対し，所有権に基づく返還請求権に基づき，本
　　件建物を収去して本件土地を明け渡すよう求める。

---

※　所有権が有する物権的請求権の行使の一態様となる訴訟であり，①原告が物
　　件を所有している事実と，②被告が当該物件を妨害している事実が，基本的
　　な請求原因事実となる。

252

第2　土地所有権に基づく返還請求権としての建物収去土地明渡請求訴訟

## 3　主張・立証のポイント

### (1)　妨害の態様について

　本件の紛争類型は，被告及びCが共有する乙建物が，原告が所有する甲土地上に存在しており，原告の甲土地に対する権利を侵害しているケースである。この場合，乙建物の存在自体が妨害の事実となるので，被告Bが乙建物を共有している事実が重要となる。本ケースでは乙建物に居住しているのはCであってBではない。仮に現実的な占有を問題とするならば，原告Aの権利を妨害しているのはCのみということになるが，必ずしも現実の占有の有無を問題とすることなく，建物共有の事実をもって妨害の事実を認定できることに注意する必要がある。

　したがって，原告Aの立証命題は被告が乙建物を共有していることであり，仮に被告Bがこれを否認する場合には，乙建物が元Dの所有であり，BがDの相続人である事実を具体的に主張することとなる。その立証に関しては，登記事項証明書を提出することによって乙建物がDの所有であった事実を立証し，その上で戸籍謄本等によってDが死亡しBが相続した事実を立証することになる。なお，不動産登記簿の甲区欄に所有者としてDの氏名が記載されているからといって，必ずしもDが所有者とは限らないが，登記の記載によって所有者と推定されることになる。

### (2)　被告による訴訟告知の有用性

　ケース8では，Bは，乙建物の敷地土地は丙土地であり，その所有者はEであると考えている。そこで，原告Aの所有する甲土地を侵害している事実はなく，原告の請求は認められないと反論するものと解される。その場合，原告Aは，乙建物が存在している敷地土地はAの所有する甲土地であることを具体的に主張立証する必要が生じる。

　一方で，Bは万一，敷地土地がAの所有する甲土地であるとの事実が立証され，敗訴した場合には，賃貸人であるEに対し，損害賠償請求等を行うことが想定される。その場合に備えて，BがEに対し，民事訴訟法53条に定める訴訟告知を行うことが有用となる。それに基づき，Eがこの訴訟に補助参加手続をとれば，BはEの助力を得ながら訴訟行為を遂行することができる

*253*

第1節　共有のケース

し，また，Eの補助参加の有無にかかわりなく，万一，訴訟に敗訴した場合
に民事訴訟法46条の参加的効力をEに及ぼすことができる。

### 4　判決確定後の手続

　Aが訴訟に勝訴し，乙建物収去甲土地明渡しを認める請求認容判決が確定
した場合，Aはこの認容判決を債務名義として強制執行手続に着手すること
ができる。ただし，乙建物がBC共有である場合に，Bに対する債務名義の
みでは強制執行を開始，遂行することはできない。[注3]したがって，共有不動
産に対する収去を命じる債務名義においては，それが共有者の一人（もしく
は一部の者）に対する債務名義にとどまるときは，その余の共有者の同意が
ない限り，執行文を付与すべきではないし，仮にこの点が看過されて強制執
行手続が開始された場合には，執行債務者とされる敗訴当事者（ケース8の
B）については執行文付与に対する異議の申立て（民執32条），訴訟に関与し
ていない他の共有者（ケース8のC）については第三者異議の訴え（民執38条）
を提起し，これを争うことができると解するべきであろう。また，訴訟に関
与しなかったCについてもこのような手続保障が与えられている限りにおい
て，敢えてケース8のような紛争に関する訴訟を固有必要的共同訴訟とする
必要は認められず，判例法理が正当視されることになる。

---

## 第3 ｜ 売買契約に基づく土地所有権移転登記請求訴訟

〈ケース9〉

　　Aは，Bとの間で，令和5年6月1日，Bが所有する甲土地を代金
3000万円で購入する売買契約を締結し，同日，売買代金を支払った。そ
の後，売主Bは，甲土地の所有権移転登記手続をすることなく，令和5
年7月20日，死亡した。Bの相続人は，妻Cと，婚外子Dの二人である。
ただし，AはBの相続人はCのみと考えていたため，Cのみを被告とし

---

（注3）　この点を明確にするものとして，民事執行法制定前の裁判例であるが，東京高判昭32・
　　2・27東高民時報8巻2号58頁がある。

254

第3　売買契約に基づく土地所有権移転登記請求訴訟

て，売買契約に基づき甲土地の移転登記手続を求める訴訟を提起した。なお，甲土地の所有権登記名義は未だBのままとなっている。
　Cのみを被告とするこの訴訟は適法か。

〈図表16　ケース9の関係図〉

### 1　被告適格

　これと類似するケースにおいて，判例[注4]は，本ケースに当てはめれば，この場合のCの債務は，Bの死亡によってCが相続によって承継したBの所有権移転登記義務の履行であると指摘したうえで，「かくのごとき債務は，いわゆる不可分債務であるから，たとえ上告人（筆者注：ケース9によればC）主張のごとく，上告人の外に共同相続人が存在するとしても，被上告人（筆者注：ケース9によればA）は上告人一人に対して右登記義務の履行を請求し得るものであって，所論のごとく必要的共同訴訟の関係に立つものではない」と判示している。

　このケース9は，売買契約の買主が有する債権的な請求権であり，また，明渡しを求めるものではなく移転登記請求である点において，ケース8とは異なっている。しかし，判例は，そのような違いはあっても，被告の負担する債務が不可分債務であるという債務の性質に着目し，固有必要的共同訴訟性を否定しているということができる。

(注4)　最二小判昭36・12・15民集15巻11号2865頁

第1節　共有のケース

## 2　訴訟提起に当たりその他の留意点

### (1)　訴訟物

　この紛争類型の訴訟物は，原告の被告に対する売買契約に基づく所有権移転登記請求権，1個である。契約に基づき移転登記手続を求めるものであり，債権的登記請求権の行使となる。

### (2)　請求の趣旨

請求の趣旨は以下のようなものとなる。

---

　1　被告は，原告に対し，別紙物件目録記載の土地について，別紙登記目録記載の移転登記手続をせよ。
　2　（訴訟費用の負担）
　との判決を求める。

---

※　実際の訴訟では明渡しに至るまでの遅延損害金請求を付加することが通常と思料される。この付帯請求は別個の訴訟物となる。

### (3)　請求の原因

---

　1　原告は，令和5年6月1日，Bとの間で別紙物件目録記載の土地（以下「本件土地」という。）を代金3000万円で購入する売買契約（以下「本件売買契約」という。）を締結した。
　2　Bは，令和5年7月20日，死亡した。被告はBの相続人である。
　3　よって，原告は，被告に対し，本件売買契約に基づく本件土地に関する所有権移転登記請求手続をBを相続した被告が行うよう求める。

---

※1　売買契約に基づく債権的登記請求権としての所有権移転登記を求める訴訟であるので，売買契約を締結した事実が基本的な請求原因事実となる。これに移転登記義務を負う売主が死亡し相続が発生した事実が，さらに請求原因事実として付加されることになる。

※2　売買契約においては売主にも同時履行の抗弁権（民533条）が認められるので，被告は代金の支払を完了するまでは移転登記手続に応じない旨の同時履行の抗弁権を提出することができる。これに対し，本ケースでは代金の支払を完了しているので，Aは，代金を支払った旨の再抗弁を主張立証することとなる。いずれにしても，この点は抗弁及び再抗弁の問題となる。これに対し，付帯請求として移転登記手続をするまでの間の遅延損害金を請求する場合には，既に履行遅滞となっていることが請求の前提となるの

*256*

で，請求原因の段階で予め同時履行の抗弁権が存在しなくなっている事実を主張立証しなければならない。そこで，付帯請求を行う場合には，請求原因事実として原告が既に代金を支払った事実を主張することが要件事実的に必要となる。

## 3　主張・立証のポイント

### (1)　売主の移転登記義務について

不動産売買契約書において，所有権移転登記手続を行う旨が約定されることが通例である。したがって，契約合意の存在を主張立証することにより，移転登記請求権の存在を根拠づけることができる。不動産のような高価な売買において売買契約書が作成されないのは稀であるから，困難はあまり感じないであろう。

また，契約合意が明確でない場合でも，従来から，不動産を売買した売主は当然に対抗要件である登記を移転させる義務があると理解されていた。そして，2017年改正債権法により新設された560条は，売主は買主に対し，登記，登録その他の売買の目的である権利の移転についての対抗要件を備えさせる義務を負うと規定し，これを明文化している。したがって，仮に売買契約書が存在しない場合や，契約書が存在しても登記の移転に関する条項が存在しない場合などでも，560条の規定によって移転登記請求権を基礎づけることが可能である。

## 4　判決確定後の手続

登記関係訴訟において請求認容確定判決が果たす役割は，民事執行法177条によって当該登記手続に関する被告の意思表示が擬制される点にある。したがって，ケース9では，被告Cの意思表示が擬制されるというものである。しかし，ケース9では，甲土地の所有権登記名義は未だ死亡したBのままとなっている。そこで，このままではたとえ原告AがCに対する移転登記請求訴訟で勝訴しても実際に判決に基づく移転登記手続を求めることはできない。また，そもそもが既に死亡しているB名義のままで移転登記手続をすることはできない。

第1節　共有のケース

　以上より，ケース9のような場合に，Bの相続登記を行わなければならず，困難な問題が生じる。原告による債権者代位権行使の可否等が問題となるが，この点については，後述の【登記手続との接合】を参照されたい。

　さらにケース9では相続人はC，Dの2名である。したがって，相続登記を行うと甲土地の新たな登記簿上の所有者欄（甲区）には，C，Dの住所氏名が共有持分と共に表示されることとなる。したがって，Cに対する認容確定判決のみではCの意思表示が擬制されるのみであるから，所有権移転登記はできないことになる。よって，別途，Dの同意，協力が必要となる。この場合の具体的な登記手続についても，後述の【登記手続との接合】で確認いただきたい。

## 第4 本節のまとめ

### 1 固有必要的共同訴訟性を否定したその他の判例

(1) 不動産の明渡しを求めるケース

　本節第2に指摘した判例以外にも，売買契約に基づく目的物引渡請求訴訟である大判大12・2・23大民集2巻127頁が，やはり不可分債務を理由に固有必要的共同訴訟であることを否定している。また，賃貸借契約の終了に基づき共同賃借人に対し目的物の返還を求めたケースにおいて，不可分債務を理由として同様の結論を導いたものとして，大判大7・3・19民録24輯445頁や大判昭8・7・29法律新報337号12頁がある。物権的請求権の行使のみならず，債権的請求の場合も不可分債務性を理由に固有必要的共同訴訟性を否定しているということができる。

(2) 不動産の移転登記を求めるケース

　本節第3に指摘した判例以外にも，最一小判昭39・7・16裁判集民74号659頁，最三小判昭39・7・28裁判集民74号755頁，最一小判昭44・4・17民集23巻4号785頁などが，不可分債務を理由として固有必要的共同訴訟性を否定している。

第1節　共有のケース──登記手続との接合

### (3)　不動産の抹消登記請求を求めるケース

　共有名義となっている不動産について，第三者が共有登記の不法，無効を理由に，一部の共有名義人に対する抹消登記を求めた訴訟において，最二小判昭29・9・17民集8巻9号1635頁，最二小判昭31・9・28民集10巻9号1213頁などは固有必要的共同訴訟ではないとしている。

　これに対し，最三小判昭38・3・12民集17巻2号310頁は，不動産強制競売によって取得した二人の共有者に対し，強制競売が開始される以前に仮登記を得ていて後に本登記を取得した当該不動産の譲受人が，競売による所有権移転登記の抹消登記手続を求めた事案において，この訴訟が必要的共同訴訟であると判示している。したがって，判例の態度は必ずしも統一されていないということができる。ただし，上記最三小判昭38・3・12は，不動産の共有名義人全員（二人）に対する判決が言い渡され，この共有名義人が控訴の申立てをしたが，そのうちの一人の控訴が控訴期間経過後であったため，当該控訴が認められないのか，あるいは必要的共同訴訟であるとしてもう一人の共有名義人が控訴期間内に行った控訴に伴って当然に控訴人となるのかが争点となった事案であった。その点で控訴の有効性という特異な領域における判断とも解され，一般化することは適当ではないように思料される。[注5]


## 登記手続との接合

### 1　債権者が債権者代位権を行使して債務者が相続した不動産について相続登記を行うことの可否及びその方法～〈ケース9〉の事例において～

　まずは，ケース9のようにBからAに所有権が移転した後に売主Bに相続が発生した場合と，所有権が移転する前に相続が発生した場合とを区別して考える必要がある。

---

（注5）　井上繁規『必要的共同訴訟の理論と判例』（第一法規，2016年）104頁も，不動産の抹消登記請求を求めるケースに関する判例の動向について，必要的共同訴訟を否定する方向で確立されていると指摘している。

*259*

第1節 共有のケース

ケース9の場合，相続人が承継するのはA名義にするための登記申請義務にすぎない。したがって，Aが債権者代位権を行使して，Bの相続人名義に相続登記を行うことはできない。

一方で，AがBの相続人より不動産を購入し，Bから売主であるBの相続人名義への相続登記が未了である場合は「債権者が債権者代位権を行使して債務者が相続した不動産について相続登記を行う」典型例の一つとなり得る。

買主が相続登記未了の相続人から不動産を購入する場面は，相続税を捻出するなどの事情から相続人が相続登記未了の段階で売却を急ぐケースなどが想定される。この場合，所有権移転日は最終売買残代金支払日とし，その日までに相続登記を完了させる前提の契約がほとんどである。また，所有権移転時期を売買代金支払日とする一般的な売買契約実務においても，売買契約締結後，代金支払日までに売主が死亡したときなどに同様の場面が生じることとなる。

代位による相続登記の申請は，通常の相続登記申請手続を基礎とし，添付情報においては「代位原因を証する情報」を提供し（不登令7条1項3号），申請情報として「代位者の住所・氏名等や代位原因」（不登令3条1号・2号・4号）を提供することとなる。また，登記事項としても，通常の相続登記の登記事項に加えて「代位者の住所・氏名等や代位原因」が記録されることとなる（不登59条7号）。

代位原因証明情報は，上記例ではBの相続人とAとの間の売買契約書などがこれに該当する。現実的には裁判手続上の書面（情報）が多いと思われるが，この点に関しては，公正証書や私署証書等であっても差し支えないとされている（昭23・9・21民事甲第3010号民事局長通達）。もっとも，この代位原因証明情報は，登記官が，形式的な審査主義の下で，当該代位原因が存在することに心証を得られる程度の情報である必要があるため，一般的な売買契約書が，それのみで代位原因証明情報と認められる例は多くはないであろう。

代位原因は，上記例では「令和○年○月○日売買の所有権移転登記請求権」となる。「令和○年○月○日売買」とは，上記例でいうところのBの相続人とAとの間の売買契約とその日付（所有権が移転した日）である。

260

第1節　共有のケース——登記手続との接合

　なお，代位者は申請人ではあるが登記名義人となる者ではなく，逆に，登記名義人となる者は申請人ではないため，登記完了時に登記識別情報は通知されない。

## 2　共有不動産の移転登記手続を判決に基づき行う場合の方法（共有者が他にいるケース）

　前提として，一般的に判決による登記と呼ばれる登記申請手続は，不動産登記法60条に定める共同申請の例外として，共同して申請しなければならない者の他方が単独で申請することができるとするものである（不登63条1項）。共同申請は，可能な限り登記の真正を確保するための方法の一つとして定められている申請方法の原則である。一方で，判決等に基づく場合には，共同申請のスタイルを採用せずとも登記の真正が確保できるものとして，単独申請を認めている。

　具体的には，一般的な売買において，売主と買主が共同で所有権移転登記を申請すべきところ，買主（又は売主）のみでの登記申請手続を認めるものである（以下は，売買による所有権移転登記を買主が単独申請する前提で説明する。）。

　なお，不動産登記法63条1項には「確定判決による登記」と定められているが，確定判決に限るものではなく裁判上の和解や調停などが判決に準ずるものとして認められている。一方で，公正証書や転付命令などは判決に準ずるものとは認められない。また，確定判決とあるとおり，仮執行宣言付の判決では単独申請はできない。

　申請すべき登記内容は，共同申請の場合でも，判決等による単独申請の場合でも同じである。一方で，添付情報については，単独申請の場合，判決正本等の公的な書面（情報）により登記申請意思を擬制するものであり，売主は登記申請手続に関わらないことから，その登記識別情報や印鑑証明書といった書面（情報）を提供する必要がない。

　以上を前提に，ケース9を基に，「判決確定後の手続」として，その登記手続を検討する。

　前提として，買主が売主の相続人2名のうち1名に対して登記手続を命ず

*261*

第1節　共有のケース

る確定判決を得たとしても，それをもって，買主が単独で売主から買主名義への所有権移転登記を申請することはできない。ケース9は，一般承継人による申請として，不動産登記法62条により売主の相続人が申請に関わるケースであり，この場合，相続人全員が登記義務者として申請する必要があるからである（昭27・8・23民事甲第74号民事局長回答）。

　その上で，まず，登記の目的は「所有権移転」である。相続人は2名であるが，所有権は相続前にBからAに移転しており，相続人はその登記義務を承継したに過ぎない。したがって，当該相続人名義への相続登記を行うことなくBからAへの所有権移転登記を申請することとなる。

　次に，登記原因は，所有権が移転した日付で「令和5年6月1日売買」となる。実際に登記手続を行うのは相続後であり，また，相続人であるが，ここに記載される日付は，あくまでBの生前に所有権が移転した日となる。

　登記申請人は，共同申請と単独申請が混在したものとなる。登記義務を承継した売主の相続人は2名であり，そのうちの一人であるCに対しては確定判決を得たものの，Dに対してはそもそも訴訟を提起していないからである。Dが，Aからの登記申請手続への求めに応じるのであれば，AとDとの間では共同申請となる。なお，登記申請手続上，形式的には，Bの相続人としてCDのいずれもが申請情報に記載することとなる。

　登記申請の際の添付情報も単独申請と共同申請が混在したものとしてとらえる必要がある。すなわち，登記原因証明情報については，確定判決正本のほか，裁判当事者となっていないDにおいても，売買によりBからAに所有権が移転したこと（登記原因の内容）について確認した情報が必要となる（不登令7条1項5号ロ）。具体的には，確定判決正本自体をDが（その内容に相違ない旨を）改めて確認した書面（情報）や，別途，AD間で登記原因の内容について作成した書面（情報）などを用意することとなろう。

　前述のとおり判決に基づく単独申請においては，登記識別情報や印鑑証明書の提供は求められていないが，本ケースはDとの間の共同申請が混在している登記申請スタイルであるため，申請人となるDの印鑑証明書及び（亡）Bが有する登記識別情報の提供が必要となる（登研413号95頁）。

262

また，不動産登記法62条の規定により登記を申請する本件においては，相続があったことを証する情報も提供することとなる（不登令7条1項5号イ）。

## 第2節　総有のケース

### 第1　考慮すべき問題

#### 1　訴訟法上の扱い

##### (1)　想定される紛争例

権利能力なき社団に該当する団体（町内会，ボランティア団体あるいは業界団体等などで法人格を取得してない団体）が，一定の不動産を占有していたり，あるいはその当該団体の代表者個人の名義等で所有権登記をしている場合に，第三者が自らが所有者であると主張して，当該不動産の明渡しを求めたり，あるいは所有権登記名義の移転登記手続等を求める場合がある。

訴訟類型としては，通常の不動産明渡訴訟あるいは移転登記手続請求訴訟であり，特殊なものではない。ただ，この場合に被告となるべき権利能力なき社団が法人格を有しておらず，実体法上，権利能力を有していないことが訴訟上，問題となる。

##### (2)　当事者能力

Q2に記載するように，当事者能力に関しては民事訴訟法29条によって権利能力なき社団について当事者能力が肯定されている。当事者能力は実体法上の権利能力に相応する概念であるから（民訴28条），本来は権利能力なき社団には当事者能力は認められず，一定の不動産を総有する構成員全員が当事者能力を有し訴訟を遂行すべきことになる。しかし，現実の社会において権利能力なき社団が独立して取引行為を行うなどして第三者との間で法律関係

を形成している。その実態に鑑みるならば，権利能力なき社団を当事者として訴訟遂行をすることが現実的である。とりわけ権利能力なき社団を被告とする訴訟においては，原告となる第三者は社団の構成員を正確に把握することが困難であることが通常であるから，仮に構成員全員を被告としなければならないとしたら，訴訟提起は事実上，困難となる。このような事態を回避するために民事訴訟法29条が例外的にではあっても権利能力なき社団に当事者能力を認めるのである。

### (3) 当事者適格

　権利能力なき社団の当事者適格に関しては，原告がどのような訴訟を提起するか，すなわち訴訟物如何によって個別具体的に判断される事柄である。ただ，給付訴訟の被告適格に関しては，権利を有すると主張する原告によって義務者と名指しされた者が被告適格を有するのが一般的である。そこで，権利能力なき社団に対し不動産明渡訴訟を提起する場合，当該権利能力なき社団が被告適格を有すると理解される。

　一方で，移転登記手続請求訴訟については注意が必要である。権利能力なき社団名義での登記手続が認められず，そのため社団代表者等の個人名義による所有権登記がなされるのが実務の扱いである。したがって，第三者が自己に所有権が帰属することを根拠に，社団代表者等の名義になっている所有権登記の移転登記手続を求める場合，誰を被告とすることが有効適切と解すべきかが問題となる。この点について，実質的には権利能力なき社団の有する不動産である以上，当該社団を被告とすべきという見解も考えられる。しかし，この見解に従った場合，請求認容判決が確定した場合においても判決上の当事者と不動産登記名義人が離齬する以上，判決に基づいて当然に移転登記手続をすることは実現することはできず，判決に基づく移転登記手続を実現するためには何らかの執行法上の手当が必要となる。[注6]そうであれば，

---

(注6)　例えば，本節第1の2(2)に記載した最三小判平22・6・29民集64巻4号1235頁の趣旨に則り，当該不動産が当該社団の構成員全員の総有に属することを確認する旨の原告（第三者）と被告（当該社団）及び所有権登記名義人との間の確定判決その他これに準ずる文書を要求することにより移転登記手続を可能とするような法理を構築することが考えられるが，それに登記官が従うか否かという問題がある。あるいは何らかの形で承継執行文（民執23条

*264*

第1　考慮すべき問題

むしろ，登記名義を有する個人そのものを端的に被告とする扱いを認めることが有効適切であろう。そこで，移転登記請求訴訟においては，登記名義を有する当該社団代表者個人に被告適格を認める扱いが認められるべきである。現に札幌高判昭57・3・2判タ467号116頁は登記名義を有する者が被告適格を有することを当然の前提としている。[注7]

## 2　強制執行手続との架橋

### (1)　問題点の指摘

　権利能力なき社団に関しては，法律上の法主体性はともかくとして，社会的には独立した存在として取引行為を行っている。そこで，取引の相手方との間で権利義務をめぐって紛争を生じることもあり，例えば相手方から代金の支払や契約不適合を理由とした損害賠償責任等を請求されるような事態が生じうる。このような金銭債務については，権利能力なき社団を被告とする訴訟を原告が提起すれば，当該社団は民事訴訟法29条により当事者能力が認められ，かつ，原告によって義務者とされた以上，当事者適格も基本的に肯定される。その結果，権利能力なき社団を被告とする金銭訴訟において請求認容判決が言い渡され，確定する事態が生じるのである。

　この場合，当該社団が判決内容に従い，任意に支払をしない場合，原告は強制執行手続（金銭執行）に着手する。当該社団が実質的に不動産を有する場合，当該不動産に対する強制競売（民執45条以下）あるいは強制管理（民執93条以下）が検討されるが，問題はこのとき当該不動産の登記名義が，前記1(3)記載のとおり代表者等の個人の名義となっている点である。債務名義となる確定判決に表示されている債務者名（当該社団）と不動産の登記名義人（代表者等の個人）とが一致していない以上，当然には強制執行（金銭執行）に

---

　3項による同法27条2項）を利用することで登記官に移転登記の実現を促すことも考えられるが，通常の判決による登記手続の実行の場合には承継執行文を不要としていることを考えれば，迂遠な手続と理解される。

(注7)　ただし，札幌高判昭57・3・2は現在の登記名義人以外の者を被告とした訴訟について，被告適格を欠くものであるとして却下判決を言い渡した原判決に対して，原告がこれらの者を被告として訴訟を提起した以上，被告適格自体は許容されるべきであり，却下判決については取消しを免れないと判示したものである。

第2節　総有のケース

着手することはできず，執行裁判所の開始決定を得ることはできない。何らかの工夫が必要となる。

(2)　平成22年判例

　この点を明らかにしたのが，最三小判平22・6・29民集64巻4号1235頁（以下「平成22年判例」という。）である（Q2参照）。この判例は，直接的には執行債務者を登記名義人（社団代表者個人）とする承継執行文（民執23条3項による同法27条2項）の付与を求めることはできないことを明らかにしたものであるが，これに併せて，「強制執行の申立書に，当該社団を債務者とする執行文の付された上記債務名義の正本のほか，上記不動産が当該社団の構成員全員の総有に属することを確認する旨の上記債権者と当該社団及び上記登記名義人との間の確定判決その他これに準ずる文書を添付して，当該社団を債務者とする強制執行の申立てをすべき」と判示し，具体的な執行申立ての方法を明らかにしている。そこで，基本的には，当該債権者は権利能力なき社団及び登記名義人（社団代表者個人等）を被告として，当該不動産が当該社団構成員全員の総有に属することの確認を求める確定判決を取得しておくべきことになる。

　なお，この総有確認訴訟は社団構成員全員を被告とする必要はなく，当該社団自体が被告適格を有することは上記平成22年判例が前提とするところであるし，この判例の後に言い渡された東京高判平22・12・24判タ1351号162頁でもこれを許容している。(注8)

(3)　準ずる文書について

　平成22年判例は，強制執行申立書に添付すべき文書としては，当該社団の構成員全員の総有に属することを確認する確定判決に「準ずる文書」でも良いとする。そこで，この準ずる文書の内容が問題となる。この点に関して，平成22年判例の田原裁判官の補足意見に言及があり，これを受けて，最高裁

---

(注8)　この東京高判平22・12・24に対しては，その後，最高裁に上告及び上告受理申立てがなされたが，最二小決平24・6・27LLI／DB（事件番号：平23年(オ)第671号，平23(受)第767号）で上告については棄却，上告受理申立てについては不受理の各決定がなされ，確定している。

266

判例解説では、「和解調書や公正証書も考えられるし、理由中で社団の構成員の総有不動産であることが認定されている確定判決であってもよいであろう」と指摘している。[注9]

## 第2 | 総有確認訴訟

〈ケース10〉

A同郷会は、日本に在住するA国出身者の有志によって1951年に設立された権利能力なき社団である。現在の会長はBであり、東京都内にA同郷会館という名称の建物及びその敷地土地（以下これらの建物及び土地を併せて「本件不動産」という。）を実質的に有している（法的には構成員の総有する不動産である。）。本件不動産の所有権登記は代々、会長の個人名となっており、現在の所有権登記名義はBである。

A同郷会は、令和4年5月10日、C建設に対し、A同郷会館の修繕工事を報酬額1000万円として注文した。これに基づきC建設はこの修繕工事を令和4年12月15日、完成させた。ところがA同郷会は資金難のため、1000万円の報酬を支払うことができなかった。

そこで、C建設は報酬金1000万円の支払を求め、A同郷会を被告とする請負報酬請求訴訟を提起した。それと共に本件不動産に対する強制執行を可能とするために、A同郷会及びBを被告として、本件不動産がA同郷会の構成員全員の総有であることの確認を求める訴訟を提起しようと考えている。この訴えはどのような内容のものとなるか。

### 1 訴訟物及び請求の趣旨

本件不動産がA同郷会の構成員全員の総有に属することの確認を求める訴訟である。よって、訴訟物は、「本件不動産のA同郷会構成員全員の総有権」と解される。

---

（注9） 榎本光宏（判解民・平成22年度（上））425頁。なお、同書では、証明力の強い文書であることが必要とし、代表者の交代と登記名義人の移動が符合することを示す文書では足りないとし、また、馴れ合い防止及び登記名義人の手続保障の観点から、原則として登記名義人も当事者として関与したものと解するのが相当と指摘している。

第2節　総有のケース

これに基づき，想定される請求の趣旨は以下のようなものになる。

---

1　原告と被告らの間において，別紙物件目録記載の各不動産につき，被告
　A同郷会の構成員全員の総有であることを確認する。
2　（訴訟費用の負担）
との判決を求める。

---

※　1項であるが，平成22年判例に基づきA同郷会及びBを被告とすることを想
　定している。また，物件目録に本件不動産（建物及びその敷地）を特定する
　ために必要な事項を記載することとなる。

## 2　請求原因

---

1　原告は，不動産建築及び修繕を業とする株式会社であり，被告A同郷会
　（以下「被告A」という。）は，日本に在住するA国出身者の有志によって
　1951年に設立された権利能力なき社団である。被告Bは被告Aの会長であ
　る。
2　原告は被告Aから，令和4年5月10日，別紙物件目録2記載の建物に関
　する修繕工事（以下「本件工事」という。）を報酬1000万円とする約定で
　請け負った。
3　原告は令和4年12月15日，本件工事を完成した。
4　本件不動産は権利能力なき社団である被告Aが実質的に有するものであ
　り，法的には被告Aの構成員全員が総有する不動産である。被告Bは被告
　Aのために本件不動産の登記名義人となっている者である。
5　被告Aは第3項に基づき負担する原告に対する1000万円の報酬金債務
　を支払わない。そのため原告は被告Aに対する上記1000万円に対する債務
　名義を取得したうえで，別紙物件目録1及び2記載の土地建物（以下「本
　件不動産」という。）に対し強制執行をすることを予定している。強制執
　行申立てにあたっては，被告らとの間で本件不動産が被告Aの構成員全員
　の総有であることの確定判決を得る必要がある（最三小判平22・6・29民
　集64巻4号1235頁）。
　よって，原告は，被告らに対し，本件不動産が被告Aの構成員全員の総有
であることの確認を求める。

---

※1　被告はA同郷会及びBであるが，確認の対象はあくまで，「A同郷会構成
　　員全員の総有であること」となる。
※2　第5項記載の事実はいわゆる確認の利益を基礎付けるものである。

平成22年判例に基づく請求原因の整理となる。訴訟要件となる訴えの利益

（確認訴訟においては確認の利益と称される。）については，平成22年判例に基づき強制執行申立ての際の添付書類とすることを主張すれば足りると解される。前掲東京高判平22・12・24も，ケース10と同様のケースについて訴えの利益があり，確認請求は適法であると判示している。

## 3　主張立証のポイント

　被告Bが本件不動産を固有の所有物であると主張した場合には，原告は本件不動産が実質的に被告Aが有する財産であることを立証しなければならない。本件不動産の登記簿上の所有名義が当該社団の代表者が交代する都度，変更（移転）してきたという事実があったり，また，移転原因が「委任の終了」とされている事実等があれば，原告の立証活動に役立つ事実と思料される。

## 4　判決確定後の手続

　当該確定判決を原告による強制執行の申立ての際に添付資料とすることになる。

第1　考慮すべき問題

# 第3章　共有権・共有持分権の確認

## 第1節　共有権確認訴訟

### 第1　考慮すべき問題

#### 1　想定される紛争類型

　一定の不動産について共有状態にあると主張する者が，これを争う者に対し，共有関係にあることの確認を求める訴訟類型である。共有不動産に関して，第三者が自らに所有権があると主張し，共有者の共有を争うようなケースが想定される。もっとも第三者が共有不動産を占有し，あるいは所有権登記を有する場合には，本編第1章第1節に記載した明渡請求訴訟や登記請求訴訟を行うべきである。そこで，第三者に対する共有権確認訴訟提起の必要が生じるのは，第三者が占有や登記を未だ有してはいない場合である。

　一方，共有者相互間において，この共有権確認訴訟を認める場合というのは，一般的な共有関係（いわゆる通常共有）の場合には想定されない。共有者の一人が共有関係を争い単独所有を主張し紛争が生じているケースなどでは，他の共有者は自己の共有持分を主張し，本章第2節の共有持分確認訴訟を提起すれば足りると理解される。例外的に共有者相互間において，共有関係の存否そのものが問題とされるのは，遺産共有の場合である。一定の不動産が遺産分割手続の対象となる遺産であるか否かに関して，いわゆる遺産確認の訴えが認められ，相続人全員が訴訟当事者となる固有必要的共同訴訟とされる。[注1]遺産確認の訴えの詳細は本編第4章第2節第3を参照されたい。

---

（注1）　最三小判平元・3・28民集43巻3号167頁

*271*

第1節　共有権確認訴訟

## 2　固有必要的共同訴訟性

共有権確認訴訟は，共有物全体についての共有関係の確認を求める訴訟である。したがって，持分権行使の限界を超え，また，実質的にも共有者全員によって訴訟を遂行させ，既判力等の判決の効力を共有者全員に及ぼすことが妥当とされるので，持分権者全員が共同で訴訟を提起する必要のある固有必要的共同訴訟と理解されている。[注2]

共有者全員が原告となって訴訟提起をしなければならないとすると，仮に共有者の一部の者が訴訟提起に協力しない場合の扱いが問題となる。本来であれば，一人でも原告となることに応じない共有者がいれば，当事者適格を欠くものとして訴えは却下されることになる。しかし，そうなると共有権の確認を求めようとする他の共有者の確認訴訟提起の機会を奪う結果となる。そこで，判例[注3]は入会権確認の訴えに関するケースにおいてではあるが，訴え提起に同調しない者を被告に加えることで訴えが不適法却下となり却下されることを防止することを許容している。

## 3　共同所有関係を基礎とした特殊な訴訟類型

共有関係そのものの確認を求める訴え以外にも，共同所有関係を基礎とした確認の訴え類型が存在している。とりわけ判例上，固有必要的共同訴訟となるか否かが問題となったケースとして以下のような訴訟類型がある。

(1)　入会権確認の訴え

村名義の所有権登記が存在する土地について当該地域の部落民らが入会権を有することの確認を求めた事案において，判例[注4]はこの訴訟を固有必要

---

(注2)　大判大10・7・18民録27輯1392頁，最一小判昭46・10・7民集25巻7号885頁

(注3)　最一小判平20・7・17民集62巻7号1994頁は，「入会集団の構成員のうちに入会権確認の訴えを提起することに同調しない者がいる場合には，入会権の存在を主張する構成員が原告となり，同訴えを提起することに同調しない者を被告に加えて，同訴えを提起することも許されるものと解するのが相当である。このような訴えの提起を認めて，判決の効力を入会集団の構成員全員に及ぼしても，構成員全員が訴訟の当事者として関与するのであるから，構成員の利益が害されることはないというべきである。」と判示している。この他に土地境界確定請求事件で，同様に訴え提起に同調しない共有者を被告とすることで訴え提起を適法と認めた例として，最三小判平11・11・9民集53巻8号1421頁がある。

(注4)　最二小判昭41・11・25民集20巻9号1921頁

272

的共同訴訟であると判示している。入会権は権利者である一定の部落民に総有的に帰属する権利である以上，入会権の確認を求める訴えは，権利者全員が共同してのみ提起し得ると考えるべきというのがその理由である。入会権には共有の性質を有するものと有しないものがあり，前者については入会地の地盤も入会権者の所有に属し，後者は所有に属さないとされるが，そのいずれを問わず，およそ一定の地域住民が入会権を有することの確認を求める訴えに関しては固有必要的共同訴訟であると理解されている。[注5]

## (2) 境界（筆界）確定の訴え

境界（筆界）確定を求める訴えにおいて，隣接する一方の土地（あるいは双方の土地）が共有関係にある場合にも固有必要的共同訴訟となるとするのが判例[注6]である。公法上の境界（筆界）の確認という場面であることを考慮すれば，共有者がそれぞれ持分権を有しているとしても，およそ隣接する土地の所有者全員について合一に確定すべき事柄であると解すべきことになる。境界（筆界）確定を求める訴えは専ら共有者全員による固有必要的共同訴訟として遂行されるべきであり，共有者の一人がその持分権に基づき単独で境界（筆界）確定を求める訴えを提起することは許されないと理解される。

なお，隣地所有者との間で共有土地の持分権者の一人が，その持分権に基づき単独で持分権確認の確認を求める訴えが許されることに関しては，本章第2節において改めて記載する。

## (3) 権利能力なき社団における総有権確認の訴え

権利能力なき社団が実質的に有する不動産に関しては，入会権と同様に構成員に総有的に帰属する財産であると理解されている。[注7]総有の性質を有する以上，その総有関係の確認を求める訴えは，社団構成員全員が当事者となるべき固有必要的共同訴訟になるとも解される。ただし，一定の財産が当該団体の構成員の総有に属することの確認を求める訴訟を第三者が提起する必要が生じる場合があり，このとき構成員全員を被告として固有必要的共同訴

---

(注5) 瀬戸正二（判解民・昭和41年度）509頁〜514頁
(注6) 最一小判昭46・12・9民集25巻9号1457頁
(注7) 最一小判昭32・11・14民集11巻12号1943頁。この点についてはQ2を参照のこと。

第1節　共有権確認訴訟

訟とすることは現実的でない。そこで，判例はこの場合，被告を当該団体とすることを認めている。

なお，権利能力なき社団が当事者となって給付訴訟を提起する場合や給付訴訟の被告となる場合に関しては，権利能力なき社団自身に当事者能力及び当事者適格を認めることができ，さらには不動産の移転登記請求手続請求訴訟に関しては社団代表者個人が原告になる取扱いが認められている。この点は本編第1章第2節及び第2章第2節を参照されたい。

## 第2　共有関係確認請求訴訟

〈ケース11〉

> ＡＢＣは，令和3年10月1日，甲土地を代金1000万円でＤから購入した。代金を支払い，引渡し及び所有権移転登記手続を済ませている。ＡＢＣの持分は各3分の1であり，そのとおりの登記がなされている。
> ところが，Ｄによると，Ｄが甲土地をＡＢＣに売った事実はなく，Ｄが預かり知らないところで所有権移転登記手続が行われ，また，勝手に甲土地をＡＢＣが不法占拠するに至ったものである。また，仮に売買契約が成立してもそれはＡらとＤとの間の通謀虚偽表示であり無効であるとして，現在も甲土地を所有するのはＤであるとして，ＡＢＣに対し，執拗に土地を明け渡すことや抹消登記手続をすることを求めている。
> やむなくＡＢＣは，Ｄを被告として甲土地についての共有権確認の訴えを提起したい。この場合の請求の趣旨，請求原因はどのようなものとなるか。また，被告の抗弁としてどのような主張が想定されるか。

〈図表17　ケース11の関係図〉

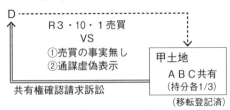

274

第2 共有関係確認請求訴訟

## 1 原告適格について

第1で指摘したように，共有権確認訴訟は固有必要的共同訴訟であり，持分を有する共有者全員が原告になる必要がある。

## 2 訴訟物

確認訴訟であるので，端的に原告らの有する権利が訴訟物となる。ここではＡＢＣが甲土地についての共有権の確認を求めているので，「原告ら（ＡＢＣ）の甲土地の共有権」となる。なお，この共有権の性質については，数人が共同して有する1個の所有権そのものと理解するのが伝統的理解である。[注8]したがって，この訴訟物の個数も1個と解される。

## 3 請求の趣旨

請求の趣旨は以下のようなものとなる。

> 1 原告らが別紙物件目録記載の土地につき，共有権を有することを確認する。
> 2 （訴訟費用の負担）
> との判決を求める。

※ 1項について物件目録に甲土地を特定するために必要な事項を記載することとなる。

## 4 請求の原因

> 1 被告は，令和3年10月1日当時，別紙物件目録記載の土地「（以下「本件建物」という。）を所有していた。
> 2 被告は，令和3年10月1日，原告らとの間で本件土地を代金1000万円で売買する契約を締結した。
> 3 前項の売買契約に基づき，原告らは令和3年10月1日，被告から本件土地の引渡し及び所有権移転登記を受けている。

---

（注8） 前掲本章注2記載の最一小判昭46・10・7においても，共有関係において数人が共同して有する1個の所有権を「いわゆる共有権」と説明している。

275

第1節　共有権確認訴訟

> 4　被告は，第3項の売買契約を締結した事実はない，仮に売買契約が成立
> してもそれは原告らと被告との間の通謀虚偽表示であり無効であるとして，
> 現在も本件土地は被告が所有するものであるとして，原告らに対し，執拗
> に本件土地を明け渡すことや本件土地の被告から原告への所有権移転登記
> の抹消登記手続をすることを求めている。
> 5　よって，原告らは，被告に対し，本件土地が原告らの共有であることの
> 確認を求める。

※　4項は，被告が本件土地の共有権を争っている事実の記載である。


## 5　主張立証のポイント

### (1)　被告のもと所有及び売買契約の締結の事実

原告らの所有権の取得原因事実は，ケース11では被告が本件土地の所有権
を有し（いわゆる「もと所有」），その被告から原告らが令和3年10月1日，本
件土地を買い受けた事実である。このうち原告らが被告から本件土地を買い
受けた当時，被告が本件土地を所有していた事実は，被告が現在も所有者で
あることを主張している以上，被告もこれを認めるものと思料される。この
場合，所有権の存在に関する権利自白が成立し，具体的な立証行為は不要と
なる。そこで，原告らの立証のポイントは令和3年10月1日の売買契約の締
結の事実となる。一方で被告はこれを否認し，原告らによる売買契約締結の
事実の立証を妨げるべき訴訟活動を行うことになると思われる。

### (2)　通謀虚偽表示

原告らと被告との間の売買契約が通謀虚偽表示に基づくものであり，被告
の意思表示が無効であるとの事実は被告の主張立証すべき抗弁となる。そこ
で，この点の立証責任は被告が負担することとなり，仮に請求原因である売
買契約の締結の事実の立証に原告らが成功した場合には，被告において通謀
虚偽表示の事実を立証できるか否かが重要なポイントなる。原告らはこの点
に関する被告の立証を妨げることに努力することとなる。


## 6　判決確定後の手続

確認訴訟であるから，原告らの請求が認容されてもその確定判決に生じる

276

第1　考慮すべき問題

のは既判力のみである。給付判決の認容確定判決とは異なり，その後の強制
執行行為は想定されていない。

## 第2節　共有持分権確認訴訟

### 第1 | 考慮すべき問題

#### 1　想定される紛争類型（二つの訴訟類型）

　一定の不動産について，持分を有する共有者の一人が自己の有する持分の
確認を求める訴えである。この場合に想定される具体的な訴訟類型には二つ
のものがあるとされる。

　一つは共有不動産の所有関係そのものについて第三者との間で紛争が生じ
ているケースや共有者相互間で持分権者の持分をめぐって紛争が生じている
ようなケースである。この場合に一定の不動産について原告が一定割合の持
分を有することの確認を求めて訴訟を提起することが想定される。

　もう一つは，共有不動産が存在すること自体には争いがないが，その共有
不動産（とりわけ土地）の権利（共有権）の及んでいる範囲について争いが存す
る場合である。このとき，持分を有している共有者がこれを争う者との間で
当該係争不動産部分に関して持分権の範囲が及んでいることの確認を求める
訴訟を提起することが想定される。

#### 2　持分そのものの確認を求める訴訟類型

　共有においては共有者各自に持分が認められている（民249条1項）。した
がって，持分権が実体法上，各共有者に認められる権利である以上，この持
分の存否について争いがある場合に，その確認を求める確認訴訟が認められ
るべきことは当然である。そして，この持分は単独で行使することができ，
譲渡も可能である。さらには持分権者が共有物自体の分割を請求することも
できる（民256条1条）。このように持分権の管理処分を持分権者が単独ででき

第2編　共有関係訴訟の実務

第3章　共有権・共有持分権の確認

*277*

第2節　共有持分権確認訴訟

る以上，確認訴訟に関しても持分権者全員で訴訟を提訴する必要はなく，各持分権者が単独で訴訟提起及び遂行ができると解されている。

　もっとも第三者との関係で権利の確認を求める場合，共有者全員が原告となって共有権の確認を求める訴訟を提起することが可能であるから（本章第1節参照），持分権に基づく確認訴訟は共有者の中に訴訟提起に同調しない者がいる場合にその独自の意義を有することになる。

### 3　持分権の及ぶ範囲の確認を求める訴訟類型

　共有者は，共有物の全部について，その持分に応じた使用をすることができる（民249条1項）。そこで，隣地所有者との間で土地の境界をめぐる紛争が生じている場合，持分権者は共有土地のうちの権利関係について争いが生じている土地部分に関し自らの持分権が存在することの確認を求めることができると理解されている。あくまで持分権の行使として訴訟を提起するのであるから，当該持分権者が単独で訴訟を提起し得ることになる。

　このようなケースにおいて本来的に想定されるのは，境界（筆界）確定訴訟の提訴である。しかし，境界（筆界）確定訴訟は共有権者全員が原告となることを要する固有必要的共同訴訟であると解されている。[注9]そこで，訴訟提起に同調しない共有者が存在する場合には，境界（筆界）確定訴訟を提起することができない。このような場合に訴訟を望む共有者の訴訟提起の機会を確保する必要があり，持分権者が単独で自らの持分に基づき持分権を有する土地の範囲（いわゆる所有権界）の確認を求めることを認めるのである。

## 第2 | 持分権確認訴訟

〈ケース12〉

　ＡＢＣは，甲土地をそれぞれ3分の1の持分割合で共有している。甲

---

（注9）　最一小判平20・7・17民集62巻7号1994頁。学説上も公法上の境界（筆界）の確定は共有者全員について合一に確定されるべき事柄であること等を理由に固有必要的共同訴訟と考える見解が多数である（『佐久間』214頁）。

第2　持分権確認訴訟

土地の西側隣地には乙土地があり、その所有者はDである。ABCとDとの間には、その境界をめぐって争いがある。Aは、甲土地と乙土地の境界は以下の図面のハとニの各点を直線で結んだ線に所在すると考えている。一方、Dは以下の図面のロとホの各点を直線で結んだ線に所在すると考えている。Aは当初、BCと共同して境界（筆界）確定の訴えを提起することを考えていたが、BはCも了解することを条件に訴訟提起に同意したが、Cが難色を示し訴訟提起に応じない。そこで、やむなく、Aが単独で訴訟を提起し紛争を解決したいと考えている。

この場合に想定される訴訟はどのようなものとなるか。

〈図表18　ケース12の関係図〉

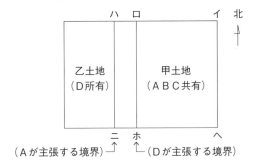

### 1　原告適格

境界（筆界）確定訴訟は固有必要的共同訴訟であり、A単独では提起できない。これに対し、Aが自らの持分権に基づき共有土地の範囲の確認を求める確認訴訟を提起することは、第1の3に記載したとおり固有必要的共同訴訟ではないので、A単独で訴訟提起が可能である。この点に関する大審院時代の古い判例の態度は明瞭ではなかったと指摘されるが、[注10]最一小判昭40・5・20民集19巻4号859頁は、「各共有者は、その持分権にもとづき、その土地の一部が自己の所有に属すると主張する第三者に対し、単独で、係争地が自己の共有持分権に属することの確認を請求することができるのは当然であ

---

(注10)　瀬戸正二（判解民・昭和40年度）176頁

第2節　共有持分権確認訴訟

る」と判示して，固有必要的共同訴訟とならないことを明確にしている。

## 2　訴訟物

　訴訟物は，あくまで持分権に限定したものとなる。「係争土地の原告（A）
の持分権」と考えられる。もっとも，原告が持分権を有している甲土地の範
囲全体が確認の対象となると考えるならば，むしろ，「原告（A）の甲土地
の持分権」が訴訟物となるとの理解が生じる。現に上記最一小判昭40・5・
20の原審である福岡高判昭39・2・25民集19巻4号869頁は，持分権者が有
する共有土地全体を対象として，持分権が及ぶ範囲を確認していた。しかし，
この理解はそもそも被告が何ら権利を主張せず，原告らの共有土地であるこ
とを争っていない土地部分（本ケースでいえば，別紙図面のイ，ロ，ホ，ヘ，イの各
点を順次，直線で結んだ土地部分）までも訴訟物として確認訴訟の対象とするこ
とになってしまう。そもそも原被告間において争いのない権利関係について
は，いわゆる確認の利益を欠くものであり，訴訟提起は許されず，仮に原告
が確認訴訟を提起しても不適法として却下されることになる。そこで，本
ケースに関しても訴訟物としてはあくまで争いのある土地部分，すなわち，
別紙図面のロ，ハ，ニ，ホ，ロの各点を順次，直線で結んだ土地部分に限ら
れると理解すべきである。

　上記最一小判昭40・5・20も，「1筆の土地であつても，所有権確認の利
益があるのは，相手方の争つている地域のみであって，争のない地域につい
ては確認の利益がないこというまでもない」と判示し，上記の原審の判決に
関して，確認の利益のない部分について確認の判決をした違法があるとして
原判決のこの部分を破棄している。あくまで係争土地部分が確認の対象とな
ることに留意すべきである。

## 3　請求の趣旨

　請求の趣旨は以下のようなものとなる。

---

　1　別紙図面記載のロ，ハ，ニ，ホ，ロの各点を順次，直線で結んだ土地部

第2 持分権確認訴訟

分は，別紙物件目録1記載の土地の範囲内であり，原告が持分権を有する
ことを確認する。
2 （訴訟費用の負担）
との判決を求める。

※ 1項であるが，原被告間に争いのある土地部分を図面上で地点を付すことで
特定する。また，物件目録に甲土地を特定するために必要な事項を記載する
こととなる。

## 4 請求原因

1 原告は，別紙物権目録記載1の土地（以下「本件土地」という。）につ
いて3分の1の持分を有している。
2 被告は，別紙物権目録記載2の土地（以下「被告土地」という。）を所
有している。
3 別紙図面記載のロ，ハ，ニ，ホ，ロの各点を順次，直線で結んだ土地部
分（以下「本件係争土地」という。）は本件土地の範囲内であるが，被告
は本件係争土地が被告土地の範囲内であると主張し，原告の持分権の及ぶ
本件土地の一部であることを争っている。
よって，原告は，被告に対し，本件係争土地が本件土地の範囲内であり，
原告が持分権を有することの確認を求める。

※ 確認の対象はあくまで原被告間で争いとなっている別紙図面のロ，ハ，ニ，
ホ，ロの各点を順次，直線で結んだ土地部分であって，原告が持分権を有す
る土地全部（別紙図面のイ，ロ，ハ，ニ，ホ，ヘ，イの各点を順次，直線で
結んだ土地部分）ではないと理解すべきである。

請求原因については，所有権の及ぶ土地の範囲の確認を求める確認訴訟の
ケースと基本的に同一である。① 原告が一定の土地について持分を有して
いる事実，② この土地のある部分（争いのある土地部分）が，原告が持分を有
する土地の範囲に属している事実，そして，③ 被告がこの土地部分につい
て自らの権利を主張するなどして，原告の持分の存在を争い，紛争が生じて
いる事実である。

第2編 共有関係訴訟の実務

第3章 共有権・共有持分権の確認

281

第2節　共有持分権確認訴訟

## 5　想定される抗弁及び主張立証のポイント

　被告は東側隣地がＡＢＣらの共有地であること自体は争ってはおらず，その境界が別紙図面のロ点及びホ点を直接で結んだところと主張している。したがって，上記の請求原因1項及び2項が争点となることはあまり想定されない。問題は請求原因3項であり，この部分に関しては，被告は原告の主張を否認し，自らの所有地であると主張するものと思われる。この場合，土地境界はあくまでロ点及びホ点を直接で結んだところであると主張し，ＡＢＣらの共有地であったことは全くなかったという主張であれば，この主張は請求原因3項に対する否認と整理される。本件係争土地部分がＡＢＣらの共有土地部分であることの立証責任は原告が負担することになる。

　これに対し，本来の境界は原告らの主張するとおりハ点及びニ点を直接で結んだところであったとしても，被告が本件係争土地を多年にわたり占有し，既に取得時効が成立していると主張することも想定される。この場合には，原告の権利が被告の時効によって本件係争土地を取得したことにより，原告の共有持分の及ぶ土地部分ではなくなったことになるから，権利消滅事実として抗弁になるものと解される。そこで，取得時効成立の事実は被告が立証責任を負担することになる。

## 6　判決確定後の手続

　確認訴訟であるから，原告らの請求が認容されてもその確定判決に生じるのは既判力のみである。給付判決の認容確定判決とは異なり，その後の強制執行行為は想定されていない。仮に被告がこの判決に納得せず，本件係争土地部分に関するＡらの権利行使を妨害するような行為に及ぶ場合には，別途妨害排除請求や損害賠償請求を行うこととなる。[注11]

---

（注11）　持分権確認訴訟提起時に既に隣地所有者による妨害行為がなされているような場合には，確認訴訟提起と一緒に妨害排除請求あるいは損害賠償請求を併合提訴することも実務上，検討されるべきである。

# 第 4 章 共有者相互間の訴訟

## 第 1 節 共有物分割訴訟

### 第 1 款 裁判による共有物の分割

#### 第 1 裁判による共有物分割請求の問題点について

1 改正前民法における問題点

(1) 各共有者は，いつでも共有物の分割を請求することができるが（民256条1項），「共有物の分割について共有者間に協議が調わないときは，その分割を裁判所に請求することができる。」（改正前民258条1項）。この点，共有者間で共有物の分割について協議をすることができないとき（例：共有者の一部が共有物の管理に無関心であったり，または所在不明である場合など），他の共有者がその分割を裁判所に請求することができるかどうか条文上明らかではなかった。

(2) また，共有物分割請求訴訟は，形式的形成訴訟として，裁判所がその裁量により判断をする非訟事件であると理解されている。この点，最高裁は，持分の価格以上の現物を取得する共有者に当該超過分の対価を支払わせて過不足を調整する部分的価格賠償，数か所に分かれて存在する多数の共有不動産を一括して分割の対象とし，分割後のそれぞれの不動産を各共有者の単独所有とする一括分割，多数の者が共有する物について分割請求がされた場合に，当該請求者に対してのみ持分の限度で現物を分割し，その余は他の者の共有とする一部分割は，いずれも，現物分割の一態様として許されると判断した（最大判昭62・4・22民集41巻3号408頁）。さらに，最高裁は，共有物を共有者のうちの一人の単独所有又は数人の共有とし，これらの者から他の共有者に対して持分の価格を賠償させる，全面的価格賠償の方法による分割も許

第 1 節　共有物分割訴訟

されると判断した（最一小判平 8・10・31民集50巻 9 号2563頁）。

　このような分割方法の多様化・弾力化は，実質的に非訟事件の性質を有する共有物分割請求訴訟において，裁判官の裁量により事案に応じた適切な解決を可能とするものであり，基本的に維持されるべきである。

　(3)　ただし，価格賠償の方法による分割は民法に規定がなく，現物分割を基本とし，競売分割を補充的とする改正前民法258条 2 項との関係でどのように位置付けられるかが明らかではなかった。また，分割方法の検討順序に関する当事者の予測可能性が確保されないとの指摘もあった。

　また，価格賠償による場合，実務上，現物取得者の支払を確保するために，裁判所が現物取得者に対して取得持分に相当する金銭の支払を命ずるなどの措置が講じられていたが，明文の根拠規定がなく運用の安定性を欠くとも指摘されていた。


## 2　2021年改正民法の概要

### (1)　要件緩和の明文化

　共有物の分割は，共有者間に協議が調わない場合のほか，協議をすることができない場合にも，その分割を裁判所に請求することができる（民258条 1 項）。「民法258条 1 項にいう『共有者ノ協議調ハサルトキ』とは，共有者の一部に共有物分割の協議に応ずる意思がないため」共有者全員で協議をすることができない場合を含むものであって，「現実に協議をした上で不調に終つた場合に限られるものではない」という判例を明文化したといえる（最二小判昭46・6・18民集25巻 4 号550頁）。

### (2)　共有物の分割方法の明文化

　裁判による共有物分割の方法として，実務上認められていた賠償分割（「共有者に債務を負担させて，他の共有者の持分の全部又は一部を取得させる方法」）が可能であることを明文化した（民258条 2 項 2 号）。また，現物分割・賠償分割のいずれもできない場合，又は，分割によって共有物の価格を著しく減少させるおそれがある場合に，競売分割を行うこととして，分割方法の順序を明らかにした（民258条 3 項）。なお，法制審議会——民法・不動産登記法部会では，

第1款 裁判による共有物の分割／第2 裁判による共有物の分割（現物分割を求める場合）

現物分割と賠償分割の先後関係についても議論されたが，共有物の形状や性質，当事者による共有物の利用方法等によって，賠償分割が望ましい場合もあれば，現物分割の方が望ましい場合もあるとの理由により，現物分割と賠償分割の先後関係は規律されなかった（補足説明29頁）。

（3）給付命令

裁判所は，共有物の分割の裁判において，当事者に対して，金銭の支払，物の引渡し，登記義務の履行その他の給付を命ずることができることを明文化した（民258条4項）。遺産分割における給付命令の規定を参考にしたものである（家事196条）。

## 3 遺産共有について

なお，遺産共有関係を裁判による共有物の分割により解消することができるかについては本書本節第2款（307頁以下）を参照されたい。

## 第2 裁判による共有物の分割（現物分割を求める場合）

〈ケース13〉

　Aは，甲土地を所有し，自宅である乙建物を建てて妻及び子Bと居住していた。また，Aは甲土地の一角に丙アパートを建て，アパート賃貸業を営んでいた。Aと妻との間にはBのほか，子C，Dがいる。妻の死亡後，Aは，乙建物をBに，丙アパートをCに相続させるとともに，甲土地をB，C，Dに各3分の1の割合で相続させるとの遺言を書いて死亡した。Bらは，Aの遺言に従い，甲土地について，B，C，Dの持分を各3分の1とする相続登記を行うとともに，Bは乙建物，Cは丙アパートについてそれぞれ相続登記を行った。数年後，BとCの関係が険悪となり，Bは，甲土地を分割し，乙建物の敷地部分（以下「甲α地」という。）とその余の土地（以下「甲β地」という）に分筆し，甲α地を自分が単独取得し，甲β地をC及びDに共有させることにより，甲地の共有関係を解消したいと考えた。しかしながら，CはBの提案に反対し，Dは兄弟げんかに巻き込まれることを嫌って態度を明らかにしない。Bは

第 1 節　共有物分割訴訟

どうしたらよいか。

〈図表19　ケース13の関係図〉

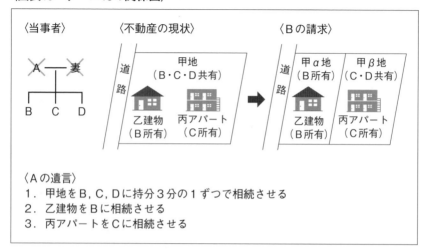

## 1　訴えの提起

Bは甲地の共有者であるC及びDにいつでも共有物の分割を請求することができるが（民256条1項本文），Cはこれに反対し，Dは態度を明らかにしない。そこで，Bは，共有物である甲地の分割について共有者間に協議が調わないことを理由に甲地の分割を裁判所に請求することができる（民258条1項）。

(1)　管轄裁判所

共有者は，被告住所地の裁判所（民訴4条1項）又は不動産所在地の裁判所（民訴5条12号）のいずれかに訴えを提起することができる。被告住所地による場合で，被告が複数のときは，被告のうち1名について管轄権を有する裁判所に訴えを提起することができる。また，不動産の訴額が140万円を超える場合には地方裁判所が，140万円以下の場合には地方裁判所と簡易裁判所が競合して管轄権を有する（裁判所法24条1号・33条1項1号）。

(2)　訴えの当事者

判例は，共有物の分割を為す場合においては，各共有者はその当事者とし

第1款　裁判による共有物の分割／第2　裁判による共有物の分割(現物分割を求める場合)

ていずれも直接利害の関係を有するものであるから，共有者中のある者を除外して分割手続を遂行するがごときは協議上の分割におけると裁判上の分割におけるとを問わず，許すべきものではないと判断している（大判明41・9・25民録14輯931頁等）。いわゆる固有必要的共同訴訟である（最二小判昭43・12・20民集22巻13号3017頁）。ケース13ではBは，Bの提案に反対するCだけでなく，態度を明らかにしないDも被告として提訴する必要がある。

(3)　訴訟物の価額

　共有物分割は，共有持分によって制限し合った状態を除去するために1個の所有権を量的に細分するものであるから，共有持分権に基づいて，共有物に対する支配，占有の範囲を具体化するものということができ，この意味において占有保持の訴えについての訴額算定基準（昭31・12・12最高裁民事甲第412号民事局長通知）別紙7(2)を類推し，目的たる物の価額の3分の1をもって訴訟物の価額の算定基準とするのが相当とされている。[注1]ただし，土地については平成6年4月1日から当分の間は固定資産税評価額に2分の1を乗じた金額が基準とされている（平6・3・28最高裁民二第79号民事局長通知「土地を目的とする訴訟の訴訟物の価額の算定基準について」）。

## 2　訴訟提起における留意点

(1)　請求の趣旨

　原告Bは，次のような請求を求めることが考えられる。

---

　1　別紙物件目録記載の土地を，別紙図面のとおり分割し，甲α地は原告の所有とし，甲β地は被告らの共有とする。
　2　被告らは，別紙物件目録記載の土地について，前項の分割による分筆登記の手続をした上，別紙図面甲α地について，この判決確定の日の共有物分割を原因として，原告に対し各共有持分の移転登記手続をせよ。
　3　原告は，別紙物件目録記載の土地について，第1項の分割による分筆登記の手続をした上，別紙図面甲β地について，この判決確定の日の共有物分割を原因として，共有持分の3分の1の内から，被告Cにその2分の1，

---

(注1)　裁判所書記官研修所『裁判所書記官研修所実務研究報告書：訴額算定に関する書記官事務の研究［補訂版］』50頁（法曹会，2002年）

第1節　共有物分割訴訟

被告Dにその2分の1の移転登記手続をせよ。
4　訴訟費用は被告らの負担とするとの判決を求める。
（物件目録1）
　甲地の所在，地番，地目，地積（不動産登記簿による）
（別紙図面）
　甲地を甲α地と甲β地に分割した図面

※1　共有物分割の訴えにおいては，当事者は，単に共有物の分割を求める旨を
　　申し立てれば足り，分割の方法を具体的に指定することを要しないから，
　　「別紙物件目録記載の土地を分割する」との請求の趣旨でも足りるとされ
　　ている（最三小判昭57・3・9判時1040号53頁）。
※2　ただし，本ケースでは，甲地を甲α地と甲β地に分割した図面を添付する
　　ことにより，原告Bが現物分割を請求する旨を明らかにした（図表19のB
　　の請求を参照）。
※3　改正民法258条4項は，共有物の分割の裁判における給付命令を明文化し
　　た。したがって，請求の趣旨に登記請求権に関する記載がなくとも，裁判
　　所は登記義務の履行について給付を命じることができる。ただし，本設例
　　では，原告の請求を明らかにする観点から，第1項の共有物分割による分
　　筆登記手続及び当該分筆後，別紙図面で特定した甲α地，甲β地について，
　　原告及び被告ら双方における持分移転登記手続を求める旨も請求の趣旨に
　　記載した。
※4　請求の趣旨2項及び3項を求める関係から，原告は，甲地の測量図面を前
　　提に，分割を希望する甲α地と甲β地について，各点を順次直線で結んだ
　　範囲内の部分として特定し，甲α地，甲β地それぞれの面積を算出した別
　　紙図面を添付することになる。


(2)　請求の原因

　1　原告及び被告らは，別紙物件目録1記載の土地（以下「本件土地」とい
　　う。）を各3分の1の割合で共有している。なお，本件土地は原告及び被
　　告らの父であるAが所有していたが，遺言により原告及び被告らが持分3
　　分の1ずつを取得したものである。
　2　原告は，被告らに対し，令和○年○月○日に，本件土地の分割を求めた
　　が，原告と被告らとの間に協議が調わなかった。
　3　本件土地上には，別紙図面のとおり，Bが所有する乙建物及びCが所有
　　する丙アパートがあり，Bは乙建物を自宅として利用し，Cは丙アパート
　　を収益物件として管理している。したがって，別紙図面のとおり，本件土
　　地を現物分割することが適切である。

第1款 裁判による共有物の分割／第2 裁判による共有物の分割（現物分割を求める場合）

> 4 よって，原告は，民法258条1項に基づき，本件土地の分割を請求する。

※1 要件事実は，① 原告が当該共有物の共有者であること，② 被告らが当該
　　共有物の共有者であること，③ 共有者の分割協議が調わないことである。
※2 請求原因3項は，本件土地の分割方法として現物分割が最も適していると
　　の主張である。


### 3 被告の対応

#### (1) 訴え却下を求める場合

原告が共有者全員を当事者としていない場合（Cのみを被告としている場合な
ど），被告は訴えの却下を求めることができるほか（固有必要的共同訴訟），分
割協議がすでに調っていることを主張して訴え却下を求めることもできる。

#### (2) 不分割合意がある場合

当事者間に共有物について不分割合意がある場合（民256条1項ただし書），
被告は抗弁としてこれを主張することができる。

#### (3) その他（本ケースを前提に）

C及びDは，Bの請求に対し，甲β地が接道しなくなることを理由に現物
分割が不可能であること，又は，著しく土地の価格が減少するおそれがある
ことなどを理由にBの求める現物分割を争い，競売分割を求めることなどが
考えられる。

また，現物分割自体は認めても，接道のため，甲β地を旗竿地として分割
することや，旗竿地となる結果，甲β地及び丙アパートの市場価格が減価さ
れるであろうことを主張して，分筆後の甲β地の面積割合を分筆前の甲地の
持分割合（3分の2）以上とすることや減価分を金銭で支払うよう求めるこ
とも考えられる。

さらに，甲地上に建物を所有しないDは，甲地の共有関係からの離脱を希
望し，B及びCに対し自己の持分を買い取るべく価格賠償又は競売分割によ
る分割を求めることも考えられる。

第1節　共有物分割訴訟

## 4　審　理

### (1)　共有物分割の訴えの性質

　共有物分割の訴えの性質は形式的形成訴訟といわれている。形式的形成訴訟は，形成要件が法定されず，法適用ではなく，裁判所の健全な良識に基づく裁量に委ねられた合目的的処分という性格を強く帯びている。本質的には非訟事件であるが，当事者の私的利害が鋭く対立するため，当事者の手続関与の機会を保障する観点から，伝統的に訴訟事件として扱われてきた。[注2][注3]

　したがって，裁判所は共有物の分割方法について当事者の申立てに拘束されるものではないが，分割方法は合理的であることが要求されている。具体的に，裁判所は，共有不動産の種類，性質，地形，利用方法，当事者双方の諸事情等に応じ，共有者の持分割合を基準とし，各共有者の利益などを考量して分割を行う。

　第1で述べたとおり，2021年民法改正により，裁判所は，現物分割又は価額賠償による分割のいずれかを選択することができる。また，いずれによっても共有物を分割することができず，又は分割によってその価額を著しく減少させるおそれがあるときは競売分割を命じることができる（民258条2項・3項）。

### (2)　本ケースの場合

　裁判所は，Bの請求の参考としつつも，必ずしもこれに拘束されることなく，B，C及びDによる甲地の利用状況，甲地の地形や接道状況，仮に現物分割した場合の甲α地及び甲β地の地形や接道状況などの諸事情に応じ，Bらの持分割合を基準とし，その利益などを総合的に考量して分割方法を審理することとなろう。

## 5　判決確定の効果

　現物分割の方法によるとの判決が確定したとき，対象となった共有物につ

---

(注2)　裁判所職員総合研修所『民事訴訟法講義案（三訂版）』55頁（司法協会，2016年）

(注3)　「訴えという申立ては存在するが，訴訟上の請求または訴訟物が存在しないといってよい。」とする学説もある（伊藤眞『民事訴訟法〔第8版〕』94頁（有斐閣，2023年））。

いては，当然に分割の効果が生じ，各共有者はそれぞれその分割された物件について所有権ないし共有持分を取得することになる。

設例において，仮に，請求の趣旨記載のとおりの判決が確定すれば，Bは甲α地を単独所有し，C及びDは甲β地を持分2分の1ずつ共有することになる。

なお，登記については，【登記手続との接合】（300頁以降）を参照されたい。

## 第3 裁判による共有物の分割（価額賠償による分割を求める場合）

〈ケース14〉

> A社とBは，甲地及び甲地上にある乙ビル（以下，「本件不動産」という）を各2分の1の割合で共有している。本件不動産は，もともとはA社の前主であるCとBがその父親であるDから相続した物件であったが，CとBが犬猿の仲であるため，CはDの遺産分割を経ないまま，Cの遺産共有持分を第三者であるA社に譲渡したとの経緯があった。
> Cから本件不動産の持分全てを譲り受けたA社は，持分移転登記を経由した後，本件不動産を管理してきたが，管理に関する協議や収益分配の煩を回避するべく，本件不動産を単独所有したいと考えるようになった。そこで，A社が弁護士を通じて，Bに上記申入れをしたところ，Bから分割には応じないとの返事があった。A社はどうしたらよいか。

〈図表20 ケース14の関係図〉

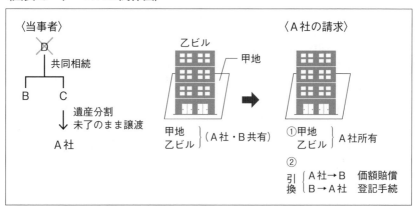

第1節　共有物分割訴訟

## 1　訴えの提起

第2に同じ（286頁参照）。

## 2　訴訟提起における留意点

(1)　請求の趣旨

A社は，次のような請求を求めることが考えられる。

---

1　別紙物件目録記載1の土地及び同目録記載2の建物を次のとおり分割する。
(1)　別紙物件目録記載1の土地及び同目録記載2の建物を原告の所有とする。
(2)　原告は，被告から次項の登記手続を受けるのと引換えに，被告に対し，●●円を支払え。
(3)　被告は，原告から前項の●●円の支払を受けるのと引換えに，原告に対し，別紙物件目録記載1の土地及び同目録記載2の建物の各持分2分の1について，共有物分割を原因とする持分移転登記手続をせよ。
2　訴訟費用の負担
との判決を求める。
（物件目録）略

---

※1　共有物分割の訴えにおいては，当事者は，単に共有物の分割を求める旨を申し立てれば足りることはケース13と同じである。

※2　本ケースでは，A社は全面的価格賠償の方法による分割を求めるため，請求の趣旨を1項記載のとおりとした。

※3　請求の趣旨1項(2)及び(3)の記載がなくとも，裁判所は当事者に対し，金銭の支払，物の引渡し，登記義務の履行その他の給付を命ずることができる（民258条4項）。ただし，本ケースではA社の請求を明らかにする観点から請求の趣旨に記載した。

※4　賠償額の算定は当事者間で対立の生じやすい争点である。本ケースではA社の私的鑑定等による評価額を請求の趣旨に記載することを想定している。

(2)　請求の原因

---

1　訴外Dは，別紙物件目録記載の土地及び同目録記載の建物を（以下「本件不動産」という。）を所有していた。
2　訴外Dが平成○年○月○日に死亡し，訴外Cと被告が持分2分の1ずつの割合で本件不動産を相続した。

---

292

第1款　裁判による共有物の分割／第3　裁判による共有物の分割（価額賠償による分割を求める場合）

> 3　訴外Cは，平成○年○月○日，遺産分割を経ないまま，本件不動産の遺産共有持分を原告に譲渡し，同日，原告は当該共有持分について移転登記を経由した。以後，原告は，本件不動産を管理してきた。
>
> 4　原告は，被告に対し，令和○年○月○日に，本件不動産の分割を求めたが，原告と被告との間に協議が調わなかった。
>
> 5　原告は本件不動産を管理する一方，被告は本件不動産の管理を原告に任せきりにして，本件建物を利用する必要性はない。また，原告による本件不動産の評価は適切である上，原告は賠償金を現金で直ちに支払うことが可能である。
>
> 6　よって，原告は，民法258条1項に基づき，本件土地の分割を請求する。

※1　要件事実は，①原告が当該共有物の共有者であること，②被告が当該共有物の共有者であること，③共有者の分割協議が調わないこと，④（遺産共有であった場合）遺産性の喪失である。

※2　請求原因の2項及び3項は，訴外Cが本件不動産の遺産共有持分をA社に譲渡したことにより，遺産性が喪失した旨の主張である。

※3　請求原因の5項は，後述する最一小判平8・10・31民集50巻9号2563頁が示した全面的価格賠償の要件を充足している旨主張したものである。


### 3　被告の対応

(1)　訴え却下を求める場合及び不分割合意がある場合

ケース13に同じ。

(2)　その他（本ケースを前提に）

Bは，A社の請求に対し，自らが本件不動産を単独所有し，A社に価格賠償することを求めることが考えられる。また，A社による価格賠償は認めても，A社による持分の評価額を争うことも考えられる。さらに，本件不動産の現物分割が不可能であること，又は，現物分割することによって，本件不動産の価格が著しく減少するおそれがあること及びA社の支払能力に問題があり価額賠償によることは適切でないことなどを理由に競売分割を求めることも考えられる。

第1節　共有物分割訴訟

## 4　審　理

### (1)　共有物分割の訴えの性質

ケース13に同じ。

### (2)　全面的価格賠償の方法による分割の留意点

全面的価格賠償の方法による分割を認めた最一小判平8・10・31民集50巻9号2563頁は，「共有物分割の申立てを受けた裁判所としては，現物分割をするに当たって，持分の価格以上の現物を取得する共有者に当該超過分の対価を支払わせ，過不足の調整をすることができるのみならず，当該共有物の性質及び形状，共有関係の発生原因，共有者の数及び持分の割合，共有物の利用状況及び分割された場合の経済的価値，分割方法についての共有者の希望及びその合理性の有無等の事情を総合的に考慮し，当該共有物を共有者のうちの特定の者に取得させるのが相当であると認められ，かつ，その価格が適正に評価され，当該共有物を取得する者に支払能力があって，他の共有者にはその持分の価格を取得させることとしても共有者間の実質的公平を害しないと認められる特段の事情が存するときは，共有物を共有者のうちの一人の単独所有又は数人の共有とし，これらの者から他の共有者に対して持分の価格を賠償させる方法，すなわち全面的価格賠償の方法による分割をすることも許されるものというべきである。」と判示した。2021年改正民法のもとでも，上記最高裁の判断は維持されている。[注4]

### (3)　価格賠償の算定

価格賠償による分割において，賠償金の算定が争点となる場合，裁判所は，不動産鑑定士を鑑定人に選任し，鑑定人は，中立的な立場で対象不動産の評価額を算定し，鑑定書を作成提出する。裁判所は，当該鑑定書に拘束されないが，実務では，鑑定書とほぼ同一の金額をして賠償額と判断することが多い。なお，鑑定費用は当事者が負担する。

### (4)　本ケースの場合

最高裁が判示した諸事情を総合考慮したうえ，全面的価格賠償の可否など

---

（注4）　『村松ら』111頁

第1款　裁判による共有物の分割／第4　裁判による共有物の分割（競売による分割を求める場合）

について審理されることとなろう。

## 5　判決確定の効果

　仮に，A社の請求どおりに全面的価格賠償の方法によるとの判決が確定したとき，対象となった共有物については，当然に分割の効果が生じるから，A社は本件不動産を単独所有することになる。併せて，A社はBに対する本件不動産の持分移転登記請求権を，BはAに対する価格賠償請求権を取得し，両請求権は引換給付の関係に立つ。

　なお，登記請求権については，【登記手続との接合】を参照されたい。

---

# 第4 　裁判による共有物の分割 （競売による分割を求める場合）

〈ケース15〉

　A，B，C，D及びEは，甲地上の築50年の乙アパート（以下「本件不動産」という。）を所有している（共有持分はいずれも5分の1ずつ）。乙アパートには現在3名の賃借人が居住しているが，半数が空室である。共有者を代表してAが乙アパートを管理し，経費を差し引いた賃料を持分に応じて分配してきた。数年後，持病の悪化したAは，BないしEに対し，「本件不動産を第三者に売却して，管理を免れたい。」と申し出た。この申出に対し，B，Cは反対し，D，Eからは返事がない。Aはどうしたらよいか。

第2編　共有関係訴訟の実務

第4章　共有者相互間の訴訟

*295*

第1節　共有物分割訴訟

〈図表21　ケース15の関係図〉

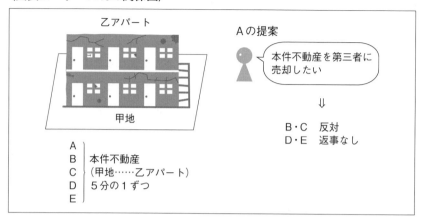

1　訴えの提起

第2に同じ。

2　訴訟提起における留意点

(1)　請求の趣旨

Aは，次のような請求を求めることが考えられる。

> 1　別紙物件目録記載の土地及び建物について競売を命じ，その売得金から競売手続費用を控除した金額を，原告に5分の1，被告Bに5分の1，被告Cに5分の1，被告Dに5分の1，被告Eに5分の1の割合で分割する。
> 2　訴訟費用の負担
> との判決を求める。
> （物件目録）略

※1　共有物分割の訴えにおいては，当事者は，単に共有物の分割を求める旨を申し立てれば足りることはケース13と同じである。
※2　本ケースでは，Aによる本件不動産の任意売却の申出に対し，全員が同意しないため，Aは競売分割を申し出た。

(2)　請求の原因

> 1　原告及び被告らは，別紙物件目録記載の土地及び建物（以下「本件不動

第1款　裁判による共有物の分割／第4　裁判による共有物の分割(競売による分割を求める場合)

産」という。）を各5分の1の割合で共有している。
2　原告は，共有者全員を代表して本件不動産を管理してきたが，持病の悪
　化により，管理者の交代あるいは本件不動産の任意売却を希望するように
　なった。
3　原告は，被告らに対し，令和○年○月○日に，本件不動産の任意売却を
　求めたが，被告B及び被告Cはこれに反対し，被告D及び被告Eは賛否を
　明らかにしなかった。
3　よって，原告は，民法258条1項に基づき，本件土地の分割を請求する。

※1　要件事実は，① 原告が当該共有物の共有者であること，② 被告らが当該
　　共有物の共有者であること，③ 共有者の分割協議が調わないことである。
※2　被告D又は被告Eが所在不明共有者である場合，原告は，公示送達を利用
　　し，又は不在者財産管理人の選任申立てをした上で提訴することが考えら
　　れる。また，所在等不明共有者の共有持分について，所有者不明土地管理
　　人及び所有者不明建物管理人の選任申立てをした上で，提訴することも考
　　えられる。さらに，仮に被告B及び被告Cが任意売却に賛成している場合
　　には，所在等不明共有者の持分譲渡の裁判手続を申し立てることにより，
　　本件不動産を第三者に任意売却する方策も考えられる。


## 3　被告の対応

### (1)　訴え却下を求める場合及び不分割合意がある場合

ケース13に同じ。

### (2)　その他（本ケースを前提に）

　本件不動産の状況等に鑑み現物分割が困難である場合でも，共有者DEが
本件不動産の取得を希望すれば，価額賠償の方法による分割もあり得る。

　また，提訴後，共有者間で合意が成立すれば，裁判上の和解に基づく任意
売却又は競売分割による解決もあり得る。

第1節　共有物分割訴訟

## 4　審　理

### (1)　共有物分割の訴えの性質

ケース13に同じ。

### (2)　本ケースの場合

本ケースにおいて，現物分割は現実的ではなく，また，共有者のいずれもが本件不動産の取得を希望しない場合，競売分割はやむを得ないと考えられる。ただし，裁判上の和解成立に基づく任意売却又は競売分割による解決もあり得ることは上記3(2)のとおりである。

## 5　判決確定の効果

Aの請求どおり，競売分割の方法によるとの判決が確定しても，そのままでは当然には競売分割は完了しない。Aは確定判決に基づき，形式的競売（留置権による競売及び民法，商法その他法律の規定による換価のための競売）を申し立てる必要があり，その方法は担保権の実行としての競売の例によることとなる（民執195条）。

### (1)　形式的競売の申立て

共有物分割のための競売申立ては書面によって行う（民執2条，民執規1条）。

開始文書は，共有物分割請求事件の判決謄本又は正本及びその確定証明書であるが，強制執行ではないので，執行文は必要ではない。[注5]また，通常の競売申立事件に必要な不動産登記事項証明書及び資格証明書等も必要である。

訴訟上の和解調書が開始文書に当たるかは争いがあるが，実務上，訴訟上の和解調書による申立てが認められている。[注6]担保権実行の前提である担保権設定契約が当事者間の私的合意によるものであり，当該合意に基づく担保権の登記に関する登記事項証明書の提出により競売手続の利用が可能である以上（民執181条1項），訴訟上の和解によって換価のため形式的競売によることを合意した場合には，その調書を開始文書とする申立ても認められるべき

---

（注5）　東京地方裁判所民事執行センターでは送達証明書の提出も不要である（『相澤ら』422頁）。
（注6）　『相澤ら』422頁

第1款　裁判による共有物の分割／第4　裁判による共有物の分割（競売による分割を求める場合）

だからである。[注7]これに対し，実務上，私文書は開始文書に当たらないとされることが多い。なぜなら，① 私文書によって，換価権の存否という実体的判断を行うことは民事執行法の趣旨に沿わず，② 一般の先取特権にあってはその存在を称する文書を開始文書とする民事執行法181条1項4号（令和5年改正施行後は民執181条1項2号ハ）は，賃金債権に基づく一般先取特権を有する使用人等保護のための政策的規定であるからである。[注8]

(2)　形式的競売における売却条件

民事執行法195条は，「留置権による競売及び民法……その他の法律の規定による換価のための競売については，担保権の実行としての競売の例による」と定めるのみであり，共有物分割の対象となる共有不動産に抵当権等の担保権が設定されている場合，① 競売手続によって担保権が消滅するのか（消除主義。民執188条・59条），もしくは買受人が担保権を引き受けるのか（引受主義），又は② 無剰余取消しがなされるのか（民執188条・63条）について，解釈が分かれている。

まず，①について，かつては引受主義が通説とされていたが，現在の実務は消除主義による。[注9]「競売手続における消除主義の利点は，買受人の地位を安定させることにより換価を容易にすることである。その根拠は売却の目的を達成するための必要性にあるのであり，その必要性は形式的競売も担保権実行としての競売と変わりはない。競売による売却により占有を伴わない担保権は消滅するが，順位に応じた配当がされることによって担保権は一応の目的を達することができる。」からである。[注10][注11]

また，②について，実務では，共有物分割のための不動産競売については民事執行法63条が準用されている。[注12]「剰余主義を準用しない場合には，担

---

（注7）　肯定説の裁判例として東京高判昭63・7・27判時1284号69頁等。
（注8）　『相澤ら』423頁。私的文書の開始文書性を否定した裁判例として東京高決平13・1・17判タ別冊24号231頁等。
（注9）　最三小決平24・2・7裁判集民240号1頁，『相澤ら』419頁。
（注10）　上記最三小決における岡部喜代子裁判官の補足意見
（注11）　なお，実務では，共有物分割のための競売では，消除主義採用を前提に配当要求及び交付要求も認める扱いとされている（『相澤ら』425頁）。
（注12）　前掲本章注9・最三小決平24・2・7

第1節　共有物分割訴訟

保権者は，希望しない時期に満足を得ることもないままその担保権を強制的に消滅させられるという不利益を被ることになる。担保権者は，望むときに換価し，できるだけ多額の満足を得る利益を有しているのであるから，その利益を無視することはできない」からである。[注13]

　なお，形式的競売においては，民事執行法68条の適用はなく，共有者による買受けの申出をすることは可能である。共有者は，「債務者」（民執68条）ではないし，同法68条が債務者による買受け申出を禁止する趣旨（債務者は対象物件の購入ではなく，債権者に対する弁済を優先すべき）は，換価型の形式的競売たる共有物分割のための競売手続には妥当しないからである。

(3)　配当等手続

　売却代金から手続費用を控除し，配当等を受けるべき債権者に配当をした後（民執195条・188条・87条），残った売却代金を判決等で決められた共有者の分割割合に基づき分配することとなる。

　競売による換価後の登記請求権については，以下【登記手続との接合】を参照されたい。

## 登記手続との接合

　以上の解説を踏まえて，第2・第3・第4の例に従い，「現物分割」，「価額賠償による分割」，「競売による分割」の登記手続について以下に説明をする。

## 1　現物分割（ケース13）

### (1)　具体的な登記申請手続について

　ケース13において5「判決確定の効果」に記載のとおり判決が確定した場合，具体的な登記申請手続は以下のとおりとなる。

---

（注13）　前掲最三小決平24・2・7における岡部喜代子裁判官の補足意見，『相澤ら』425頁

*300*

第1款　裁判による共有物の分割——登記手続との接合

① 甲地を「甲α地」と「甲β地」の2筆に分筆する。

※「甲地」（地番1番の土地200平方メートル）を，「甲α地」1番1の土地（100
　平方メートル）と「甲β地」1番2の土地（100平方メートル）に分筆する例
　とする。

## 〈例18　登記記録——現物分割（甲地を「甲α地」と「甲β地」の2筆に分筆する場合）〉

〈甲地（分筆により甲α地）〉※甲区に変更はない

| 表　題　部 | （土地の表示） | 調製 | 平成○年○月○日 | 不動産番号 | 1234567890123 |
|---|---|---|---|---|---|
| 地図番号 | 余　白 | 筆界特定 | 余　白 | | |
| 所　在 | 何市何町二丁目 | | | 余　白 | |

| ①　地　番 | ②地　目 | ③　　地　　積　　　㎡ | 原因及びその日付［登記の日付］ |
|---|---|---|---|
| 1番 | 宅地 | 200：00 | |
| 1番1 | 余　白 | 100：00 | ①③1番1，1番2に分筆<br>［令和年何月何日］ |

【甲β地】

| 表　題　部 | （土地の表示） | 調製 | 平成○年○月○日 | 不動産番号 | （記載省略） |
|---|---|---|---|---|---|
| 地図番号 | 余　白 | 筆界特定 | 余　白 | | |
| 所　在 | 何市何町二丁目 | | | 余　白 | |

| ①　地　番 | ②地　目 | ③　　地　　積　　　㎡ | 原因及びその日付［登記の日付］ |
|---|---|---|---|
| 1番2 | 宅地 | 100：00 | 1番から分筆<br>［令和年何月何日］ |

| 権　利　部　（甲　区）　（所有権に関する事項） | | | |
|---|---|---|---|
| 順位番号 | 登　記　の　目　的 | 受付年月日・受付番号 | 権利者その他の事項 |
| 1 | 所有権移転 | 令和何年何月何日<br>第何号 | 原因　令和何年何月何日相続<br>共有者<br>　何市何町何番地<br>　　持分3分の1　B<br>　何市何町何番地<br>　　　3分の1　C<br>　何市何町何番地<br>　　　3分の1　D<br>順位何番の登記を転写<br>令和何年何月何日受付<br>第何号 |

②「甲α地」について「年月日共有物分割」を登記原因としてCD持分を
Bに移転する登記を申請する。また，「甲β地」について「年月日共有物分
割」を登記原因としてB持分をCDに移転する登記を申請する（日付は，いず
れも判決の確定日である。）。[注14]

---

（注14）　共有持分に対して抵当権などの第三者の権利が設定されている場合には後記(4)（303頁）
　　を参照

301

第1節　共有物分割訴訟

〈**例19　登記記録──現物分割**（「甲α地」について「年月日共有物分割」を登記原因としてCD持分をBに移転する場合）〉

【甲α地】

| 権　利　部　（　甲　区　）　　（所　有　権　に　関　す　る　事　項) | | | |
|---|---|---|---|
| 順位番号 | 登　記　の　目　的 | 受付年月日・受付番号 | 権　利　者　そ　の　他　の　事　項 |
| 何 | 所有権移転 | 令和何年何月何日<br>第何号 | 原因　令和何年何月何日相続<br>共有者<br>　何市何町何番地<br>　　持分3分の1　　B<br>　何市何町何番地<br>　　　　3分の1　　C<br>　何市何町何番地<br>　　　　3分の1　　D |
| 何 | C持分，D持分全部移転(注15) | 令和何年何月何日<br>第何号 | 原因　令和何年何月何日共有物分割<br>所有者<br>　何市何町何番地<br>　　持分3分の2　　B |

〈**例20　登記記録──現物分割**（「甲β地」について「年月日共有物分割」を登記原因としてB持分をC，Dに移転する場合）〉

【甲β地】

| 権　利　部　（　甲　区　）　　（所　有　権　に　関　す　る　事　項) | | | |
|---|---|---|---|
| 順位番号 | 登　記　の　目　的 | 受付年月日・受付番号 | 権　利　者　そ　の　他　の　事　項 |
| 1 | 所有権移転 | 令和何年何月何日<br>第何号 | 原因　令和何年何月何日相続<br>共有者<br>　何市何町何番地<br>　　持分3分の1　　B<br>　何市何町何番地<br>　　　　3分の1　　C<br>　何市何町何番地<br>　　　　3分の1　　D<br>順位何番の登記を転写<br>令和何年何月何日受付<br>第何号 |
| 2 | B持分全部移転 | 令和何年何月何日<br>第何号 | 原因　令和何年何月何日共有物分割<br>共有者<br>　何市何町何番地<br>　　持分6分の1　　C<br>　何市何町何番地<br>　　　　6分の1　　D |

### (2)　分筆の登記申請について

　分筆登記は，通常であれば，その土地の所有者（共有者）が申請することとなる。(注16)ケース13において，当事者は互いに持分を取得しあう関係であるため，裁判による現物分割とはいえ，分筆登記申請については当事者が協力

---

(注15)　CD持分をBに移転する登記は，一括で申請できたとしても，各別に登記されるとする考え方がある（藤原勇喜『不動産の共有と更正の登記をめぐる理論と実務』154頁（日本加除出版，2019年），登研162号18頁）が，ここでは申請どおり登記が実行されることを想定しての記録例にしてある。

(注16)　共有地の分筆登記申請人は，民法改正前は共有者全員であったところ，改正後は過半数で申請できることになった点については86頁に記載のとおり。

第1款　裁判による共有物の分割──登記手続との接合

して行える余地はあるものと思われる。一方で，当該共有物分割の確定判決等を代位原因証書として，持分の取得者が他の共有者に代位して[注17]分筆登記を申請することも可能である（平6・1・5民三第265号民事第三課長回答）。なお，分筆登記に当たっては，代位申請か否かに関わらず，対象となる土地の隣接地所有者の境界確認等（隣接する土地の所有者が互いに境界を確認した旨の記載がある書面等）が必要となるため，実務的には，この辺りのことを十分に準備のうえ訴訟に臨む必要がある。

(3)　**持分移転登記申請について**

持分移転登記については，原則として，持分を移転する者と取得する者が共同で申請することとなる（不登60条）。上記(2)の分筆登記申請と同様に，原則どおり，当事者が協力して共同で申請する余地はあるものの，持分移転登記申請については，当事者感情などを鑑みると，各々持分を取得する者による単独申請（不登63条）[注18]で行われることが多いのではないかと思われる。裁判手続に当たり，持分移転登記を当該判決等に基づく単独申請で行う想定をしているときは，その判決等において当該持分移転登記手続をすべきことを命ずる条項が必須となるため，第2の2の(1)※3（288頁）に記載のとおり，確実に給付判決等を得られるよう工夫が必要であると考える。

(4)　**複数共有者の場合の登記申請について**

不動産登記令4条では「申請情報は，登記の目的及び登記原因に応じ，1の不動産ごとに作成して提供しなければならない。ただし，同一の登記所の管轄区域内にある2以上の不動産について申請する登記の目的並びに登記原因及びその日付が同一であるときその他法務省令で定めるときは，この限りでない。」と定めている。また，その法務省令（不登規35条）において，共有物件（共有持分）であることが不動産登記令4条ただし書に該当するとの定めはない。これにより，持分移転登記は当事者ごとに各別に申請するのが原則とされている。

---

（注17）　代位登記申請については260頁も参考にされたい。
（注18）　判決等による単独登記申請については261頁も参考にされたい。

第1節　共有物分割訴訟

一方で，(1)の記録例[注19]に記載のとおり，本件事例のような複数当事者が関与する共有持分の移転登記申請については，各別に申請することなく一括して申請する取扱いが許容されている（昭35・5・18民事甲第1186号民事局長回答など）。これにより，ケース13のC持分とD持分をBに移転する登記は一括して申請できることとなる。ただし，共有持分に対して抵当権などの第三者の権利が設定されている場合には，その持分を他の持分と一緒に移転する登記申請を行うことにより権利関係が混乱するおそれ[注20]があるため，原則どおり各別に申請しなければならない（昭37・1・23民事甲第112号民事局長通達）。具体的には，例19において，C持分やD持分に対して抵当権が設定されている場合などがこれに当たる。

## 2　価額賠償による分割（ケース14）

### (1)　具体的な登記申請手続について

第3のケース14において5「判決確定の効果」に記載のとおり判決が確定したとすると，対象不動産についてBからA社への持分移転登記を申請することとなる。具体的な登記申請手続は，現物分割と異なり分筆登記こそ伴わないものの，共同申請（不登60条）を原則としつつ，単独申請（不登63条）の場合の注意点などを含め，現物分割における1(3)と同様である。

### (2)　引換給付判決による場合の執行文付与と事実上の価額賠償先履行について

第3の2の(1)及び第3の5に記載のとおり，一般的に，価額賠償による共有物分割の場面においては，金銭の支払と引換えに登記手続が認められることとなる。この場合，不動産登記法63条により単独で登記申請を行う場合は，民事執行法177条1項・2項の規定により，執行文が付与された確定判決等が必要となる。

---

(注19)　例19，20。そのほか，例5，例6（9頁）の記録例も参照。
(注20)　複数の共有者から持分を取得したときは，その合計の持分が取得者の持分として登記されるところ，その後に持分（全部又は一部）を移転するときなどを含め，どこの持分に第三者の権利が設定されているかを登記簿上判読しづらい状態となってしまう。

第1款　裁判による共有物の分割——登記手続との接合

　このことは，事実上，執行文を付与してもらうために，価額賠償に伴う金銭の支払が登記よりも先履行となることを意味する。理屈上は金銭の支払と登記申請手続は同時履行であるべきであるところ，現在の執行・登記実務では，このような形でタイムラグが生じることとなることに注意が必要である。

　⑶　反対給付が他の不動産である場合について

　ケース14とは異なるが，反対給付を金銭ではなく他の不動産で行うことも考えられる。この場合，当該他の不動産の所有権移転の登記原因は「年月日共有物分割による交換」となる。

## 3　競売による分割（ケース15）

　⑴　具体的な登記申請（嘱託）手続について

　競売による分割の場合は，当事者が当該登記申請を行うことはない。第4の5⑴（298頁）により競売を申し立てる必要があるものの，その後の登記手続は，裁判所が，担保権実行の例に従い，差押えの登記を嘱託し，競売手続完了後は買受人に対する持分移転登記も嘱託することとなる。

〈例21　登記記録 —— 競売による分割（嘱託）〉

| 権　利　部　（　甲　区　）　　（所　有　権　に　関　す　る　事　項） | | | |
|---|---|---|---|
| 順位番号 | 登　記　の　目　的 | 受付年月日・受付番号 | 権　利　者　そ　の　他　の　事　項 |
| 何 | 所有権移転 | 令和何年何月何日<br>第何号 | 原因　昭和何年何月何日売買<br>共有者<br>　何市何町何番地<br>　　持分5分の1　A<br>　何市何町何番地<br>　　　5分の1　B<br>　何市何町何番地<br>　　　5分の1　C<br>　何市何町何番地<br>　　　5分の1　D<br>　何市何町何番地<br>　　　5分の1　E |
| 何 | 差押 | 令和何年何月何日<br>第何号 | 原因　令和何年何月何日何裁判所競売開始決定<br>申立人<br>　何市何町何番地<br>　　A |

　⑵　買受人は共有者の一人でも構わない

　第4の5⑵に記載のとおり，共有者の一人が対象不動産の取得を希望する場合は，当該競売手続において，買受人となることもできる。下記は，ケー

第1節　共有物分割訴訟

ス15において共有者の一人であるＡが買受人となった場合の登記記録例である。

〈例22　登記記録──共有者の一人であるＡが買受人となった場合〉(ケース15)》

| 権　利　部　（　甲　区　）　　（所　有　権　に　関　す　る　事　項) | | | |
|---|---|---|---|
| 順位番号 | 登　記　の　目　的 | 受付年月日・受付番号 | 権　利　者　そ　の　他　の　事　項 |
| 何 | 所有権移転 | 令和何年何月何日<br>第何号 | 原因　昭和何年何月何日売買<br>共有者<br>　何市何町何番地<br>　　持分5分の1　　Ａ<br>　何市何町何番地<br>　　　　5分の1　　Ｂ<br>　何市何町何番地<br>　　　　5分の1　　Ｃ<br>　何市何町何番地<br>　　　　5分の1　　Ｄ<br>　何市何町何番地<br>　　　　5分の1　　Ｅ |
| 何 | 差押 | 令和何年何月何日<br>第何号 | 原因　令和何年何月何日何裁判所競売開始決定<br>申立人<br>何市何町何番地<br>　　　Ａ |
| 何 | Ａを除く共有者全員持分全部移転 | 令和何年何月何日<br>第何号 | 原因　令和何年何月何日競売による売却<br>所有者　何市何町何番地<br>　　持分5分の4　Ａ |
| 何 | 何番差押登記抹消 | 令和何年何月何日<br>第何号 | 原因　令和何年何月何日競売による売却 |

### (3)　対象不動産に設定されていた抵当権等の担保権について

　第4の5(2)に記載のとおり，現在の実務では，形式的競売により，対象不動産に設定されていた抵当権等の担保権は消滅する。この場合の担保権の抹消登記についても，買受人への所有権移転登記等と同時に，裁判所の嘱託により行われる。

〈例23　登記記録──形式的競売により，対象不動産に設定されていた抵当権等の担保権の抹消登記〉

| 権　利　部　（　乙　区　）　　（所　有　権　以　外　の　権　利　に　関　す　る　事　項) | | | |
|---|---|---|---|
| 順位番号 | 登　記　の　目　的 | 受付年月日・受付番号 | 権　利　者　そ　の　他　の　事　項 |
| 何 | 何番，何番抵当権，何番根抵当権抹消 | 令和何年何月何日<br>第何号 | 原因　令和何年何月何日競売による売却 |

※抹消の対象となった抵当権等の登記の部分には抹消する記号(下線)が記録される。

## 第2款 裁判による相続財産に属する共有物の分割

## 第1 令和３年改正前民法下の問題点

遺産共有状態にある共有物を分割するには，遺産分割手続によらなければならない。遺産分割手続と共有物分割手続は様々な点で異なり，遺産分割手続はいわば共有物分割手続の特則と位置づけられるからである（Q26参照）。

これに対し，共有物に遺産共有持分と通常の共有持分が併存している場合，共有持分を有する第三者の側からも（最二小判昭50・11・7民集29巻10号1525頁），相続人の側からも（大阪高判昭61・8・7判タ625号180頁）共有物分割訴訟（民258条）を提起することができるとされている（『潮見』291頁）。共有物分割手続によって共同相続人に分与された部分は別途遺産分割が可能であり，共同相続人の「遺産分割上の権利」が害されることはないからである（Q25）。

もっとも，例えば通常の共有持分を有する原告が共有物分割訴訟において全面的価額賠償の方法（最一小判平8・10・31民集50巻9号2563頁）で他の共有者の持分を取得する場合，被告となる遺産共有の持分権者には，遺産の総体について遺産分割を受ける権利があるから，共有物分割訴訟が提起された地方裁判所で，遺産共有者が取得する代償金の取得割合を確定させるのは相当でない。そこで，判例は，各相続人は全面的価額賠償による分割を求めた共有者から支払われた代償金を保管し，後に遺産分割協議や家庭裁判所での調停で分割を行うべきだと判示した（最二小判平25・11・29民集67巻8号1736頁）。ただ，この手続によるときも，結果的に共有物分割と遺産分割の2回の手続を経なければならず，迂遠と言わざるを得ない。

## 第2 遺産共有と通常の共有が併存する場合の共有物分割訴訟の特則

### 1 改正法による遺産共有の解消

相続が開始してから長期間が経過すると，特別受益や寄与分を確定するための資料や証拠が散逸し，その認定が困難になる。そこで，相続が開始して

第1節　共有物分割訴訟

から10年が経過した場合には，改正法は，遺産分割において特別受益や寄与分に関する規定は適用されないとした（民904条の3。Q25参照）。それを受けて改正法は，「共有物の持分が相続財産に属する場合」すなわち，遺産共有と通常の共有が併存している場合について，相続開始から10年を経過したときは，その後に提起した共有物分割訴訟によって遺産共有持分を含む共有物について分割することができるとし（民258条の2第2項），1回の手続による遺産共有の解消も可能とした。この共有物分割訴訟においては，被相続人に他の遺産があっても対象となった共有物のみが分割され，遺産共有持分を有する各相続人の特別受益や寄与分は考慮されない。その結果，全面的価額賠償による分割を求めた共有者が支払う代償金は，法定相続分又は指定相続分によって分割される（民898条2項）。

## 2　異議による遺産分割上の権利の保障

　もっとも，相続開始から10年を経過しても遺産分割調停等を家庭裁判所に申し立てることはできるから，具体的相続分による分割はできなくても（なお民904条の3第2号参照）共同相続人の遺産分割を受ける利益を確保する必要がある。そこで，改正法は，相続開始から10年を経過した場合であっても，共有物のうち遺産共有持分について家庭裁判所に遺産分割の請求をし，かつ，共同相続人が共有物分割訴訟によって分割することについて異議を申し立てたときは，共有物分割訴訟での分割はできなくなるとした（民258条の2第2項ただし書）。この異議は，共同相続人が，共有物分割訴訟が係属する裁判所から通知を受けた日から2か月以内に申し出なければならない（民258条の2第3項）。なお，この異議を申し出ることができるのは，共有物分割訴訟を提起していない共同相続人に限られる（『村松ら』116頁）。

308

# 第3 裁判による相続財産に属する共有物の分割

〈ケース16〉

　甲土地は，兄弟であるAとBによる持分2分の1ずつの共有になっていたところ，Aが10年前に死亡した。Aの相続人は，Aの妻Cと子のD，Eだったが，現在まで遺産分割協議はされていない。Aの遺産は，甲土地の共有持分のほかに，Aと同居してきたCが現在も住んでいる乙建物と敷地の丙土地と預金がある。

　広大な甲土地に大型商業施設を建設しようと計画したXは，Bから甲土地の共有持分2分の1を有償で取得し，持分の移転登記を了した。Xは，C，D，Eを被告に共有物分割訴訟を提起して残りの共有持分を取得できるか。

〈図表22　ケース16の関係図〉

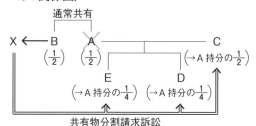

## 1　請求の趣旨

> 1　別紙物件目録記載の土地を次のとおり分割する。
> (1) 別紙物件目録記載の土地の共有持分を原告の所有とする。
> (2) 原告は，被告Cから(4)の登記手続を受けるのと引換えに，被告Cに対し，金●●円を支払え。
> (3) 原告は，被告D及びEから(5)の登記手続を受けるのと引換えに，被告D及びEに対し，各金●●円を支払え。
> (4) 被告Cは，原告から(2)の金員の支払を受けるのと引換えに，原告に対し，別紙物件目録記載の持分2分の1について，共有物分割を原因とする持分移転登記手続をせよ。
> (5) 被告D及びEは，原告から(3)の金員の支払を受けるのと引換えに，原告に対し，別紙物件目録記載の持分4分の1について，共有物分割を原因とする持分移転登記手続をせよ。

第1節　共有物分割訴訟

> 2　訴訟費用の負担
> との判決を求める。

## 2　請求の原因

> 1　Ｘと訴外Ａは，別紙物件目録記載の土地（以下「本件不動産」という。）を持分２分の１ずつ共有していた。
> 2　訴外Ａが平成○年○月○日に死亡し，被告Ｃ，Ｄ及びＥがＡを相続した。
> 3　甲土地は，Ａの遺産であるが，甲土地に関し，被告らは現在に至るまで遺産分割をしていない。
> 4　原告は，被告らに対し，令和○年○月○日に，本件不動産の分割を求めたが，原告と被告との間に協議が調わなかった。
> 5　原告は本件不動産上に大型商業施設の建設を計画しており，本件不動産を利用する必要性が高い一方で，被告らは本件不動産を利用していない。また，原告による本件不動産の評価は適切である上，原告は賠償金を現金で直ちに支払うことが可能である。
> 6　よって，原告は，民法258条の２第２項に基づき，本件土地の分割を請求する。

※1　要件事実は，①原告が当該共有物の共有者であること，②被告らが当該共有物の共有者であること，③当該共有物に通常の共有持分と遺産共有持分が併存していること，④共有者の分割協議が調わないこと，⑤相続開始から10年が経過したことである。

※2　請求原因の２項及び３項は，遺産共有持分と通常の共有持分が併存する共有物分割訴訟に特有のものだが，それ以外は，民法258条に基づく共有物分割訴訟の請求原因と共通である（本節第１款第２（ケース13）参照）。

## 3　審理のポイント

　共有物分割訴訟の「4　審理」（294頁）を参照。

## 4　民法258条の２第２項ただし書の異議を申し出るべき場合

　2021年改正民法258条の２第２項ただし書の異議は，分割の対象となる共有物のうち遺産共有持分を有する共同相続人が遺産分割を受ける利益を保証する見地から置かれた制度である。そこで，ケース16で，被告らが法定相続分による代償金を取得する以上の利益が想定される場合には異議を申し出る

*310*

第2款　裁判による相続財産に属する共有物の分割——登記手続との接合

べきであろう。例えば，ケース16では，Aの相続開始から10年が経過しているので，Aの遺産分割手続において，Cの寄与分やDの特別受益を考慮することはできない（民904条の3本文）。しかし，Cが乙建物について配偶者居住権を取得すれば，結果的にDやEが取得する代償金は法定相続分4分の1よりも増加する可能性がある。また，相続開始から始まる10年の期間満了前6か月以内の間に，遺産分割調停・審判を申し立てることができない「やむを得ない事由」が相続人にあり，そのやむを得ない事由が消滅した時から6か月を経過する前に当該相続人が遺産分割調停・審判を申し立てた場合は，例外的に具体的相続分の期間制限は適用されないとされている（民904条の3第2号）。そこで，これらの場合には，Cらは，Aの遺産分割調停を申し立てるとともに，共有物分割訴訟の訴状の受領後2か月以内に民法258条の2第3項の異議を述べるべきであろう。

## 登記手続との接合

　ケース16のように価額賠償による共有物分割が行われた場合の登記は，共有者の持分を取得者に移転する持分移転登記で行われることとなる。[注21]

　その前提として，ケース16では，Aの死亡に伴う遺産分割協議が行われておらず，また，法定相続分による登記も行われていないとすると，下記の登記簿順位番号3番・4番のとおり，登記簿上は（亡）Aと，Bから持分を購入したXとの共有名義となっている。この場合，時系列に従い，Aが死亡した後に共有物分割という権利変動があったのであれば，A持分について相続登記を経たうえで，持分移転登記を行うこととなる。[注22]

---

（注21）　現物分割，価額賠償による分割，競売による分割に伴う登記手続の概要は301頁以降を参照。

（注22）　不動産登記制度では，権利の得喪及び変更の過程が正確に登記に記録され，これを公示することにより，安全かつ円滑な不動産取引の実現に資することが要請されている。したがって，いわゆる中間省略登記は，法令の規定により認められている場合や確定判決による登記申請の場合などを除き認められていない。

第 1 節　共有物分割訴訟

　具体的な登記内容は，ケース16の甲土地の登記記録から追ってみることと
する。兄弟であるAとBが，甲区順位番号3番で，当該土地を売買により
各々2分の1の持分割合で取得しているものとし，最終的な共有物分割によ
る持分移転登記に先立って，Xが代位により，Aの相続登記を行う例とする。

〈例24　登記記録 —— Xが代位により，Aの相続登記を行う場合〉

| 権　利　部　（　甲　区　）　　　（所　有　権　に　関　す　る　事　項） | | | |
|---|---|---|---|
| 順位番号 | 登　記　の　目　的 | 受付年月日・受付番号 | 権　利　者　そ　の　他　の　事　項 |
| 3 | 所有権移転 | 令和何年何月何日<br>第何号 | 原因　令和何年何月何日売買<br>共有者<br>　何市何町何番地<br>　　持分2分の1　　A<br>　何市何町何番地<br>　　　　2分の1　　B |
| 4 | B持分全部移転 | 令和何年何月何日<br>第何号 | 原因　令和何年何月何日売買<br>共有者<br>　何市何町何番地<br>　　持分2分の1　　X |
| 5 | A持分全部移転 | 令和何年何月何日<br>第何号 | 原因　平成何年何月何日相続<br>共有者<br>　何市何町何番地<br>　　持分8分の2　　C<br>　何市何町何番地<br>　　　　8分の1　　D<br>　何市何町何番地<br>　　　　8分の1　　E<br>代位者<br>　何市何町何番地<br>　　　　　　　　　X<br>代位原因　令和何年何月何日共有物分割の持分移転<br>登記請求権 |
| 6 | C持分，D持分，E持分全部移転 | 令和何年何月何日<br>第何号 | 原因　令和何年何月何日共有物分割<br>所有者<br>　何市何町何番地<br>　　持分8分の4　　X |

　また，上記（甲区順位番号5番と6番）の登記申請手続の概要（申請情報）は，
各々以下のとおりである。

〈例25　登記申請書 ——（2分の1）代位による持分移転（相続）登記〉

**登記申請書**

登 記 の 目 的　　A持分全部移転<br>
原　　　　　因　　平成何年何月何日相続<br>
相　　続　　人　　（被相続人　A）<br>
（被 代 位 者）　　何市何町何番地<br>
　　　　　　　　　　　持分8分の2　　C<br>
　　　　　　　　　何市何町何番地

312

第2款　裁判による相続財産に属する共有物の分割──登記手続との接合

```
                      8分の1　　D
              何市何町何番地
                      8分の1　　E
  代　位　者    何市何町何番地
  （申　請　人）      X
  代 位 原 因    令和何年何月何日共有物分割の持分移転登記請求権
  添 付 情 報    登記原因証明情報※1　代位原因証明情報※2
              住所証明情報※3

                      （以下，省略）
```

※1　法定相続情報や相続関係が確認できる戸籍類を相続証明情報として提供する（不登令7条1項6号・別表22の添付情報欄）。なお，判決の理由中においてAの相続人がCDEのみである旨の認定がされている場合は，当該判決正本をもって相続証明情報とすることができる（平11・6・22民三第1259号民事第三課長（回答））。

※2　本件では，共有物分割による持分移転登記手続を命じた判決正本が代位原因証明情報となる。

※3　登記原因証明情報として法定相続情報を提供する場合，その法定相続情報に相続人の住所が記載されている場合は，別途，相続人の住民票等を提供する必要はない。

### 〈例26　登記申請書──（2分の2）判決による持分移転（共有物分割）登記〉[注23]

```
                      登記申請書

  登 記 の 目 的    C，D，E持分全部移転
  原　　　　　因    令和何年何月何日共有物分割
  権　利　者    何市何町何番地
  （申　請　人）      持分8分の4　　X
  義　務　者    何市何町何番地
  （注1）          C
              何市何町何番地
```

（注23）　309頁にも記載のとおり，ケース16の場合，「金員の支払を受けるのと引換え」となっている関係で，民事執行法177条1項・2項の規定により，執行文が付与された確定判決等が必要となる。

　このことは，事実上，執行文を付与してもらうために，価額賠償に伴う金銭の支払が登記よりも先履行となることを意味する。理屈上は金銭の支払と登記申請手続は同時履行であるべきであるところ，現在の執行・登記実務では，このような形でタイムラグが生じることとなることに注意が必要である。

第2節　相続財産をめぐる調停・訴訟等

```
                    D
            何市何町何番地
                    E
添 付 情 報    登記原因証明情報（判決正本）　住所証明情報
                    （以下，省略）
```

※　判決による登記申請手続はXの単独で申請できるものであるが，登記義務者
　　CDEも表示する。これにより，義務者の表示（住所や氏名）が判決正本上
　　の表示と異なる場合は，前提として，登記簿上の表示変更登記が必要となる。
　　とはいえ，本件のように相続登記と共有物分割の登記を連件で申請する場合
　　には，相続登記申請で義務者の最終の住所が登記されているため表示変更登
　　記が必要な場面は生じ得ない。なお，仮に表示変更登記を行う場合にもXが
　　代位により申請することができる。


# 第2節　相続財産をめぐる調停・訴訟等

## 第1款　遺産分割調停

## 第1　考慮すべき問題

### 1　訴訟，審判との関係

　民事訴訟は訴訟によって判決を求め，権利の有無を確定するための手続で
ある。しかし，家事紛争については必ずしも権利の確定を求める民事訴訟に
馴染まない部分がある。そこで，家事事件手続法は一定の事項（家事別表第1
及び第2に定める事項）に関しては訴訟ではなく審判という手続によって審理
判断することができると規定されている（家事39条）。もっとも，当事者間の
任意の話合いで紛争が解決できず，紛争が司法の場に持ち込まれる場合で
あっても，司法機関による助力を得て可能な限り話合いによる解決を図るこ

とが望ましい。そのための手続の一つが調停であり，民事訴訟の対象となる紛争に関しては民事調停法に基づく調停申立てが可能である（民事調停法2条）。また，人事に関する訴訟事件その他家庭に関する事件（別表第1に掲げる事項についての事件を除く。）に関しては，家庭裁判所における家事調停が用意されている（家事244条）。

遺産分割に関する紛争についても，家事事件手続法別表第2に記載される紛争類型であり，審判の対象であると共に調停も可能となる。民法907条2項は遺産分割を家庭裁判所に請求し得る旨を定めるが，そのための手続は審判もしくは調停となる。両手続の関係について，法令上は審判対象事件である遺産分割に関して調停前置主義はとられていない（家事257条）。しかし，話合いによる解決が望ましいとの観点から，裁判所は審判申立てがなされた遺産分割についてもまずは調停に付すことができる（家事274条）。このようにまずは遺産分割調停が行われるのが実務的扱いである。遺産分割調停及び審判の意義，特徴及び具体的な手続の流れに関しては，Q29を参照されたい。

## 2　共有物分割請求権との関係

被相続人が死亡することで当然に相続が開始されるが，複数の相続人が存在していれば相続分に応じた遺産共有状態が形成される。この遺産共有状態を解消するのが遺産分割である。したがって，遺産中に不動産が存在するようなケースにおいても，相続人はまずは遺産分割を行うべきであって，遺産分割を経ることなく民法256条以下の共有物分割請求をすることは許されない。これが判例実務の扱いであるが，2021年民法改正により新設された258条の2第2項はその例外を認めている。遺産共有状態と他の共有とが併存しているケースにおいて相続開始後10年を経過した場合には，遺産分割を必要とすることなく民法258条の共有物分割訴訟によって遺産共有状態そのものを解消できることになった。これらの点は，Q26を参照されたい。

第2節　相続財産をめぐる調停・訴訟等

# 第2 | 遺産分割調停申立て

〈ケース17〉

　　Aは生前に遺言を作成することもなく，令和5年4月1日，病死した。法定相続人としては，30年間，連れ添った妻Bのほかに長男Cと長女Dがいる。遺産としては，Bと共に暮らしていた木造2階建の甲建物とその敷地である乙土地のそれぞれについての持分3分の2，それと約2000万円の預貯金である。ちなみにこの自宅土地建物は，もともとはAの単独所有であったが，相続税法21条の5の贈与税に関する配偶者控除の特例を利用して贈与税のかからない範囲でBに生前贈与することとし，令和2年10月1日，BがAから甲建物及び乙土地それぞれの持分3分の1を譲り受け，共有となったものである。なお，自宅土地建物全体の時価評価額は6000万円である。
　　Bは引き続き自宅での生活を希望し，預貯金を1000万円ずつCDに相続させるかわりに自宅土地建物のAの持分は全てBが相続したいとCDに申し入れた。Dはこれに賛成したがCは納得せず，話合いで遺産分割をすることは困難な状況にある。そこで，Bは家庭裁判所へ遺産分割調停を申し立てることとした。

## 1　当事者及び管轄裁判所

　相続人間の遺産共有状態の解消を目的とする遺産分割の性質上，相続人全員が当事者となる必要がある。この趣旨は相続人全員が申立人あるいは相手方になれば良いという意味である。したがって，ケース17の場合には，Bが申立人となってCDを相手方にすることもできるし，DがBの意見に賛成しており共同で調停申立てをすることに異議がないのであれば，BDが申立人となって，Cを相手方とすることも手続上は可能である。

　さらには遺産の包括受遺者も民法990条により相続人と同一の権利義務を有するとされるので，遺産分割調停の当事者となり得る。さらには相続分の譲渡がなされた場合にもその譲受人が遺産分割の当事者となる。

　管轄裁判所は，相手方（複数の場合にはそのうちの一人）の住所地を管轄する

第1款　遺産分割調停／第2　遺産分割調停申立て

家庭裁判所又は当事者が合意で定める家庭裁判所となる（家事244条1項）。調停は訴訟と異なり話合いにより解決を求めるものであるので，原則として相手方の住所地が管轄決定の基準となる。一方で，遺産分割審判に関しては，調停と異なり相続が開始した地（被相続人の最後の住所地）を管轄する家庭裁判所となるので（家事191条1項），注意を要する。

## 2　申立てに当たっての留意点

### (1)　申立書の記載事項

　家事調停の申立ては管轄家庭裁判所に対し申立書を提出することによってなされる（家事255条1項）。また，申立書には，当事者及び法定代理人のほかに，申立ての趣旨及び理由を記載することが必要となる（同条2項）。民事訴訟法134条と同様の規定であるが，訴状と調停申立書では違いも見られる。すなわち，訴訟は原告が求める実体法上の権利の存否について判断し，権利関係を確定させる手続であり，訴訟物やこれを支える請求原因などが訴状に明確に記載されることが求められる。これに対し，遺産分割調停のような家事事件は本質的に訴訟に馴染まない事柄を扱う手続であり，訴訟物や請求原因そのものの記載が求められているわけではない。さらには，調停は当事者間の紛争を裁判所の助力の下に話合いで解決する手続であるから，紛争の実情や相応しい解決方法が申立書に示されることが有用となる。

### (2)　申立ての趣旨

　遺産分割調停を求める申立書に記載すべき申立ての趣旨は概ね次のようなものとなる。

---

【遺産全部の分割を求める場合】
　被相続人の遺産の全部の分割の調停を求める。
【遺産の一部の分割を求める場合】
　被相続人の遺産のうち，別紙遺産目録記載の遺産のうちの土地目録1記載の持分及び建物目録1記載の持分の遺産の分割を求める。

---

※1　申立書には当事者の表示のほかに被相続人に関する表示（最後の住所，氏名，死亡年月日）を記載する必要がある。

第2節　相続財産をめぐる調停・訴訟等

※2　2018年相続法改正に基づく民法907条2項は，いわゆる一部分割も調停で求めうることを明文化している。一部分割を求める場合はその旨を申立ての趣旨において明らかにすべきである。

　　　ケース17においてBの関心は甲建物及び乙土地を自己の所有とするところにあるので，この不動産のみの一部分割を行うことも考えられないわけではない。しかし，紛争の最終的解決という観点からは全部分割を求める調停を行う方が適切である。また，民法907条2項ただし書は，「他の共同相続人の利益を害するおそれがある場合」には一部分割の請求はできないと規定している。例えば，ケース17においてBが自宅土地建物のAの持分全部を相続するためにはCDに対して代償金を支払わなければならないが，その資金をBが用意できないような場合には，このただし書に該当し，一部分割を求める調停申立ては認められない余地がある。(注24)

## (3)　申立ての理由

　申立ての理由の記載事項に関しては，厳密な意味での決まりはない。調停手続による遺産分割を実現し得るために必要，有益な事実を記載すべきである。その内容は事案に応じて様々であるが，基本的には以下のような事項を記載することが求められる。

### ア　遺産の種類及び内容

　遺産分割を求める対象財産を記載することは当然，必要となる。この記述については，別紙遺産目録として一覧的に記載することが通例であり，さらに，土地，建物，現金・預貯金・株式等に区分して記載することが求められる。本ケースでは土地目録にAの乙土地持分を，建物目録にAの甲建物持分を記載することになる。

### イ　特別受益の有無

　遺産分割の前提となる具体的相続分を検討する上で特別受益の有無は重要な考慮要素となる。相続人の中で，被相続人から生前に贈与を受けているなどの特別の利益を受けている者がいる場合には，その具体的な内容を申立ての理由に記載すべきである。特別受益目録を別紙として作成する扱いも行われている。

---

(注24)　民法907条2項ただし書が該当する場合について，『堂薗ら』90頁。

ケース17では，Bの有する自宅土地建物持分は特別受益に当たる。したがって，民法903条1項により，被相続人の持戻し免除の意思表示がなされていない限り，持戻しの対象としなければならない。これが原則的扱いであるが，2018年相続法改正により新設された民法903条4項によって，婚姻期間が20年以上の夫婦であり，居住用の土地建物の遺贈，贈与の場合には持戻し免除の意思表示が推定されると規定されたので，ケース17はこれに該当する。このような事実を記載することになる。

### ウ 事前の一部分割の有無

一部分割が事前になされていれば，それを考慮に入れた調停を行うべきであるから，この点の事実も記載すべきである。一部分割がなされている場合には，その具体的な内容を記載することになる。分割済遺産目録を別紙として作成する扱いも行われている。

### エ 事前の預貯金債権行使の有無

2018年相続法改正により新設された909条の2によって，各共同相続人は一定限度に限ってではあるが，遺産分割前に預貯金債権を行使することが認められている。そこで，調停申立前に既にこのような事実があるか否かに関して，あらかじめ申立書に記載しておくことが調停手続を円滑に進めるためには必要である。

### オ 当事者間の話合いの経緯（紛争の実情）

相続人間での遺産分割の協議がどの程度なされたのか，話合いがまとまらなかった理由は何か，各当事者はどのような分割を希望しているのか等の調停申立てに至るまでの相続人間の紛争の実情を簡潔に分かり易く記載することが有用となる。ケース17では，BがCDに対し，どのような申入れをしたか，CDのこれに対する回答，とりわけCが反対をしたのはどのような理由に基づくのか（と想像されるか），これらの経緯を踏まえ，調停においてどのような話合いをすれば解決が可能と思われるかなどの点を記載すべきことになる。

第2節　相続財産をめぐる調停・訴訟等

## 3　調停期日における活動

### (1)　調停委員会による調停期日の開催

　遺産分割調停は，裁判官1名及び家事調停委員2名によって構成される調停委員会によって実施される（家事247条・248条）。各調停期日において実際に当事者と相対するのは2名の調停委員である。

　民事訴訟のような対審構造は前提とせず，調停委員が申立人及び相手方を交互に調停室に招き入れ，話を聞くなどの作業が調停成立まで，あるいは成立の見込みがない（調停不調）と判断されるまで繰り返されることになる。

### (2)　調停内容

　遺産分割調停で目指すのは，被相続人の遺産に関する遺産共有関係の解消である。その方法としては，現物分割，換価分割及び代償分割がある。また，遺産全体が分割の対象となるので，例えば複数の不動産があるような場合に，これを一括して分割し各相続人に個別に単独相続させるようなことも，現物分割の一類型として当然に認められる。

　個別の土地建物について，これを共同相続人の共有とすることも遺産分割における現物分割の一類型である。民法249条以下に規定する一般的な共有状態に移行させることで遺産共有状態を解消するという意味合いを有している。その結果，各持分権者は遺産分割終了後は，別段の合意のない限りいつでも民法256条以下の共有物の分割を請求することができる。したがって，調停手続において特定の不動産について共同相続人の共有とする遺産分割合意を行ったとしても，それは遺産共有状態を解消させたという意味では一定の解決を得たことになるが，共有関係そのものは解消されておらず，その後はいつでも民法256条以下の共有物分割が可能となるという点に留意しなければならない。

　ケース17において，例えば，遺産分割調停においてAの遺産である自宅土地建物の3分の2の持分をBCDが法定相続分に従い，Bが2分の1，CDが4分の1ずつの割合で相続したような場合，Bはこの持分（さらにケース17ではBは固有の持分3分の1も合わせ有することになる。）に基づいて，自宅土地建物全部を利用，居住することができるが（民249条），これを不服とするCが

*320*

民法256条以下に基づく共有物分割請求を行えば，Bは新たな対応を迫られることになる。その場合，価格賠償によってCの持分を取得することができれば自宅土地建物の利用，居住を継続できるが，それが困難な場合には任意の換価分割，さらに裁判所による競売分割が行われることとなり，結果的に自宅土地建物の利用，居住を断念する事態が生じてしまう。遺産分割において不動産を共有とする現物分割を行うことには注意が必要である。

### (3) ケースの事例について

ケース17において，Bは自宅土地建物に関するAの持分の相続を希望している。相続人間に争いがある以上，基本的には各相続人の具体的相続分に応じた遺産分割内容を考えざるを得ないが，本ケースでは，Bの特別受益が自宅土地建物の各持分3分の1（評価額2000万円），相続開始時にAが有した遺産が，自宅土地建物各持分3分の2（評価額4000万円），預貯金が2000万円で合計8000万円である。

このうちAの特別受益分について民法903条4項に基づき持戻しの免除を認めることができれば，分割すべき遺産評価額は6000万円となり，Bの法定相続分は3000万円，CDの法定相続分は1500万円ずつとなる。Bが預貯金をCDに1000万円ずつ取得させたうえで自宅土地建物に関するAの持分を相続するためには，1000万円分が超過するので，これを代償金としてCDに交付する方法が考えられる。仮にDが代償金の受領を望まず預貯金1000万のみの相続で承知する場合には，BはCに対してのみ500万円の代償金を支払えばよい。さらにはDが預貯金の取得額は500万円でよいと申し出た場合には，残額の500万円分の預貯金をCに相続させることで（Cの取得額を合計で1500万円とすることで），BはCに対する代償金の支払を免れることができる。

仮にDの協力が得られず，かつ，代償金を支払うだけの資力もない場合において，それでもBが終生，自宅土地建物の利用，居住の継続を希望する場合には，Aの持分権自体はCないしDに取得させることを前提にした上で，2018年相続法改正によって新設された配偶者居住権（民1028条以下）をBが取得するという遺産分割方法も考えられるところである。配偶者居住権は，遺産である建物が被相続人と第三者との共有であった場合には成立させること

第2節　相続財産をめぐる調停・訴訟等

はできないが（民1028条1項ただし書），共有者が配偶者そのものである場合には，上記ただし書の適用はなく（ただし書が「配偶者以外の者と共有していた場合」と規定していることに注意），Bに配偶者居住権を取得させることは可能である。

## 4　調停成立の効果

調停合意が成立し調書に記載されることにより調停成立となる。この調停調書の記載は確定判決と同一の効力を有することになる（家事268条1項）。したがって，遺産中に不動産が含まれていた場合には，調停調書の記載に従った登記手続が可能となる。

ケース17で仮に自宅土地建物に関するAの持分をBが相続することとなった場合にはそれに関する相続登記が可能となる。また，仮にBが配偶者居住権を取得する旨の遺産分割調停となった場合には，この居住権を第三者に対抗し得るようにするために，配偶者居住権設定の登記をすることが重要である（民1031条2項による民605条の準用）。配偶者居住権については通常の建物賃貸借と異なり借地借家法31条は準用されておらず，居住建物の引渡しをもって対抗要件とすることはできないことに注意する必要がある。

なお，これらの登記手続に関しては，調停調書が確定判決と同一の効力を有するので，配偶者は調停調書に基づき単独で登記申請をすることができる（不登63条1項）。そのためにも，調停調書には持分移転登記手続あるいは配偶者居住権設定登記手続に関する所用の記載を明確にしておく必要がある。

# 第3 | 調停が不調となった場合

## 1　審判への移行

相続人間の合意が成立する見込みがない場合には，遺産分割調停手続は不調により終了する（家事272条1項）。そのうえで，調停申立ての時に遺産分割審判の申立てがあったものとみなされ，当然に審判手続に移行することとなる（家事272条4項）。

なお，第2の1に記載したとおり，遺産分割調停と遺産分割審判では管轄

家庭裁判所決定の基準が異なっている。そこで，審判に移行した場合に調停を行った家庭裁判所は管轄を有しなくなる事態も生じ得る。その場合には当該事件を審判事件としての管轄を有する家庭裁判所に移送することもあるし，事件を処理するために特に必要があると認めて移送をせずに，調停手続を担当した家庭裁判所が引き続き審判手続を担当する自庁処理を行うこともある（家事9条1項）。

### 2　遺産確認訴訟の可能性

　遺産分割調停における合意形成が困難になる一つのケースとして，被相続人の遺産であるか否かに関して共同相続人間で意見が分かれる場合がある。例えば不動産登記簿上は共同相続人の一人の所有になっている不動産があるが，当該不動産は被相続人が購入したものであり真の所有者は被相続人であると他の共同相続人が主張しているようなケースである。このような場合には遺産分割すべき対象財産が確定できないため，合意の形成が困難となる。その場合に審判を実施することも妥当でない。遺産の範囲をめぐる紛争は被相続人の有する財産であったか否かという権利関係にかかわる問題であり，審判でこれを確定することはできないからである。民事訴訟において確定判決を得ることが必要となり，遺産確認訴訟が必要となってくる。遺産確認訴訟については第2款を参照されたい。

## 第2款　遺産確認訴訟

## 第1 　問題の所在

　遺産分割の前提問題である相続権，相続財産等の権利関係に争いがあると，遺産分割調停・審判を進めることができない。このように遺産分割の前提問題に争いがあるとき，遺産分割調停・審判において家庭裁判所がその手続の内部でその存否を審理判断することがある。これには継続中の手続を停滞させないというメリットがあり，特に調停における遺産の範囲を確認する合意

第2節　相続財産をめぐる調停・訴訟等

は，遺産目録記載の財産が遺産であることについて訴訟上の和解と同様の既
判力を有するので，当事者は後日，これが遺産でないことを主張できなくな
る。[注25]これに対し，家事審判手続における判断には既判力が生じないから，
事後に前提問題について訴訟が提起され異なる判断が示されれば，その限度
で審判の効力が失われるというリスクがある（最大決昭41・3・2民集20巻3号
360頁）。[注26]

　そこで，前提問題について訴訟手続を先行させれば，訴訟の結果には既判
力が生じるので，訴訟の判決の結果に基づいて審判を行うことによって，審
判の効力が覆されることはなくなる。このように，遺産分割の対象となる相
続財産の範囲を判決によって確定するための手段として注目されたのが遺産
確認訴訟である。

## 第2 遺産確認訴訟の問題点

### 1 遺産確認訴訟の対象適格・確認の利益

　遺産の帰属性が争われる事例では，後述するケース18のように，被相続人
の相続開始前に，被相続人が所有する財産に関して法律行為（例えば売買契約）
が存在するのが通常である。そこで，時系列からいえば，争いの発端である
相続開始前の法律行為の効力を確認するのが抜本的な解決に資するともいえ
る。しかし，一般に確認訴訟が適法とされるには，確認の利益が必要とされ
るところ，確認の利益についての伝統的な理解によれば，確認訴訟の対象は
現在の法律関係に限られ，かつ，その法律関係によって確定することが，原
告の権利又は法的地位に現存する不安，危険を除去するために必要かつ適切
である場合に，即時確定の利益が肯定されると説明されていた。[注27]このよう

---

（注25）　上原裕之ほか編著『リーガル・プログレッシブ・シリーズ10　遺産分割〔改訂版〕』101頁
　　　　　（青林書院，2014年）
（注26）　最大決昭41・3・2は，遺産帰属性のような遺産分割の前提問題に既判力が生じないこと
　　　　　を理由の一つとして，遺産分割審判を非公開の非訟事件とすることは公開主義（憲32条・82
　　　　　条）に違反しないとしている。
（注27）　兼子一『新修民事訴訟法体系〔増補版〕』155頁（酒井書店，1965年）

324

な立場からは，過去の法律行為の有効性の確認を求めることは許されないことになる。

　現在の法律関係を確認するという見地からは，原告が相続分に応じた共有持分権を有することの確認をしてもよい。相続分に応じた共有持分権の確認訴訟を適法と認める判例もある（最一小判昭61・3・13民集40巻2号389頁）。しかし，この方法では，原告が遺産共有持分権を有することは判決理由中の判断にすぎないため，別訴において対象財産が遺産に属することと矛盾する主張を封じることはできないのではないか，という懸念が残る。

　そこで，端的に遺産帰属性を確認することが考えられる。確かにこの方法は，被相続人が死亡する（直前の）時点の財産関係という過去の権利関係の確認とも考えられるが，その後の判例は，確認対象を拡大し，「過去の法律関係であっても，それが現存する紛争の直接かつ抜本的な解決のために最も適切かつ必要と認められる場合」には，確認対象となりうるとし，訴えの利益も認めている。[注28]結局，遺産確認の訴えは，「その確定判決により特定の財産が遺産分割の対象である財産であるか否かを既判力をもって確定し，これに続く遺産分割審判の手続等において，当該財産の遺産帰属性を争うことを許さないとすることによって共同相続人間の紛争の解決に資することを目的とする訴え」ということができる（最二小判平26・2・14民集68巻2号113頁）。

## 2　遺産確認訴訟の当事者

　前述のように，遺産確認訴訟は，ある財産が遺産分割審判の対象となし得るか否かを既判力により確定することを目的とするため，遺産分割審判の当事者となるべき共同相続人全員に強い利害関係がある。このため，遺産確認の訴えにおいては，遺産分割審判における当事者に関する手続規律を適用させないとこの訴訟の目的を達成することができない。そこで，判例は遺産確認の訴えを固有必要的共同訴訟であるとする。

---

（注28）　福本知行「遺産確認の訴えと必要的共同訴訟」（法学教室445号25頁）

第2節　相続財産をめぐる調停・訴訟等

# 第3 事 例

〈ケース18〉

Aが令和5年4月1日，死亡した。Aの相続人は，Aの子のB，C，Dである。Bは，C及びDを相手方として，甲土地を含む遺産を分割するため，遺産分割審判を申し立てたが，Cは，Aの生前である平成30年4月1日，Aから甲土地を贈与されたとして，甲土地は遺産ではないと主張している。実際，甲土地は，平成30年4月1日付け贈与を原因として，Cに所有権移転登記が経由されている。

なお，Dは，甲土地がAの遺産であることは争っていないが，訴訟提起には消極的である。

## 1 訴訟物

確認訴訟の訴訟物は，原告が主張する特定の権利・義務ないし法律関係の存否であり，遺産確認訴訟の訴訟物は，ある財産が被相続人の遺産に属することであるが，対象財産がすでに分割されていては，確認する意味がない。そこで，遺産確認訴訟の訴訟物は，「対象財産が未分割の遺産であること，すなわち，共同相続人の遺産分割前の共有財産であること」[注29]である。

## 2 請求の趣旨

1　（原告と被告らの間において，）別紙物件目録記載の土地が，被相続人A（令和5年4月1日死亡）の遺産であることを確認する。
2　訴訟費用は被告らの負担とする。
との判決を求める。

※1　遺産確認訴訟は，遺産分割の前提問題として，当該財産が被相続人の遺産に帰属するかどうかだけが審理されるのであって，遺産帰属性の有無さえ確定されれば足りる。したがって，各相続人の持分が請求の趣旨で記載される必要はない。
※2　遺産確認訴訟は固有必要的共同訴訟なので，請求の趣旨に相続人全員を挙げることが論理的帰結となる。

(注29)　『田村ら』167頁

326

※3　遺産確認の目的物は特定しなければならない（民訴134条2項2号）。遺産共有の対象となる不動産の場合，登記簿の記載に従って正確に記載する必要がある。土地については，所在，地番，地目，地積を記載し，建物については，所在，家屋番号，種類，構造，床面面積を記載する。遺産目録の記載が間違っていた場合，相続登記に支障が生じることになる。(注30)

## 3　請求の原因

> 1　被相続人Aは，昭和62年4月1日，別紙物件目録記載の土地（以下「本件土地」という。）を先代から相続してその所有権を取得した。
> 2　被相続人Aが令和5年4月1日に死亡した。
> 3　原告B，被告C及び被告Dは，Aの子である。
> 4　被告Cは，Aから平成30年4月1日，本件土地の贈与を受けたと主張して，本件土地がAの相続財産に属することを争っている。
> 5　よって，原告は，被告らに対し，本件土地が被相続人Aの遺産であることの確認を求める。

※1　本ケースは，被相続人による生前処分があったかどうかが争われている。このような類型の遺産確認訴訟の請求原因事実は，①当該財産がもと被相続人の所有に属していたこと，②被相続人が死亡したこと，③原告及び被告が相続人であることを基礎づける被相続人の身分関係を有すること，④①の財産が遺産に属することに争いがあることである。

※2　上記①（請求原因1）は，通常は争いにならない事実である。仮に，当該財産がもともと被相続人に帰属していたかが争いになっている事案では，当該財産の元所有者とその後の所有権移転の経緯を具体的に記載すべきである。

※3　②（請求原因2）及び③（請求原因3）は，遺産共有状態であることを示す事実である。法定相続人の相続分を特定する必要はない。また，前述のとおり，遺産確認訴訟は固有必要的共同訴訟であるから，遺産帰属性を争っていない者（本ケースではD）であっても，原告にならない以上，被告に加える必要がある。

※4　④（請求原因4）は，確認の利益に関する事実である。本ケースにおいて，本件土地に，平成30年4月1日付け贈与を原因として被相続人Aから被告Cへ所有権移転登記がされていることは，遺産確認訴訟では，要件事実として必須の要件ではないが，遺産確認訴訟に上記登記の抹消登記手続を求める請求を併合する場合には，登記の事実の指摘が必須となる。(注31)

---

（注30）『田村ら』169頁
（注31）『田村ら』174頁

第2節　相続財産をめぐる調停・訴訟等

## 4　主張・立証のポイント

本案では，CがAから本件土地の贈与を受けたか否かが主要な争点となり，証拠によってその真偽が認定される。

### (1)　抗　弁

請求原因である被相続人の元所有であることに争いはないから，生前贈与が抗弁事実として主張される。贈与契約書があれば有力な証拠となろうが，親族間での処分行為なので，存在しないこともある。しかし，登記関係書類や税務関係書類はあるはずだから，例えば登記申請書類であれば，司法書士への委任状，印鑑証明書も含めて確認すべきであろう。

### (2)　再抗弁

抗弁については，贈与等の法律行為の成否が問題となっているから，再抗弁としては，意思能力（民3条の2）の欠如や心裡留保（民93条）以下の意思表示の瑕疵に関する規定の主張が問題となる。例えば，意思能力に関しては，被相続人の入通院の診療録，介護記録等を入手して，これについての医学的知見，専門家の判断等を証拠化する必要があるだろう。

## 登記手続との接合

遺産確認訴訟により，甲土地はAの遺産であることが確定した。その後に行われた遺産分割調停で，本件土地はBが取得することが決まったが，いまだ甲土地の登記上の名義はCのままである。この場合，いかなる手続で甲土地の登記名義をCからBに変更できるか。

また，遺産確認訴訟に加えて，本件土地の共有持分権に基づき，被告C名義の登記の抹消登記手続を併合請求した場合はどうか。

前段の，甲土地の登記名義をCからBに変更するためには，①AからCへの所有権移転登記を抹消し，その上で，②AからBへの相続による所有権移転登記を申請することが必要となる。要は，遺産確認の認容判決を得ただけでは，また，その後に，遺産分割調停が成立したとしても，CからBに，直

*328*

第2款　遺産確認訴訟——登記手続との接合

接，名義を変更することはできないのである。[注32]

　以上により，ケース18を前提に，遺産確認訴訟により，甲土地がＡの遺産であることが確定し，かつ，その後の遺産分割調停で，当該土地をＢが取得することが決まったことで，Ｃが①の抹消登記申請手続に協力的であれば，共同申請により，①のとおり抹消登記を申請し，[注33]また，遺産分割調停調書を登記原因証明情報として，Ｂが単独で，②の相続登記を申請する[注34]ことになる。

　仮に，Ｃが①の抹消登記申請手続に協力的でない場合，その抹消登記をＢが実現するためには，別途，当該抹消登記申請手続を命じた債務名義が必要となり，後段の，被告Ｃ名義の登記の抹消登記手続を併合請求した場合というのが，これに該当することになる。この債務名義を得ることができれば，Ｃの協力を得ることなく，Ｂが単独で，①の抹消登記を申請することが可能になる（不登63条）。ただし，その場合でも，別途，②の相続登記申請が必要となることに変わりはなく，あくまで①と②の二つの登記申請をすることで，ＣからＢへの名義変更を実現することになる。

---

（注32）　真正な登記名義の回復を登記原因とするＣからＢへの所有権移転登記申請手続までを訴訟で求めていたのであれば，当該判決に基づき，直接，ＣからＢへの所有権移転登記申請も可能となる（不登63条）。なお，真正な登記名義の回復による登記申請手続に関する一般的な考え方については235頁注18を参照。

（注33）　抹消登記の申請人は登記義務者Ｃと登記権利者Ａである。ただし，Ａは死亡しているため，その相続人が当該抹消登記を行うことになる（不登62条）。この場合，Ａの相続人が複数名いる場合でも，いわゆる保存行為として，その相続人の一人（例えばＢ）が，登記義務者と共に，当該抹消登記を申請することができる。

（注34）　一般的な相続登記申請にあたっては戸籍類等の提供が必要になるところ，遺産分割調停に基づき登記を申請する場合には，当該戸籍類は不要である（昭37・5・31民事甲第1489号民事局長回答）。

第2節　相続財産をめぐる調停・訴訟等

## 第3款　遺産共有状態にある不動産をめぐる訴訟

## 第1 ｜ 問題の所在

　相続財産に不動産が含まれており，相続人が複数いる場合は，遺産分割が完了するまでの間，当該不動産は共同相続人による共有（遺産共有）となる（民898条1項）。そして，この相続財産に民法の共有の規定を適用するときは，民法900条から902条までの規定により算定した相続分（特に被相続人が遺言を残さなかった場合は法定相続分）をもって各相続人の共有持分とされる（民898条2項）。

　ここで，各共同相続人は，遺産分割により不動産の帰属が決まるまでは相続分に従い共有持分権を有するため，その持分割合に基づき当該不動産を使用することができる（民249条1項）。しかし，共同相続人の一人が当該不動産を単独で使用している状況は，他の共同相続人の持分に基づく使用を妨げることになるから，共同相続人間でトラブルになることがある。

## 第2 ｜ 事　例

〈ケース19〉

　Aが令和6年4月1日，遺言を残さず死亡した。Aの相続人は，Aと先妻の間に生まれた子であるB及びC，並びにAの再婚した妻Dである。Aは，死亡当時，自己所有の2階建て建物（甲建物）にDと同居していた。他方，B及びCは，もともと甲建物でAと同居していたが，AがDと再婚する以前に，甲建物を出て他県で居住していた。

　同年5月10日，Dは，B及びCの承諾を得ることなく，甲建物の1階部分で飲食業を始めるため，1階部分の改築工事に着手した。そして，同年8月1日，Dは1階部分で飲食店を始め，自分は2階部分に居住した。

　Bがお盆休みの同年8月10日に帰省すると，Dが甲建物の1階部分で飲食店を始めていることに気づいた。激怒したBは，Cとともに，Dに

*330*

対し、①甲建物をB及びCに明け渡すとともに、②相続開始から甲建物を明け渡すまで、近隣の家賃相場から算出した甲建物の賃料相当額16万円の4分の1に当たる4万円を、それぞれに支払うように求めて訴訟を提起した。

なお、Aの遺産分割は、いまだ終了していない。

〈図表23 ケース19の関係図〉

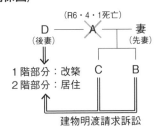

## 1 訴訟物

建物明渡請求訴訟の訴訟物は、共有持分権に基づく返還請求権である。また、Dの共有持分2分の1を超える使用料の支払請求訴訟の訴訟物は、民法249条に基づく自己の持分を超える使用の対価償還請求権である。

## 2 請求の趣旨

> 1 被告は原告らに対し、別紙物件目録記載の建物を明け渡せ。
> 2 被告は原告らに対し、令和6年4月1日より、別紙物権目録記載の建物の明渡し済みまで、それぞれ月4万円の割合による金員を支払え。
> 3 訴訟費用は被告の負担とする。
> との判決を求める。

※ 請求の趣旨は、所有権に基づく建物明渡しと明渡し済みまで賃料相当額の損害金の支払を求める訴訟と同様のものになる。両請求は、単純併合となる。

## 3 請求の原因

> 1 被相続人Aが令和6年4月1日に死亡した。
> 2 原告B及び原告Cは、Aの子である。
> 3 被相続人Aは、令和6年4月1日当時、別紙物件目録記載の建物(以下

第2節　相続財産をめぐる調停・訴訟等

　「本件建物」という。）を所有していた。
4　被告は，本件建物を占有している。
5　本件建物の賃料相場は，月16万円である。
6　よって，原告らは被告に対し，共有持分権に基づき，本件建物の明渡し
　を求めるとともに，民法249条2項に基づき，令和6年4月1日より明渡
　し済みまで，それぞれ月4万円の割合による金員の支払を求める。

※1　所有権に基づく返還請求訴訟の場合と同様に，原告としては，①原告が
　共有物につき共有持分権を有していること，②被告が共有物を占有して
　いることを主張立証すれば足り，被告の占有権原については，被告が正当
　な権原を有することを抗弁として主張立証することになる。
※2　ただ，原告が請求原因において，相続によって共有持分権を有している
　ことを主張立証すると，被告も相続人（配偶者）であることが明らかになる
　ことがある。その場合，その法定相続分（配偶者の場合は2分の1）に基
　づいて占有権原が認められることになるので（民249条1項），注意が必要
　である。
※3　被告の持分を超える使用の対価の償還を請求する場合，近隣相場等を参考
　に，当該共有物の使用の対価（賃料相当額）を示す必要がある。


## 4　主張・立証のポイント

　当該共有物が相続人の遺産共有状態であることとその持分割合は，当該共
有物が被相続人名義であることが記載された全部事項証明書と被相続人の出
生から死亡までの除籍謄本，戸籍謄本，改製原戸籍謄本で明らかになる。

### (1)　抗　弁

　被告は，抗弁として正当な占有権原があることを主張立証しなければなら
ない。抗弁としては，①配偶者短期居住権（民1037条以下）と②遺産共有持
分による共有物の全部使用（民249条1項）を主張することが考えられる。

#### ①　配偶者短期居住権

　配偶者短期居住権は，2018年相続法改正によって，配偶者の短期的な居住
を保護するために新設された権利である。すなわち，相続開始当時，被相続
人名義の居住建物に居住していた被相続人の配偶者は，ケース19のように相
続人間で遺産分割が行われる場合には，遺産分割により居住建物の帰属が確
定した日又は相続開始の時から6か月が経過する日のいずれか遅い日まで，

*332*

居住建物を無償で使用することができる（民1037条1項1号）。したがって，本ケースでは，Dは，相続開始時に甲建物に無償で居住していたこと，Aの遺産分割によりいまだ甲建物の帰属が確定していないことを主張立証すれば，当面の間，甲建物に無償で居住することができるから，Bらの請求はいずれも認められないことになる。

　なお，被相続人の生前，被相続人名義の建物に無償で同居していた相続人は，被相続人との間で当該建物につき使用貸借契約が成立していたと推認されるから，相続開始後，遺産分割が成立するまでの間，特段の事情がない限り，他の相続人との間で使用貸借契約が継続すると推認するとした判例があり（最三小判平8・12・17民集50巻10号2778頁），配偶者短期居住権はこの判例を参考にして立法したものと言われている。そこで，配偶者短期居住権に関する規定が施行された現在，上記判例法理と民法1037条以下の規定のいずれが優先的に適用されるかが問題となるが，配偶者については専ら民法1037条以下の規定が適用され，上記判例法理は配偶者以外の相続人に妥当するという見解[注35]と配偶者は，民法1037条以下と上記判例法理のいずれも選択して主張できるという見解[注36]がある。

　　② 遺産共有持分に基づく共有物全部の使用

　各共有者は，共有物の全部について，その持分に応じた使用をすることができ（民249条1項），この点は遺産共有の場合でも変わらない（民898条2項参照）。この点に関し，判例は，共同相続に基づく共有者の一人で他の全ての相続人らがその共有持分を合計すると，その価格が共有物の価格の過半数を超える多数持分権者であっても，「共有物を現に占有する前記少数持分権者に対し，当然にその明渡を請求することができるものではな」く，多数持分権者が少数持分権者に対して「共有物の明渡を求めることができるためには，その明渡を求める理由を主張し立証しなければならない」としている（最一小判昭41・5・19民集20巻5号947頁）。したがって，共同相続人の一人が遺産である共有物の全部を使用している場合は，自分が共同相続人であることを主

---

（注35）　補足説明4頁
（注36）　『潮見』399頁

張立証すれば占有権原の抗弁を提出したことになる。

　他方で，共有者は，持分割合を超えて共有物を使用する場合は，別段の合意があるときを除き，その超える使用の対価を他の共有者に償還しなければならないから（民249条2項），Dとしては，B，Cとの「特段の合意」を主張立証することができるが，B・Cらが使用の対価を請求している本ケースでは，無理であろう。

### (2)　再抗弁

#### ①　配偶者短期居住権

　被告が配偶者短期居住権に基づく占有権原を主張した場合，原告が抗弁として配偶者短期居住権の消滅請求をすることができる場合がある。すなわち，配偶者居住権を享受する配偶者は，居住建物について善管注意義務や用法遵守義務を負っているが（民1038条1項），これに違反する場合には，居住建物取得者（これには，遺贈や遺産分割等で居住建物の所有権を取得した者だけでなく，遺産共有持分を有する配偶者以外の相続人も含まれる。）[注37]は，当該配偶者に対する意思表示によって配偶者短期居住権を消滅させることができる（民1038条3項）。なお，居住建物取得者が複数いる場合，この消滅請求は共有物の保存行為（民252条5項）に当たるため，居住建物取得者はその持分いかんにかかわらず，単独で消滅請求をすることができる。

　本ケースでは，DはAの死後，甲建物の1階部分を飲食店用に改築しており，これは「従前の用法に従」った使用とはいえない。したがって，B又はCはDに対し，Dの用法遵守義務違反を理由に配偶者短期居住権の消滅請求をすれば，Dの配偶者短期居住権を消滅させることができる。もっとも，配偶者短期居住権が消滅した場合，当該配偶者は居住建物を居住建物取得者に返還しなければならないが，本ケースのように，Dが甲建物の共有持分を持っている場合には，配偶者短期居住権が消滅したときでも，配偶者は居住建物の返還義務を負わない（民1040条1項）。

---

(注37)　『潮見』395頁

## ② 遺産共有持分による共有物の全部の使用

この場合，前掲最一小判昭41・5・19は，「多数持分権者が少数持分権者に対して共有物の明渡を求めることができるためには，その明渡を求める理由を主張し立証しなければならない」としている。そして，共有物を使用する共有者があるときも，共有物の管理に関する事項については持分権の価格の過半数をもって決することができるから（民252条1項），他の共有者が共有物を専ら使用するなど，現在占有している共有者は占有することができないものとすることを持分権の価格の過半数で決定すれば（この決定のあることは，前掲最一小判昭41・5・19のいう「その明渡を求める理由」になると考えられる[注38]），この決定に基づいて現在占有する共有者に共有物の返還を請求することができる。

もっとも，本ケースのように，共有物を占有している者が被相続人の配偶者で，他の相続人との間で共有物の返還をめぐって争っている場合には，持分権の価格の過半するによる決定を実現することは難しいだろう。

結局，被相続人の配偶者が被相続人名義の不動産を無償でその全部を使用している場合，他の相続人が遺産分割完了前に当該不動産の返還を求めることは難しい。他の相続人としては当該配偶者にその持分権を超える使用の対価の支払を請求するしかないことになる[注39]。

---

（注38）『村松ら』64頁
（注39）『佐久間』224頁参照

第1　考慮すべき問題

第2編　共有関係訴訟の実務

# 第5章　共同所有権以外の権利に関する訴訟

## 第1 │ 考慮すべき問題

### 1　想定される紛争類型

　不動産に関する権利関係が問題となるケースは共同所有権の有無に関するものに限られない。通路利用に関する通行権の有無をめぐって近隣土地所有者間でトラブルが生じるケースが裁判例においても一定数，存在している。その中でも通行地役権者と承役地所有者との間の法律関係について，多くの裁判例が存在する。ここでは具体的な訴訟類型として，通行地役権を有すると主張する要役地の所有者が，通行地役権の設定契約を締結した相手方から承役地を承継した第三者に対し，通行地役権設定登記なくして権利を対抗し得るか否かという論点について検討する。

### 2　通行地役権の特殊性

　売買等の取引行為によって不動産所有権を取得した所有者は，対抗要件である登記を備えることが現実的に想定される。対抗要件を欠いたままでは登記の欠缺を主張する正当な利益を有する第三者（二重譲渡の取得者などがその典型例である。）に自己の所有権を対抗できなくなるからである（民177条）。ちなみに2017年債権法改正により新設された民法560条は権利移転の対抗要件に係る売主の義務を明文で規定している。また，相続をめぐる法律関係においては，相続に係る移転登記をしていなくとも第三者にこれを対抗し得るという扱いが一定の場合に許容されていたが，2018年相続法改正において民法899条の2が新設され対抗要件主義の徹底が図られた。対抗要件を備えることがより重視される規律になっている。

　ところが，通行地役権の設定がなされる例として以下のような場合が想定

第5章　共同所有権以外の権利に関する訴訟

*337*

第1 考慮すべき問題

される。すなわち，不動産分譲業者が，一定の面積を有する1筆の土地を購入の上，これを数筆の土地に区画割りし，マイホーム取得を希望する複数のエンドユーザーとの間で区画割りした土地を建築する建物と合わせ販売するようなビジネスモデルにおいて，公道に面しない区画を購入する買主が公道に出ることができるように通路部分を確保し，その通路部分について所有者である不動産分譲業者が区画土地購入者との間で通行地役権を設定するというようなケースである。この場合，購入する区画部分についてはエンドユーザーへの所有権移転登記はなされるものの，通路に関する通行地役権については当事者間においてその重要性の認識を欠くことが多く，通行地役権設定契約書の作成等の明示の合意がなされることなく，いわゆる黙示の合意が認められる程度という場合が多い。そのため，通行地役権設定登記がなされることもないままに推移し，分譲を終えた不動産業者が当該通路部分の所有権を，第三者（例えば最後に区画を購入した者など）に譲渡してしまうという事態が発生するのである。そして，要役地所有者と承役地所有者との間で通路使用に関するトラブルが生じた場合，にわかに対抗要件の不備という問題が顕在化することになる。近隣居住者間の生活紛争の一種である通路使用の場面において，取引行為の安全を確保するための対抗要件主義がどこまで厳格に適用されるべきかという問題であり，特殊な法領域となることに留意する必要がある。

この点について，第2において具体的に検討する。

## 3 要役地が共有の場合の問題

さらに検討を要するのが，要役地が共有土地である場合に，通行地役権の設定登記手続を求める訴訟を承役地の持分を有する一部の共有者のみで提起し得るかという問題である。共有土地の一部の共有者が共有権に基づき第三者名義の登記の全部移転登記手続を求める訴訟に関しては，本編第1章第1節第3の2に記載したとおり，最一小判昭46・10・7民集25巻7号885頁は共有持分権者全員が原告とならなければならない固有必要的共同訴訟であると判示している。そこで，要役地共有の場合に通行地役権の設定を求める訴

訟においても所有権移転登記手続請求の場合と同様に考えるのであれば固有必要的共同訴訟になるが果たしてそうであろうか。この点が問われることとなる。第3において具体的に検討する。

# 第2 通行地役権確認請求及び通行地役権設定登記手続訴訟の併合提起

〈ケース20〉

　Aは1筆の土地を末尾の図面（図表24）のとおり5筆に分筆し，宅地造成のうえ，イ，ロ，ハ，ニの土地をそれぞれ購入希望者に分譲する計画を立てた。また，甲土地はハ土地，ニ土地の購入者が公道への出入りのために使用する通路部分であった。そして，実際にAは令和5年4月1日，ハ土地をその敷地上の建物と共に代金3000万円でBに売却し，その際，AB間で甲土地を承役地，ハ土地を要役地とする黙示の通行地役権が設定された。Bは通路としての利用を開始し，自家用自動車で甲地を通行し，ハ土地内の駐車場スペースに駐車させていた。ただし，通行地役権設定登記はなされていない。

　Aは，令和5年8月20日，ニ土地をその敷地上の建物と共にCに代金7000万円で売却したが，その際，甲土地も一緒にAからCに所有権を移転し，ニ土地，甲土地のCへの所有権移転登記手続も完了した。なお，Cは通行地役権の存在を明確には認識しておらず，甲土地が通路として利用されていることの漠然とした認識があるのみであった。

　その後，しばらくの間は，Bは甲土地を通行して公道にでることに支障はなかったが，令和5年11月頃にBC間で生じた生活騒音問題によって両者の関係が険悪となった。これを契機に，甲土地を所有するCがBの通行を認めないと宣言し，令和5年12月以降，Cは自己が所有する自家用自動車を甲地に駐車させ，Bが撤去を求めてもこれに応じない状況にある。その結果，Bは徒歩ではハ土地上に存する自宅建物に入ることができるが，自動車での出入りが不可能となっている。

　Bは，Cに対し，通行地役権が存在することの確認及びこの通行地役権に関する設定登記手続を求める訴訟を提起したが，Cは通行地役権設定登記が存在しないことを指摘し，Bの請求を争っている。この場合，Bとしてはどのような主張が可能となるか。

第2　通行地役権確認請求及び通行地役権設定登記手続訴訟の併合提起

〈図表24　ケース20の関係図〉

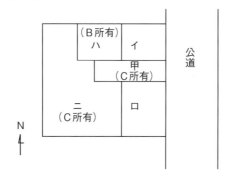

1　訴訟物

　本ケースでは，通行地役権が存在することの確認を求める請求と，この通行地役権に関する設定登記手続を求める請求が併合されて提起されており，訴訟物は2個となる。確認訴訟と給付訴訟の客観的併合形態である。

2　請求の趣旨

　訴訟物が2個であることに応じて，請求の趣旨も以下のようになると思料される。

> 1　原告が，別紙物件目録記載1の土地につき，無償，無期限の通行地役権を有することを確認する。
> 2　被告は，原告に対し，別紙物件目録記載1の土地につき，令和5年4月1日の通行地役権設定契約に基づく，要役地を別紙物件目録記載2の土地とし，目的を通行のためとする内容の地役権設定登記手続をせよ。
> 3　（訴訟費用の負担）
> との判決を求める。

※1　別紙物件目録記載1には承役地，同2には要役地に関する登記簿上の表題部の内容を記載する。
※2　判決によって障害物の撤去を求める必要がある場合，あるいは妨害の停止を求める必要がある場合には，上記の請求の趣旨に加えて，「被告は，原告に対し，別紙物件目録記載1の土地上に駐車した自動車を撤去せよ。」とか，「被告は，原告が別紙物件目録記載1の土地を通行することを妨害

340

第2　通行地役権確認請求及び通行地役権設定登記手続訴訟の併合提起

してはならない。」などと記載することも考えられる。

## 3　請求の原因

---

1　原告は，令和5年4月1日，訴外Aから別紙物件目録記載2の土地及び
その敷地上の建物を代金3000万円で購入し，その際，訴外Aと原告とは，
同目録記載2の土地を要役地とし，別紙物件目録記載1の土地（以下「本
件通路」という。）を承役地として，無償，無期限の黙示の通行地役権の
設定契約をした。
2　訴外Aは，その後，令和5年8月20日に別紙物件目録記載3の土地をそ
の敷地上の建物と共に被告に売却譲渡し，その際に本件通路も被告に譲渡
した。
3　被告は，令和5年11月頃より原告による本件通路の通行を認めないと宣
言し，同年12月以降，被告所有の自家用自動車を本件通路に駐車させ，原
告が撤去を求めてもこれに応じない状況にある。その結果，原告は本件通
路を利用して自動車で別紙物件目録記載2の土地に存在する自宅建物への
出入りが不可能となっている。
4　よって，原告は被告に対し本件通路につき，無償，無期限の通行地役権
を有することの確認を求めると共に，令和5年4月1日の通行地役権設定
契約に基づく，要役地を別紙物件目録記載2の土地とし，目的を通行のた
めとする内容の地役権設定登記手続を求める次第である。

---

※　地役権が存在することの確認を求めているので，確認の利益が存在すること
（権利についての争いが存する事実）を示す主張が必要となる。3項記載の
事実がこれに該当する。

## 4　主張・立証のポイント

（1）　請求原因について

ＡＢ間で通行地役権設定契約書のような書類が存在すれば明示の合意の主
張が可能となる。その場合には当該文書を書証として提出することによって
立証も比較的，容易である。しかし，本ケースでは明示的な合意がなされる
ことは稀であるという実情がある。そこで，主張としては黙示の通行地役権
の設定合意とならざるを得ない。そのため，立証の困難が予想されるが，土
地分譲業者が区画された土地の購入者のための分譲地の一部の部分を分筆の
うえ，これを区画化された土地購入者のために通路を開設し，その種の説明

*341*

第2　通行地役権確認請求及び通行地役権設定登記手続訴訟の併合提起

を土地購入者にしていたような場合には，この土地分譲業者と購入者との間
で黙示の通行地駅権の設定の事実を認定すべきと解する。

(2)　抗弁について

本ケースのCはAから甲土地を購入し所有権を有している。したがって，
Bの主張する通行地役権とCの有する所有権とが甲土地の物的支配を相争う
関係に立つので，基本的には民法177条の対抗要件の具備の先後によって両
者の優劣が決定されることになる。そこで，被告Cは，① 自らが所有者で
あり民法177条に規定する第三者に該当すること（甲土地をCがAから購入した
こと），② Bが通行地役権に関する対抗要件（設定登記）を具備しない限り，
Bの主張を認めないとの権利主張とを，抗弁として主張することになる。

(3)　想定される再抗弁

本ケースではBは通行地役権設定登記を具備していないので，これに対し，
Bが対抗要件具備の主張を行うことはできない。

しかしながら，通行地役権に関してはその設定後，すみやかに設定登記が
なされるとは限らない，むしろ，設定登記が全くなされないケースも多いと
いう実情を考慮した場合，Bが対抗要件未了という理由で敗訴し，通行がで
きなくなるという結論は容認しがたいところである。この点に鑑み，判
例[注1]は，「通行地役権の承役地が譲渡された場合において，譲渡の時に，
右承役地が要役地の所有者によって継続的に通路として使用されていること
がその位置，形状，構造等の物理的状況から客観的に明らかであり，かつ，
譲受人がそのことを認識していたか又は認識することが可能であったときは，
譲受人は，通行地役権が設定されていることを知らなかったとしても，特段
の事情がない限り，地役権設定登記の欠缺を主張するについて正当な利益を
有する第三者に当たらない」と判示し，対抗要件たる通行地役権設定登記を
地役権者が備えていない場合でも，その権利を承役地所有者に主張し得るこ
とを認めている。

したがって，本ケースにおいても，① 継続的に通路として使用されてい

___

(注1)　最二小判平10・2・13民集52巻1号65頁

ることがその位置，形状，構造等の物理的状況から客観的に明らかである事実（客観的要件）と，②譲受人がそのことを認識していたか又は認識することが可能であった事実（主観的要件）をBが再抗弁として主張・立証することにより，Cの第三者性を否定し，もって対抗要件（通行地役権設定登記）なくして権利をCに対し主張し得ることになる。この主張が認められれば，通行地役権を有することの確認を求める訴訟においてBが勝訴することが可能となる。

### (4) 通行地役権設定登記手続請求について

さらに判例[注2]は，同種の事案において，「通行地役権の承役地の譲受人が地役権設定登記の欠缺を主張するについて正当な利益を有する第三者に当たらず，通行地役権者が譲受人に対し登記なくして通行地役権を対抗できる場合には，通行地役権者は，譲受人に対し，同権利に基づいて地役権設定登記手続を請求することができ」ると判示し，通行地役権の設定契約をした当事者ではない第三者も設定登記手続に応じる義務のあることを認めた。

よって，本ケースにおいて，BはCに対し，通行地役権を対抗し得るのみならず，通行地役権設定登記手続を行うように求め得ることになる。

## 5 判決確定後の手続

確定判決に基づき，通行地役権設定登記手続がなされることになる。民事執行法177条により当該登記手続に関する被告の意思表示が擬制される。具体的な概要は後述の【登記手続との接合】で確認いただきたい。

## 第3 | 要役地が共有の場合の原告適格

### 〈ケース21〉

ケース20の事案において，ハ土地を購入したのは，Bのみではなくび Dであり，BDが2分の1ずつの持分を有するものであったとする。

---

（注2） 最二小判平10・12・18民集52巻9号1975頁

第3　要役地が共有の場合の原告適格

　このとき，ケース20と同様の訴えを提起する場合，BあるいはDのいずれか一方のみが原告となって訴訟を提起することは可能か。

## 1　共同所有に関する訴訟の場合

　要役地が共有の場合に，共有者の一人の者が単独で訴訟を提起することが可能か否かという問題である。仮にこの訴訟が固有必要的共同訴訟であれば，共有者全員が原告となって初めて原告適格が認められることになる。

　この点について，例えば共有土地のケースにおいて当該土地が共有者全員の共有に属するものであることを求める確認訴訟について判例[注3]は固有必要的共同訴訟とする。また，共有不動産について第三者の所有権登記名義が存在する場合に，共有者が当該不動産の所有権登記名義を共有者へ移転するように求める訴訟（所有権移転登記手続請求訴訟）についても判例[注4]はこれを固有必要的共同訴訟と判示している。共有不動産の共有権そのものに関する訴訟については共有者の一人で訴訟を提起，遂行することは許さないというのが判例の基本的態度である。

## 2　地役権に関する判例

　これに対し，ケース21のような通行地役権の確認及び設定登記を求める訴訟においては，判例[注5]は設定登記請求のみがなされたケースであるが，「要役地が数人の共有に属する場合，各共有者は，単独で共有者全員のため共有物の保存行為として，要役地のために地役権設定登記手続を求める訴えを提起することができるというべきであって，右訴えは固有必要的共同訴訟には当たらない」と判示している。

　① 地役権の登記は承役地及び要役地の乙区欄に地役権の目的・対応する要役地（承役地）等が記載されるだけであって地役権者は記載されず，地役権に係る権利者・義務者は甲区欄の所有名義人の表示により公示されるから，

---

（注3）　大判大2・7・11民録19輯662頁
（注4）　最一小判昭46・10・7民集25巻7号885頁
（注5）　最三小判平7・7・18民集49巻7号2684頁

共有者の一部の者による地役権設定登記訴訟の提起を認めても，この者が地役権を単独で有するような登記簿上の外観を与えるおそれがないこと，②地役権の準共有者は自己の持分についてだけ地役権設定登記を受けることができないことなどが考慮されているものと解される。[注6]

したがって，ケース21については，固有必要的共同訴訟にはならないと理解されることになり，BあるいはDのいずれかが単独で訴訟を提起することも適法ということになる。

### 3　判決確定後の手続

BあるいはDのいずれかによって通行地役権設定登記手続を求める訴訟が提起され，これが確定した場合，実際の設定登記手続を行うことになる。被告に関しては民事執行法177条により当該登記手続に関する意思表示が擬制される。問題は登記権利者側の扱いであり，BあるいはDが単独で登記申請できるかについては，後記の【登記手続との接合】を参照されたい。

## 登記手続との接合

地役権設定登記は，地役権設定の目的や範囲などが登記事項とされる（不登80条1項）一方で，その登記名義人（地役権者の氏名等）が登記されない（不登80条2項）。誰の権利であるかという点より，当該土地（要役地）自体の便益のための権利である点に重きがおかれた登記であるといえ，所有権や抵当権など，その権利者が登記される一般的なものと，その点で，大きく異なる。また，地役権が設定された土地（承役地）に対してだけではなく，要役地にも登記がなされる点にも特徴がある。実際の登記事項を見た方がイメージしやすいと思われるので，以下に，通行地役権が登記された土地の記録例を示しておく。

---

（注6）　この点について，野山宏（判解民・平成7年度（下））782頁〜813頁。

登記手続との接合

## 〈例27　登記記録 —— 通行地役権設定登記〉 <sup>(注7)</sup>

(承役地)

| 権　利　部　（乙　区）　　（所 有 権 以 外 の 権 利 に 関 す る 事 項） | | | |
|---|---|---|---|
| 順位番号 | 登　記　の　目　的 | 受付年月日・受付番号 | 権 利 者 そ の 他 の 事 項 |
| 1 | 地役権設定 | 令和何年何月何日<br>第何号 | 原因　令和何年何月何日設定<br>目的　通行<br>範囲　全部　※<br>要役地　何市何町何番 |

※範囲が土地の一部である場合は「東側12平方メートル」などと登記される。また，その範囲を明確にするために地役権図面を提供する（不登令7条1項6号別表35の添付情報欄ロ）とともに，登記簿上に当該地役権図面の番号が記録される（不登規160条）。

## 〈例28　登記記録 —— 要役地が承役地と同一登記所の管轄に属する場合〉

| 権　利　部　（乙　区）　　（所 有 権 以 外 の 権 利 に 関 す る 事 項） | | | |
|---|---|---|---|
| 順位番号 | 登　記　の　目　的 | 受付年月日・受付番号 | 権 利 者 そ の 他 の 事 項 |
| 1 | 要役地地役権 | 余　白 | 承役地　何市何町何番<br>目的　通行<br>範囲　全部<br>令和何年何月何日登記 |

※要役地に対する登記は，承役地に地役権設定の登記をしたときに職権でなされる（不登80条4項）。


　上記のとおり地役権者は登記簿に記録されないが，その登記申請手続は，承役地の所有者を登記義務者とし，要役地の所有者を登記権利者とする共同申請で行われるのが一般的である。<sup>(注8)</sup>その登記は承役地を対象不動産として申請されるものであるが，申請情報として要役地をも記載し（不登令3条13号・別表35項申請情報欄），地役権設定登記がなされると，上記のとおり要役地に職権で登記されることとなる（不登80条4項，不登規159条1項）。

　共同申請の原則に対して，ケース20のように，地役権者が当該設定登記を命じた給付判決を得た場合には，その確定判決に基づき，単独で当該登記申請を行うことができる。いわゆる確定判決等による単独申請である（不登63条）。一般的な判決による登記申請手続の概要は261頁に記載のとおりであり，登記義務者の登記申請意思が判決により擬制されることにより，登記権利者

---

(注7)　要役地が承役地と異なる登記所の管轄に属する場合は，登記の受付年月日と受付番号が記録される（不登59条）一方で，権利者その他の事項欄の登記年月日は記録されない（不登規159条1項4号・5項）。

(注8)　登記申請人は，必ずしも所有者に限定されるものではない。要役地又は承役地に設定された地上権等に対して，又は，当該地上権のために地役権を設定することも可能であり，地上権等がその登記申請人となることも認められている（昭36・9・15民事甲第2324号民事局長回答，登研369号82頁など）。

346

による単独申請が認められるものである。したがって，これを証する書面（情報）として判決正本の提供が必要となる一方で，登記義務者の関与がないことから，その印鑑証明書や登記識別情報を提供する必要がない。

〈例29　登記申請書 ── 判決による地役権設定登記〉

---

### 登記申請書

登 記 の 目 的　　地役権設定
原　　　　因　　令和○年○月○日設定
目　　　　的　　通行
範　　　　囲　　全部
権　利　者　　何市何町何番地
（申　請　人）　　　A
義　務　者　　何市何町何番地　B<sup>※1</sup>
添 付 情 報　　登記原因証明情報（判決正本）
　　　　　　　　　　　　（中　略）

登 録 免 許 税　　金1,500円<sup>※2</sup>
不動産の表示
　承役地
　　所在　何市何町何丁目
　　地番　何番
　　地目　宅地
　　地積　○平方メートル
　要役地
　　所在　何市何町何丁目
　　地番　何番
　　地目　宅地
　　地積　○平方メートル

---

※1　登記権利者の単独申請であるため登記義務者は申請人とはならないが，その記載は必要である（不登令3条11号イ）。
※2　登録免許税は承役地の不動産の個数1個について1,500円である（登免別表1の1の(4)）。


### 2　要役地が共有の場合の登記申請手続

登記手続の前提として，地役権は，要役地や承役地の物質的利用を目的と

するという性質から，要役地持分のために設定することや，承役地持分上に設定することができないとされている。<sup>(注9)</sup>一方で，土地が共有地であれば，その共有地全体に地役権を設定することが認められるのは当然である。その上で，要役地や承役地が共有地である場合，その登記申請は，共有者全員が，登記権利者又は登記義務者として申請することが原則（不登60条・2条12号・13号）である。

ところで，ケース21では，裁判こそ共有者の一部の者が提起しているものの，その判決内容は，数人の共有に属する要役地（全体）のために地役権が成立することを認容しているものである。したがって，後は，当該土地（全体）に対して成立した地役権の設定登記申請を，要役地の共有者全員が申請すべきなのか，共有者の一部の者が申請できるのかという考察となる。この点，すでに判決において認容されている地役権の設定登記を共有者の一人から申請したとしても他の共有者の利益を害するおそれは考えられない。したがって，いわゆる保存行為として，要役地の共有者の一人から地役権設定登記を申請することができる。<sup>(注10)</sup>

---

（注9）　通行地役権など，対象となる土地の一部に地役権が設定されることはある。この場合は，その範囲を特定するために地役権図面を提供し，その範囲も登記事項となる。

（注10）　上記のとおり，要役地が共有の場合は，いわゆる保存行為として，共有者の一人が他の共有者（共有者全員）のために登記申請することができると考えられる。一方で，売買の買主が共有である場合に，真正担保など不動産登記法上の制約として，複数の買主のうちの一人から共有者全員のための所有権移転登記申請を行うことはできないとする考え方がある（登研513号123頁）。この考え方と同様に，地役権の場合も，一般論として，共有者の一人からの申請を認めてよいかは慎重な検討が必要であると思われる。ただし，本文中の想定事例のように判決等をもって要役地全体に地役権の設定が認められているなどのケースにおいては，保存行為として，共有者の一人からの申請が認められることに異存はないであろう。

資　料

資料1　共有に関する非訟事件及び土地等の管理に関する非訟事件に関する手続規則

| 資料1 | 共有に関する非訟事件及び土地等の管理に関する非訟事件に関する手続規則 |

**共有に関する非訟事件及び土地等の管理に関する非訟事件に関する手続規則**（令和4年5月13日最高裁判所規則第13号）

　共有に関する非訟事件及び土地等の管理に関する非訟事件に関する手続規則を次のように定める。

　共有に関する非訟事件及び土地等の管理に関する非訟事件に関する手続規則

目次
第1章　総則（第1条－第4条）
第2章　共有に関する非訟事件（第5条－第8条）
第3章　土地等の管理に関する非訟事件（第9条－第16条）附則

### 第1章　総則

**（申立て等の方式）**
**第1条**　民法（明治29年法律第89号）第2編第3章第3節（同法第262条の規定を除く。）から第5節までの規定及び表題部所有者不明土地の登記及び管理の適正化に関する法律（令和元年法律第15号）の規定による非訟事件の手続に関する申立て，届出及び裁判所に対する報告は，特別の定めがある場合を除き，書面でしなければならない。

**（申立人に対する資料の提出の求め）**
**第2条**　裁判所は，前条の申立てをした者又はしようとする者に対し，当該申立てに関する申立書及び当該申立書に添付すべき書類のほか，申立てを理由づける事実に関する資料その他同条の手続の円滑な進行を図るために必要な資料の提出を求めることができる。

**（裁判所書記官の事実調査）**
**第3条**　裁判所は，相当と認めるときは，第1条の申立てを理由づける事実の調査を裁判所書記官に命じて行わせることができる。

**（公告の方法等）**
**第4条**　公告は，特別の定めがある場合を除き，裁判所の掲示場その他裁判所内の公衆の見やすい場所に掲示し，かつ，官報に掲載してする。
2　公告に関する事務は，裁判所書記官が取り扱う。

### 第2章　共有に関する非訟事件

**（申立書の記載事項）**
**第5条**　民法第251条第2項，第252条第2項及び第252条の2第2項（これらの規定を同法第264条において準用する場合を含む。）の規定による裁判に係る非訟事件の手続に関する申立書には，申立ての趣旨及び原因並びに申立てを理由づける事実を記載するほか，次に掲げる事項を記載し，申立人又は代理人が記名押印しなければならない。
　一　当事者の氏名又は名称及び住所並びに法定代理人の氏名及び住所
　二　申立てに係る共有物又は民法第264条に規定する数人で所有権以外の財産権を有する場合における当該財産権（以下この条から第7条までにおいて単に「共有物」という。）の表示
2　前項の申立書には，同項に規定する事項のほか，次に掲げる事項を記載するものとする。
　一　代理人（前項第1号の法定代理人を除く。）の氏名及び住所
　二　申立てに係る共有物の共有者（申立人を除く。）の氏名又は名称及び住所並びに法定代理人の氏名及び住所
　三　申立てを理由づける具体的な事実ごとの証拠

*351*

資料1　共有に関する非訟事件及び土地等の管理に関する非訟事件に関する手続規則

四　事件の表示

五　附属書類の表示

六　年月日

七　裁判所の表示

八　申立人又は代理人の郵便番号及び電話番号（ファクシミリの番号を含む。）

九　その他裁判所が定める事項

**（申立書の添付書類）**

**第6条**　申立てに係る共有物が不動産又は不動産に関する所有権以外の財産権である場合には，前条第1項の申立書には，当該不動産の登記事項証明書を添付しなければならない。

**（公告すべき事項）**

**第7条**　非訟事件手続法（平成23年法律第51号）第85条第2項の規定による公告には，同項各号に掲げる事項のほか，次に掲げる事項を掲げなければならない。

一　申立人の氏名又は名称及び住所

二　申立てに係る共有物の表示

三　当該他の共有者等の氏名又は名称及び住所

**（所在等不明共有者の持分の取得の裁判に係る非訟事件及び所在等不明共有者の持分を譲渡する権限の付与の裁判に係る非訟事件の手続への準用）**

**第8条**　前三条の規定は，所在等不明共有者の持分の取得の裁判に係る非訟事件及び所在等不明共有者の持分を譲渡する権限の付与の裁判に係る非訟事件の手続について準用する。この場合において，第5条第1項第2号中「共有物又は民法第264条に規定する数人で所有権以外の財産権を有する場合における当該財産権（以下この条から第7条までにおいて単に「共有物」という。）」とあるのは「不動産」と，第5条第2項第2号中「共有物」とあるのは「不動産」と，第6条中「申立てに係る共有物が不動産又は不動産に関する所有権以外の財産権である場合には，前条第1項」とあるのは「第8条において読み替えて準用する前条第1項」と，前条第2号中「共有物」とある

のは「不動産」と，同条第3号中「当該他の共有者等」とあるのは「所在等不明共有者」と読み替えるものとする。

## 第3章　土地等の管理に関する非訟事件

**（申立書の記載事項）**

**第9条**　民法第2編第3章第4節の規定による非訟事件の手続に関する申立書には，申立ての趣旨及び原因並びに申立てを理由づける事実を記載するほか，次に掲げる事項を記載し，申立人又は代理人が記名押印しなければならない。

一　当事者の氏名又は名称及び住所並びに法定代理人の氏名及び住所

二　所有者不明土地管理命令の対象となるべき土地若しくは共有持分若しくは所有者不明土地管理命令の対象とされた土地若しくは共有持分又は所有者不明建物管理命令の対象となるべき建物若しくは共有持分若しくは所有者不明建物管理命令の対象とされた建物若しくは共有持分の表示

2　前項の申立書には，同項に規定する事項のほか，次に掲げる事項を記載するものとする。

一　代理人（前項第1号の法定代理人を除く。）の氏名及び住所

二　前項第2号に規定する土地又は建物の所有者又は共有持分を有する者の氏名又は名称及び住所並びに法定代理人の氏名及び住所

三　申立てを理由づける具体的な事実ごとの証拠

四　事件の表示

五　附属書類の表示

六　年月日

七　裁判所の表示

八　申立人又は代理人の郵便番号及び電話番号（ファクシミリの番号を含む。）

九　その他裁判所が定める事項

3　前項の規定にかかわらず，第1項の手続に関し，申立人又は代理人から前項第8号に掲げる事項を記載した申立書が提

資料1　共有に関する非訟事件及び土地等の管理に関する非訟事件に関する手続規則

出されているときは，以後裁判所に提出する当該手続を基本とする手続の申立書については，これを記載することを要しない。

**（申立書の添付書類）**
**第10条**　前条第1項の申立書には，所有者不明土地管理命令の対象となるべき土地（共有持分を対象として所有者不明土地管理命令が申し立てられる場合にあっては，共有物である土地。次条第1項において同じ。）若しくは所有者不明土地管理命令の対象とされた土地（共有持分を対象として所有者不明土地管理命令が発せられた場合にあっては，共有物である土地）又は所有者不明建物管理命令の対象となるべき建物（共有持分を対象として所有者不明建物管理命令が申し立てられる場合にあっては，共有物である建物）若しくは所有者不明建物管理命令の対象とされた建物（共有持分を対象として所有者不明建物管理命令が発せられた場合にあっては，共有物である建物）の登記事項証明書を添付しなければならない。
2　前項の規定にかかわらず，前条第1項の手続に関し，前項に規定する書面が提出されているときは，以後裁判所に提出する当該手続を基本とする手続の申立書には，これを添付することを要しない。

**（手続の進行に資する書類の提出）**
**第11条**　所有者不明土地管理命令の申立人は，裁判所に対し，次に掲げる書類を提出するものとする。
　一　所有者不明土地管理命令の対象となるべき土地に係る不動産登記法（平成16年法律第123号）第14条第1項の地図又は同条第4項の地図に準ずる図面の写し（当該地図又は地図に準ずる図面が電磁的記録に記録されているときは，当該記録された情報の内容を証明した書面）
　二　所有者不明土地管理命令の対象となるべき土地の所在地に至るまでの通常の経路及び方法を記載した図面
　三　申立人が所有者不明土地管理命令の対象となるべき土地の現況の調査の結果又は評価を記載した文書を保有するときは，その文書
　四　所有者不明土地管理命令の対象となるべき土地について登記がされていないときは，当該土地についての不動産登記令（平成16年政令第379号）第2条第2号に規定する土地所在図及び同条第3号に規定する地積測量図
2　前項（第1号を除く。）の規定は，所有者不明建物管理命令の申立人について準用する。この場合において，同項第2号から第4号までの規定中「所有者不明土地管理命令の対象となるべき土地」とあるのは「所有者不明建物管理命令の対象となるべき建物（共有持分を対象として所有者不明建物管理命令が申し立てられる場合にあっては，共有物である建物）」と，同号中「当該土地」とあるのは「当該建物」と，「第2条第2号に規定する土地所在図及び同条第3号に規定する地積測量図」とあるのは「第2条第5号に規定する建物図面及び同条第6号に規定する各階平面図」と読み替えるものとする。

**（公告すべき事項）**
**第12条**　非訟事件手続法第90条第2項（同条第16項において準用する場合を含む。）の規定による公告には，同条第2項各号に掲げる事項のほか，次に掲げる事項を掲げなければならない。
　一　申立人の氏名又は名称及び住所
　二　所有者不明土地管理命令の対象となるべき土地若しくは共有持分又は所有者不明建物管理命令の対象となるべき建物若しくは共有持分の表示
　三　前号に規定する土地又は建物の所有者又は共有持分を有する者の氏名又は名称及び住所

**（裁判による登記の嘱託）**
**第13条**　非訟事件手続法第90条第6項及び

第7項（これらの規定を同条第16項において準用する場合を含む。）の規定による登記の嘱託は，嘱託書に裁判書の謄本を添付してしなければならない。

**（資格証明書の交付等）**

**第14条** 裁判所書記官は，所有者不明土地管理人又は所有者不明建物管理人に対し，その選任を証する書面を交付しなければならない。

2 裁判所書記官は，所有者不明土地管理人又は所有者不明建物管理人があらかじめその職務のために使用する印鑑を裁判所に提出した場合において，当該所有者不明土地管理人又は所有者不明建物管理人が所有者不明土地管理命令の対象とされた土地若しくは共有持分又は所有者不明建物管理命令の対象とされた建物若しくは共有持分についての権利に関する登記を申請するために登記所に提出する印鑑の証明を請求したときは，当該所有者不明土地管理人又は所有者不明建物管理人に係る前項の書面に，当該請求に係る印鑑が裁判所に提出された印鑑と相違ないことを証明する旨をも記載して，これを交付するものとする。

**（民法第2編第3章第5節の規定による非訟事件の手続への準用）**

**第15条** 第9条から第11条まで及び前条の規定は，民法第2編第3章第5節の規定による非訟事件の手続について準用する。この場合において，第9条第1項第2号中「所有者不明土地管理命令の対象となるべき土地若しくは共有持分若しくは所有者不明土地管理命令の対象とされた土地若しくは共有持分又は所有者不明建物管理命令の対象となるべき建物若しくは共有持分若しくは所有者不明建物管理命令の対象とされた建物若しくは共有持分」とあるのは「管理不全土地管理命令の対象となるべき土地若しくは管理不全土地管理命令の対象とされた土地又は管理不全建物管理命令の対象となるべき建物若しくは管理不全建物管理命令の対象

とされた建物」と，同条第2項第2号中「所有者又は共有持分を有する者」とあるのは「所有者」と，第10条第1項中「所有者不明土地管理命令の対象となるべき土地（共有持分を対象として所有者不明土地管理命令が申し立てられる場合にあっては，共有物である土地。次条第1項において同じ。）若しくは所有者不明土地管理命令の対象とされた土地（共有持分を対象として所有者不明土地管理命令が発せられた場合にあっては，共有物である土地）又は所有者不明建物管理命令の対象となるべき建物（共有持分を対象として所有者不明建物管理命令が申し立てられる場合にあっては，共有物である建物）若しくは所有者不明建物管理命令の対象とされた建物（共有持分を対象として所有者不明建物管理命令が発せられた場合にあっては，共有物である建物）」とあるのは「管理不全土地管理命令の対象となるべき土地若しくは管理不全土地管理命令の対象とされた土地又は管理不全建物管理命令の対象となるべき建物若しくは管理不全建物管理命令の対象とされた建物」と，第11条中「所有者不明土地管理命令」とあるのは「管理不全土地管理命令」と，同条第2項中「，所有者不明建物管理命令」とあるのは「，管理不全建物管理命令」と，「所有者不明建物管理命令の対象となるべき建物（共有持分を対象として所有者不明建物管理命令が申し立てられる場合にあっては，共有物である建物）」とあるのは「管理不全建物管理命令の対象となるべき建物」と，第14条中「所有者不明土地管理人」とあるのは「管理不全土地管理人」と，「所有者不明建物管理人」とあるのは「管理不全建物管理人」と，同条第2項中「所有者不明土地管理命令の対象とされた土地若しくは共有持分」とあるのは「管理不全土地管理命令の対象とされた土地」と，「所有者不明建物管理命令の対象とされた建物若しくは共有持

分」とあるのは「管理不全建物管理命令の対象とされた建物」と読み替えるものとする。

**（表題部所有者不明土地の登記及び管理の適正化に関する法律の規定による非訟事件の手続への準用）**

**第16条** 第9条，第10条，第11条第1項（第4号を除く。）及び第13条の規定は，表題部所有者不明土地の登記及び管理の適正化に関する法律の規定による非訟事件の手続について準用する。この場合において，第9条第1項第2号中「所有者不明土地管理命令の対象となるべき土地若しくは共有持分若しくは所有者不明土地管理命令の対象とされた土地若しくは共有持分又は所有者不明建物管理命令の対象となるべき建物若しくは共有持分若しくは所有者不明建物管理命令の対象とされた建物若しくは共有持分」とあるのは「所有者等特定不能土地又は特定社団等帰属土地」と，同条第2項第2号中「土地又は建物の所有者又は共有持分を有する者」とあるのは「土地の所有者」と，第10条第1項中「所有者不明土地管理命令の対象となるべき土地（共有持分を対象として所有者不明土地管理命令が申し立てられる場合にあっては，共有物である土地。次条第1項において同じ。）若しくは所有者不明土地管理命令の対象とされた土地（共有持分を対象として所有者不明土地管理命令が発せられた場合にあっては，共有物である土地）又は所有者不明建物管理命令の対象となるべき建物（共有持分を対象として所有者不明建物管理命令が申し立てられる場合にあっては，共有物である建物）若しくは所有者不明建物管理命令の対象とされた建物（共有持分を対象として所有者不明建物管理命令が発せられた場合にあっては，共有物である建物）」とあるのは「所有者等特定不能土地又は特定社団等帰属土地」と，第11条第1項中「所有者不明土地管理命令の申立人」とあるのは

「特定不能土地等管理命令又は特定社団等帰属土地等管理命令の申立人」と，同項第1号から第3号までの規定中「所有者不明土地管理命令の対象となるべき土地」とあるのは「所有者等特定不能土地又は特定社団等帰属土地」と読み替えるものとする。

　　　附　則

**（施行期日）**

1　この規則は，民法等の一部を改正する法律（令和3年法律第24号）の施行の日（令和5年4月1日）から施行する。

**（会社非訟事件等手続規則の一部改正）**

2　会社非訟事件等手続規則（平成18年最高裁判所規則第1号）の一部を次のように改正する。

　　第44条の2を削る。

資料

資料2　所在等不明共有者共有物管理（変更）決定申立書

## 資料2　所在等不明共有者共有物管理（変更）決定申立書

### 所在等不明共有者共有物管理（変更）決定申立書

収入印紙

　　円

令和○年○月○日

東京地方裁判所　御中

申立人代理人弁護士　○　○　○　○　㊞

貼用印紙　　　　　円
予納郵券　　　　　　　円

第1　当事者の表示
　　　別紙当事者目録記載のとおり
第2　申立ての趣旨
　□　管理
　　　所在等不明共有者以外の共有者は，別紙共有物目録記載の共有物につ
　　いて，所在等不明共有者以外の共有者の持分の価格に従い，その過半数
　　で別紙管理行為目録記載の行為をすることを決することができる
　□　変更
　　　申立人は，別紙共有物目録記載の共有物について，所在等不明共有者
　　以外の共有者の同意を得て，別紙変更行為目録記載の行為をすることが
　　できる
　との裁判を求める。
第3　共有物の表示
　　別紙共有物目録記載のとおり
第4　共有物の共有者（申立人を除く。）
　　　別紙共有者目録記載のとおり
第5　申立ての原因（申立てを理由づける事実の記載※理由ごとに資料番号を付す。）
　1　所在等不明共有者の所在等が不明となった経緯及びその探索状況等
　　(1)　所在等不明共有者の所在等が不明となった経緯
　　(2)　所在等不明共有者の探索状況等

資料2　所在等不明共有者共有物管理（変更）決定申立書

　　　　□　共有物が不動産の場合
　　　　　　別添「所有者・共有者の探索等に関する報告書」のとおり
　　　　□　共有物が不動産以外の場合
　　　　　　所在等不明共有者の探索状況等は，以下のとおり
　　2　予定している管理（変更）行為の内容
　　　　別紙管理（変更）行為目録記載のとおり
　　3　本申立てに至った経緯・動機
　　4　よって，申立ての趣旨記載の裁判を求める。

　添付書類
　　　□委任状（弁護士が代理人となるとき）
　　　□資格証明書（法人の場合）
　　　□登記事項証明書（土地又は建物）
　　　□所有者・共有者の探索等に関する報告書（共有物が不動産の場合）

（別紙1）

当　事　者　目　録

〒○○○－○○○○
　　東京都○○区○○町○丁目○○番○○号
　　　　　申立人　　　　　　　○○　　○○

〒○○○－○○○○
　　東京都○○区○○町○丁目○○番○○号（送達場所）
　　　　　上記代理人弁護士　○○　　○○
　　　　　　電話番号
　　　　　　FAX番号

（別紙2）

共　有　物　目　録

（土地の場合）
所　在

資料2　所在等不明共有者共有物管理（変更）決定申立書

```
地　番
地　目
地　積
　　　申立人持分○分の○
　　　所在等不明共有者持分○分の○


（建物の場合）
所　　在
家屋番号
種　類
構　造
床　面　積
　　　申立人の持分○分の○
　　　所在等不明共有者持分○分の○


（その他自動車，動産などの場合）
　　○○
　　○○
　　　申立人の持分○分の○
　　　所在等不明共有者持分○分の○
```

（別紙3）

```
　　　　　　（管　理　・　変　更）行　為　目　録

1　○○
2　○○
```

（別紙4）

```
　　　　　　　　　共　有　者　目　録

住居所不明
（最後の住所）東京都○○区○○町○丁目○○番○○号
　　　　　所在等不明共有者　　　　　○○　　○○
```

資料2　所在等不明共有者共有物管理（変更）決定申立書

〒○○○－○○○○
　東京都○○区○○町○丁目○○番○○号
　　　共有者　　　○○　○○

〒○○○－○○○○
　○○県○○市○○町○○番○○号
　　　共有者　　　○○　○○

（出典：裁判所ウェブサイト―共有に関する事件（非訟事件手続法第3編第1章），土地等の管理に関する事件（非訟事件手続法第3編第2章）―所在等不明共有者共有物管理（変更）決定申立書）

資　料

資料3　賛否不明共有者の共有物管理決定申立書

| 資料3 | 賛否不明共有者の共有物管理決定申立書 |

---

### 賛否不明共有者の共有物管理決定申立書

```
┌──────────┐
│ 収入印紙  │
│          │
│    円    │
└──────────┘
```

令和○年○月○日

東京地方裁判所　御中

申立人代理人弁護士　○　○　○　○　㊞

貼用印紙　　　　　　　　円
予納郵券　　　　　　　　円

第1　当事者の表示
　　　別紙当事者目録記載のとおり
第2　申立ての趣旨
　　　賛否不明共有者以外の共有者は，別紙共有物目録記載の共有物について，賛否不明共有者以外の共有者の持分の価格に従い，その過半数で別紙管理行為目録記載の行為をすることを決することができる
　　との裁判を求める。
第3　共有物の表示
　　　別紙共有物目録記載のとおり
第4　共有物の共有者（申立人を除く。）
　　　別紙共有者目録記載のとおり
第5　申立ての原因（申立てを理由づける事実の記載※理由ごとに資料番号を付す。）
　1　予定している管理行為の内容
　　　別紙管理行為目録記載のとおり
　2　本申立てに至った経緯・動機等
　3　賛否不明共有者に対する催告
　4　よって，申立ての趣旨記載の裁判を求める。


添付書類
　　□委任状（弁護士が代理人となるとき）

360

資料3　賛否不明共有者の共有物管理決定申立書

□資格証明書（法人の場合）
□登記事項証明書（土地又は建物）

（別紙1）当事者目録（資料2の別紙1「当事者目録」と同じ）

（別紙2）

# 共　有　物　目　録

（土地の場合）
所　在
地　番
地　目
地　積
　　申立人持分○分の○
　　賛否不明共有者持分○分の○

（建物の場合）
所　在
家屋番号
種　類
構　造
床 面 積
　　申立人持分○分の○
　　賛否不明共有者持分○分の○

（その他自動車，動産などの場合）
　○○
　○○
　　申立人持分○分の○
　　賛否不明共有者持分○分の○

資料

資料3　賛否不明共有者の共有物管理決定申立書

(別紙3)

```
　　　　　　　　　管　理　行　為　目　録

　1　○○
　2　○○
```

(別紙4)

```
　　　　　　　　　　共　有　者　目　録

〒○○○-○○○○
　　東京都○○区○○町○丁目○番○○号
　　　　賛否不明共有者　　　　○○　○○

〒○○○-○○○○
　　○○県○○市○○町○○番○○号
　　　　共有者　　　　　　　　○○　○○
```

(出典：裁判所ウェブサイト―共有に関する事件（非訟事件手続法第3編第1章），土地等の管理に関する事件（非訟事件手続法第3編第2章）―賛否不明共有者の共有物管理決定申立書)

資料4 所在等不明共有者持分取得決定申立書

## 資料4 所在等不明共有者持分取得決定申立書

### 所在等不明共有者持分取得決定申立書

```
┌─────────┐
│ 収入印紙  │
│         │
│    円    │
└─────────┘
```

令和○年○月○日

東京地方裁判所　御中

申立人代理人弁護士　○　○　○　○　㊞

貼用印紙　　　　　　　　円

予納郵券　　　　　　　　円

第1　当事者の表示
　　　別紙当事者目録記載のとおり

第2　申立ての趣旨
　　　申立人は，別紙物件目録記載の不動産の共有持分を取得するとの裁判
　を求める。

第3　申立てに係る不動産の表示
　　　別紙物件目録記載のとおり（なお，申立人の持分は○分の○）

第4　共有物の共有者（申立人を除く）
　　　別紙共有者目録記載のとおり

第5　申立ての原因（申立てを理由づける事実の記載※理由ごとに資料番号を付す。）
　1　所在等不明共有者の所在等が不明となった経緯及びその探索状況等
　(1)　所在等不明共有者の所在等が不明となった経緯

　(2)　所在等不明共有者の探索状況等
　　　　別添「所有者・共有者の探索等に関する報告書」のとおり
　2　所在等不明共有者の持分が相続財産である場合
　　　□　相続開始時は，　年　月　日であり，既に10年が経過している。
　　　□　　年　月　日，遺産分割協議済みである。
　　　□　所在等不明共有者の単独相続である。
　　　□　（その他，持分取得を可能とする事情）
```

</div>
```

資料4　所在等不明共有者持分取得決定申立書

　　3　取得を希望する持分の時価相当額
　　　　申立人が取得を希望する持分の時価相当額は○○○万円である。
　　4　よって，申立ての趣旨記載の裁判を求める。


　　添付書類
　　　　□委任状（弁護士が代理人となるとき）
　　　　□資格証明書（法人の場合）
　　　　□登記事項証明書（土地又は建物）
　　　　□戸籍謄本及び附票（相続財産の場合）
　　　　□固定資産税評価証明書
　　　　□土地（建物）の現況調査報告書又は評価書
　　　　□不動産鑑定書　簡易鑑定書
　　　　□所有者・共有者の探索等に関する報告書


（別紙1）

**当 事 者 目 録**

〒○○○－○○○○
　　東京都○○区○○町○丁目○○番○○号
　　　　　　申立人　　　　　　　　　　○○　　○○


〒○○○－○○○○
　　東京都○○区○○町○丁目○○番○○号（送達場所）
　　　　　　上記（両名）代理人弁護士　○○　　○○
　　　　　　電話番号
　　　　　　FAX番号

（別紙2）

**物 件 目 録**

（土地の場合）
　所　在
　地　番

364

資料4　所在等不明共有者持分取得決定申立書

```
　地　目
　地　積
　　　所在等不明共有者の持分　　　○分の○


（建物の場合）
　所　　在
　家屋番号
　種　　類
　構　　造
　床　面積
　　　所在等不明共有者の持分　　　○分の○
```

（出典：裁判所ウェブサイト―共有に関する事件（非訟事件手続法第3編第1章），土地等の管理に関する事件（非訟事件手続法第3編第2章）―所在等不明共有者持分取得決定申立書）


（別紙3）共有者目録（資料2の別紙4「共有者目録」と同じ）

資　料

資料5　所在等不明共有者持分譲渡権限付与決定申立書

## 資料5　所在等不明共有者持分譲渡権限付与決定申立書

### 所在等不明共有者持分譲渡権限付与決定申立書

```
┌─────────────┐
│  収入印紙   │
│             │
│      円     │
└─────────────┘
```

令和○年○月○日

東京地方裁判所　御中

申立人代理人弁護士　○　○　○　○　㊞

貼用印紙　　　　　　　　　円
予納郵券　　　　　　　　　円

第1　当事者の表示
　　　別紙当事者目録記載のとおり
第2　申立ての趣旨
　　　申立人に，本裁判確定後2か月以内に，所在等不明共有者以外の共有
　　者全員が特定の者に対してその有する持分の全部を譲渡することを停止
　　条件として，別紙物件目録記載の不動産の共有持分を当該特定の者に譲
　　渡する権限を付与する
　との裁判を求める。
第3　申立てに係る不動産の表示
　　　別紙物件目録記載のとおり（なお，申立人の持分は○分の○）
第4　共有物の共有者（申立人を除く。）
　　　別紙共有者目録記載のとおり
第5　申立ての原因（申立てを理由づける事実の記載※理由ごとに資料番号を付す。）
　1　所在等不明共有者の所在等が不明となった経緯及びその探索状況等
　（1）所在等不明共有者の所在等が不明となった経緯

　（2）所在等不明共有者の探索状況等
　　　　別添「所有者・共有者の探索等に関する報告書」のとおり
　2　所在等不明共有者の持分が相続財産である場合
　　□　相続開始時は，　年　月　日であり，既に10年を経過している。

366

資料5　所在等不明共有者持分譲渡権限付与決定申立書

　　　□　　年　月　日，遺産分割協議済みである。
　　　□　所在等不明共有者の単独相続である。
　　　□　（その他，持分取得を可能とする事情）
　　3　譲渡を予定する不動産全体の時価相当額
　　　　別紙物件目録記載の不動産全体の時価相当額は○○円であるところ，
　　　所在等不明共有者の共有持分の割合に応じて案分した金額は○
　　　万円である。
　　4　よって，申立ての趣旨記載の裁判を求める。


　　添付書類
　　　□委任状（弁護士が代理人となるとき）
　　　□資格証明書（法人の場合）
　　　□登記事項証明書（土地又は建物）
　　　□戸籍謄本及び附票（相続財産の場合）
　　　□固定資産税評価証明書
　　　□土地（建物）の現況調査報告書又は評価書
　　　□不動産鑑定書　簡易鑑定書
　　　□所有者・共有者の探索等に関する報告書

（出典：裁判所ウェブサイト―共有に関する事件（非訟事件手続法第3編第1章），土地等の管理に関する事件（非訟事件手続法第3編第2章）―所在等不明共有者持分譲渡権限付与決定申立書）


（別紙1）当事者目録（資料2の別紙1「当事者目録」と同じ）

（別紙2）物件目録（資料4の別紙2「物件目録」と同じ）

（別紙3）共有者目録（資料2の別紙4「共有者目録」と同じ）

資料

*367*

資料6　所有者不明土地（建物）管理命令申立書（汎用）

**資料6**　所有者不明土地（建物）管理命令申立書（汎用）

---

**所有者不明土地（建物）管理命令申立書（汎用）**

収入印紙

　円

令和○年○月○日

東京地方裁判所　御中

申立人代理人弁護士　○　○　○　○　㊞

貼用印紙　　　　　　　　円
予納郵券　　　　　　　　円

第1　当事者の表示
　　　別紙当事者目録記載のとおり
第2　申立ての趣旨
　　　別紙物件目録記載の土地（建物）について所有者不明土地（建物）管
　　理人による管理を命ずる
　　との裁判を求める。
第3　申立ての原因（申立てを理由づける事実の記載※理由ごとに資料番号を付す。）
　※　申立ての原因においては，以下の事項について記載してください。
　1　利害関係を基礎づける具体的事情
　2　対象土地（建物）が所有者不明土地（建物）に当たることを基礎づけ
　　る事情
　　　別添「所有者・共有者の探索等に関する報告書」のとおり，別紙物件
　　目録記載の（土地・建物・共有持分）について，所有者を知ることがで
　　きず，又はその所在を知ることができない。
　3　発令の必要性
　（1）　対象土地（建物）の現状の管理状況
　　　　上記のとおり，現在の所有者は不明であり，何らの管理もされてい
　　　ない。現状は，以下のとおり
　（2）　対象土地（建物）に必要な管理行為の内容
　4　よって，申立ての趣旨記載の裁判を求める。

*368*

資料6　所有者不明土地（建物）管理命令申立書（汎用）

添付書類
　　　□申立書副本（管理人用）
　　　□委任状（弁護士が代理人となるとき）
　　　□資格証明書（法人が当事者であるとき）
　　　□所有者の土地又は建物に係る登記事項証明書
　　　□固定資産評価証明書
　　　□建物の敷地利用権を証明する資料（該当する場合）
　　　□不動産登記法14条1項の地図又は同条4項の地図に準ずる図面の写し
　　　□土地（建物）の所在地に至るまでの通常の経路及び方法（土地（建物）の住居表示を記載する。）を記載した図面
　　　□（申立人が保有する場合）土地（建物）の現況調査報告書又は評価書
　　　□（登記されていない場合）土地についての不動産登記令2条2号に規定する土地所在図及び同条3号に規定する地積測量図
　　　□（登記されていない場合）建物についての不動産登記令2条5号に規定する建物図面及び同条6号に規定する各階平面図
　　　□所有者・共有者の探索等に関する報告書


（別紙1）

**当事者目録**

〒●●●－●●●●
東京都●●区●●町●丁目●●番●●号
　　　　　　　申立人　　　　　　　●●　●●
〒●●●－●●●●
　　　　　　東京都●●区●●町●丁目●●番●●号（送達場所）
　　　　　　上記代理人弁護士　　●●　●●
　　　　　　電話番号
　　　　　　FAX番号


住居所不明
（最後の住所）東京都●●区●●町●丁目●●番●●号
　　　　　　不明所有者　　●●　●●

【※不明者以外の共有者がいる場合】

資料6　所有者不明土地（建物）管理命令申立書（汎用）

```
〒●●●－●●●●
東京都●●区●●町●丁目●●番●●号
　　　　　共有者　　●●　　●●
```

（別紙2）

```
                　物　件　目　録

（土地）
所　　在
地　　番
地　　目
地　　積


共有の場合，持分は以下のとおり


（建物）
所　　在
家屋番号
種　　類
構　　造
床 面 積


共有の場合，持分は以下のとおり
```

（出典：裁判所ウェブサイト―共有に関する事件（非訟事件手続法第3編第1章），土地等
の管理に関する事件（非訟事件手続法第3編第2章）―所有者不明土地（建物）管理命令
申立書（汎用））

資料7　所有者不明土地（及び建物）管理命令申立書（所有者不明土地法42条2項，5項）

## 資料7　所有者不明土地（及び建物）管理命令申立書（所有者不明土地法42条2項，5項）

---

### 所有者不明土地（及び建物）管理命令申立書
### （所有者不明土地法42条2項，5項）

収入印紙

　円

令和○年○月○日

東京地方裁判所　御中

申立人代理人弁護士　○　○　○　○　㊞

貼用印紙　　　　　　　　円
予納郵券　　　　　　　　円

第1　当事者の表示
　　　別紙当事者等目録記載のとおり
第2　申立ての趣旨
　　　□　別紙物件目録記載の土地（以下「本件土地」という。）について所
　　　　有者不明土地管理人による管理を命ずる
　　　□　（※5項による申立てもする場合）別紙物件目録記載の建物（以下
　　　　「本件建物」という。）について（所有者不明建物管理人・管理不全建
　　　　物管理人）による管理を命ずる
　　　との裁判を求める。
第3　申立ての原因（申立てを理由づける事実の記載※理由ごとに資料番号を付す。）
　　※　申立ての原因においては，以下の事項について記載してください。な
　　　お，申立書の副本を，建物の所有者に送付する場合があります。
　　1　本件土地が，民法上の所有者不明土地に当たることを基礎づける事情
　　　所有者・共有者の探索等に関する報告書記載のとおり
　　　（※なお，本件土地が，民法上の所有者不明土地に当たることについて
　　　は，所有者不明土地法2条1項の所有者不明土地とは異なり，所有者
　　　の全部を確知することができないことが要件となりますので，その点
　　　にご留意ください。）
　　2　発令の必要性

資料

*371*

資料7　所有者不明土地（及び建物）管理命令申立書（所有者不明土地法42条2項，5項）

　　⑴　本件土地について，所有者不明土地法42条2項の「その適切な管理のため特に必要がある」と認めるべき事情があること
　　⑵　本件土地に必要な管理行為の内容
　3　所有者不明土地法42条5項による申立てをする場合
　　⑴　本件建物があること
　　⑵　本件建物の適切な管理のため特に必要があることを基礎づける具体的事情
　　⑶　□所有者不明建物管理命令の申立てをする場合（民法264条の8）
　　　　※記載内容は，所有者不明土地（建物）管理命令申立書（汎用）を参照ください。
　　　　□管理不全建物管理命令の申立てをする場合（民法264条の14）※記載内容は，管理不全土地（建物）管理命令申立書（汎用）を参照ください。
　4　よって，申立ての趣旨記載の裁判を求める。


添付書類
　　□申立書副本（管理人用）
　　□委任状（弁護士が代理人となるとき）
　　□資格証明書（法人が当事者であるとき）
　　□所有者の土地又は建物に係る登記事項証明書
　　□固定資産評価証明書
　　□建物の敷地利用権を証明する資料（該当する場合）
　　□不動産登記法14条1項の地図又は同条4項の地図に準ずる図面の写し
　　□土地（建物）の所在地に至るまでの通常の経路及び方法（土地（建物）の住居表示を記載する。）を記載した図面
　　□（申立人が保有する場合）土地（建物）の現況調査報告書又は評価書
　　□（登記されていない場合）土地についての不動産登記令2条2号に規定する土地所在図及び同条3号に規定する地積測量図
　　□（登記されていない場合）建物についての不動産登記令2条5号に規定する建物図面及び同条6号に規定する各階平面図
　　□所有者・共有者の探索等に関する報告書

資料7　所有者不明土地（及び建物）管理命令申立書（所有者不明土地法42条2項，5項）

（別紙1）

### 当 事 者 目 録

〒●●●－●●●●
東京都●●区●●町●丁目●●番●●号
　　　　　　　　申立人　　　　　　●●区長　　●●　●●

〒●●●－●●●●
東京都●●区●●町●丁目●●番●●号（送達場所）
　　　　　　　　上記代理人弁護士　　●●　●●
　　　　　　　　　電話番号
　　　　　　　　　FAX番号


住居所不明
（最後の住所）東京都●●区●●町●丁目●●番●●号
　　　　　　　　不明所有者　　　　●●　●●


【※不明者以外の共有者がいる場合】
〒●●●－●●●●
東京都●●区●●町●丁目●●番●●号
　　　　　　　　共有者　　　　　　●●　●●

（別紙2）

### 物 件 目 録

（土地）
所　在
地　番
地　目
地　積


共有の場合，持分は以下のとおり


（建物）※所有者不明土地法42条5項による申立ての場合
所　在

資料 7 　所有者不明土地 (及び建物) 管理命令申立書 (所有者不明土地法42条 2 項, 5 項)

家屋番号
種　　類
構　　造
床 面 積

共有の場合，持分は以下のとおり

(出典：裁判所ウェブサイト—共有に関する事件 (非訟事件手続法第 3 編第 1 章)，土地等の管理に関する事件 (非訟事件手続法第 3 編第 2 章) —所有者不明土地 (及び建物) 管理命令申立書 (所有者不明土地法42条 2 項, 5 項))

資料8　所有者不明建物管理命令申立書（空家特措法14条2項）

## 資料8　所有者不明建物管理命令申立書（空家特措法14条2項）

<br>

### 所有者不明建物管理命令申立書
### （空家特措法14条2項）

収入印紙

　円

令和○年○月○日

東京地方裁判所　御中

申立人代理人弁護士　●●　●●　㊞

貼用印紙　　　　　　　　円
予納郵券　　　　　　　　円

第1　当事者の表示
　　　別紙当事者目録記載のとおり
第2　申立ての趣旨
　　　別紙物件目録記載の建物について所有者不明建物管理人による管理を命ずる
　との裁判を求める。
第3　申立ての原因（申立てを理由づける事実の記載※理由ごとに資料番号を付す。）
　※　申立ての原因においては，以下の事項について記載してください。
　1　対象建物が「空家等」（空家特措法2条1項）に当たることを基礎づける具体的事情
　2　対象建物が所有者不明建物に当たることを基礎づける事情
　　　別添「所有者・共有者の探索等に関する報告書」のとおり，別紙物件目録記載の（建物・共有持分）について，所有者を知ることができず，又はその所在を知ることができない。
　3　発令の必要性
　⑴　対象建物の適切な管理のため特に必要があることを基礎づける具体的事情

　⑵　対象建物に必要な管理行為の内容

資料

375

資料8　所有者不明建物管理命令申立書（空家特措法14条2項）

4　よって，申立ての趣旨記載の裁判を求める。

添付書類
　　□申立書副本（管理人用）
　　□委任状（弁護士が代理人となるとき）
　　□資格証明書（法人が不明所有者であるとき）
　　□建物（空家等）に係る登記事項証明書
　　□固定資産評価証明書
　　□不動産登記法14条1項の地図又は同条4項の地図に準ずる図面の写し
　　□建物の所在地に至るまでの通常の経路及び方法（建物の住居表示を記
　　　載する。）を記載した図面
　　□（登記されていない場合）建物についての不動産登記令2条5号に規
　　　定する建物図面及び同条6号に規定する各階平面図
　　□所有者・共有者の探索等に関する報告書

（別紙1）

### 当事者目録

〒●●●－●●●●
東京都●●区●●町●丁目●●番●●号
　　　　　　　申立人　　　　　東京都●●区長　　●●　●●

〒●●●－●●●●
東京都●●区●●町●丁目●●番●●号（送達場所）
　　　　　　　上記代理人弁護士　　●●　●●
　　　　　　　電話番号
　　　　　　　FAX番号

住居所不明
（最後の住所）東京都●●区●●町●丁目●●番●●号
　　　　　　　不明所有者　　　　●●　●●

資料8　所有者不明建物管理命令申立書（空家特措法14条2項）

（別紙2）

---

## 物　件　目　録

（建物）
所　　在
家屋番号
種　　類
構　　造
床　面　積

共有の場合，持分は以下のとおり

---

（出典：裁判所ウェブサイト—共有に関する事件（非訟事件手続法第3編第1章），土地等の管理に関する事件（非訟事件手続法第3編第2章）—所有者不明建物管理命令申立書（空家特措法14条2項））

資料9　管理不全土地（建物）管理命令申立書（汎用）

**資料9**　管理不全土地（建物）管理命令申立書（汎用）

管理不全土地（建物）管理命令申立書（汎用）

収入印紙

円

令和○年○月○日

東京地方裁判所　御中

申立人代理人弁護士　○　○　○　○　㊞

貼用印紙　　　　　　　円
予納郵券　　　　　　　円

第1　当事者の表示
　　　別紙当事者等目録記載のとおり
第2　申立ての趣旨
　　　別紙物件目録記載の土地（建物）について管理不全土地（建物）管理
　　人による管理を命ずる
との裁判を求める。
第3　申立ての原因（申立てを理由づける事実の記載※理由ごとに資料番号を付す。）
　※　申立ての原因においては，以下の事項について記載してください。な
　　お，申立書副本は，所有者に送付いたしますので，ご留意ください。
　1　利害関係を基礎づける具体的事情

　2　所有者による土地（建物）の管理が不適当であることによって他人の
　　権利又は法律上保護される利益が侵害され，又は侵害されるおそれがあ
　　る場合に該当することを基礎づける事情

　3　発令の必要性
　⑴　権利侵害等の解消のために必要な管理行為の内容

　⑵　その他発令の必要性を基礎づける事情

　4　よって，申立ての趣旨記載の裁判を求める。

資料9　管理不全土地（建物）管理命令申立書（汎用）

添付書類
　　　□申立書副本
　　　□委任状（弁護士が代理人となるとき）
　　　□資格証明書（法人が当事者であるとき）
　　　□所有者の土地又は建物に係る登記事項証明書
　　　□建物の敷地利用権を証明する資料（該当する場合）
　　　□不動産登記法第14条1項の地図又は同条4項の地図に準ずる図面の写し
　　　□土地（建物）の所在地に至るまでの通常の経路及び方法（土地（建
　　　　物）の住居表示を記載する。）を記載した図面
　　　□（申立人が保有する場合）土地（建物）の現況調査報告書又は評価書
　　　□（登記されていない場合）土地についての不動産登記令第2条第2号
　　　　に規定する土地所在図及び同条第3号に規定する地積測量図
　　　□（登記されていない場合）建物についての不動産登記令2条5号に規
　　　　定する建物図面及び同条6号に規定する各階平面図
　　　□所有者の土地（建物）について，適切な管理が必要な状況にあること
　　　　を裏付ける資料
　　　□ごみの除去や雑草の伐採等，管理不全土地（建物）を適切に管理する
　　　　ために必要となる費用に関する資料（業者による簡易な見積りをした
　　　　結果等）

（別紙1）

**当事者等目録**

〒●●● − ●●●●
東京都●●区●●町●丁目●●番●●号
　　　　申立人　　　　　　　●●　●●

〒●●● − ●●●●
　　　　東京都●●区●●町●丁目●●番●●号（送達場所）
　　　　上記代理人弁護士　●●　●●
　　　　電話番号
　　　　FAX番号

〒●●● − ●●●●
　　東京都●●区●●町●丁目●●番●●号
　　　　土地（建物）所有者　　　●●　●●

資料9　管理不全土地（建物）管理命令申立書（汎用）

（別紙2）

---

## 物 件 目 録

（土地の場合）
　所　　在
　地　　番
　地　　目
　地　　積


（建物の場合）
　所　　在
　家屋番号
　種　　類
　構　　造
　床 面 積

---

（出典：裁判所ウェブサイト―共有に関する事件（非訟事件手続法第3編第1章），土地等
の管理に関する事件（非訟事件手続法第3編第2章）―管理不全土地（建物）管理命令申
立書（汎用））

資料10　管理不全土地（及び建物）管理命令申立書（所有者不明土地法42条３項，５項）

| 資料10 | 管理不全土地（及び建物）管理命令申立書（所有者不明土地法42条３項，５項） |

---

管理不全土地（及び建物）管理命令申立書
（所有者不明土地法42条３項，５項）

> 収入印紙
>
> 　円

令和○年○月○日

東京地方裁判所　御中

申立人代理人弁護士　○　○　○　○　㊞

貼用印紙　　　　　　　　　円
予納郵券　　　　　　　　　円

第１　当事者の表示
　　　別紙当事者等目録記載のとおり
第２　申立ての趣旨
　　□　別紙物件目録記載の土地（以下「本件土地」という。）について管
　　　理不全土地管理人による管理を命ずる
　　□　（※５項による申立てもする場合）別紙物件目録記載の建物（以下
　　　「本件建物」という。）について管理不全建物管理人（所有者不明建物
　　　管理人）による管理を命ずる
　　との裁判を求める。
第３　申立ての原因（申立てを理由づける事実の記載※理由ごとに資料番号を付す。）
　　※　申立ての原因においては，以下の事項について記載してください。な
　　　お，申立書副本は，本件土地（本件建物）の所有者に送付いたしますの
　　　で，ご留意ください。
　　１　本件土地が管理不全所有者不明土地であること（所有者不明土地法38
　　　条１項参照）
　　⑴　所有者不明土地であることを基礎づける具体的事情
　　　□　本件土地に係る所有者の探索等をした結果は土地所有者の探索
　　　　に関する報告書のとおり
　　　□その他参考となる事情等

資料

*381*

資料10 管理不全土地（及び建物）管理命令申立書（所有者不明土地法42条3項，5項）

    （                  ）

 (2) 所有者による管理が実施されておらず，かつ，引き続き管理が実施
  されないことが確実であると見込まれることを基礎づける具体的事情
  （                  ）

2 次の(1)に掲げる事態の発生を防止するため特に必要があること（所有
者不明土地法42条3項参照）

 (1) 所有者不明土地法42条3項1号，2号に掲げる事態の発生を基礎づ
  ける具体的事情

   □ 本件土地における土砂の流出又は崩壊その他の事象によりその周
   辺の土地において災害を発生させること（所有者不明土地法42条3
   項1号参照）

   （                ）

   □ 本件土地の周辺の地域において環境を著しく悪化させること（所
   有者不明土地法42条3項2号参照）

   （                 ）

 (2) 上記(1)の事態の発生を防止するため特に必要があることを基礎づけ
  る具体的事情

  （                  ）

3 所有者不明土地法42条5項による申立てをする場合

 (1) 本件土地上に本件建物があること

 (2) 本件建物の適切な管理のため特に必要があることを基礎づける具体
  的事情

  （                  ）

 (3) □ 所有者不明建物管理命令の申立てをする場合（民法264条の8）
   ※記載内容は，所有者不明土地（建物）管理命令申立書（汎用）を参
   照ください。

 (4) □ 管理不全建物管理命令の申立てをする場合（民法264条の14）
   ※記載内容は，管理不全土地（建物）管理命令申立書（汎用）を参照
   ください。

4 所有者による土地（及び建物）の管理が不適当であることによって他
人の権利又は法律上保護される利益が侵害され，又は侵害されるおそれ
がある場合に該当することを基礎づける具体的事情（民法264条の9第
1項，264条の14第1項参照）

 （                  ）

5 発令の必要性（民法264条の9第1項，264条の14第1項参照）

  □ 上記2(2)と同様

資料10　管理不全土地（及び建物）管理命令申立書（所有者不明土地法42条3項, 5項）

      （　　　　　　　　　　　　　　　　　　　　　　　　　　　　　）
    □　その他参考となる事情等
      （　　　　　　　　　　　　　　　　　　　　　　　　　　　　　）
 6　権利侵害等の解消のために必要とされる管理行為の具体的内容
  （　　　　　　　　　　　　　　　　　　　　　　　　　　　　　）
 7　よって，申立ての趣旨記載の裁判を求める。


添付書類
  □申立書副本
  □委任状（弁護士が代理人となるとき）
  □資格証明書（法人が所有者であるとき）
  □所有者の土地又は建物に係る登記事項証明書
  □建物の敷地利用権を証明する資料（該当する場合）
  □不動産登記法第14条1項の地図又は同条4項の地図に準ずる図面の写し
  □土地（建物）の所在地に至るまでの通常の経路及び方法（土地（建物）の住居表示を記載する。）を記載した図面
  □（申立人が保有する場合）土地（建物）の現況調査報告書又は評価書
  □（登記されていない場合）土地についての不動産登記令第2条第2号に規定する土地所在図及び同条第3号に規定する地積測量図
  □（登記されていない場合）建物についての不動産登記令2条5号に規定する建物図面及び同条6号に規定する各階平面図
  □所有者の土地（建物）について，適切な管理が必要な状況にあることを裏付ける資料
  □土砂の除去等，管理不全土地（建物）を適切に管理するために必要となる費用に関する資料（業者による簡易な見積りをした結果等）
  □土地所有者の探索等に関する報告書


（別紙1）

### 当事者等目録

〒●●●－●●●●
　　東京都●●区●●町●丁目●●番●●号
　　　　　　申立人　●●区長　　　　●●　●●

資料10　管理不全土地（及び建物）管理命令申立書（所有者不明土地法42条3項，5項）

〒●●●－●●●●
東京都●●区●●町●丁目●●番●●号（送達場所）
　　　　　　　上記代理人弁護士　　　　●●　●●
　　　　　　　電話番号
　　　　　　　FAX番号


〒●●●－●●●●
　　東京都●●区●●町●丁目●●番●●号
　　　　　　土地（建物）所有者　　　●●　●●


（※土地と建物の所有者が異なる場合）
〒●●●－●●●●
　　東京都●●区●●町●丁目●●番●●号
　　　　　　建物所有者　　　　　　　●●　●●


（別紙2）

## 物　件　目　録

（土地）
所　　在
地　　番
地　　目
地　　積


（建物）※所有者不明土地法42条5項による申立ての場合
所　　在
家屋番号
種　　類
構　　造
床　面　積


（出典：裁判所ウェブサイト─共有に関する事件（非訟事件手続法第3編第1章），土地等の管理に関する事件（非訟事件手続法第3編第2章）─管理不全土地（及び建物）管理命令申立書（所有者不明土地法42条3項，5項））

資料11　管理不全土地（及び建物）管理命令申立書（所有者不明土地法42条4項，5項）

| 資料11 | 管理不全土地（及び建物）管理命令申立書（所有者不明土地法42条4項，5項） |
|---|---|

## 管理不全土地（及び建物）管理命令申立書
### （所有者不明土地法42条4項，5項）

```
┌─────────┐
│ 収入印紙  │
│         │
│   円    │
└─────────┘
```

令和○年○月○日

東京地方裁判所　御中

申立人代理人弁護士　　○　　○　　○　　○　　㊞

貼用印紙　　　　　　　　円
予納郵券　　　　　　　　円

第1　当事者の表示
　　　別紙当事者等目録記載のとおり
第2　申立ての趣旨
　　□　別紙物件目録記載の土地（以下「本件土地」という。）について管
　　　理不全土地管理人による管理を命ずる
　　□　（※5項による申立てもする場合）別紙物件目録記載の建物（以下
　　　「本件建物」という。）について管理不全建物管理人（所有者不明建物
　　　管理人）による管理を命ずる
　　との裁判を求める。
第3　申立ての原因（申立てを理由づける事実の記載※理由ごとに資料番号を付す。）
　　※　申立ての原因においては，以下の事項について記載してください。な
　　　お，申立書副本は，所有者に送付いたしますので，ご留意ください。
　　1　本件土地が管理不全隣接土地であること（所有者不明土地法38条1項，
　　　2項参照）
　　　(1)　本件土地に係る別紙管理不全所有者不明土地目録記載の土地（以下
　　　「本件管理不全所有者不明土地」という。）が所有者不明土地であるこ
　　　とを基礎づける具体的事情

資料

*385*

資料11　管理不全土地（及び建物）管理命令申立書（所有者不明土地法42条4項, 5項）

　　　　□　本件管理不全所有者不明土地に係る所有者の探索等をした結果
　　　　　は土地所有者の探索に関する報告書のとおり
　　　　□　その他参考となる事情等
　　　　　（　　　　　　　　　　　　　　　　　　　　　　　　　　　　　）
　(2)　本件管理不全所有者不明土地の所有者による管理が実施されておら
　　　ず，かつ，引き続き管理が実施されないことが確実であると見込まれ
　　　ることを基礎づける具体的事情
　　　　（　　　　　　　　　　　　　　　　　　　　　　　　　　　　　）
　(3)　本件土地が，本件管理不全所有者不明土地に隣接する土地であって，
　　　地目，地形その他の条件が類似し，かつ，本件土地の管理の状況が本
　　　件管理不全所有者不明土地と同一の状況にあることを基礎づける具体
　　　的事情
　　　　（　　　　　　　　　　　　　　　　　　　　　　　　　　　　　）
2　次の(1)に掲げる事態の発生を防止するため特に必要があること（所有
　者不明土地法42条4項参照）
　(1)　所有者不明土地法42条4項1号，2号に掲げる事態の発生を基礎づ
　　　ける具体的事情
　　　　□　本件土地及び本件管理不全所有者不明土地における土砂の流出又
　　　　　は崩壊その他の事象によりその周辺の土地において災害を発生させ
　　　　　ること（所有者不明土地法42条4項1号参照）
　　　　　（　　　　　　　　　　　　　　　　　　　　　　　　　　　　）
　　　　□　本件土地及び本件管理不全所有者不明土地の周辺の地域において
　　　　　環境を著しく悪化させること（所有者不明土地法42条4項2号参
　　　　　照）
　　　　　（　　　　　　　　　　　　　　　　　　　　　　　　　　　　）
　(2)　上記(1)の事態の発生を防止するため特に必要があることを基礎づけ
　　　る具体的事情
　　　　（　　　　　　　　　　　　　　　　　　　　　　　　　　　　　）
3　所有者不明土地法42条5項による申立てをする場合
　(1)　本件土地上に本件建物があること
　(2)　本件建物の適切な管理のため特に必要があることを基礎づける具体
　　　的事情
　　　　（　　　　　　　　　　　　　　　　　　　　　　　　　　　　　）
　(3)　□　所有者不明建物管理命令の申立てをする場合（民法264条の8）
　　　※記載内容は，所有者不明土地（建物）管理命令申立書（汎用）を参
　　　　照されたい。

386

資料11　管理不全土地（及び建物）管理命令申立書（所有者不明土地法42条4項，5項）

　　(4)　□　管理不全建物管理命令の申立てをする場合（民法264条の14）
　　　　　※記載内容は，管理不全土地（建物）管理命令申立書（汎用）を参照
　　　　　　されたい。
　4　所有者による本件土地及び本件管理不全所有者不明土地（及び本件建
　　物）の管理が不適当であることによって他人の権利又は法律上保護され
　　る利益が侵害され，又は侵害されるおそれがある場合に該当することを
　　基礎づける具体的事情（民法264条の9第1項，264条の14第1項参照）
　　（　　　　　　　　　　　　　　　　　　　　　　　　　　　　　　）
　5　発令の必要性（民法264条の9第1項，264条の14第1項参照）
　　□　上記2(2)と同様
　　　（　　　　　　　　　　　　　　　　　　　　　　　　　　　　　）
　　□　その他参考となる事情等
　　　（　　　　　　　　　　　　　　　　　　　　　　　　　　　　　）
　6　権利侵害等の解消のために必要とされる管理行為の具体的内容
　　（　　　　　　　　　　　　　　　　　　　　　　　　　　　　　　）
　7　よって，申立ての趣旨記載の裁判を求める。


添付書類
　　□申立書副本
　　□委任状（弁護士が代理人となるとき）
　　□資格証明書（法人が当事者であるとき）
　　□所有者の土地又は建物に係る登記事項証明書
　　□建物の敷地利用権を証明する資料（該当する場合）
　　□不動産登記法第14条1項の地図又は同条4項の地図に準ずる図面の写
　　　し
　　□土地（建物）の所在地に至るまでの通常の経路及び方法（土地（建
　　　物）の住居表示を記載する。）を記載した図面
　　□　（申立人が保有する場合）土地（建物）の現況調査報告書又は評価書
　　□　（登記されていない場合）土地についての不動産登記令第2条第2号
　　　に規定する土地所在図及び同条第3号に規定する地積測量図
　　□　（登記されていない場合）建物についての不動産登記令2条5号に規
　　　定する建物図面及び同条6号に規定する各階平面図
　　□所有者の土地（建物）について，適切な管理が必要な状況にあること
　　　を裏付ける資料
　　□土砂の除去等，管理不全土地（建物）を適切に管理するために必要と
　　　なる費用に関する資料（業者による簡易な見積りをした結果等）

資　料

資料11　管理不全土地（及び建物）管理命令申立書（所有者不明土地法42条４項，５項）

> □土地所有者の探索等に関する報告書

（別紙１）当事者等目録（資料10「当事者等目録」と同じ）

（別紙２）

**物 件 目 録**

（土地）
　所　　在
　地　　番
　地　　目
　地　　積

（建物）※所有者不明土地法42条５項による申立ての場合
　所　　在
　家屋番号
　種　　類
　構　　造
　床 面 積

（別紙３）

**管理不全所有者不明土地目録**

（土地）
　所　　在
　地　　番
　地　　目
　地　　積

（出典：裁判所ウェブサイト―共有に関する事件（非訟事件手続法第３編第１章），土地等の管理に関する事件（非訟事件手続法第３編第２章）―管理不全土地（及び建物）管理命令申立書（所有者不明土地法42条４項，５項））

資料12　管理不全土地（建物）管理命令申立書（空家特措法14条3項）

| 資料12 | 管理不全土地（建物）管理命令申立書（空家特措法14条3項） |

---

### 管理不全土地（建物）管理命令申立書
### （空家特措法14条3項）

```
┌─────────────┐
│  収入印紙    │
│             │
│     円      │
│             │
└─────────────┘
```

令和○年○月○日

東京地方裁判所　御中

申立人代理人弁護士　○　○　○　○　㊞

貼用印紙　　　　　　　　円
予納郵券　　　　　　　　円

第1　当事者の表示
　　　別紙当事者等目録記載のとおり
第2　申立ての趣旨
　　　別紙物件目録記載の土地（建物）について管理不全土地（建物）管理人による管理を命ずる
　　との裁判を求める。
第3　申立ての原因（申立てを理由づける事実の記載※　理由ごとに資料番号を付す。）
　※　申立ての原因においては，以下の事項について記載してください。なお，申立書副本は，所有者に送付いたしますので，ご留意ください。
　1　対象建物が「管理不全空家等」（空家特措法13条1項）又は「特定空家等」（空家特措法2条2項）に当たることを基礎づける具体的事情
　　⑴　対象建物が「空家等」（空家特措法2条1項）に当たることを基礎づける具体的事情
　　　　（　　　　　　　　　　　　　　　　　　　　　　　　　　　　　　）
　　⑵　特定空家等に当たること
　　　　□　そのまま放置すれば倒壊等著しく保安上危険となるおそれのある状態にあること
　　　　　（　　　　　　　　　　　　　　　　　　　　　　　　　　　　　）
　　　　□　そのまま放置すれば著しく衛生上有害となるおそれのある状態に

*389*

資料12　管理不全土地（建物）管理命令申立書（空家特措法14条３項）

あること
（　　　　　　　　　　　　　　　　　　　　　　　　　　　　　）
□　適切な管理が行われていないことにより著しく景観を損なっている状態にあること
（　　　　　　　　　　　　　　　　　　　　　　　　　　　　　）
□　その他周辺の生活環境の保全を図るために放置することが不適切である状態にあること
（　　　　　　　　　　　　　　　　　　　　　　　　　　　　　）
(3)　管理不全空家等に当たること
□　適切な管理が行われていないことによりそのまま放置すれば特定空家等に該当することとなるおそれのある状態にあること
（　　　　　　　　　　　　　　　　　　　　　　　　　　　　　）
2　所有者による土地（建物）の管理が不適当であることによって他人の権利又は法律上保護される利益が侵害され，又は侵害されるおそれがある場合に該当することを基礎づける事情（民法264条の９第１項，264条の14第１項）
（　　　　　　　　　　　　　　　　　　　　　　　　　　　　　）
3　発令の必要性（民法264条の９第１項，264条の14第１項参照）
(1)　対象建物の適切な管理のために特に必要があることを基礎づける具体的事情
（　　　　　　　　　　　　　　　　　　　　　　　　　　　　　）
(2)　その他発令の必要性を基礎づける事情
（　　　　　　　　　　　　　　　　　　　　　　　　　　　　　）
4　権利侵害等の解消のために必要とされる管理行為の具体的内容
（　　　　　　　　　　　　　　　　　　　　　　　　　　　　　）
5　よって，申立ての趣旨記載の裁判を求める。


添付書類
□申立書副本
□委任状（弁護士が代理人となるとき）
□資格証明書（法人が所有者であるとき）
□土地又は建物に係る登記事項証明書
□建物の敷地利用権を証明する資料（該当する場合）
□不動産登記法第14条１項の地図又は同条４項の地図に準ずる図面の写し
□土地（建物）の所在地に至るまでの通常の経路及び方法（土地（建

資料12　管理不全土地（建物）管理命令申立書（空家特措法14条３項）

物）の住居表示を記載する。）を記載した図面

□（申立人が保有する場合）土地（建物）の現況調査報告書又は評価書

□（登記されていない場合）土地についての不動産登記令第２条第２号
に規定する土地所在図及び同条第３号に規定する地積測量図

□（登記されていない場合）建物についての不動産登記令２条５号に規
定する建物図面及び同条６号に規定する各階平面図

□所有者の土地（建物）について，適切な管理が必要な状況にあること
を裏付ける資料

□ごみの除去や雑草の伐採等，管理不全土地（建物）を適切に管理する
ために必要となる費用に関する資料（業者による簡易な見積りをした
結果等）

（別紙１）

**当事者等目録**

〒●●●－●●●●
　　東京都●●区●●町●丁目●●番●●号
　　　　　　　　　申立人　　　　　　　　東京都●●　区長　　●●

〒●●●－●●●●
　東京都●●区●●町●丁目●●番●●号（送達場所）
　　　　　　　上記代理人弁護士　　　　●●　●●
　　　　　　　電話番号
　　　　　　　FAX番号

〒●●●－●●●●
　　東京都●●区●●町●丁目●●番●●号
　　　　　　　　　土地（建物）所有者　　●●　●●

（別紙２）

物　件　目　録

（土地の場合）

*391*

資料12　管理不全土地（建物）管理命令申立書（空家特措法14条３項）

```
所　　在
地　　番
地　　目
地　　積


（建物の場合）
所　　在
家屋番号
種　　類
構　　造
床 面 積
```

（出典：裁判所ウェブサイト―共有に関する事件（非訟事件手続法第３編第１章），土地等
の管理に関する事件（非訟事件手続法第３編第２章）―管理不全土地（及び建物）管理命
令申立書（空家特措法14条３項））

# 事 項 索 引

## 【アルファベット等】

LLP ································· 19, 20
（不動産登記法）14条（1項の）地図
····· 120, 137, 369, 372, 379, 383, 387, 390
2017年改正債権法 ················ 257, 337
2018年改正相続法 ······· 163, 171, 175, 180,
196, 199〜201, 206〜213, 318, 319, 321,
322, 337
2021（令和3）年改正民法 ········· 3〜5, 19,
28, 29, 32, 35〜38, 40, 42〜44, 48, 53, 58,
64, 74, 80, 83, 84, 92, 105, 131, 149, 151,
152, 155, 156, 158〜161, 165〜168, 182,
184, 191, 193, 195, 205, 206, 209, 284, 290,
294, 310
（非訟）85条1項1号裁判 ······ 48, 51, 52,
54, 61, 62
（非訟）85条1項2号裁判 ··········· 58〜62

## 【あ】

明渡し ······· 42〜44, 78, 221, 229, 230, 238,
249〜252, 254〜256, 258, 263, 331, 333,
335

## 【い】

異議届出期間 ········· 51, 53, 55, 94, 101, 111
遺言 ········· 18, 80, 152, 153, 170, 171, 187,
189, 211, 212, 217, 223, 330
遺産共有 ······· 16, 18, 19, 24, 29, 30, 35, 42,
54, 62, 64, 80, 91, 92, 106, 149〜153, 156〜
158, 160〜164, 170, 171, 173〜175, 177〜
180, 183, 191〜196, 205, 208, 223, 271, 285,
307, 308, 315, 316, 320, 325, 330, 332〜335
遺産分割 ··········· 18, 24, 80, 82, 91, 92, 106,
124, 149〜152, 154〜156, 158, 159, 161〜
164, 170〜177, 179〜198, 202〜207, 209〜

213, 216, 271, 285, 307, 308, 310, 315〜325,
330, 332, 335
遺産分割協議 ········· 18, 27, 172, 179, 180,
187, 188, 210, 213, 215, 216, 218, 307, 311
遺産分割調停 ····· 172, 184, 185, 202〜206,
308, 311, 314〜317, 320, 322, 323, 328, 329
遺産分割登記 ······························· 181
遺産分割の手続 ···························· 171
遺産分割の方法 ········· 170, 173, 176, 202
遺贈 ·········· 26, 168, 187〜189, 197〜201,
212〜214, 217, 218, 319, 334
一物一権主義 ················· 3〜5, 7, 10, 23
委任の終了 ·················· 14, 15, 247, 269
入会団体 ········· 10〜13, 17, 237, 242, 244
遺留分侵害額請求権 ················ 199〜202
印鑑証明書 ········· 103, 114, 121, 122, 139,
213, 216, 261, 262, 328, 347

## 【え】

永小作権者 ································· 71

## 【か】

会社更生手続 ······························ 80
価格賠償 ···· 82, 283, 284, 289, 292〜295, 321
　　──の算定 ······························ 294
価格賠償分割 ·························· 79, 82
家事審判 ························· 185, 204, 324
家事調停 ···········185, 203, 204, 315, 317
管轄裁判所 ··········· 92, 119, 136, 286, 316
換価分割 ······ 170, 173, 174, 176〜179, 202,
205, 320, 321
管理処分権 ·······121, 123〜125, 128〜130,
138〜140
管理人報酬 ········· 47, 90, 116, 125, 131, 132
管理の費用 ···························· 31, 67, 68
管理不全建物管理人 ······ 143, 371, 381, 385

事項索引

管理不全建物管理制度 ……………… 133, 143
管理不全土地 …………… 134, 135, 138, 139,
　　　　　　　　　　　　　141〜143
管理不全土地管理制度 ……… 133, 134, 143
管理不全土地管理人の権限…………………138
管理命令取消事由……………………………142

## 【き】

偽造 ……………………………………… 207, 212
境界 ……… 37, 45, 79, 80, 230, 231, 273, 278,
　　　　　　　　　　　　279, 282, 303
境界確定……………………………… 230, 272
協議による分割 ……… 81, 82, 171, 172, 174,
　　　　　　　　　　　　185, 193
強制執行…… 13, 75, 78, 126, 230, 252, 254,
　　　　　　　　　　265〜269, 277, 282
供託金還付請求権…… 98, 101, 110〜112, 118
供託命令……… 95〜98, 100〜102, 108, 110,
　　　　　　　　　　　　111, 113
供託命令違反 …………………………………… 96
共同所有…… 3〜7, 10, 11, 18, 191, 192, 344
共同相続人………… 31, 41, 78, 80, 92, 106,
　　149〜151, 154, 158〜164, 170, 172〜181,
　　184, 187, 191〜195, 203, 210, 213, 224, 251,
　　255, 307, 308, 310, 320, 323, 325, 326, 330,
　　　　　　　　　　　　　　　　　333
共有関係の発生 ……………………… 21, 24
共有減価……………………………………95, 108
共有私道 …………… 33, 41, 46, 54〜57, 61
共有私道ガイドライン ……… 37, 41, 49, 52,
　　　　　　　　　　　　54, 58, 61, 78
共有者の氏名 …… 7, 48, 51, 59, 90, 102, 113
共有物の管理者 ……… 35, 43, 53, 58, 63〜67
共有物の分割請求……………………………78〜81
共有物の変更‥ 33, 36, 38, 39, 46, 47, 51, 124
共有物の利用 …… 7, 28, 41, 285, 294
共有物分割請求権………… 6, 7, 18, 80, 81
共有物分割の方法………………… 81, 90, 284
共有不動産……… 18, 28, 29, 31〜35, 37, 39,

　　40, 48, 57, 61, 91, 94, 100, 104〜106, 108,
　　132, 222, 231, 233, 254, 261, 271, 277, 283,
　　　　　　　　　　　290, 299, 344
共有持分権………5〜7, 23, 24, 26, 150, 156,
　　194, 279, 287, 325, 328, 330〜332, 338
共有持分の一部移転……………………8, 9
共有持分の全部移転……………………… 8
居住建物持分権……………………………198
寄与分 ……… 154〜156, 182〜185, 193, 195,
　　　　　　　204, 206, 307, 308, 311

## 【く】

具体的相続分 ……… 92, 106, 152〜154, 156,
　　157, 182〜185, 195, 204, 308, 311, 318, 321
区分所有建物 ……………………………144〜147
区分所有法制の見直しに関する要綱
案 …………………………………… 145, 147

## 【け】

継続的給付 ……………………68, 70, 71, 76
競売分割（競売による分割）……… 90, 174,
　　177, 178, 284, 289, 290, 293, 321
軽微変更……… 33, 36, 49, 54, 58, 61, 65, 160
原告適格………221〜224, 227, 238〜240,
　　　　　　242, 244, 275, 279, 343, 344
原始取得……………………………………… 84
現物分割 …… 79, 82, 84, 90, 170, 173, 174,
　　176, 177, 179, 202, 205, 283〜285, 289, 290,
　　293, 294, 297, 298, 300, 302, 304, 320, 321
権利能力のない社団（権利能力なき
社団）…………10〜15, 17, 48, 237〜240,
　　242〜245, 247, 263〜268, 273, 274

## 【こ】

公告 ……… 51, 61, 93, 94, 97, 99, 100, 107,
　　　　　　120, 125, 141, 165〜168
公示送達………………………… 77, 90, 297
更正登記………………………………216〜218
合有 …………………5, 6, 16〜20, 191, 221

事項索引

戸籍謄本‥‥‥‥‥‥‥‥‥ 253, 332, 364, 367
固定資産税評価証明書‥‥‥‥‥ 95, 364, 367
ゴミボックス‥‥‥‥‥‥‥‥‥ 46, 47, 54
混和‥‥‥‥‥‥‥‥‥‥‥‥‥‥‥‥‥‥‥ 23

## 【さ】

催告‥‥‥‥‥‥‥ 31, 57, 58, 61, 62, 360
債務名義‥‥‥‥‥‥ 13, 75, 78, 126, 141, 254,
265～268, 329
差押登記‥‥‥‥‥‥‥‥‥‥‥‥ 123, 306
査定書‥‥‥‥‥‥‥‥‥‥‥‥‥‥‥‥‥ 95
賛否表明期間‥‥‥‥‥‥‥‥‥‥‥‥ 59, 60
賛否不明共有者‥‥‥‥ 35, 56～64, 360, 362

## 【し】

死因贈与‥‥‥‥‥‥‥‥‥‥‥‥‥‥‥ 198
事前通知‥‥‥‥‥‥‥ 45, 46, 72, 73, 75, 77
執行文‥‥‥‥‥ 13, 254, 264～266, 298, 304,
305, 313
指定相続分‥‥‥‥ 29, 54, 62, 80, 152～157,
162, 181, 183, 184, 192, 193, 204, 308
自筆証書遺言‥‥‥‥‥‥‥‥‥‥‥‥‥ 214
氏名変更の登記‥‥‥‥‥‥‥‥‥ 103, 114
住民票‥‥‥‥ 49, 51, 91, 103, 106, 114, 117,
246, 313
取得時効‥‥‥‥‥‥‥‥‥‥‥‥‥ 84, 282
承役地‥‥‥‥‥ 228, 337～344, 346～348
障害物の撤去‥‥‥‥‥‥‥‥‥‥‥‥‥ 340
償金‥‥‥‥‥‥ 31, 46, 68, 70, 74～76, 80, 83
譲渡権限付与裁判（改正民法262条
の3第1項による裁判）‥‥‥‥ 106～111
譲渡権限付与裁判に基づく譲渡‥‥‥‥ 109
譲渡権限付与制度‥‥‥‥‥‥‥‥ 106, 108
消滅時効‥‥‥‥‥‥‥‥‥‥ 81, 98, 110
嘱託登記‥‥‥‥‥‥‥‥‥‥‥‥ 120, 138
所在不明共有者‥‥‥ 48, 56, 90, 105, 117, 132
──の持分の取得制度‥‥‥‥‥‥‥ 84
──の持分の譲渡権限を付与する
制度‥‥‥‥‥‥‥‥‥‥‥‥‥‥ 84

所有権移転登記‥‥‥‥ 13, 15, 27, 87, 97, 110,
114, 118, 181, 186, 190, 211, 215, 223～228,
231～236, 238, 240, 241, 244～247, 249,
254～262, 274～276, 306, 326～329, 338,
339, 344, 348
所有権保存‥‥‥‥‥‥‥‥‥‥‥ 7, 8, 25
所有者不明建物管理制度‥‥‥‥ 115, 128, 133
所有者不明土地‥‥‥‥‥ 34, 115～118, 123,
130, 131, 136, 155～157, 182, 183
所有者不明土地管理制度‥‥‥‥‥ 115, 116,
128, 132, 133
所有者不明土地管理命令の登記‥‥‥‥ 121,
123, 128
真正な登記名義の回復‥‥‥ 226, 234～236,
241, 245～247, 329
審判による分割‥‥‥‥‥ 80, 172～174, 178

## 【す】

数次相続‥‥‥ 35, 57, 64, 95, 102, 113, 182, 214

## 【せ】

誠実公平義務‥‥‥‥‥‥‥‥‥‥ 126, 141
成年後見‥‥‥‥‥‥‥‥‥‥‥‥‥‥‥ 140
設備使用権‥‥‥‥‥‥ 68, 70, 71, 73, 74, 77, 78
設備設置権‥‥‥‥‥‥ 68, 70, 71, 73, 74～77
善意‥‥‥‥‥‥‥‥‥‥ 66, 124, 140, 243
善管注意義務‥‥‥‥‥ 28～31, 126, 130, 131,
141, 334
選任証明書‥‥‥‥‥‥‥‥‥‥‥‥ 121, 139
先履行‥‥‥‥‥‥‥‥‥‥‥ 304, 305, 313

## 【そ】

相続財産管理人‥‥‥‥‥‥‥‥ 90, 116, 125,
157～160, 164～168
相続財産清算人‥‥‥ 49, 104, 118, 134, 159,
164～168
相続財産法人‥‥‥‥‥ 103, 104, 114, 165～167
相続証明情報‥‥‥‥‥‥‥‥‥‥‥‥‥ 313

395

事項索引

相続登記………26, 27, 34, 35, 162, 180, 181,
　　187〜190, 206, 213〜217, 234, 251, 258〜
　　260, 262, 285, 311, 312, 314, 322, 327, 329
相続人申告登記 …………186, 189, 190
相続人調査 ………………………… 49
相続人の不存在 …………… 83, 166, 168
相続放棄………130, 158, 184, 187, 206, 213,
　　　　　　　　　　214, 217, 218
相続放棄申述受理証明書 ……… 214, 218
総有 ………5, 6, 10〜14, 17, 191, 221, 237,
　　242, 243, 263, 266〜268, 273
遡及効 …………82, 151, 179, 210, 211, 213
即時抗告………52, 55, 60, 62, 96, 97, 102,
　　　　　　　113, 121, 138
底地 …………………………… 88

【た】

代位原因‥232〜234, 246, 247, 260, 303, 313
代位登記 …………………………303
対価償還請求権 …………………331
大規模修繕 …………………… 37, 61
代金分割 ………………… 79, 82
対抗要件………12, 97, 176, 180, 181, 338,
　　207, 211, 257, 322, 337, 338, 342
代執行 ……………………………131
代償金 ……174, 178, 307, 308, 310, 318, 321
代償分割………170, 174, 176, 178, 179, 202,
　　　　　　　　　　205, 320
多数決の原則 …………………… 13, 242
建物明渡請求訴訟…………228, 229, 331
建物収去土地明渡請求訴訟…129, 249, 250
建物賃借権………………………… 39
建物の建築工事 ……………… 22, 25
他物権 ……………………………… 5
短期賃借権 …………………33, 38, 44, 65
担保権設定契約 …………………298
担保責任……………………… 82, 97
担保物権 …………………………… 82

【ち】

遅延損害金請求 ……………… 252, 256
地上権者………………………5, 39, 71, 346
調停による分割 …………172, 174, 178
町内会 ……………………12, 237, 263

【つ】

通行地役権設定契約書 …………338, 341
通行地役権設定登記…………337〜339,
　　　　　　　341〜343, 345, 346
通常共有………………155〜157, 205, 271
通謀虚偽表示 ……………………274, 276

【て】

抵当権設定の登記………………… 9
抵当権の効力 …………………… 88, 89

【と】

登記記録例 …………7〜9, 15, 20, 89, 306
登記原因…… 14, 15, 19, 20, 25, 87, 88, 102,
　　112, 181, 214, 216, 226, 233〜236, 244, 245,
　　　　247, 262, 301〜303, 305
登記原因証明情報……102〜104, 112〜114,
　　232, 234, 235, 246, 262, 313, 324, 329, 347
登記識別情報……… 9, 27, 88, 102, 113, 114,
　　　　215, 216, 236, 261, 262, 347
登記事項…… 25, 26, 29, 32, 33, 49, 79, 233,
　　　　245, 260, 345, 348
登記事項証明書 ……26, 49, 50, 59, 93, 119,
　　136, 253, 298, 357, 361, 364, 367, 369, 372,
　　　　376, 379, 383, 387, 390
登記の抹消…… 128, 224, 225, 232, 328, 329
登録免許税… 87, 88, 103, 104, 114, 216, 347
特別縁故者 ………………………83, 166, 168
特別受益………154〜156, 182〜185, 193,
　　195, 204, 206, 307, 308, 311, 318, 319, 321
特定財産承継遺言………187, 200, 211, 212,
　　　　　　　　　214, 217, 218

396

事項索引

土地賃借権 …………………………………… 39

## 【に】

認知機能 …………………………………… 140
認容確定判決 ………… 257, 258, 277, 282

## 【の】

納税 ……………………………… 31, 123, 237
農地 …………………………………… 36, 49, 57

## 【は】

配偶者居住権 …… 30, 40, 43, 44, 196〜198,
　　　　　　　311, 321, 322, 324
配偶者短期居住権 ………… 30, 44, 196, 198,
　　　　　　　332〜334
配当 …………………………………… 299, 300
伐採 …………………… 36, 38, 39, 379, 391

## 【ひ】

評価書 …… 95, 364, 367, 369, 372, 379, 383,
　　　　　　　387, 391
表題登記 …………………………………… 7, 25
表題部所有者不明土地 ………… 95, 96, 116

## 【ふ】

付記登記 …………………………………… 88, 89
付合 ………………………………………… 23
不動産鑑定士 …………………………… 95, 294
不特定共有者 ……………………………… 48
不服申立て …………… 52, 53, 55, 60, 62
不分割契約 …………………………… 79, 80
不分割合意 ……………………… 289, 293, 297
不法占拠 …………………… 129, 229, 274
分割禁止 …………………………………… 20, 80
分割の効果の不遡及 …………………… 82
分筆登記 … 32, 86〜89, 287, 288, 302〜304

## 【へ】

併合請求 …………………………… 328, 329

変更登記 …… 34, 88, 89, 103, 89, 114, 214,
　　　　　　　215, 246, 247, 314
弁済 …………………………… 123, 166, 200, 300

## 【ほ】

妨害排除請求権 ……… 133, 135, 223, 224,
　　　　　　　226, 227, 232, 240, 241
法人格のない社団⇒【け】権利能力
　のない社団
法定相続情報 …………………………… 215, 313
法定相続人 ……… 130, 207, 209, 211, 217,
　　　　　　　316, 327
法定相続分 ……… 29, 54, 62, 80, 152〜157,
　162, 171, 183, 184, 187〜190, 192, 193, 204,
　207〜213, 215, 217, 233, 308, 310, 311, 320,
　　　　　　　321, 330, 332
保存行為 ……… 27, 34, 36, 41, 42, 124, 125,
　140, 159, 160, 188, 215, 222, 224, 228, 233,
　　235, 329, 334, 344, 348

## 【ま】

埋蔵物 …………………………………… 23
抹消登記 ………… 85〜87, 221, 223〜228,
　231〜233, 235, 238, 241, 244, 245, 259, 274,
　　　　　276, 306, 327〜329

## 【み】

民事再生手続 …………………………… 80

## 【も】

持分移転登記 …… 8, 9, 20, 87〜89, 96〜98,
　101, 102, 162, 163, 216, 236, 288, 295,
　　　　　303〜305, 311〜313, 322
持分権 …… 10〜12, 14, 23, 24, 26, 42, 83,
　84, 150, 205, 222〜225, 228, 229, 231,
　272, 273, 277〜281, 287, 307, 320, 321, 325,
　　　　　　　330〜333, 335
持分取得裁判 … 92〜102, 107, 108, 110, 113
持分取得請求 ……………… 92, 97, 99, 100

397

事項索引

持分取得制度 ………… 91, 92, 100, 105, 108
持分割合 ………… 6, 54, 82, 95, 99, 100, 102,
　　　113, 228, 289, 290, 312, 330, 332, 334

## 【ゆ】

遺言 ⇒ 【い】

## 【よ】

要役地共有 ……………………………… 338
要件事実 ……… 257, 289, 293, 297, 310, 327
擁壁 …………………………… 134, 135, 137
預貯金債権 ……………………… 175, 319
予納金 ………… 47, 116, 118, 126, 131, 135

## 【ら】

ライフライン ……………… 46, 56, 68〜70

## 【り】

利害関係人 ……… 88, 89, 118, 121, 127, 135,
　　　　　　　138, 142, 160
隣地使用権 ………………… 45, 46, 71, 73, 74

## 【わ】

和解調書 ………………………… 267, 298

# 条 文 索 引

●民 法

3条の2 ·······················328
7条 ·····························140
25条 ···························47, 116
27条 ·······················160, 167
29条 ·······················160, 167
93条 ·····························328
94条 ·····························243
98条 ·······················73, 77, 78
103条 ···························41, 125
166条 ··························98, 110
175条 ······························5
177条··· 179, 208〜210, 212, 213, 337, 342
206条 ·······························4
209条 ·················45, 46, 69, 73, 74
210条 ·····························69
212条 ·····························74
213条の2 ······· 46, 68, 70, 72〜75, 77
213条の3 ·····················76
220条 ·····························69
221条 ·····························69
229条 ·····························80
233条 ······················37, 38, 45
241条 ·····························23
242条 ·····························23
248条 ·····························23
249条········· 6, 16, 24, 28〜30, 150, 152,
153, 158, 160, 162, 170, 173, 177, 192,
193, 222, 277, 278, 320, 330〜334
250条 ··························6, 29
251条 ··········· 7, 36, 37, 47〜50, 53,
86, 124, 138, 160, 351
252条······· 6, 7, 36, 38, 41, 42, 44, 53, 54,
57, 58, 60, 64, 67, 69, 78, 124, 160, 334,
335, 351

252条の2 ·····················65, 66, 351
253条·····················28, 31, 67, 68, 83
254条 ·························28, 32
255条 ·····························6, 84
256条 ·············7, 18, 32, 79〜81, 192,
193, 277, 283, 315, 320
257条 ·····························80
258条········· 83, 161, 162, 194, 195, 288,
310, 315
258条の2 ···· 83, 156, 157, 162, 183, 191,
194, 195, 205, 206, 308, 310, 311
261条 ·························82, 97
262条の2 ···84, 91, 92, 97〜100, 102, 107
262条の3 ·····················106〜111
264条 ··························48, 351
264条の2 ·········116〜118, 121, 123
264条の3 ········ 121, 123〜126, 129, 140
264条の4 ·····················125
264条の5 ·····················117, 126
264条の6 ·····················127
264条の7 ·····················126, 129
264条の8 ···· 129, 130, 144, 372, 382, 386
264条の9 ···········134, 135, 138, 139,
382, 387, 390
264条の10 ·····················139〜141, 143
264条の11 ·····················141
264条の12 ·····················142
264条の13 ·····················141, 143
264条の14 ···· 143, 144, 372, 382, 387, 390
267条 ·····························71
304条 ·····························83
362条の3 ·····················84
372条 ·····························83
412条 ··························98, 111
533条 ·····························256

索引

399

条文索引

| | |
|---|---|
| 544条 …………………………… 41 | 952条 ……………… 49, 116, 159, 167 |
| 560条 …………………… 257, 337 | 953条 ………………………… 167 |
| 602条 …………………………… 38 | 954条 ………………………… 168 |
| 605条 ………………………… 322 | 957条 ………………………… 167 |
| 644条 ………………………… 167 | 958条の2 ……………… 83, 168 |
| 647条 ………………………… 167 | 959条 ………………………… 168 |
| 650条 ………………………… 167 | 990条 ………………………… 316 |
| 667条 …………………………… 19 | 1028条 ……… 30, 196, 197, 321, 322 |
| 668条 …………………………… 18 | 1029条 ………………………… 197 |
| 676条 ……………… 17, 80, 150 | 1031条 ………………………… 322 |
| 681条 …………………………… 19 | 1032条 …………………………… 44 |
| 688条 …………………………… 19 | 1037条 ………… 30, 198, 332, 333 |
| 882条 …………………………… 24 | 1038条 ……………………… 44, 334 |
| 885条 ………………………… 158 | 1040条 ………………………… 334 |
| 897条 ………………………… 159 | 1046条 ……………………… 200, 202 |
| 897条の2 ………………… 159, 167 | |

898条……… 18, 24, 29, 54, 62, 149〜153,
　　155, 157, 160, 161, 192, 308, 330, 333

899条の2 ……………… 162, 163, 180,
　　206〜210, 212, 337

| | |
|---|---|
| 900条 ……… 152, 154, 171, 184, 186, 330 | |
| 901条 ……………………… 184, 186 | |
| 902条 …………… 152〜154, 184, 330 | |
| 903条 ……… 154, 156, 183, 193, 319, 321 | |
| 904条 ………………………… 183 | |
| 904条の2 ………………… 156, 183, 193 | |

904条の3 ………… 80, 156, 182, 184,
　　185, 204, 308, 311

### ●改正前民法（平成29年法律第44号による改正前の民法）

| | |
|---|---|
| 905条 ………………………… 151 | 209条 …………………………… 45 |
| 906条 …… 18, 151, 156, 171, 183, 184, 193 | 249条 …………………………… 4 |
| 906条の2 ………………… 161, 163 | 251条 ……………………… 34, 38 |
| 907条 ………… 156, 173, 203, 315, 318 | 252条 ……… 34, 38, 41, 43, 152 |
| 908条 ……………………… 80, 172 | 256条 ……………………… 286, 289 |
| 909条 ……… 82, 161, 163, 164, 210, 211 | 258条 ‥ 283〜286, 288〜290, 293, 297, 307 |
| 909条の2 ………………………… 175 | 909条 ……………………… 150, 151 |
| 915条 ………………………… 213 | 918条 ……………………… 158, 159 |
| 918条 ………………………… 158 | 940条 ………………………… 158 |
| 936条 ………………………… 167 | 952条 ……………………… 159, 165 |
| 951条 ………………………… 165 | 957条 ………………………… 165 |
| | 958条 ………………………… 165 |
| | 1031条 ………………………… 199 |

### ●不動産登記法

| | |
|---|---|
| 1条 ………………………… 234 | |
| 2条 ……………………… 231, 348 | |

14条 ………… 120, 137, 353, 369, 372,
　　376, 379, 383, 387, 390

| | |
|---|---|
| 21条 ………………………… 236 | |
| 22条 ……………………… 114, 236 | |

23条 ……………………………… 236
25条 ……………………………… 14, 112
27条 ……………………………… 7, 25
40条 ………………………………… 86
44条 ………………………………… 25
59条 ………… 7, 14, 26, 27, 29, 32, 80,
　　　　　　 233, 245, 246, 260, 346
60条 ……… 231, 235, 261, 303, 304, 348
61条 ……………………………… 232
62条 ……………………… 234, 262, 263, 329
63条 ……… 213, 214, 232, 235, 245, 260,
　　　　　 261, 303, 304, 322, 329, 346
66条 ……………………………… 216
68条 ……………………………… 216
74条 ……………………………… 187
76条の2 …………… 186, 187, 190, 209
76条の3 …………… 186, 188, 189
80条 ……………………… 324, 346

### ●不動産登記令
2条 ……………………353, 369, 372, 376,
　　　　　　 379, 383, 387, 391
3条 ………… 233, 245, 246, 260, 346, 347
4条 ……………………………… 303
7条 ……………………… 25, 232, 246, 260,
　　　　　　 262, 263, 313, 346
16条 ……………………… 103, 114, 216
20条 ……………………………… 14, 112

### ●不動産登記規則
35条 ……………………………… 303
102条 ………………………………… 86
111条 ………………………………… 25
158条の2 ……………………… 190
159条 ……………………………… 346
160条 ……………………………… 346
183条 ……………………………… 218
196条 ………………………………… 26

### ●空家等対策の推進に関する特別措置法
2条 ……………………… 131, 375, 389
13条 ……………………………… 389
14条 ……………………… 131, 375, 389

### ●会社更生法
60条 ………………………………… 80

### ●会社再生法
48条 ………………………………… 80

### ●会社法
478条 ……………………………… 116

### ●家事事件手続法
9条 ……………………………… 323
33条 ……………………………… 203
39条 ……………………………… 314
51条 ……………………………… 203
56条 ……………………………… 203
74条 ……………………………… 173
82条 ……………………………… 185
125条 ……………………………… 167
146条の2 ……………… 125, 141, 160
147条 ……………………………… 160
153条 ……………………………… 185
190条の2 ……………………… 160
191条 ……………………………… 317
194条 ……………………… 173, 174, 177
195条 ……………………………… 178
196条 ……………………………… 285
199条 ……………………………… 185
208条 ……………………………… 167
244条 ……………… 172, 203, 315, 317
247条 ……………………………… 320
248条 ……………………… 203, 320
255条 ……………………………… 317
257条 ……………………………… 315
268条 ……………………… 172, 204, 322

条文索引

272条 ················· 172, 203, 204, 322
273条 ························· 185
274条 ················· 172, 203, 315
284条 ························· 204
286条 ························· 204
287条 ························· 204

●下水道法
　11条 ····························· 69

●国税通則法
　9条 ····························· 31

●裁判所法
　24条 ···························· 286
　33条 ···························· 286

●借地借家法
　3条 ····························· 39
　25条 ····························· 39
　28条 ····························· 39
　31条 ···························· 322
　38条 ····························· 39
　39条 ····························· 39
　40条 ····························· 39

●所有者不明土地の利用の円滑化等に
　関する特別措置法
　1条 ···························· 135
　2条 ····························· 48
　38条 ···························· 136
　42条 ······················ 118, 136

●建物の区分所有等に関する法律（区
　分所有法）
　6条 ···························· 144

●地方自治法
　260条の2 ························ 16

●地方税法
　10条の2 ························· 31

●登録免許税法
　17条 ····························· 87
　別表第1 ·········· 87, 103, 104, 216, 347

●日本国憲法
　29条 ····························· 80
　32条 ···························· 324
　82条 ···························· 324

●破産法
　52条 ····························· 80

●非訟事件手続法
　56条 ············ 52, 60, 102, 120, 121, 138
　57条 ······················ 121, 138
　66条 ························ 60, 96, 97
　67条 ·············· 52, 60, 96, 97, 102
　85条 ·············· 48, 50～53, 58, 60, 352
　87条 ······ 91～100, 102, 107, 108, 110
　88条 ····················· 106～110
　90条 ·········· 119～121, 123～129, 353
　91条 ······ 125, 135～138, 140～143

●非訟事件手続規則
　14条 ····························· 50

●表題部所有者不明土地の登記及び管
　理の適正化に関する法律
　19条 ···························· 117

●民事再生法
　48条 ····························· 80

●民事執行法
　2条 ···························· 298
　20条 ····························· 13

402

条文索引

| | |
|---|---|
| 23条 ················· 264, 266 | |

23条 ················· 264, 266
27条 ························· 265
32条 ························· 254
38条 ························· 254
45条 ························· 265
59条 ························· 299
63条 ························· 299
68条 ························· 300
87条 ························· 300
93条 ························· 265
168条 ······················· 230
171条 ························· 38
177条 ······ 243, 257, 304, 313, 343, 345
181条 ··················· 298, 299
188条 ··················· 299, 300
195条 ··················· 298〜300

● 民事執行規則
　1条 ························· 298

● 民事訴訟費用等に関する法律
　別表第1の16 ············· 50, 59, 92

● 民事訴訟法
　29条 ··········· 13, 238, 263〜265
　38条 ························· 221
　39条 ························· 251
　40条 ····················· 35, 222
　46条 ························· 254
　53条 ························· 253
　110条 ························ 90
　125条 ······················· 125
　134条 ······················· 317
　262条の2 ····················· 94

● 民事調停法
　2条 ························· 315

● 民事保全法
　7条 ························· 13

● 有限責任事業組合契約に関する法律
　3条 ························· 20
　74条 ························· 20

● 共有に関する非訟事件及び土地等の
　管理に関する非訟事件に関する手続
　規則（共有規則）
　1条 ············· 50, 59, 92, 119, 136
　2条 ············· 51, 59, 93, 120, 137
　3条 ············· 51, 59, 93, 120, 137
　4条 ················ 51, 93, 107
　5条 ················ 50, 59, 93
　6条 ················ 50, 59, 93
　7条 ················ 51, 93, 107
　8条 ··················· 93, 107
　9条 ··················· 119, 136
　10条 ·················· 119, 136
　11条 ·················· 120, 137
　12条 ······················· 120
　13条 ·················· 121, 123
　14条 ·················· 122, 139
　15条 ·············· 136, 137, 139

● 不動産登記事務取扱手続準則
　67条 ························· 84
　87条 ························· 25

403

# 判 例 索 引

大判明37・6・22·················· 22

大判明40・4・12·················· 81

大判明41・9・25·················· 287

大連判明41・12・15民録14輯1276頁···· 208

大連判明41・12・15民録14輯1301頁···· 208

大判大2・7・11·················· 344

大判大3・12・26·················· 22

大判大7・3・19·················· 258

大判大8・9・27·················· 36, 39

大判大10・7・18·················· 272

大判大12・2・23·················· 258

大判昭8・7・29·················· 258

大決昭10・9・14·················· 193

大判昭10・10・1·················· 22

最三小判昭11・11・9·················· 272

大判昭17・4・24（大審院昭和17年

判決）·················· 82, 83

最二小判昭29・3・12·················· 41

最二小判昭29・9・17·················· 259

最三小判昭30・5・31

·········18, 24, 29, 91, 106, 150, 177, 223

最三小判昭30・7・5·················· 226

最一小判昭31・5・10·················· 224, 233

最二小判昭31・9・28·················· 259

東京高判昭32・2・27·················· 254

最一小判昭32・11・14·················· 11, 273

最一小判昭34・1・8·················· 225

最一小判昭34・2・12·················· 226

最一小判昭34・11・26·················· 32

最二小判昭36・3・24·················· 71

最二小判昭36・12・15·················· 255

最二小判昭38・2・22·········39, 207〜209

最三小判昭38・3・12·················· 259

最三小判昭38・10・15·················· 225

最一小判昭39・1・23·················· 38

最三小判昭39・2・25·················· 41

福岡高判昭39・2・25·················· 280

最二小判昭39・3・6·················· 212

最一小判昭39・7・16·················· 258

最三小判昭39・7・28·················· 258

最一小判昭39・10・15·········13, 237, 242

最一小判昭40・5・20·················· 279, 280

最大決昭41・3・2·················· 324

最一小判昭41・5・19（最高裁昭和

41年判決）·················· 43, 333, 335

最二小判昭41・11・25·················· 11, 272

最二小判昭42・1・20·················· 213

最一小判昭42・2・23·················· 37, 39

最二小判昭42・8・25民集21巻7号

1729頁·················· 82, 87

最二小判昭42・8・25民集21巻7号

1740頁·················· 229

最二小判昭43・3・15·················· 78, 251

最二小判昭43・12・20·················· 287

最一小判昭44・4・17·················· 258

最三小判昭46・1・26·················· 180, 210

最二小判昭46・6・18·················· 284

最一小判昭46・10・7

·········· 227, 230, 272, 275, 338, 344

最一小判昭46・12・9·················· 230, 273

最一小判昭47・7・6·················· 125

最三小判昭48・10・9·················· 12, 237

東京高判昭49・12・20·················· 244

最二小判昭50・11・7·········18, 162, 307

札幌高判昭57・3・2·················· 265

最三小判昭57・3・9·················· 288

最一小判昭57・7・1·················· 12

鹿児島地判昭60・10・31·················· 244

最一小判昭61・3・13·················· 325

大阪高判昭61・8・7·················· 307

最大判昭62・4・22·················· 80, 193, 283

最三小判昭62・9・4·····18, 155, 162, 193

判例索引

最二小判昭62・11・13 ················ 25
東京高判昭63・7・27 ················299
最三小判平元・3・28 ················271
最二小判平元・11・24 ············84, 169
最二小判平3・4・19 ················212
最二小判平5・9・24 ·················69
最三小判平6・5・31 ······· 13, 242, 244
最三小判平7・7・18 ················344
最一小判平8・10・31 ··· 284, 293, 294, 307
最三小判平8・12・17 ············30, 333
最二小判平10・2・13 ···············342
最一小判平10・2・26 ················30
最三小判平10・3・24 ·········36, 39, 49
最二小判平10・12・18 ··············343
最三小判平11・11・9 ···············230
最一小判平12・2・24 ··········152, 154
最二小判平12・4・7 ················29
最一小決平12・9・7 ···············178

東京高決平13・1・17 ···············299
最二小判平14・6・10 ···············212
最三小判平14・10・15 ················69
最二小判平15・7・11 ···············233
最一小判平20・7・17 ··········272, 278
最三小判平22・6・29（平成22年判
例）············ 13, 264, 266, 268, 269
東京高判平22・12・24 ··········266, 269
最三小決平24・2・7 ··········299, 300
最二小決平24・6・27 ···············266
最二小判平25・11・29
·············· 18, 156, 194, 205, 307
最二小判平26・2・14 ···············325
最一小判平26・2・27（最高裁平成
26年判決）······ 13, 238～240, 241, 244
東京高判平26・4・23 ···············245
最大決平28・12・19 ···············175

索
引

405

# 先 例 索 引

昭9・4・2民事局長電報回答………88

昭23・6・21民事甲第1897号民事局
長回答……………………14

昭23・9・21民事甲第3010号民事局
長通達……………………260

昭27・8・23民事甲第74号民事局長
回答……………………262

昭29・5・8民事甲第938号民事局
長回答……………………233

昭30・10・15民事甲第2216号民事局
長電報回答…………26, 27, 236

昭31・12・12最高裁民事甲第412号
民事局長通知……………287

昭34・4・6民事甲第658号民事局
長回答……………………26

昭35・5・18民事甲第1186号民事局
長回答……………………304

昭35・6・1民事甲第1340号民事局
長通達……………………88

昭36・1・17民事甲第106号民事局
長回答……………………87

昭36・7・21民事三発第625号民事
第三課長回答……………15

昭36・9・15民事甲第2324号民事局
長回答……………………346

昭36・10・27民事甲第2722号民事局
長回答……………………235

昭37・1・23民事甲第112号民事局
長通達……………………304

昭37・5・31民事甲第1489号民事局
長回答……………………329

昭38・3・14民事甲第726号民事局
長回答……………………232

昭39・2・17民事三発第125号民事
第三課長回答……………235

昭41・4・18民事甲第1126号民事局
長電報回答………………14

昭43・5・29民事甲第1830号民事局
長回答……………………232

昭58・4・4民三第2252号民事局長
通達……………………9

平3・4・2民三第2246号民事局長
通達……………………16

平3・12・19民三第6149号民事第三
課長回答…………………19

平6・1・5民三第265号民事第三
課長回答…………………303

平6・3・28最高裁民二第79号民事
局長通知…………………287

平7・6・1民三第3102号民事第三
課長回答…………………214

平7・12・4民三第4343号民事第三
課長回答…………………214

平12・3・31民三第828号民事局長
通達……………………216

平17・2・25民二第456号民事局長
通達（不登準則）………25

平17・7・26民二第1665号民事局長
通達……………………20

平17・8・26民二第1919号民事第二
課長通知…………………88

平28・6・8民二第386号民事局長
通達（登記記録例）……8, 9, 15, 20, 89

令5・3・27民商第67号民事局長通
達……………………95

令5・3・28民二第533号民事局長
通達…………86, 101, 104, 112, 114

令5・3・28民二第538号民事局長通達……215

令6・3・15民二第535号民事局長
通達……………………186

# 著 者 略 歴

## 高 須 順 一（たかす　じゅんいち）

弁護士（東京弁護士会），法律事務所虎ノ門法学舎所長。法政大学大学院法務研究科教授，元日本弁護士連合会司法制度調査会委員長，公益財団法人日弁連法務研究財団常務理事。

　主要著作として，『Before/After　民法・不動産登記法改正』（編著，弘文堂，2023），『行為類型別　詐害行為取消訴訟の実務』（日本加除出版，2021），『詐害行為取消権の行使方法とその効果』（商事法務，2020）。

　本書では第1編第1章（Q1〜Q3），第2章第1節（Q4），第3章第1節第5（Q21），同章第2節第1・第2（Q23・Q24），同節第4〜第6（Q26〜Q28），第2編第1章〜第3章，第4章第2節第1款，第5章を担当。

## 荒 木 理 江（あらき　まさえ）

弁護士（東京弁護士会），飯塚総合法律事務所。元東京弁護士会法制委員会委員長，元日本弁護士連合会所有者不明土地問題等に関するワーキンググループ副座長，東京都情報公開審査会及び個人情報保護審査会委員。

　主要著作として，『Before/After　民法・不動産登記法改正』（共著，弘文堂，2023），『ケースでわかる改正民法・不動産登記法の勘どころ』（共著，新日本法規，2023），『新しい土地所有法制の解説』（共著，有斐閣，2021）。

　本書では第1編第2章第2節・第3節（Q5〜Q16），第2編第4章第1節第1款，コラム1〜4を担当。

## 稲 村 晃 伸（いなむら　てるのぶ）

弁護士（東京弁護士会），北多摩いちょう法律事務所代表。学習院大学法務研究科教授（実務家教員），東京弁護士会法制委員会副委員長，元日弁連所有者不明土地問題等に関するワーキンググループメンバー。

　主要著作として，『Before/After　民法・不動産登記法改正』（共著，弘文堂，2023），『ケースでわかる改正民法・不動産登記法の勘どころ』（共著，新日本法規，2023），『新しい土地所有法制の解説』（共著，有斐閣，2021）。

著者略歴

　本書では第1編第3章第1節第1～第4・第6（Q17～20，Q22），同章第2節第3（Q25），同節第7（Q29），同章第3節（Q30），第2編第4章第1節第2款，同章第2節第2款・第3款を担当。


## 松 山　　聡（まつやま　さとし）

司法書士（東京司法書士会），松山聡司法書士事務所代表。元東京司法書士会総合研修所副所長，元日本司法書士会連合会登記制度関連対策本部部委員，公益社団法人成年後見センター・リーガルサポート東京支部副支部長。

　主要著作として，『Q&A　不動産登記オンライン申請の実務』（共著，日本加除出版，2011），『商業・法人登記300問』（共著，テイハン，2009）。

　本書では第1編第1章（Q1～Q3），第2章第1節（Q4），同章第3節（Q12～Q14），第3章第2節第3（Q25），同章第3節（Q30），第2編第1章，第2章第1節，第4章，第5章に所収の【登記手続との接合】を担当。

共有不動産の紛争解決と登記手続
―共有物分割請求，共有持分権確認，所有者不明土地・
建物，遺産分割，相続登記―

2025年2月3日　初版発行

著　者　　一　江　伸　聡
　　　　　順　理　晃
　　　　　須　木　村　山
　　　　　高　荒　稲　松

発行者　　和　田　　裕

発行所　日本加除出版株式会社
本　社　〒171-8516
　　　　東京都豊島区南長崎3丁目16番6号

組版 ㈱郁文　印刷 ㈱精興社　製本 牧製本印刷㈱

**定価はカバー等に表示してあります。**
落丁本・乱丁本は当社にてお取替えいたします。
お問合せの他，ご意見・感想等がございましたら，下記まで
お知らせください。

〒171-8516
東京都豊島区南長崎3丁目16番6号
日本加除出版株式会社　営業企画課
電話　03-3953-5642
FAX　03-3953-2061
e-mail　toiawase@kajo.co.jp
URL　www.kajo.co.jp

© 2025
Printed in Japan
ISBN978-4-8178-4990-8

JCOPY　〈出版者著作権管理機構　委託出版物〉
本書を無断で複写複製（電子化を含む）することは，著作権法上の例外を除
き，禁じられています。複写される場合は，そのつど事前に出版者著作権管理
機構（JCOPY）の許諾を得てください。
また本書を代行業者等の第三者に依頼してスキャンやデジタル化することは，
たとえ個人や家庭内での利用であっても一切認められておりません。

〈JCOPY〉　HP：https://www.jcopy.or.jp，e-mail：info@jcopy.or.jp
電話：03-5244-5088，FAX：03-5244-5089

## 行為類型別 詐害行為取消訴訟の実務
高須順一 著
2021年10月刊 A5判 320頁 定価3,850円(本体3,500円) 978-4-8178-4762-1

- 類型別に典型的な財産減少行為としての不動産、動産、金銭、債権の譲渡、債務免除行為などを取り扱い、濫用的会社分割から遺産分割等の家族法上の行為まで、現時点で想定される詐害行為類型を網羅的に取り上げて詳解。具体的な37の設例で記載例(請求の趣旨、請求原因)とともに解説。

## 実務 共有不動産関係訴訟
### 共有不動産に係る民事訴訟実務マニュアル
田村洋三・山田知司 編著
浅香紀久雄・金子順一・齊木敏文・阿部正幸・山本剛史 著
2024年7月刊 A5判 504頁 定価6,380円(本体5,800円) 978-4-8178-4957-1

- 元裁判官7名の実務経験と識見を結集した書。第1章にて総括的な解説をした上で、第2章以下において6つの訴訟類型ごとに①本訴訟類型概説②請求(訴訟物)と請求の趣旨、その記載例③請求原因、その記載例④主な抗弁、再抗弁等、その記載例⑤訴訟法上の問題点⑥予想される立証方法等を解説。

## 不動産登記請求訴訟
### 登記請求権の存否と請求の趣旨記載例
渡辺晋 著
2024年7月刊 A5判 512頁 定価6,380円(本体5,800円) 978-4-8178-4958-8

- 民法の体系に沿って不動産登記請求訴訟と登記請求権を解説。判決による登記をするために、どのような判決を得るべきか、そのためにはどのような請求の趣旨にすべきか丁寧に解説。584の裁判例を中心とした98事例と102の請求の趣旨等の文例、124の図表を収録。充実の内容で実務を網羅。

## 事例でわかる
## 不動産の強制執行・強制競売の実務
### 任意売却・共有・引渡命令・配当手続
松尾浩順 編集代表 シグマ麹町法律事務所 編
2022年11月刊 A5判 292頁 定価3,300円(本体3,000円) 978-4-8178-4837-6

- 様々な立場で代理人になる法律専門家のために、不動産強制競売における当事者である、債権者・債務者・入札者等の第三者など、様々な立場からの視点を含めて解説。平成30年の民法(相続法)改正、令和元年の民事執行法改正、令和3年の民法・不動産登記法等の法改正にも対応。

## こんなときどうする?
## Q&A 処分の難しい不動産を整理するための法律実務 負動産にしないための法的アプローチ
関口康晴・町田裕紀 著
2022年7月刊 A5判 288頁 定価3,300円(本体3,000円) 978-4-8178-4817-8

- 法的な問題によって処分困難な不動産の処分方法を、具体的事例をもとに検討。「所有者の高齢化」「共有不動産」「私道や袋地」「不動産の瑕疵」「再開発」など、様々なケースを想定。参考となる文献や裁判例、調査事項の具体的な調査方法等を豊富に盛り込み、わかりやすく解説。

---

日本加除出版

〒171-8516 東京都豊島区南長崎3丁目16番6号
営業部 TEL (03)3953-5642 FAX (03)3953-2061
www.kajo.co.jp